国家出版基金项目
NATIONAL PUBLICATION FOUNDATION

於梅舫 陈欣 著

桑兵 关晓红 主编

近代中国国学编年史

第一卷

◎

1902
——
1908

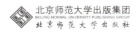

北京师范大学出版集团
BEIJING NORMAL UNIVERSITY PUBLISHING GROUP
北京师范大学出版社

总　序

　　但凡作为研究对象，内涵外延应该清晰可辨，否则势必东扯西拉，不知所云，不然就是各说各话，毫无交集。汉语言文字一是象形，二是以字为单位的独立（双音节词晚出，而且习惯于先单解字再合解词），三是语文具有非逻辑性，使得思维好譬喻。前两点容易导致望文生义，后一点加剧了格义附会。以国学为例，一般人看到这两个字，想当然地认为所指一定就是中国的学问，至于什么是中国的学问，是中国固有即古典的学问，抑或以中国为界的学问，那么是到了深一步讲究时才会出现的问题。如果指中国固有的学问，那么是否包括佛学或非汉人群的学问，就会聚讼纷纭；如果是以中国为界的学问，那么因缘西学东学演化而成的新学应该如何摆放（如理学、中国哲学，便是看似中国其实外来变异的学问，中国文学程度有别，实质无异），也不免言人人殊。况且，如果学可以国为界，则中国有国学，他国亦有国学，此国学非彼国学，学之前必须加上具体的国号，才能区分，若是泛称国学，就有混淆之嫌。因此，同样在说国学的话题，各自心中的国学其实是迥然不同的。

一 何谓国学

涉及各种关于人文社会物事的专有名词，研究者往往以为应该先弄清定义，然后再根据明确的定义去把握事实。殊不知历史上发生衍化出来的名词，开始所指能指大概都是因时因地因人而异，既不固定，也非专属，从定义出发把握概念，可以说是揪着脖领想使自己升上天空的努力，只能徒劳无功。中国古代的所谓国学，主要是指学校，与晚清以来主要指学术的国学大相径庭。就目前所见，准确地说，清季的"国学"发端于1902年，到1952年无锡国学专修学校被合并，热闹了半个世纪的"国学"寿终正寝。之所以加上"近代"的时限，主要出于两方面考虑。其一，20世纪50年代以后，在港台地区，"国学"依然没有完全中绝。其二，近年来，"国学"死灰复燃，虽然倡导者开始只是望文生义，并不了解历史上的国学究竟是怎么一回事，可是经过一番鼓动，各校陆续恢复或新设了不少国学院所，各式各样的国学班对象不同，教法迥异，但是都冠以"国学"的名目。世上本来没有路，走的人多了，自然就成了路，于是对当代"国学"的存在不能视而不见。尽管这样的情非得已作为学问多少有些荒唐。

自从20世纪50年代初院系调整将无锡国学专修学校合并之后，已经渐趋消沉的"国学"及其相应的实体机构（包括院系、刊物、团体等），即长时间从人们的视野中消失。而港台地区虽然还有所延续，也只是近代国学的余续末流。

近年来，国学大热，建立机构，创办刊物，开设讲坛，热闹非凡。但仔细观察，各方对于"国学"及其历史的认识存在不少错解，误以为国学就是所有中国固有学问的代名词，凡与中国思想学术文艺相关者，都可以放进国学的大口袋；或是将国学局限于古典学问。近代中国一些并不愿以治国学为名的学人，被强行拉进国学家的行列，只是专家甚至只有古典启蒙程度的学人，则被披上国学大师的华服，似乎近代中国学术界呈现出国学无处不在、国学大师遍地走的景象。内涵外延无不模糊，反而令人对国学无从把握。

现在一些被坊间学界称为"国学"的东西，在中国早已存在，只是并非以"国学"的名目存在。而古已有之的"国学"，如清代的国子监等，与今人所谈论的国学，几乎可以说是风马牛不相及。今人所讲国学，其实是晚清受日本影响才出现的新事物，在清季民国时经过几轮讨论争议，以及主题各异的发展变化，积极鼓吹者有之，不以为然者有之，公开反对者有之，即使发明者和跟风者，也是言人人殊。待到人人都会讲而且都在讲之际，在高明者看来，反而成为不必讲的唾余。当然，也不乏风头过去，才开始认真讲的实例。所以，国粹主义，不止一家，整理国故，也并非独领风骚。各人眼中的国学，无论形式还是内容，都是千差万别，甚至差若天渊。

清季民国的所谓国学，曾经引起很大的争议，主要问题是，以国为界，在世界学术史上并不常见。这样的论断，显然是以分科治学为学术的普遍常态作为依据参照。学问分科，在那一时期被直接认作科学，不但势所必然，而且理所应当。若是以国为界，则各国之下仍有各科，那么不同国度的同一科，究竟是因学不同还是因国不同？自然科学不必论，不可能有因国而分的物理化学等等，社会科学甚至人文科学，也只是存在的范围有别，而非研治的学术有异。

这一层意思，傅斯年所讲最为直截了当，他说：

　　我们反对"国故"一个观念。如果我们所去研究的材料多半是在中国的，这并不是由于我们专要研究"国"的东西，乃是因为在中国的材料到我们的手中方便些，因为我们前前后后对于这些材料或已经有了些研究，以后堆积上研究去方便些，好比在中国的地质或地理研究所所致力的，总多是些中国地质地理问题；在中国的生物研究所所致力的，总多是些中国生物问题；在中国的气象研究所所致力的，总是些中国各地气象观察。世界中无论哪一种历史学或哪一种语言学，要想做科学的研究，只得用同一的方法，所以这学问断不以国别成逻辑的分别，不过是因地域的方便成分工。国故本来即是国粹，不过说来客气一点儿，而所谓国学院也恐怕是一个改良的存古学堂。原来"国学""中国学"等等名词，说来都甚不详，西洋人造了支那①学"新诺逻辑"一个名

────────────

　　① "支那"，源于印度指称中国，并影响印欧语系各国对中国的称呼。汉译佛经时传入中国。该词日文写作しな，通过佛典传入日本，从江户时代中期开始逐渐流行。明治时期，为了与西文对应以及与清国相区别，同时避免称中国，"支那"成为日本广泛使用的名称。"支那"一词本无蔑视中国之意，清季的政治流亡者和革命党人因为反清，反而自称"支那"，以致在进入民国后相当长的一段时期里，中国人对"支那"一词并不排斥。但是甲午战争后，日本人不称中国而称"支那"，后来日本国会更几度决议不能称中国必须称"支那"，使得这一指称成为日本军国主义侵华进程中表示民族歧视的蔑称，引起中国民众和政府的强烈反感及坚决抵制。日本战败后，应中国政府的要求和盟军司令部的指令，日本政府明确通知禁止使用该词。本书涉及范围在此复杂变化的时期之内，所征引的汉学著作、杂志等大量使用"支那"一词。由于书名、文章名以及引文已经成为历史事实，不可更改，故予以沿用。如果改为"中国"，则无法找到对应的书名、文章名所涉及的引文，也会影响对于具体语境的理解判断。至于研究所得的行文部分，除语境要求不得不使用的情况外，一律不用"支那"一词。

词，本是和埃及脱逻辑亚西里亚逻辑同等看的，难道我们自己也要如此看吗？果然中国还有将来，为什么算学、天文、物理、化学等等不都成了国学，为什么国学之下都仅仅是些言语、历史、民俗等等题目？且这名词还不通达，取所谓国学的大题目在语言学或历史学的范围中的而论，因为求这些题目之解决与推进，如我们上文所叙的，扩充材料，扩充工具，势必至于弄到不国了，或不故了，或且不国不故了。这层并不是名词的争执，实在是精神的差异之表显。①

既然内涵外延都不清晰，则作为学术的"国学"，其实是无从说起之事，也就没有必要专门划分出来，加以研究和讲授。清季章太炎等人讲国学，大体还是按照中国固有学问的路数，待到民国时期，各种国学院、所、系，各个国学社团，大都已经是在国学的名号之下，讲分门别类的专科之学。以国为表，以学为里，颇有挂羊头卖狗肉之嫌。傅斯年开玩笑地说假如中国学是汉学，为此学者是汉学家，则西洋人治匈奴以来的问题岂不是虏学，治这学者岂不是虏学家吗？实则站在中国正统的立场上，欧洲的东方学就是虏学。而陈寅恪在清华国学院讲授"西人之东方学之目录学"，其实就是虏学的正宗。

只要不以心中之是为是，不以部分甚至个别的论述作为一般性论定，以偏概全，就不难发现历史上所谓"国学"的多样性。各自的"国学"相去甚远，要一言以蔽之地说清楚什么是"国学"，其实是极

---

① 傅斯年：《历史语言研究所工作之旨趣》，《国立中央研究院历史语言研究所集刊》第一本第一分，1928年10月。

为困难的事。尤其是人们习惯于先定义后认识，更是陷入言人人殊而无所适从。近年的国学热中，曾经旗帜鲜明地反对国学的傅斯年也被票选为国学大师，逝者若起于九泉，不知会怎样的愤懑与悲哀。

把"国学"当成一门独立的学问，固然争议颇多，可是否认清季民国的国学是一个可以当作研究对象的历史问题，同样不妥。正如钱穆讲清代学术史不赞成汉宋门户壁垒森严，的确有助于破除后来历史叙述中汉宋之分的倒建架构，回到清三百年学术的本相，但如果根本否认清代汉宋分争的历史事实，反而不能认识汉宋之分发生演化的历史进程，同样有碍于认识清代学术史。应该承认，学术意涵的国学，确为清季民国时期的实际存在，有其发生衍化的历史轨迹，无论怎样言人人殊，都是真实历史的组成部分。既然有具体的时空界限，当然就可以作为历史研究的对象。

钱穆虽然反对用汉宋门户之分叙述清三百年学术，但是言及民国时期的学术流变，却承认史料史观的纷争为清代汉宋之争的变相，等于承认清代汉宋分争的实事。将清季民国时期的国学按照时间和逻辑的顺序梳理出言人人殊的情形，而不是依照今日各自心中之是编排同样言人人殊的谱系，国学的历史自然能够清晰呈现，也就能够大体把握国学的复杂意涵，对于认识近代中国学术发展的来龙去脉以及今后中国学术的取径走向，至关重要。尤其是时下国学虽然热闹一时，却不少外行话，更应当首先了解认识近代国学的发生衍化，以免重蹈前人覆辙。借用周予同关于经学与经学史的论断，国学不可讲，历史上的国学以及国学的历史却应该深入研究。用历史的方法研究近代历史上的国学发生衍化的历史，实在是近代学术思想史不可或缺的重要方面。

　　清季的国学与西学、东学相对，是以国为学的含混集合体。如果把国学作为一个特定的学科，其实是贬低中国的固有学术思想文化。中国历来以我为主吸收外来学术思想文化，这样的取珠还椟以免数典忘祖的态势持续到明清之际，晚清以后，中西学关系乾坤颠倒，清王朝在相当长的时期里仍然试图用中学兼容西学，纳西学于科举。然而大势今非昔比，西学不是孤立而来，而是作为伴随殖民扩张的世界一体化进程的重要载体，欧洲中心的笼罩，便是显著表征。当中学无法完全吸收西学时，只能转而纳科举于学堂。而学堂是西式分科教学，迟到的中学人在屋檐下，不得不低头，被强行拆解重组，纳入西式分科之中。实在不相凿枘的经学只能逐步退出学制体系，其他被强制纳入的也大都是削足适履，不复本来面目。这使得不少朝野人士担忧中学失其所据，晚清存古学堂之设，其实就是在新式学制以外另搞一套，希望按照中学的本相保留中学，不受西学的干扰。可是大势所趋，难以为继。所谓新学，看似中西融通的产物，实则是用西式架构条理中国材料的异体，西体中用，非驴非马。

　　清季中西学还能对等，所以朝野上下的"国学"，虽然旨趣相异相反，大体还要坚持在西学之外的独立性。民国时期，国学院、所、系进入大学系统之中，却退为一科，等于承认西学为体，中学为其中分支。如此一来，中学实际上失去独立地位，成为西学的附庸。这样的国学主要不在维持原有的独立，而是走向分科的过渡，化一科为多门，以进一步适应太阿倒持的西体新学。近年来争取国学单独列为一级学科的努力，同样坐此弊病，看似提升地位，实则变相矮化，只不过对从业者或有实际利益而已。

　　视国学为一科不当，除了不能与西学对等之外，潜意识则是国学原为一体，不宜分科，尤其不能按照西式分科进行教学和研究。中国学问主张综合，与西学好分析异趣，虽然也有分别的讲究或个人的偏好，总体而言不是分门别类的专家之学。或指中国只有图书分类，没有学问分科，若是引申为学问没有分别则过甚其词。照宋育仁的说法，书不是学但书中有学。也就是说，读书治学，以通为上，但是术有专攻，研究具体问题，还是有专门的讲究。不分科其要在不以科际划分畛域自囿，可以通贯本义本相，有分别则是各自兴致不一，各有所长。

以国学为整体，更有益于把握中国学问的形态及特征，问题是，分科教育之下，能够不分科治学者尚有几人。这恰恰是以国学为一科的最大现实问题。如果以国学为一科，其下仍然是分科治学之人，则不过是将西式分科后的中学聚集一起，仍然不等于国学，而是经过西学变异的新学。最为典型的莫过于分属哲学、文献学和思想史的经学研究，严格说来只是以经或经学为研究对象，而非研究经学，其中部分充其量可以算作经学史。民国时期教国学的大致还能一体，学国学的就只能专门，如今则教的人也是专家教专门之学，学的人更是学分门别类的专科之学，这样的国学，与一般学校西式分科之下的中学并无二致。指望这样的分科教学教出国学通人，恐怕是南辕北辙。

不过，在清季尤其是民国的知识人看来，国学研究的最终目的，恰恰是要将国学整理成分门别类的科学。清季刘师培附会西学，拟作周末学术史，比照西学的分科，分别拟撰心理学、伦理学、论理学、社会学、宗教学、政法学、计学、兵学、教育学、理科学、哲理学、术数学、文字学、工艺学、法律学、文章学16种专史。虽然声称官学衰而私学兴，官学主合，即西人归纳学，私学贵分，即西人演绎派，观念架构都是因缘知之甚少的西学。[①]后来胡适的《国学季刊发刊宣言》，更是明确主张我们理想中的国学研究，至少有一个"中国文化史"的总系统，具体包括民族史、语言文字史、经济史、政治史、国际交通史、思想学术史、宗教史、文艺史、风俗史、制度史，[②]显而易见是国学名义下的专史集合。

时趋之下，越来越少有例外，郭绍虞为刘修业的《国学论文索引四编》作序，就认为："所谓国学，本含有二重意义，对于西学而言则为'中学'，对于新学而言，则为'古学'。国学，本不必死看作国界的表示。"就此而论，"所谓国学云者，中国某某学某某学之共名而已"。"国学"既然为新旧过渡时期的将就兼容，便体现出两面性，《国学论文索引》里面，才不得不"既有文学科学之类，复具群经诸子之名"。凡此种种的不得已，"也许将来渐渐走上科学的路，于是所谓群经诸子之学，便只同文选学一样，于是所谓'国学'，便只是中国某某学某某学之共名，于是刘女士所编的论文索引，其分类标准也比较地可以单纯了"[③]。

这样的大势所趋，在当时的知识人看来就是天经地义。叶秉诚（1876—1937，号茂林）复函宋育仁论国学学校，关于分科问题，毫不讳言道：

---

① 刘光汉：《周末学术史叙》，《国粹学报》第1号，学篇，1905年2月23日。
② 胡适：《国学季刊发刊宣言》，欧阳哲生编：《胡适文集》3，北京：北京大学出版社，1998年，第15—16页。
③ 郭绍虞：《序》，刘修业编：《国学论文索引四编》，中华图书馆协会，1936年，第1—4页。

　　窃以近三百年来，知识上之学问已趋于科学世界，无论东西各国之学术，必须经科学方法之估定，始有真正之价值。吾国国学当亦不能外此公例，居今日而谈国学，若不受科学之洗礼者，窃未见其可以发扬而光大之也。夫吾国学术丰富，数千年来演成之独立文化，持与欧洲文明史比较，洵无愧色，只以近数百年中吾国学术停滞，少所启明，而欧洲学界锐进，一日千里，不独吾国国学望之瞠乎其后，即希腊罗马之文明，亦如横污行潦之比长江大河也。此非近百年之人智突过东西数千年之圣哲，实受科学发明之赐，而学术界乃有革新之成绩耳。此后中国国学苟无保存之价值则已，如其文明尚伴吾黄种以长存者，林敢断言之曰：必非从前抱残守缺之国学，而为新科学化之国学也。①

　　出国前接受了这一套观念的傅斯年，也批评中国传统学术不分科而分派，直到受过欧洲学问的熏陶，又不像一般留学生那样专攻一门，并常常与一些志同道合者高谈阔论，才认识到当时中国人所谓"这是某科学""我学某种科学"之类的说法，都是些半通不通不完全的话，他深刻反省道：

　　　　一种科学的名称，只是一些多多少少相关连的，或当说多多少少不相关连的问题，暂时合起来之方便名词；一种科学的名称，多不是一个逻辑的名词，"我学某科学"，实在应该说"我去研究某套或某某几套问题"。但现在的中国人每每忽略这件事实，

<hr>

① 叶秉诚遗著：《复宋芸子论国学学校书》，《重光》第2期，1938年1月15日，第48—49页。

误以为一种科学也好比一个哲学的系统，周体上近于一个逻辑的完成，其中的部分是相连环扣结的。在很长进的科学实在给我们这么一种印象，为理论物理学等；但我们不要忘记这样的情形是经多年进化的结果，初几步的情形全不这样，即为电磁一面的事，和光一面的事，早年并不通气，通了气是19世纪下半的事。现在的物理学像单体，当年的物理学是不相关的支节；虽说现在以沟通成体的结果，所得极多，所去的不允处最有力，然在一种科学的早年，没有这样的福运，只好安于一种实际主义的逻辑，去认清楚一个一个的问题，且不去问摆布的系统。这和有机体一样，先有细胞，后成机体，不是先创机体，后造细胞。但不幸哲学家的余毒在不少科学中是潜伏得很利害的。如在近来心理学社会学各科里，很露些固执系统不守问题的毛病。我们把社会学当做包含单个社会问题，就此分来研究，岂不很好？若去跟着都尔罕等去辩论某种是社会事实，综合的意思谓什么……等等，是白费气力，不得问题解决之益处的。这些"玄谈的"社会学家，和瓦得臣干干净净行为学派的心理学，都是牺牲了问题，迁就系统，改换字号的德国哲学家。但以我所见，此时在国外的人，团囵去接一种科学的多，分来去弄单个问题的少。①

　　傅斯年终于明白，即使科学的系统，也是相当晚出，不应该固执系统，忽略了与之有关的问题的相关联与不相关联，尤其是不能将科学视为哲学的系统，所有问题都是逻辑的连环相扣。顾颉刚批

---

① 傅斯年：《刘复〈四声实验录〉序》，欧阳哲生主编：《傅斯年全集》第一卷，长沙：湖南教育出版社，2000年，第419页。

评中国的分类"罗列不相容的东西在一处地方"①，其实这与欧洲将相关联不相关联的问题暂时合起来以图方便的科学，大同小异。强调系统而忽略问题，不仅本末倒置，而且似是而非，都是牺牲问题以迁就系统。况且，科学化亦即分科之后的国学，是否仍是中国原有的学问，这一在当时的人们看来似乎不成问题的问题，却是令当代人最为困扰的问题。非但如此，如果并不因此感到困扰，恐怕问题更加严重而不是已经迎刃而解。

二 国学的研究

国学的出现，可以说是近代国人对于西学乃至东学逐渐深入堂奥，渐有太阿倒持之势所感到的紧张的反映，这一语境下的国学，即所谓相对于新学指古学，相对于西学指中学。面对西学取中学而代之的汹汹来势，国人始而排拒，继之附会，接着反省。不仅思想学术等事，国语、国文、国剧、国画、国医、国术、国服，等等，在东西两洋的压迫下，都曾提出"国"的对应，既表现出对固有观念事物的价值意义的坚持和彷徨，也不乏用外来观念重新估价甚至以后者为准的的意味，因而导致国粹与国渣的两极化论断。探寻近代国学的渊源脉络，深究在那一时期标明为国学的人与事，以求理解各方所谓国学的本意及其衍化，才能更好地把握国学的内涵外延。这也就是前贤所谓求其古以探流变，以免求其是多师心自用的意思。

---

① 顾颉刚：《中国近来学术思想界的变迁观》，《中国哲学》第11辑，北京：人民出版社，1984年。顾颉刚自称当时记载于日记之中，实则日记的相关文字，与此差别较大。

　　近代历史上实际存在过的"国学"，当然可以而且应该作为研究的对象。而经历过近代国学聚讼纷纭的学人，对于国学是否可以研究内心多少有些忐忑，甚至将讲所谓国学和研究近代国学的历史混为一谈。那种因为国学的内涵外延略嫌模糊而根本否认历史上的国学可以研究的意见，显然偏于一端。

　　关于近代国学的研究，严格说来开始于20世纪90年代。此前在研究章太炎、王国维、梁启超、胡适、郭沫若、钱穆等著名学人时，都会涉及国学问题，不过较少注意探究近代国学的概念、实事及其渊源流变，基本属于国学的参与者而非研究者。郑师渠关于晚清国粹派的研究，较早注意从国内外思想来源梳理近代国学的内涵外延，相继发表了一系列论文，并分别在海峡两岸出版其博士学位论文（《国粹·国学·国魂》，文津出版社，1992年；北京师范大学出版社改名为《晚清国粹派：文化思想研究》，1997年出版）。桑兵的《晚清至民国时期的国学研究与西学》（《历史研究》1996年第5期），以及后来出版的专书《晚清民国的国学研究》（上海古籍出版社，2001年），主题覆盖完整，各章内容各有侧重。陈以爱在台北政治大学攻读硕士、博士期间，先后选取北京大学研究所国学门和整理国故的兴起、发展与流衍作为学位论文题目，所形成的专书《中国现代学术研究机构的兴起——以北京大学研究所国学门为中心的探讨（1922—1927）》（台湾政治大学历史学系，1999年；江西教育出版社，2002年）和发表的相关论文，较前显著深入。此后，徐燕平的《胡适与整理国故考论——以中国文学史研究为中心》（安徽教育出版社，2003年）、卢毅的《整理国故运动与中国现代学术转型》（中共中央党校出版社，2008年）相继出版，从不同侧面继续深化相关主题。

此外，研究其他专门国学机构的有孙敦恒的《清华国学研究院史话》（清华大学出版社，2002年），郑家建的《清华国学研究院述论》（海峡文艺出版社，2010年），洪峻峰的《厦门大学国学研究院与国学系》（《鲁迅研究月刊》2003年第6期），杨国桢的《20世纪20年代的厦门大学国学研究院》（《厦门大学学报（哲学社会科学版）》2006年第1期），许小青的《从"国学研究会"到"国学院"——东南大学与20年代早期南北学术的地缘与派分》（《江苏社会科学》2006年第2期），以及郭书愚对晚清四川存古学堂的系列论文。唐屹轩的《无锡国专与传统书院的转型》（台湾政治大学历史学系，2008年）和吴湉南的《无锡国专与现代国学教育》（安徽教育出版社，2010年），对近代在国学教育方面比较重要且持续时间较长的无锡国专做了专门研究。陶飞亚、吴梓明的《基督教大学与国学研究》（福建教育出版社，1998年），则对若干所基督教教会大学的国学研究的机构、人事和学术有所论述。

关于国学社团，有王东杰的《国学保存会和清季国粹运动》（《四川大学学报》1999年第1期），田彤的《复返先秦：章氏国学讲习会》（《广东社会科学》2007年第2期），夏骏的《苏州章氏国学讲习会与近现代国学高等教育》（福建教育出版社，2015年）。刘小云的《学术风气与现代转型：中山大学人文学科述论（1926—1949）》（生活·读书·新知三联书店，2013年），则揭示出中山大学国文学系改制提倡读经与国学的内在联系，以及改制涉及什么是中国文学的观念差异。

罗志田的《国家与学术：清季民初关于"国学"的思想论争》

（生活·读书·新知三联书店，2003 年），是其相关国家社科基金项目的最终成果，围绕清季民初思想学术界在各个时段方面关于国学的论争展开论述，虽然着重于思想的脉络，对于认识近代国学的内涵外延以及相关各方就此展开的纷争历史，大进一步。而魏义霞的《中国近代国学研究》（生活·读书·新知三联书店，2013 年），虽然书名标以"近代国学"，其实是研究康有为、谭嗣同、严复、梁启超和章炳麟五人的学术思想，将其视为中国近代最具代表性的国学大师，并试图涵盖中国近代国学的演变历程、特定内容和核心话题，未免有混淆国学与中国学术文化之嫌。相比较而言，谢桃坊的《四川国学小史》（巴蜀书社，2009 年）开始较为严谨，也注意到"国学"概念及实事引起的困惑，可惜抗战爆发后的部分仍然不免混淆。

此外，还有不少单篇论文涉及近代国学的问题，或已经被这些论著所吸收覆盖，或只是部分涉及，或不过发表意见而未经验证所引论据，且无视前人已有认识，对于近代国学的主题推进有限。至于为数众多的看似与现在所谓国学有关，其实严格说来并非探究国学的论著，不在论列。

从以上概述清晰可见，关于近代国学的研究在近 30 年来取得了比较明显的进展，尤其是在晚清国粹派和民国时期整理国故运动两个主要方面，成果更加显著。但其显而易见的局限也同样由于研究的方面过于集中，使得许多问题无法展开，或是虽然有所涉及，却视野受限，大体以所论主体之是非为是非。

历史研究中，但凡定义，大都是后来约定俗成，难以覆盖全过程和各方面，使用特定概念，应当回到无的境界，寻绎有的发生和衍化。国学的内涵外延模糊不清，因缘讲国学者言人人殊，令外人和来者无所适从。但这其实是历史上名实问题的通常情况，并非国学为一特例。只不过国学中断多时，旧话重提之际，又没有深究当年的老生常谈，许多后来自以为推陈出新的一是，实际上不过翻烧饼似的拾人牙慧。研究历史，因为有实事和顺序，只要掌握历史方法，求其渊源流变并非难事。应当严格区分自称、他指与后认，一般而言，当以自称和他指为依据，至于后认，则要看后到何时，所认何事。要在严格分别自称、他指、后认的前提下，收集整理自晚清近代意义的"国学"出现以来，各种各样主张或批评乃至反对国学的文献，以及相关学人、团体、教学研究出版机构的活动信息，按照时间顺序分类排列，以便来者寻绎其发生、发展、演化的进程，从各种视角层面观察国学是什么，进而理解和把握什么是国学。也就是说，由阅读了解多种文本的整体意趣，体验贯通近人的远近高低各不同，以便揣摩领悟历史上"国学"的庐山真面。尽管这样的理解和把握仍然不免见仁见智，至少有所依据凭借，可以逐渐近真，而不至于强古人以就我。了解了国学的历史，也就认识了历史上的国学。这是能够走近国学的根本途径和理解国学的有效办法。知道历史上的国学究竟是什么，再来谈论什么是国学，才能不落俗套，不逞私臆。

　　研究名词概念的历史，常常只探渊源，不究流变，以为来龙清楚，即可知去脉。而许多看似弄清了缘起的观念物事，后来却不断发生因时因地因人而异的变化。从这些万千变化中，可以深入一层理解领悟发源的多样性及其影响。用探源所得概念归束后来变化万千的演化，同样是倒装历史，编织谱系。关键是不要用概念来勾连历史，而要研究历史以把握概念。凡是历史上与此概念相关的人事言行，都是历史的组成部分。研究国学的历史，应该尽可能完整地覆盖全时段各层面的所有直接间接相关联的材料与事实。这也就是认识国学的历史与了解历史上的国学相辅相成的关键所在。

具体而言，先行研究的局限亦即可以进一步扩展的空间，主要有以下几方面：

其一，时段覆盖不足。民国元年至整理国故运动之前的十余年间以及抗日战争爆发之后国学的情形，已有的研究涉及不多。尽管进入20世纪30年代，国学已经不如整理国故运动兴盛时那样引人注目，仍有不少国学院系、研究机构和团体继续活动，国学杂志和论著的出版也未稍减。

其二，方面涵盖不够。除了国粹派和整理国故运动，北京大学研究所国学门、清华国学院、无锡国专等研究机构以及章太炎、刘师培、王国维、胡适、钱穆等学人外，还有众多的国学研究组织及社团、长期从事国学教育和著述的学人未经认真研究，即使前人研究较多的人与机构，从国学的角度看也还有未竟之意。尤其是相对忽视主张各异的其他机构、团体和学人与所论主要人物、机构、团体的关系。以国学的理念而论，不仅要将其置于整个学术发展演变的脉络之中，也不能脱离政治社会的变动。单纯用学术思想史的眼光很难将国学问题讨论清楚。

其三，学术上的深入程度有待加强。现在研究近代国学者多为研究中国近现代文史哲的专门学人，受分科治学的影响制约，对于国学家和国学机构、国学团体方面广泛的学术领域未必熟悉，因此不容易深入准确地把握判断其学术理念与问题。加之当时的国学一般而言尚不重分科，除了各种专门学问之外，有些重大问题涉及分科之上的学术整体，需要有超越专攻的眼界和功力，才能论述得当。例如20世纪二三十年代，在国学势盛的影响下，一些大学的国文学系改名国学系，并相应地对课程体系做出重大改变，读经与反读经的斗争即由此而起。此事涉及中国固有文学观念与近代西式分科下的文学观念的尖锐冲突，后遗症至今仍然严重，不能以中西新旧之分一概而论。关于经学的退出新式教育体系与变相存在，以及说儒、中古思想一大要事因缘等学术论争，更加难以捉摸。

其四，概念不清，以至于边际不明。有的论著所讨论的内容泛及对整个中国历史文化的教学和研究，以此为20世纪以后人们习称的国学，未免混淆了二者的关系，反而使明确标名的国学研究有可能湮没于其他一般中国文化研究之中。当时研究中国文史的中外研究者当中，是否使用国学的名义，存在着严重分歧，并且会影响各自的学术观念和取向。如教会大学的国学研究在西文的语境下往往与中国文化研究相牵混，造成中西文不同语境下理念的差异，这不仅导致这些机构的主办方与主事者容易产生纠纷，也使得参与其中的学术背景各异的中国学人难以合作。

造成上述局限的原因，主要有两点，一是相关文献的掌握有所欠缺，且未经系统梳理，除了个别机构的探究能够基本网罗各类史料外，大都以手眼所及为据，而做一般性论断。一些议论或结论，或多或少带有盲人摸象的偏蔽。二是研究取向过于受中西新旧观念的制约。在资料不足的情况下，套用后出外来的概念解读史事本相和前人本意，必然导致越有条理有系统去事实越远的尴尬。编辑近代国学文献汇编和编纂近代国学编年史，就是为了有针对性地从纵横两方面解决这两大问题，使近代国学研究更上层楼。

三　本书编撰旨趣

《近代中国国学编年史》，体例为编年体的长编。既有的长编多属两类，一是资料长编，二是仅为谱主的言行录或特定的大事记，这两种类型都存在将长编仅仅作为年谱之类简单放大的局限，为人所诟病。因此，有必要探究一下做好长编的取径与办法。

近年来，中国近现代研究领域越来越多以长编体裁作为独立著述的形式，显现出资料繁多与叙述简要的两难，可是处理若不得法，非但未能显示增加篇幅的意义，反而授人以不知本意别有所图的口实。充分发掘长编的功能，使之不仅起到一般编年体的作用，而且能够脱离初稿的局限，进一步发挥潜在价值，实属必要。因缘陈寅恪等人提倡的以长编考异与域外比较研究相参合之法，以及傅斯年的史学即史料学之说，取材详备，汇聚异同，事类相从，参考校异，长编即能够兼具整理史料与著史的无二功能，进而摆脱年谱附庸的地位，破茧而出，蜕变成为一种适应材料极大丰富的研究领域，而且能够独立存在的编年体之变相新体。

概言之，长编既要"喜聚异同"，又不能"坐长烦芜"。

长编的价值应该最大限度地体现为详，所谓详，首先是资料的详尽详备，搜集资料要尽可能"竭泽而渔"，不避繁芜，不溢美，不掩饰，不附会，不趋时，不拘泥于所谓直接间接、一手二手等外型判断，所有类型的史料一律平等，关键看是否相关，相关到何种程度，相关在什么层面。取材不足，则不仅判断难以准确适当，更重要的是史事的许多方面、许多环节若隐若现，无法呈现全貌。甚至由于史料不够，只好阙疑，猜来猜去，不得要领。搜集史料不能带有成见偏见，不能但凭自己的主观认识先验地挑拣，应该有闻必录，至少在搜集材料的阶段必须如此。

近代号称史料大发现的时代，而近代的史料更是层出不穷，或者误解以新材料发现新问题，又受不读书而动手动脚找东西的误导，人所常见的书都不看，一心只找人所未见书。编撰长编，应该以发现新材料与贯通新旧材料相辅相成，必须熟悉旧材料，才能发现和应用新材料。要尽可能掌握前人已知，努力发现未知，这是研治近代的一大难题，也是奠定研究坚实基础的必由之路。只有在充分掌握各类资料并且相互贯通的前提下，才能全面如实地呈现复杂的历史本相和前人本意，避免穿凿附会，各执一偏。

要做到资料详备，必须明确取材的范围，范围不明确，就无法把握材料的边际。按照一般长编的办法，主要局限于谱主的言行，或是主题事件的基本情况，取材范围自然不广。可是，值得做长编的大事要人，往往处于时代的中心位置，具有枢纽性作用，与同时期的其他大事要人有着广泛而深刻的联系，以其为纽带，不仅能够串联这一历史时期的大事要人，而且能够通过其与各方关系，深入认识整个社会变动的各时段各层面。加之中国为伦理社会，最重人伦关系，所谓礼制纲纪，即以伦常为根本。相应的处世治学，也极为讲究人脉。生活在关系网之中的中国人的言行，要从各种复杂关系的视角脉络才能考察清楚。

确定取材的范围边际，又有形似而实不同的两种做法，一是以所研究的人事为主线放射扩展，二是将特定人事放在整体脉络的关联之中。前者不过是单向度放大，后者则不仅从中心辐射周围，还要求从四面反观中心，也就是说，要从围绕其周边的人与事的视角来考察中心人事，尽可能多角度呈现历史的复杂面相，而不仅仅以主题为轴串联历史。从关联事件的角度考察主题事件的影响作用，才有可能全面观照，让材料得其所哉，并恰如其分地解读相关文本和行事。

此法的要诀在于拿捏以特定大事要人为枢纽，贯穿近代中国的尺度。既不能局限于主题的言行记录，以免望文生义地解读，或是仅仅从中心物事的角度看待与其有关的一切人事，以偏概全，也不能漫无边际，脱离中枢，变成近代中国的浮泛缩写。应提纲挈领，充分体现中心物事的枢纽性地位作用与前后左右四面看山地观察把握近代中国的大事要人相得益彰，展示长编考异法与比较研究法相辅相成之于近代中国研究的重要价值和意义。

其次是要尽可能依据各类材料详细地还原事实。史料繁多，应该有所取舍，记载芜杂，必须有所鉴别。取舍不能以自己的见识好恶为准，看懂的部分拿来用，看不懂的则视而不见，形同阉割历史。用材料要尽可能符合其本意，不能任意取舍，更不能断章取义。史学的一大强项即恰当处理材料。一般而言，材料是死的，可是留下材料的人往往会设陷阱布迷局，来者稍有不慎，就会落入彀中。档案里不乏官样文章，日记中不少道听途说，书信间也有虚情假意，尽信任何一种材料都难免偏蔽。只有对材料、史事和前人研究三者深入认识，才能拿捏得当，还原妥帖。

长编依时叙事，自有时间的天然顺序，但是这并不意味着编撰长编只要机械地按照时序排列材料就万事大吉。陈寅恪所论合本子注及长编考异法，其要在于汇聚异同，事类相从，参考校异，极数通变，则万流同归，百虑一致，庶可以辟大通于未寤，阖同异于均致。[1]这与强调整理史料的方法就是比较不同史料的傅斯年所说旨意相近，傅斯年的总结是："历史的事件虽然一件事只有一次，但一个事件既不尽止有一个记载，所以这个事件在或种情形下，可以比较而得其近真；好几件的事情又每每有相关联的地方，更可以比较而得其头绪。"[2]近真与得其头绪，可以说是整理材料编撰长编的不二法则。

　　史学的本旨在于求真，而求真的基础是还原与重现史事，奇怪的是，不少历史研究者觉得讲清楚事实轻而易举，反而显得立意不高，所以总想超越事实再讲些道理。其实事实极其复杂，讲清楚事实是一个极难达到的境界，远非一般人以为的那样简单。摆事实讲道理，事实梳理清晰，道理已在不言中，而要弄清事实，也须依据一定的道理，并体现于讲清事实的过程中，并非套用一些大道理，或离开事实再讲道理。所以善于治史的事实与道理，应该浑然一体，绝不会皮肉分离。历史为曾经发生过的事实，如何发生，情形怎样，均为实有，不会因为任何后来因素而改变。但发生过的史事须由当事者的相关记述来探求，或者分别称之为第一历史和第二历史。照此推衍，依据相关记载追求史事本相所得著述，实为第三历史。未来如何不敢擅断，至少目

---

　　①　陈寅恪：《支愍度学说考》，陈美延编：《陈寅恪集·金明馆丛稿初编》，北京：生活·读书·新知三联书店，2001年，第181—185页。
　　②　傅斯年：《史学方法导论》，欧阳哲生主编：《傅斯年全集》第二卷，长沙：湖南教育出版社，2000年，第308页。

前还无法物理性地还原历史的本相，况且即使能够还原，作为观者的身份立场不同，所见也会有时空差异。如此，后人的求真，由于条件的限制，永远不会完全与事实重合，只能通过适当的努力逐渐接近。

所谓真至少有两个层次，即史事本身的真与记述史事的真。史事的真与后人必须根据各种相关记述来还原史事存在矛盾，亲历者关于史事的记述各不相同，甚至相互抵牾，无论怎样详尽忠实地记述，也不可能完整地覆盖全部史事的全过程和各层面，而且当事者利害各异，立场有别，所记的罗生门现象相当普遍。由此衍生出层累叠加的史书，实事往往无直接证据，可以征实的部分又相对简单，其余只能前后左右地近真。而近真使得一事多解的情形常常发生。历史上所有当事人关于本事的记录，由于角度、关系、层面等客观条件不同，以及利害有别等主观因素，往往异同互见，可是他们如此这般或那般记载本事，除有心作伪之外，同样是真。只不过这样的真在他们有的是眼见为实，有的则是真实心境的映照。

正因为同一事件的参与者身份各异，立场不同，参与的时间、地点、程度、环节千差万别，即使如实记录，也只能反映其亲历或听闻的部分，况且还有影响如实记载的多种因素，有此一说不等于均如此说，有此一事不等于事即如此，所以必须将事情的全过程各层面的所有相关记录汇聚比较，参考校异。有鉴于此，长编必须与考异相辅相成，大体有下列原则和作用：1.前说有误，排比史料可以纠正至当。2.未有成说，汇聚史料可以立说无碍。3.诸说并立，取比较近真之说，其余存异。4.诸说真伪正误间杂，须相互参证，酌情条贯。5.实事往往无实证，须以实证虚，而不涉附会。各种情形，或分别，或兼具，当实事求是，具体问题具体分析。

　　整理资料不能先入为主，包括依据资料类型进行判断取舍，也只能作为参考，不可过度依赖轻信。尽信书不如无书的故训，放在类型化资料上同样有效。尤其是不能将他指后认当成预设，看似还原史事，实则编造故事，把呈现历史变成创造历史。应该将所有资料依时序事类相从，不偏不倚，探究事物的发生演化和人物言行的变化。否则以近代史料的繁复，错误的判断可能会导致形成似是而非的历史叙事，而且看似圆满。诸如此类的情形在近代领域所在多有，通行叙述与史事本相相去甚远。所谓治史如老吏断狱，要想完全还原案情，诚非易事。乾嘉考据号称实事求是，信而有征，而实事未必都有实证，有实证的却未必都是实事。只要找到直接证据就可以坐实的考证，多为具体的简单事情。充分汇聚材料，排比梳理比较的结果，剔除各种可能，剩下的最不可能反而能够通贯所有材料和事实。若是先有成见，挑选论据，就很容易误入歧途。

　　再现史事，要将大量碎片化的材料拼合连缀。史料再充分，相较于事实的复杂多面而言，也不可能完整。因为记录本身就不可能巨细无遗地面面俱到，留存过程又不可避免地有所散佚，所以治史在努力穷尽史料的前提下，仍然一方面要阙疑，不做过犹不及的假设求证，另一方面还需必要的判断推论，不能太过拘泥，以求不中不远的大体成形。若是必须完璧才能下结论，势将一事无成。两者之间如何拿捏得当，需要高明的艺术和高度的自觉。

　　取材详备之后，考证异同格外重要。一件事情往往有多个记载，有的大同小异，有的同中有异，有的异同参半，有的迥然不同。长编必须用材料说话，有几分材料说几分话，但材料不会自动说，必须整理者比较考辨，才能在适当的地方说出得体的话。

如果说年谱只要呈现整理材料的结论性意见，长编则应该进而将整理材料不断近真的过程呈现出来，但又并非层层剥笋似的考订。一般而言，任何史料之于本事都有部分的契合，编撰长编若将异同不一的材料简单排列，一则过于累赘，二则难以鉴别，适当的做法，应该是通过梳理比较，将各种材料与事实相吻合的部分析出，然后连缀成文，重现事实全过程和各层面的本相。也就是说，不能快刀斩乱麻地简单处理材料的复杂性真伪，仅仅依据相关因素即断言某种材料或某人记述为可靠，立为确证凭据，而是前后左右对比所有情节字句，通过梳理整合，剔除不符合整体及联系的成分，让与整体相吻合的具体片段彼此连缀。梳理材料不仅要判断真伪，斟酌取舍，合并完全相同的部分，而且要仔细比较细节的异同，从各种材料中选取各个环节记载最为详细准确的文字，黏合一体，使得事实的全过程和各层面渐次重现。这同时也是将全部材料去伪存真以及依据材料呈现可还原史事的研治过程，这是长编成功与否最为细微同时也是最为关键的决定性环节。

史事本相毕竟有迹可循，前人本意则往往没有直接证据，或是虽然有所依据，解读起来却因人而异，如果断章取义，势必会曲解本意。各家关于国学的理念以及讲国学的意趣，便最容易让来者各取所需，构建自己的观念逻辑，虽有系统，却流于附会。长编虽然体量较大，容纳资料较多，但也不能全都照录，必须有所取舍，而能否取舍得当，不能全凭主观，反而要尽量约束主观任意，尽可能全面完整地转达前人的意见。如果但凭己意，选取自以为重要或是自己看得懂的部分进行拼接展现，而将自认为无关紧要或看不懂的部分弃而不论，等于是阉割历史。唯有沟通古今中外，因缘观念和事物从无到有发生演化的历史进程，才能理解变幻莫测的前人心意。

比较前后几件相关联的事情，目的是显示彼此联系，以便事类相从。这些联系应该是事实的联系，而不能用后来的观念将前后无关之事强行连成一线。不过，有的事实联系隐而不显，需要在比较中用心揣摩，前后左右移形换位，才能逐渐显现。有的事实联系并非前后因果关系，而是相关关系。有的联系虽有事实，但是相距时间较长，全部聚合一处，不合长编体例，完全按照时序分述，又显得散乱，难以显现彼此关联。应根据情况，斟酌处理，前后相连的，可以适当合并叙述，间隔较长必须分述的，可以前后略加提示，以示关联。至于涉及多方的相关关系，应予概括的简要说明，避免孤立地抽取出来作为立论的证据。

或者有所疑虑，如此做法，势必篇幅大增，如何能够控制得当，避免冗长累赘。其实，长编当然不能太短太简，否则毫无意义。同时，只要把握长编考异之法的要诀，也不至于失控。首先，长编不是资料长编，取材必须剪裁概括，万不能将长编当作特定人事的资料汇聚，取代全集、资料集，这样反而失去长编应有的功能作用。现有的长编，有的常见资料也全文照录，有的虽然资料珍贵，可是已经另行结集出版，亦无照录的必要。真正考验编者的，反而是剪裁取舍详略得当。其次，长编有特定主题，无论如何伸展，不能脱离主轴，所谓万变不离其宗。至于具体如何伸展，伸展到何种程度，仍然取决于和特定主题人事的关联多少大小。如何拿捏得当，既是科学，也是艺术，须反复揣摩，心领神会，很难设定统一有效的标准。

长编若能做到上述程度，即兼具整理史料与著史的无二功能，可以成为独立存在的编年体之变相新体。具体而言，功能之一，可以训练近现代研究者，增强其整体观照和全盘驾驭的能力，推动近现代研究由刀耕火种的粗放开荒走向深耕细作的精细化，使得史料大幅度增加的困扰，变为承接固有良法与域外比较研究相融合的基础，进而成为将前贤治学办法进一步发扬光大的动力和机缘。

功能之二，大幅度夯实近现代研究的基础，提升研究的平台，减少观念先导举例为证的随心所欲，以及打破原有时空联系的自洽式解读和论述，使得材料回归原有的时空位置，又能够相互连接，由碎立通，从而有效增强近现代研究的学术性。

功能之三，形成检验各种观点主张的尺度准绳。近现代史料繁多，又貌似容易看懂，未经严格训练者不知其难度相应增加，反而随心所欲，断章取义。殊不知其说看似有据，其实根本无法纳入系统梳理过的材料与事实链条之中。长编的大量编撰，虽然不能阻止无知无畏者一往直前，至少能够有效地防止穿凿附会，让信口开河无所遁形，减少以妄言为高论的凿空逞臆，从而改变因史料多史事繁及方法不当所产生的各说各话的乱象，消弭由各执一偏的见仁见智引发的聚讼纷纭。

以上旨趣，参与编撰本书的同人心向往之，至于能否达成，则要看各自的悟性与努力，并有待于识者和时间的检验。

桑 兵

凡　例

　　一、本书依时序记述所有标名为国学的著述、言论、组织及活动。以自称为主，兼顾他指。

　　二、本书纪年，统用阳历，后附阴历，1912年以后仅纪阳历。每年于篇首标明清帝年号或民国纪年以及岁次干支。记事依年月日次序，具体日期不详者，系于可定年月之后，或置于相关史事处。

　　三、本书采用纲目体裁。凡下列情形之一者，仅列纲文，目文从略：（一）纲文纪事已足以说明问题者；（二）缺乏详细资料者。

　　四、本书引用资料，如系引录原文，概加引号。记述事件过程，一般采用综述；长篇论文等则择要摘引。资料出处以夹注形式简要注明，各类说明性注释用页下注。征引文献附全书后。

　　五、凡记事有异说者，经考订后取其一说，其余在页下注文中酌加说明。

　　六、本书记事，时间相同者，首条标明时间，其余各条用△标示。各条一般依时序、主次先后排列。

　　七、本书对国家、政府、党派、团体等，均用正式名称或通用简称，引文则按原状。有关主要人物以字号行者，视情况或于初见时注明原名。外国人名、地名，采用当时通用译称，或于初见时附注原文。全书附有电子版人名（字号）索引。

　　八、本书引文订正错字及增补脱字置于 [　] 内，缺字或无法辨识字用□表示。原文未加标点或仅断句者，均重加标点，或酌予分段。

总　目

第一卷　　1902—1908 年

第二卷　　1909—1919 年

第七卷　1929—1930年

第八卷　1931—1933年

第九卷　1934—1935年

第十卷　1936—1938年

第十一卷　1939—1943年

目　录

总序、凡例、总目、索引、参考文献
请扫二维码查看

1902年（清光绪二十八年　壬寅）

1月6日（辛丑年十一月二十七）　南洋公学监督沈曾植致函周家禄，邀其出任南洋公学文课总教习，以"维持江左旧风"，整顿"国学"尤其是"国文"。

函谓：

> 学堂一事，言易行难，空腹褊心，竞谈教育，教育固若是其易言乎？今日所当整顿，固不在西文而在中文，中文且不在国学而在国文。此间有学课、文课之分，其文课总教习一席，岁修千二百元，颇望高贤惠来海上，力为主持。外风输此（入）始于此，江左旧风维持亦当在此。（沈曾植：《与周家禄书》，引自许全胜：《沈曾植年谱长编》，中华书局，2007年，第265页）

所用"国学"一词，与国文相对，出于南洋公学学课与文课之分。其义既不同于国家一级的学校机构，复与代指外国学术（诸如日本国学）有异。沈曾植从教育的角度，提出最当整顿者在于国学尤其是国文，与其理念及当时南洋公学的体制、中西学关系、学潮皆有一定关联，尤集矢于教习之病。

　　其时沈曾植决定辞去南洋公学监督一席。先是，1901年3月2日原监督何嗣焜病故，南洋公学一时无人主持，盛宣怀乃致电郑孝胥，询南洋公学"应如何办法"。3月11日，郑孝胥应沈曾植、张謇电邀抵沪吊唁何嗣焜，3月13日复于雅叙园聚会，议及南洋公学监督一事，以沈曾植为人选。（劳祖德整理：《郑孝胥日记》，中华书局，1993年，第786—787页）沈曾植对此不无顾虑。函告夫人："梅生（即何嗣焜，引者案）一席，近似盛氏私人，常州人希觊者甚多，轻受之，岂得不虞后患。我意止愿与孝章为寻常宾主，不愿为亲密朋友。"（沈曾植：《海日楼家书》，引自许全胜：《沈曾植年谱长编》，第246页）此意贯穿于沈、盛相处之时，8月28日与夫人谓："南洋公学辞不脱，试办数月"，以观诸事是否顺手，以"决去留"。（沈曾植：《海日楼家书》，引自许全胜：《沈曾植年谱长编》，第254页）11月30日，沈曾植致函盛宣怀，已露请辞之意："学堂近年症结，鄙人略与疏通，以后来者，尽可徐奏功能，不必相视束手矣。"12月9日则明言辞职。（沈曾植：《与盛宣怀书》，引自许全胜：《沈曾植年谱长编》，第262—263页）

　　沈曾植所谓学堂弊病，主要在于学生受新思潮影响，"自由主义"之风盛行，具有革命意识。其症结在于教习人选不当，导致学生跟风。11月21日，沈曾植致函盛宣怀，即谓："默察病源，实教习之误弟子，第枝连叶附，非仓卒所将肃清，当次第图之。"（沈曾植：《与盛宣怀书》，引自许全胜：《沈曾植年谱长编》，第262页）12月29日，复致函盛宣怀："公学自由主义，二班生竟以揭帖公布于教习之前，此事颇有关系，不敢不以上告。……学生私会，蟠结甚牢，教习为之魁。前所辞退之白运霖，则执牛耳者也。自去秋以来，与苏中西、杭求是，颇与东洋学徒通声气，《国民》《清议》二报为其枕秘，思之殊可危。求是固已具有湖南时务学堂风气，此间殆不可不豫计也。"（沈曾植：《与盛宣怀书》，引自许全胜：《沈曾植年谱长编》，第 264 页）

1902 年 1 月 4 日，沈曾植向盛宣怀郑重提出改革公学事，为自己辞馆后公学仍能正常运作提出人事建议，谓："公学汉文课，明岁不能不整顿。总教习既由总理兼之，拟即将总教薪修分为二份（每份百元）。另订副总教习二人，学科订请姚子让（文栋），文科订请周彦昇（家禄）。两君皆名宿，品学俱优，有此二人相助为理，虽总理来去如传舍，大局亦有人坐镇矣。伍昭裔拟派充洋文总教习，日内上公事。"（沈曾植：《与盛宣怀书》，引自许全胜：《沈曾植年谱长编》，第 265 页）

稍后，1 月 11 日，沈曾植致函盛宣怀，详细说明己意：

各处学堂流弊大多出自西文，惟公学流弊出自中文，此为特殊症候，然遂恐为他日学堂普通证候矣。学生近朱近墨，变化何常，教习学浅而气乖，以残缺不全东洋之议论自文，其不知西学，不通经史，于是乎杂乱无章之课本行，而自由革命之怪论沸矣。欲救其弊，仍在整顿中文。汉文总教习一席久虚，故诸分教人自为说，此受病之本。……既置学、文二总教习，则分教诸人可以略从裁并，以其所薪脩另请汉文普通学教习一二人，专教后数班，课实学而不尚虚论，风气自然淳静矣。凡政治、法律诸学，自二班以上乃得学之，比照西文之阶级，以为中文阶级，有条不紊，庶可日起有功。（沈曾植：《与盛宣怀书》，引自许全胜：《沈曾植年谱长编》，第 266 页）

　　此意与沈氏半年前致丁立钧函相近，谓南菁书院"万一果改学堂，犹望公为经学留一隅之地。总之断断不可习西文，断断不可延洋教习。算学、化学、理财学、兵学、教育学，译本精深，尽有过于学堂西文之本，由此成学者，于通译即为见短，于治干实甚见优，将来学堂储备人才，期以任内政，非皆以任翻译也，何所为而废本国文字，强学他国文字乎？日本学堂专以译本为课程，西语、西文别为专门之学；埃及则专以各国语言文字教。一兴一亡，断可识矣"。重视本国之学尤其是本国文字之意可见一斑。（沈曾植：《与丁立钧书》，引自许全胜：《沈曾植年谱长编》，第247页）故颇自承"顽固之目，自信益笃，且与叔韫、让三为顽固党"。（沈曾植：《与丁立钧书》，引自许全胜：《沈曾植年谱长编》，第263页）

　　辞馆后，2月14日，沈曾植致函罗振玉，谓"公学剔除腐败，初试刀针，后来者当易奏功"。然颇忧虑"恐有新旧之见存，则病将益甚矣"。（沈曾植：《与罗振玉书》，引自许全胜：《沈曾植年谱长编》，第270页）11月5日，南洋公学因红墨水事件而引起学潮。12月6日，沈曾植致函周家禄，即判断"公学事，王梅伯至略述梗概，大都共和是其本旨，师徒之间借端起衅"。（沈曾植：《与周家禄书》，引自许全胜：《沈曾植年谱长编》，第279页）[1]

　　学潮后，刘树屏以公学总理处理南洋公学善后事宜询问梁启超。1902年，梁启超取《大学》"新民"之义，创报《新民丛报》

---

[1]　蒋维乔尝述蔡元培个人史，称："戊戌政变后，先生知清廷之不足为，革命之不可已，乃浩然弃官归里，主持教育，以启发民智。既而来海上，主南洋公学特班讲席。特班生类皆优于国学，得先生之陶冶，益晓然于革命大义。"（蒋维乔：《民国教育总长蔡孑民之历史》，《申报》，1912年1月8日，第1张第7版）

以作宣传。"以为欲维新吾国，当先维新吾民。中国所以不振，由于国民公德缺乏，智慧不开，故本报专对此病而药治之，务中西道德以为德育之方针，广罗政学理论以为智育之本原。"主张"国家主义"教育，倡导进取冒险、权利思想、自由、政治、自治、进步、自尊、合群等新"公德"，以铸成"立宪政治"的"新中国"。（《本报告白》，《新民丛报》第1号，1902年2月8日）南洋公学的学生本身即受到此类思想的影响，即沈曾植所称学堂学生"颇与东洋学徒通声气，《国民》《清议》二报为其枕秘"。此时《清议报》已停刊，《新民丛报》则正当时。同时梁启超也有意号召学生。故对学潮如何处理的态度，也是一脉相承，称："要之，中国今日民智渐开，顽旧之压力，终无术以抵文明之思潮，抵之者如以卵投石，多见其不知量耳。"教育者"若欲仇民权自由之论，运手段以压制之，吾敢信其总办易十人而学生之不能安如故也"。且言"中国今日所大患者二，一曰无活泼进取之力，二曰无自治纪律之力。办学校者所以养成国民也，当针对此两大缺点而药治之。于精神上鼓舞其自由，于规则上养惯其秩序"。对沈曾植一系言行有所针砭。又聚焦于沈曾植所着重整顿的国学（国文）科，谓"至如国学一科，言教育者万不可缺，而汉文教习之难其人，又无待言也。要之勿用总办之私人，博采舆论，求其有文明思想，其行谊可以为学生矜式者。虽学科不完备，犹能相安，若如前此教者之学力学识尚不逮受教者，其何一日之能安也。教育之事，必使受教育者敬服教者，然后其所教乃得入。若不慎选教习，而使有见轻于学生之道，未有能善其后者矣"。（《问答》，《新民丛报》第25号，1903年2月11日）梁启超所取国学，要注入"文明思想"，养成"国民"，正是南洋公学学潮所趋的目标。与沈曾植以国学、国文维系中国旧有纲纪大为不同。这一区分，大致体现了近代中国国学演进中朝野两歧之趋。

△　沈曾植函内以国学与国文相对应，出自公学学、文科的分别，其语义已与中国原本描述机构的国学大相径庭。在此之前，中国人已注意到近代意义上的日本国学，但并未用以描述中国学术。

目前所见中文文献最早介绍日本国学的是黄遵宪发端于1878年撰成于1887年的《日本国志》，其刊行则在《马关条约》签订之后。1895与1896年之交，《日本国志》由羊城富文斋初刊于广州。1897年，富文斋刊印经黄遵宪修订的改刻本。1898年，浙江书局刊行重刊本（初刻本），上海图书集成印书局刊印铅印本（修订本），汇文书局刊行木刻本（修订本）。1901年上海书局刊行石印本（修订本）。1902年丽泽学会刊行《五洲列国志汇》石印本（修订本），且在《申报》等报刊刊登广告。据统计，自1898年至1900年，该书在《申报》共登广告131次，成为清季经久不衰的长销书。（王宝平：《黄遵宪〈日本国志〉清季流传考》，《文献》2010年第4期，第177页）在《日本国志》内，国学兼具旧有的机构与新出的学术二义。

如谓："唐《开元礼》，国子、州县皆有释奠式，我邦有大学式，无国学式。"（黄遵宪：《日本国志》卷4，《续修四库全书》第745册，上海古籍出版社，2002年，第57页）

"汉籍初来时，仅令王子、大臣受学，第行于官府而已。及通使隋、唐，典章日备，教化益隆。逮夫大宝益崇斯文，自京师至于邦国，莫不有学　京师有大学，学有博士。国博士每国一人，学生大国五十人，上国四十人，中国三十人，下国二十人。自神龟以降，令博士兼三四国。　学必藏经典　神护景云三年，太宰府言：'此府为天下一大都会，其学徒蓄众，而府中惟蓄五经，未有三史正本。志在涉猎，道尚不广，伏请列代诸史各给一本，以兴学业。'诏赐《史记》《汉书》《后汉书》《三国志》《晋书》各一部。可知五经等籍，国学皆藏之也。　。"（黄遵宪：《日本国志》卷32，《续修四库全书》第

745 册，第 325 页）

又谓："国学生取郡司子弟以补于国司，国司既试，则随朝集使造于官，至则引见于办官，并付式部试，而得第则叙官。而朝廷之上，自帝王以至公卿，皆喜为诗文，以相提倡。文武帝尝谒学行释奠礼，清和帝并诏修释奠式于五畿七道，以示尊崇圣教之意。大学、国学皆以岁时祀先圣孔子，初称孔宣父，神护景云二年亦谥曰文宣王。大学配以先师为颜渊，从祀者九座，则闵子骞、冉伯牛、仲弓、冉有、季路、宰我、子贡、子游、子夏也。国学专祀先圣、先师，惟太宰府学三座为先圣、先师、闵子骞。所有典章制度一仿唐制，而遣唐学生所得学术归辄以教人，以故人材蔚起，延喜、天历之间，彬彬乎称极盛焉。"（黄遵宪：《日本国志》卷 32，《续修四库全书》第 745 册，第 325 页）

以上国学的语义源于中土，皆指教学机构。黄遵宪同时注意到日本江户时代的"国学"思潮。谓：

先是，处士高山正之、蒲生秀实、本居宣长等，或著书游说，或倡言国学，皆潜有尊王意。（黄遵宪：《日本国志》卷 2，《续修四库全书》第 745 册，第 39 页）

文久二年壬戌，又有人刺老中安藤信正于阪下门，信正伤肩仅免。贼斗死，检尸得书曰：信正继井伊氏后，侮蔑朝廷，亲昵洋夷，既贷殿山地于美使，又与美使论废帝事。使国学者检旧典，大逆无道，臣等敢戮元凶，以慰天下望云。（黄遵宪：《日本国志》卷 3，《续修四库全书》第 745 册，第 40 页）

箱馆奉行堀利熙屡谏老中安藤信正，不听，遂上书以死谏。略曰：墨使日诣贵邸，专论我政务，阁下共被同餐，尊之如师，又结为兄弟欢……殿山筑馆，卧榻鼾眠，阁下亦剖其无他。甚则渠论废帝事，阁下使国学者索旧典，仆窃闻之，血泪洒雨，铁肠若裂。天下士皆欲食阁下肉。（黄遵宪：《日本国志》卷 8，《续修四库全书》第 745 册，第 88 页）

近世有倡为国学之说者，则谓神代自有文字，自有真理，更借此伊吕波四十七字，以张皇幽渺，眩惑庸众焉。其字体如春蚓秋蛇，纷纭蟠结，不习者未易骤识。（黄遵宪：《日本国志》卷33，《续修四库全书》第745册，第337页）

与此相近，1879年3月，黄遵宪与东京府书籍馆干事冈千仞笔谈涉及"国学"。冈千仞称："王家之中兴，首建大学。仆时征为助教，与同僚议起释典式。是时国学者（我邦从来有二学，一皇学）用事，谓无祭异鬼之理。未几，国是大变，崇信洋学，至废大学，别开洋校，专讲西学，汉学一般目谓迂疏不足取，故大成殿一闭不开至今日。"对于日本尊洋学轻汉学别立国学的做法，黄遵宪以为："孔子之道，其大如天，不可分国而尊之。"孔子正如西方之"耶苏"，"未闻斥为罗马人而各尚其国学也"，如日本本学孔子而别尚"国学"。并提到："往昔大久保在时，与之论造士之方。吾谓去国学、汉、洋学之名，仁义道德之说取之汉学，而勿事其拘陋泥古之习；行政立事、造器务材惠工之法取之泰西，而去其奔竞纵侈之习；其他衣冠风俗因于日本，舆地史书专求日本，而相戒去其轻浮之气、见小之心，则庶几其可乎！"将洋学对应西洋，汉学对应中国，国学对应日本，建议不可存国学的名义。冈千仞回应："东洋各国，如朝鲜、安南及陋邦，皆用汉字以为国体风俗，犹洋人活用罗甸语。然则汉学，东洋各国之学，汉学以外，岂有国学者乎？"（黄遵宪：《与冈千仞等笔谈》，陈铮主编：《黄遵宪集》，中华书局，2019年，第1407—1408页）

与冈千仞笔谈中提到的大久保于 1878 年 5 月过世，黄遵宪 1877 年底随何如璋赴日，则二人对谈当在此期间。黄遵宪 1877 年底至 1878 年与大久保的对谈、自 1878 年开始准备撰写的《日本国志》、1879 年 3 月与冈千仞的笔谈，都讨论或记载日本的国学，未有意引之以概括中国学术。黄遵宪《日本国志》涉及国学多直接引自日本文献，所述学术义的国学，主要指日本江户时期以复古学、去汉意、尊王为主导的国学。

据日本学者河野省三的研究，日本近世使用学术义的国学一词，时在元禄至享保年间，由神道家倡导，国学一定程度上即意味着神道。（蒋春红：《日本近世国学思想：以本居宣长研究为中心》，学苑出版社，2008 年，第 125 页）国学的本义，"不是指大宝令中诸国学校提倡的国学。镰仓时代也有将有职之事称为国学的例子，但与今日种种所指不同。今日所说乃指由荷田春满提倡、贺茂真渊继承、本居宣长大成、平田笃胤扩张的一派国学"。（山田孝雄：《国学的本义》，亩傍书房，1942 年，第 26 页）内野吾郎的研究，指出日本近世使用学术义的"国学"一词，"最早的文献是正保四年（1647 年）的写本《延喜式》跋文，中有'顷年国学隆盛'，是为初见"。荷田春满《创学校启》则第一次"有意识地"使用"国学"一词，以表"国家之学""皇国之学"的意思，同时蕴含"古道之学"的意义。（内野吾郎：《文艺学史的方法——国学史的再检讨》，樱枫社，1974 年，第 120 页）江户时代以国学为名的论著不少，如荻生徂徕《徂徕先生国学问答书》，藤贞干《国学备忘》，吉见幸和《国学弁疑》（1746）、《国学忘见》（1783），樋原久民《国学弁解》（1805），僧立纲《国学弁翼》（1819），中条信礼《国学本义》（1844）。[①]此期的日本国学，以日本的古典为主要研究对象，以与清代考证相近的治学方法进行研究，同时带有较为强烈的恢复日本"古学"与去除"汉意"的意味。大体而言，江户时期的日本国学讲求古学去除"汉意"，针对对象包含德川幕府所倡导的以朱子学为核心的中国儒学，内中不无尊王之意。

《日本国志》的记载反映江户时期的日本国学。《日本国志》虽然多次重印，销量极佳，然《日本国志》所介绍的日本国学，并未在中国士人间产生共鸣。真正在中国士人中引起较大反响的是明治后日本国粹思潮中的国粹与国学。

明治维新后，日本政府推行欧化政策，导致社会出现主张彻底洋化的偏激倾向。正是在《日本国志》撰成后一年的1888年，三宅雪岭、志贺重昂等人成立政教社，鼓吹国粹思潮，以求扭转偏向。日本国粹，对译英文 Nationality（松本三之介：《明治精神的构造》，岩波书店，1993年，第128页），强调国性。故此期国粹思潮的重要杂志即有突出日本国性、旗帜鲜明的《日本》及《日本人》。国粹思想虽欲纠正彻底欧化的偏激，却并不排斥西学。三宅雪岭谓："吾辈一再倡导国粹论……发扬日本特有的精神，振兴日本固有的秀质，以此维持国家的独立开达……致力于警戒见他国之秀美，忘却自家之国、忘却自家之身的所谓欧洲主义人士，挽回今日盛行之流弊。与吾辈观点不同的人，他们仅从国粹保存这几个字字面意思去理解，

---

① 以上日本文献皆引自蒋春红《"国学"一词的来龙去脉》，载蒋著《日本近世国学思想：以本居宣长研究为中心》，第124—127页。

只见保存二字，以为吾辈要保存祖先传下来的旧事物，抵制欧美事物，闭塞今世开化之结果的新种传入之路，不欲其普及传播，这是对国粹主义的误解。"（三宅雪嶺：『余輩国粹主義を唱道する豈に偶然ならんや』，鹿野政直编：『日本の名著 陸羯南 三宅雪嶺』，中央公論社，1971年，第446頁）志贺重昂揭示国粹论，"非欲彻头彻尾地保存日本固有的旧分子、维持旧原素，只是输入进来泰西的开化，并以日本国粹所成之胃器官咀嚼之、消化之，以日本为身体而同化之者也"。（志贺重昂：《关于〈日本人〉所抱宗旨的告白》，松本三之介编：《明治思想集》第二册，筑摩书房，1976年，第10頁）显示国粹主义并不是要排斥西化，而是要以日本之主体吸收同化外来学说。

世纪交替，恰值国粹主义与欧化主义在日本两军对垒之际，这无疑会引起大批东渡求学或游历的中国官绅士子的关注。1902 年 7 月，佚名介绍《日本国粹主义与欧化主义之消长》谓："日本有二派，一为国粹主义。国粹云者谓保存己国固有之精神，不肯与他国强同，如就国家而论，必言天皇万世一系；就社会而论，必言和服倭屋不可废，男女不可平权等类。一为欧化主义，欧化云者，谓文明创自欧洲，欲己国进于文明，必先自去其国界，纯然以欧洲为师。极端之论，至谓人种之强，必与欧洲互相通种，至于制度文物等类无论矣。"（《译书汇编》第 2 年第 5 期，1902 年 7 月）1902 年 11 月，《游学译编》创刊，杨度撰《游学译编叙》，亦欲借鉴："日本由汉学一变而为欧化主义，再变而为国粹保存主义；其方针虽变，其进步未已也。"（《游学译编》第 1 期）1903 年 9 月 11 日发行的《浙江潮》介绍："有森有礼辈鼓吹欧风主义，即有井上毅辈主持国粹主义。国粹者，所以醒其纯粹国风之思想也，以言乎精灵，为国粹。以言乎具体，即唐风也。"（《不图今日重见汉官仪》，《浙江潮》（东京）第7期）当时观察者以为，日本的欧化主义远胜于国粹主义。1902年3月，罗孝高翻译《日本维新三十年史》，在广智书局出版。此书乃日本明治三十年时，日人举行维新纪念大祝典，由博文馆广聘学人，叙述三十年来日本史。全书分十二编，第一编即学术思想史，在此编中，写道："为讲求神道国学而游学东京者，一时颇盛。然其势比之于旭日中天的欧化主义，固不足十分之一。是犹以只手障狂澜，杯水救车薪，其不能见效也固宜。"（罗孝高译：《日本维新三十年史》，广智书局，1902年，第4页）

　　将此期日本国粹思潮下的国学介绍到中国者，始于《时务报》。1897年，日本《东华》杂志刊载《汉学再兴论》，古城贞吉将此文翻译为中文后发表于1897年4月出版的《时务报》第22册。此文分析日本学界内汉学、国学、西学的变迁大势，强调国粹主义有超越欧化主义的趋势。谓："明治以前，汉学最盛，士人所谓学问者，皆汉学耳。除汉学则无有学问也。及政法一变，求智识于西洋，学问之道亦一变，贬汉学为固陋之学，如论、孟、子、史之书，一委诸废纸之中，无复顾问者。然其衰既极，意将复变也。比年以来，国学勃然大兴，其势殆欲压倒西学，而汉学亦于是乎将复兴也。""试观近十年来，东京学业情形，前则政治法律之学，盛行于时，此等生徒，满于四方。其后学风一变，生徒修习文学者日众，而论其种类，虽分为日本文学，西洋文学，今将见有修习汉学者出焉。"故谓"汉学再兴之机，运将渐开"。

　　1897年，《时务报》第30册发表屠仁守《孝感屠梅君侍御辨辟韩书》一文，征引《汉学再兴论》，赞同日本振兴国学、返回古道之举，以此号召中国学人注意本国学问。谓："昨读译《东华杂志·汉学再兴论》，为之踌躇四顾，默愧之，滋畏之。以彼人士犹能言修身齐家设立教育之当取法，犹知尊《论语》为纯然道义之书，并推存亡消息之理，谓国学勃兴，将压倒西学。我方靡焉，欲步其后尘。彼乃皇然而思返古道。我方贬圣贤以遵西洋之善治，彼且稽经史而建东洋之政策。"（屠仁守：《孝感屠梅君侍御辨辟韩书》，《时务报》第30册）此文引用时涉及日本"国学"，其中"谓国学勃兴，将压倒西学"一句，引自《汉学再兴论》"比年以来，国学勃然大兴，其势殆欲压倒西学，而汉学亦于是乎将复兴也"，文字有约省，语义无变化，"谓"字称引的意思也明显，内容虽宣扬兴盛中国经史之学的必要，却并未将此义加于中国学术，以称中国的国学。^①

6—10月　吴汝纶赴日本考察教育，其间接触日本国粹派学者与教育家，留意教育改革中引入西学又能保持中国固有经史之学地位的理念与办法，吴汝纶接受了相关的意见，认为"吾国不可自废国学"。

6月9日，吴汝纶一行从塘沽出发，20日抵长崎。之后访长崎、神户、大阪、京都，考察当地各级学堂。后主要考察东京，调查东京学校制度。访问东京大学、高等女子师范学校、华族女学校、徒弟学堂、盲哑学校、常磐小学校、富士见小学、东京市立师范学校、东京第一中学校、东京府女子师范学校、早稻田学堂诸学校。同时历访文部省、外务省、参谋本部。

---

① 田正平、李成军《近代"国学"概念出处考》（《华南师范大学学报（社会科学版）》，2009年第2期）误认屠仁守一文是近代中国国学概念的最早出处。

9月10日至10月7日，听授19次"特别讲演"，内容涉及教育行政、教育大意、学校卫生、学校管理法、教学法、学校设备、日本学校沿革等。又拜访东京帝国大学总长山川健次郎、外务大臣小村寿太郎、文部大臣菊池大麓、高等师范学校校长嘉纳治五郎、华族女学校校长下田歌子、东亚同文会副会长长冈护美、帝国教育会会长辻新次、外务省总务部长珍田舍己、东亚同文会会长近卫笃麿、陆军大臣寺内正毅、参谋总长大山岩、教育家伊泽修二、宪政党总裁大隈重信、前文部大臣滨尾新、前文部大辅田中不二麿、东京帝国大学文科大学长井上哲次郎、枢密院顾问官副岛种臣、法务大臣清浦圭吾、政友会总裁伊藤博文等诸界人士。

此期日本教育界的思想论争中，体现国粹（因之有汉学复兴之说）与欧化的先后与协调，涉及旧有学说如何适应或进入新式西方分科体制下的问题。江户时代，几乎与清代的时间重合，其间虽有因明清鼎革日本视清朝为华夷而自居于"中华""中国"，因此提倡神道国学而排儒学，然而书塾与寺子屋的教育仍大都以"四书五经"为主。明治初期，推行与江户时代大相迥异的教育办法，主张欧化，以西学取代中国儒学。至1879年前后，围绕德育问题的讨论，又使得汉学开始重新抬头。1879年9月，明治天皇下达了由其儒学"侍讲"元田永孚执笔的《教学大旨》，主张"本祖宗之训典，专明仁义忠孝。道德之学，以孔子为主"。逐渐将"劝汉学"与兴"独乙学"（德国学）结合起来。东洋道德和西洋艺术相兼遂发展成为一种较主流的理念，1890年颁布的《教育敕语》，正反映这一风气。虽然如此，所"劝汉学"，也逐渐融入到德国式的分科体系之中。整体上说，以1886年颁布的《学校令》及之后的各项修正令为基础，确立了日本西式分科设学框架的近代学校制度，庚子之后，中小学的读书识字、修身等科目虽然仍出现四书五经的内容，但所学已以普及西学为主。至于高等教育阶段，传统中国的学说除被放入专门研究中国古典的汉学科目外，还被放入分科框架内的文学（实即汉学）、历史（东亚历史）展开。中国经史之学逐渐被纳入重新建构的东洋哲学文化体系中。[①]

与吴汝纶前后赴日考察学制者多关注到日本的新式分科学术体系，以及分科设学如何处理中学之法。如姚锡光注意到日本大学校分文、法、理、工、农、医六科，文科之中，汉文属焉。（王宝平主编：《晚清中国人日本考察记集成·教育考察记》上，杭州大学出版社，1999年，第11页）如关赓麟考察东京帝国大学学科设置，注意到该校文科分为哲学、国文学、汉学、史学、国史学、言语学、英文学、独逸文学、佛兰西文学九科。哲学与国文学都设有汉文学科目，汉学则分经学、史学、文学等专修科，科目互有不同。（王宝平主编：《晚清中国人日本考察记集成·教育考察记》上，第181页）如朱绶考察日本男子高等师范学校，注意到文科分为伦理、教育、国语、汉文、英语、历史、地理、哲学、理财、体操等科。（王宝平主编：《晚清中国人日本考察记集成·教育考察记》上，第114页）如王景禧考察小石川区大塚窪町高等师范学校，注意到学科分为预科、本科、专修科，本科与专修科都列有国语汉文类，"听汉文讲师宇野哲人讲授《左氏传》

---

① 以上参见小原国芳著，吴家镇、戴景曦译：《日本教育史》，上海：商务印书馆，1935年，第177页。桑兵：《近代"中国哲学"发源》，《学术研究》2010年第11期。聂长顺、金瑶：《明治前期日本教育中儒教主义的展开》，《日本问题研究》2012年第1期。朱贞：《晚清学堂读经与日本》，《学术研究》2015年第5期。

及《老子》，学生皆极意体会。"（王宝平主编：《晚清中国人日本考察记集成·教育考察记》上，第638页）缪荃孙感受到日本维新之后，国中古礼仍能相沿不废，"且于学校特设一科，所谓国粹保存主义也"。（王宝平主编：《晚清中国人日本考察记集成·教育考察记》下，第528页）林炳章发现，日本文部省于明治五年至十二年审定教科书，"修身杂引我六经诸子语"。日本汉学名家，亦时有人。而保存国粹、注重德育之议论，数见不鲜，"知孔教之精，亘古不可磨灭。所谓日月经天，江河行地，非浅流所能增损"。（王宝平主编：《晚清中国人日本考察记集成·教育考察记》下，第556—580页）

　　日本教育界人士对赴日本考察教育者的建议，因各自立场不同而意见分歧。吴汝纶收到以下意见："此邦有识者或劝暂依西人公学，数年之后再复古学；或谓若废本国之学，必至国种两绝；或谓宜以渐改，不可骤革，急则必败。"（吴汝纶：《答贺松坡》，施培毅、徐寿凯校点：《吴汝纶全集》三，黄山书社，2002年，第406—407页）其中，此期日本颇为兴盛的国粹主义思潮，仍得到充分反映。罗振玉经日本贵族院议员伊泽修二相告，新式教育"不可遽忘忽道德教育，将来中学校以上，必讲《孝经》《论语》《孟子》，然后及群经"。（王宝平主编：《晚清中国人日本考察记集成·教育考察记》上，第222页）胡景桂考察早稻田大学时获校长大隈重信提示，中国开办教育，宜重伦理道德教育，将经书、史书融入其中："宜先颁明诏，将《五经》《四书》有关伦理者，另编读本。史鉴中易感动人心者，撮其要领，编为修身书。此非废弃经史、割裂经史也。将来专攻文科者仍责令全阅，不过藉此简易之编，以一天下之志趣，以正天下之人心。"（王宝平主编：《晚清中国人日本考察记集成·教育考察记》下，第608页）

日本高等师范学校教授长尾槙太郎指出："今时当路皆知西学之为急，而汉学则殆不省"，因学徒脑力有限，"姑择其急耳，然其弊则至忘己"。建议吴汝纶："今贵国设西学，欲汉洋两学兼修，患课程之繁，小中学、高等学校（大学预备校）课程半汉文、半西学，而晋人大学则专修其专门学，则庶乎免偏弃之忧。"（王宝平主编：《晚清中国人日本考察记集成·教育考察记》上，第367页）曾担任文部省官员并参与制定《教育令》的田中不二麿则强调课本无论大小学堂，宜行酌量。如道德不取耶稣，而取孔孟之教。（王宝平主编：《晚清中国人日本考察记集成·教育考察记》上，第375页）

　　在访问期间，8月3日，吴汝纶受古城贞吉之邀，于精养轩与诸多日本教育家会晤，吴汝纶请大家"各以一言相赠"，"古城贞吉劝勿废经史百家之学，欧西诸国学堂必以国学为中坚。阪上忠之介劝不必关怀教本与教育方略之良否，但先使子弟强学，取范日本三十年前。坂本嘉治马劝打破旧弊。岸田吟香亦言扫除锢蔽是第一着手。又言渠辈编译西法教育，欲裨益中国学事。小林弘贞言教育之要在陶冶品性。杉原并次郎言如能同文通意，则于彼我文化大有便易。名盐佐助无言。古城云渠年少不能为君吐属。小村俊三郎云变法必先变俗，变法属政事，变俗关教学，其大任在君身握要也。古城谓移易风俗，圣贤犹难。五方交通，学有长短。如废贵国之文学，则三千年之风俗无复存者。人则悉死，政则悉败矣。是故英国有保守党以制西人之趋轻浮狂简也。"（吴汝伦：《桐城吴先生日记》，第578—579页）

　　10月8日，吴汝纶访日本明治初期文教主持人田中不二麿。田中在答吴汝纶"大中小学堂毕业期限，与欧美长短如何？"之问时，称："敝国长于欧美。欧美以国文修国学，敝国以洋文习洋学，所以长短相反。"而在答学堂课本用何文之问时，称："西学贵日新，新理续出，译而用之，不如原书有益进境。"而且可以省费，更因"学问深理，译而用之，不如原书得要"。至于"道德不取耶苏，而取孔孟固有之教。史书文学，除不得已者，仍用国文。世或有心醉西学之极，欲废绝国文专用洋文者。夫文字为国之命脉，绝国之文字，即断国之命脉也，欲其国不毙，得乎？"（吴汝纶：《东游丛录》卷4，施培毅、徐寿凯校点：《吴汝纶全集》三，第783—784页）兼合西学新理与孔孟道德，为变革中维系国脉的主张。

古城贞吉和田中不二麿的建议中，言及"国学"时，都可冠以国别，显示"国学"非特指名词，各国皆可各有"国学"。10月12日，吴汝纶在答大学堂同事李家驹之问时，明确使用学术义的"国学"一词指称中国学术。6月9日吴汝纶启程赴日之前，京师大学堂执事诸君饯别，并各提出应查事宜。10月12日吴汝纶有一答复。其中李家驹，"曾到日本访询学章，刻成大册"（郭立志编：《桐城吴先生年谱》卷3，民国雍睦堂丛书本），颇了解日本情事。吴汝伦答复李家驹之问，称："日本与吾国，国势、政体、民情皆有异同，比较之法，不可不讲。日本汉学，近已渐废，吾国不可自废国学。华学与西学有不能并在一学者，今开办之始，不能遽臻妥叶。日本现行学制，大氐西国公学，而尤以德国为依归。鄙心所疑者在中学，科目太多，时刻太少，程度太浅，余则似无可议。"（吴汝伦：《答大学堂执事诸君饯别时条陈应查事宜》，施培毅、徐寿凯校点：《吴汝纶全集》三，第443页）

目前文献不足以确证李家驹是否在条陈应查事宜时提到"国学"，但至少可以在此函文中了解到吴汝纶访日后明确接受了"吾国不可自废国学"的建议。

吴汝纶一行在东京考察以后，经京都、神户，于10月22日返抵上海。记录吴汝纶赴日教育考察详细经纬的，一是根据在日访问期间日方各种报纸的报道编集成的《东游日报译编》，该书除了报道访日进程外，还有日方官员、学者对中国教育改革的建议以及吴汝纶本人的教育改革设想；二是由吴汝纶在归国前写就并经日本三省堂书店出版（1902年10月17日）的访问报告书《东游丛录》。

9月中旬　梁启超函商黄遵宪，欲创办《国学报》，以保存国粹，养成国民为宗旨。黄遵宪建议作一《国学史》。

梁启超函已不可见，相应内容在黄遵宪9月23日的答函内有所布露。梁氏大体告知黄遵宪《国学报》的纲目，欲以梁本人及黄遵宪、马鸣分任。黄氏以为《国学报》"体大思精，诚非率尔遽能操觚"，建议"当以此作一《国学史》"。

梁氏函取义于日本，称"养成国民，当以保国粹为主义，当取旧学磨洗而光大之"。黄氏赞成梁启超之说，以为"恃此足以立国矣"。然以为，"持中国与日本校，规模稍有不同"，故需有所分别。称"日本无日本学，中古之慕隋、唐，举国趋而东；近世之拜欧美，举国又趋而西。当其东奔西逐，神影并驰，如醉如梦。及立足稍稳，乃自觉己身在亡何有之乡，于是乎国粹之说起"。中国则不然，"中国旧习，病在尊大，病在固蔽，非病在不能保守也。今且大开门户，容纳新学。俟新学盛行，以中国固有之学，互相比较，互相竞争，而旧学之真精神乃愈出，真道理乃益明，届时而发挥之。彼新学者或弃或取，或招或拒，或调和，或并行，固在我不在人也。国力之弱，至于此极，吾非不虑他人之挽而夺之也。吾有所恃，恃四千年之历史，恃四百兆人之语言风俗，恃一圣人及十数明达之学识也"。故谓："公之所志，略迟数年再为之，未为不可。此大事，后再往复。"

梁、黄二人往复讨论，政与学实相融。黄氏函内提及"六月中复公书"内"所论忠孝，乃犯天下之大不韪，亦暂秘之"。而谓："公所著《黄梨洲》，仅见于扪虱之谭，然已略得大概。吾意书中于二千年来寡人专制政体，至于有明一代，其弊达于极点，必率意极思，尽发其覆，乃能达梨洲未言之隐、无穷之痛。梨洲之《原君》，固由其卓绝过人之识，然亦由遭遇世变，奇冤深愤，迫而出此也。每读其书，未尝不念环祭狱门，锥刺狱卒时也。明中叶后，有一李贽者，所著之书，官书目中，谓其人可杀，其书可焚，其板可毁，特列存目中以示戒。谅其论政必多大逆不道之语，论学必多非圣无法之言。公见之否？"

而亦注意于"旧学中能精格致学者"，谓当"推沈梦溪，声、光、化、电、力、气无一不有。其使辽时，私以蜡、以泥模塑地图，即人里鸟里之说，亦其所创也。前有《梦溪笔谈》一书存尊处，今必乌有矣。然此书尚可购觌，日本应亦有之。他日必有人表而出之。康熙间，有刘献廷亦颇通各科学，然寻其所言，当由西教士而来，不过讳言所自耳。非如梦溪之创见特识，无所凭藉，自抒心得也"。（《黄遵宪致梁启超书》，《中国哲学》第八辑，生活·读书·新知三联书店，1982年）

梁启超"以旧学磨洗而光大之"，以国家主义思想注入中国学术之中，是梁氏1902年初提出的新民理论的有机组成部分。

1902年2月，梁启超创办取之《大学》"新民"之义的《新民丛报》，在第一期"必取政事学问之关于大本大原，切于时用者"的"论说"栏内（《本报告白》，《新民丛报》第 1 号，1902 年 2 月 8 日），署名"中国之新民"，发表了阐释"新民"理念的《新民说》，主旨即在于将国人改造为具备"政治能力"的"国民"。深受梁氏影响的胡适理解"新民的意义是要改造中国的民族，要把这老大的病夫改造成一个新鲜活泼的民族"。（胡适：《四十自述》，江西人民出版社，2016 年，第 62 页）"新民"理论架构的根本逻辑非常清晰有力，在于"欲维新吾国，当先维新吾民"（《本报告白》，《新民丛报》第 1 号，1902 年 2 月 8 日），因为"国也者，积民而成"（梁启超：《新民说·叙论》，《新民丛报》第 1 号，1902 年 2 月 8 日）。在此理路下，"苟有新民，何患无新制度，无新政府，无新国家"。所以，"新民为今日中国第一急务"。（梁启超：《新民说·论新民为今日中国第一急务》，《新民丛报》第 1 号，1902 年 2 月 8 日）故想要建成"新中国"，"新民之道不可不讲"。

　　梁氏"新民说"非常强调新民与新学的关系，称："新之有道，必自学始。"（梁启超：《近世文明初祖二大家之学说·绪言》，《新民丛报》第 1 号，1902 年 2 月 8 日）因为学问是"天地间独一无二之大势力"，可以左右国家、世界之前途。（梁启超：《论学术之势力左右世界》，《新民丛报》第 1 号，1902 年 2 月 8 日）"有新学术，然后有新道德、新政治、新技艺、新器物；有是数者，然后有新国、新世界。"（梁启超：《近世文明初祖二大家之学说》，《新民丛报》第 1 号，1902 年 2 月 8 日）"新民"理论的脉络，层层递进：新学—新民—新国家。新学，是为新民的底蕴根本。新民与新学，分之，则存在非常紧密的纽带，合之，则实为同一理念下的不同层面。

　　梁启超发表于《新民丛报》的《论中国学术思想变迁之大势》

或可视为一"国学史"。1904年10月23日发表的《论中国学术思想变迁之大势》之"乾嘉间"即谓："平心论之，惠戴之学，与方姚之文，等无用也。而百年以往国学史上之位置，方姚视惠戴何如哉？"（《新民丛报》第3年第7号）然梁氏第一次发表此文部分章节时，早在1902年3月，尚未与黄遵宪有此讨论，后续则未必无此意。

10月30日（九月二十九） 杨度、戴展诚经黄宝锷翻译，与日本教育家嘉纳治五郎对谈教育改革问题，主要讨论欧化主义与国粹保存主义的教育宗旨，何者更适合中国，以及欧化主义与国粹保存主义的实行先后次序。

先是，1902年初日本文部外部合力创设弘文学院于东京，"教支那游学人士"，"以代兴支那教育自任"。日本高等师范学校校长嘉纳治五郎主校。学院"中设教育一科，又分为速成永久两门，而各省所派速成师范学生，惟湖南十人先至，入院最早。江苏、四川、广东、浙江之自备资斧来学者，以其时各本省皆尚无官派者可附，则皆附属于湖南，列为一班"。此外，另有各省士大夫以教育之目的游于日本者，先后到来，"谋于嘉纳治五郎，皆以居于院外。每日入院听讲，附于湖南诸生，别为旁听一班"。杨度等人即在此内。

嘉纳治五郎因"将为支那谋兴教育"，出游北京、江苏、浙江、湖北、湖南等地，考察中国国政民风，以定教育宗旨。及其归国，湖南速成师范生六月期满，将辞归国。嘉纳治五郎因此在10月21日、23日聚众演讲，先后讲教育之普通与专门学问。湖南与各省师范生多来听讲，旁听者湖南惟有杨度与戴展诚。嘉纳治五郎讲"教育之种类不一，有普通，有专门，有实业，有美术"，以为中国

"最宜急者莫如普通、实业两种，而专门、美术为后"。原因在于，普通"为专门之基础"。而"普通"需要有"德育"，"如船之有舵工"，"趋向不正，则百物皆误其用"。嘉纳治五郎认为，"德育仍宜用孔子之道，而必得学人取其精理，以作为教科书。由浅入深，由粗入精，以教幼儿及于成童"。在运化孔子之道的同时，也应"审度世界大势，以养成国民适宜之性质"。至于普通与专门，"大学校为各专门最高之学，其效大而极缓，宁以俟诸异日。普通学之效，则至速而可即睹"。因此劝谕"诸君回国之后，可以办此为正大之基础，兼办应急之专门，以为时用，则缓急得宜"。杨度听讲后，对于演讲涉及的学理皆敬服，唯对于"办事方法"专在和平主义，有所质疑。认为基于中国政情，不能排除激烈手段。(《支那教育问题》，《新民丛报》第 23 号，1902 年 12 月 30 日)

10 月 30 日，杨度与戴展诚与译者唐宝锷同访嘉纳治五郎，遂相与纵谈激进、和平、守旧、进步的教育宗旨。杨度以为"外界之风潮不急，则内界之团力不生"。中国之新机，萌于甲午一役，即因此。故以为若如嘉纳治五郎所论，"任守旧之如醉如梦，终不与之冲突，后来之事，又将如何？"嘉纳治五郎所答，自杨度视之，则以为"据先生所论，则敝国此时之政府官吏，皆可不问其贤否，而惟借其权力，以兴教育，俟国民思想群集于中心点，而后可言国事"。对于以教育养成国民，意见一致，对于借力清政府的做法则并不认同。尤其对教育的欧化主义与国粹主义以及背后欧化的自由民权与对清政府的政治立场，尤为意见相左。

杨度认为中国的现阶段与日本不同，对于教育之道，当然不能取日本此期的精神，故提出：

以予思之，各国国民之程度不同，则精神亦不能易地而善。予观贵国教育之精神，亦经屡变，锁港以前之时代，国民之静守性，亦甚深固。及得见泰西之文化，而举国风靡，群趋于欧化主义，自由民权之说，弥满于社会，其后乃归于国粹保存主义，此亦由人群之感情，由渐进化，所必经之阶级，而无可逃避者也。今敝国之言教育，方自此始，若遗其中间过渡转关之一级，而以贵国今日之主义行之，则不惟有躐等之患，且以顽固之国民，而加以保守之教育，必将益缚其进步。故予意以贵国前日之教育精神，施于敝国之今日，其程度乃为适合也。

他力主欧化主义教育，取其自由民权之说。嘉纳氏则认为，"凡国固不可不求进步，然有和平的进步主义，骚动的进步主义，如以欧化为主，则为骚动的进步主义。贵国今日之情势，若更加以骚然不靖，实非国家之福，予殊为之深虑"，主张和平的进步主义。对此，杨度以为中国不可取完全的和平主义，宁以欧化与国粹两派共存，亦胜于持国粹主义教育的立场：

不言教育则已，不言教育之精神则已，苟其言之，则未有不经骚动而能入于和平者，此事理之无可逃，予亦未尝以此为福而望之也。夫一国有一国之国粹，若有贤人哲士，取欧化与国粹保存两主义，参酌而融贯之，以定教育之旨，是其上也。若不能然，则惟以两派分掌教育之精神，一持欧化主义，一持国粹保存主义，在贵国之后先相继者，在敝国而同时并重，以

相反之理，为相救之法，或可稍免骚动之患耳，至欲使之全归
于和平主义，恐非势之所能。

杨度日记同时记有与伊泽修二论国粹与欧化两大主义的对谈，
与此事相关。《新民丛报》录存比观，反映杨度的立场与态度。杨
度问："贵国教育，由欧化主义变为国粹保存主义，此前后两主义，
不亦过于相反乎？"伊泽修二答道："此乃区分教育之时代，而取
其概状以名之如此耳。其实欧化时代何能尽弃国粹，国粹保存时代
何能遂拒欧化教育之方针，因国体民情而变迁，故其名目亦因之而
变，特皆举其大者言之。"

因嘉纳治五郎为日本代谋中国教育之人，于中国前途密切相
关，故反复辨之。杨度以为："贵国维新以来，首慕美国学风，群
宗路索、福禄特尔、斯宾塞之学说，以故其国民有发扬蹈厉、奋兴
鼓舞之机，国本之所以立，即在此时。其后乃改而宗黑拍儿、孔孟
之学说焉。此阶级之可考者也。"与日本相比，"敝国国民今日之程
度，视贵国锁攘时代之静守性无以异，而人心之腐败嗜利，又不如
其侠武尚气焉。非得路索诸儒之学说以鼓励之，无以去其死气，而
发其生机，故取贵国前此之教育，以移于敝国之今日，适为程度相
合，不然则时地未能适宜，将有躐等之忧，而必无收效之望"。主
张偏于自由民权的欧化，而采激进主义。对于嘉纳治五郎所取先以
德育的国粹保存主义，以及背后与政府的合作性，不无对抗。（《支
那教育问题》，《新民丛报》第 24 号，1903 年 1 月 13 日）

10 月 31 日（十月初一）　马叙伦发表《中国无史辨》，反驳中
国无史说。区分学术与政治技艺的不同，承认政治技艺不如西方，

力证中国学术优于西学，中国史学寓有立国特性。列强皆保存国粹，各守国性，中国亦应"急保其国粹"。

马叙伦所辨中国无史论，创说自梁启超的《中国史叙论》《新史学》，发端于"君史"与"民史"的讨论，背后则镌刻有国家、国民、社会、群等西方政治思想的印记。

1897年，梁启超谈"国与国并立，而有交际，人与人相处，而有要约，政法之所由立也。中国惟不讲此学，故外之不能与国争存，内之不能使吾民得所"。反映于史学，"史者所以通知古今，国之鉴也"。由国之别，表现中、西史学之别，"中国之史，长于言事，西国之史，长于言政。言事者之所重，在一朝一姓兴亡之所由，谓之君史。言政者之所重，在一城一乡教养之所起，谓之民史"。为奠立"立国之本"——政法，"观西人变法之始，情状若何"，亦须转变史学眼光，注意西方的农业史、商业史、工艺史、矿史、交际史、理学史等"民史"，矫正只知有君史之弊。（梁启超：《论学校七：变法通议三之七译书》，《时务报》第27册，1897年5月22日）《续译列国岁计政要》大体即是对这一类西方民史的引入译介。梁氏的叙区分"君史""国史""民史"，指出："民史之著，盛于西国，而中土几绝。中土二千年来，若正史、若编年、若载记、若传记、若纪事本末、若诏令奏议，强半皆君史也。"明确"尊史"，在于"鉴往以知来，察彼以知己"。读史，应知一国"其所以强弱之故"。中国之修史者，"于易代之后，乃始模拟仿佛，百中掇一二，又不过为一代之主作谱牒，若何而攻城争地，若何而取威定霸，若何而固疆圉长子孙，如斯而已。至求其内政之纲弛，民俗之优绌，所谓浸强寖弱与何以强弱之故者，几靡得而睹焉。即有一二散见于

纪传，非大慧莫察也。是故君史之弊，极于今日"。（梁启超：《续译列
国岁计政要叙》，《时务报》第 33 册，1897 年 7 月 20 日）对于史学的判分优
劣，根本在于能否见国势"强弱"之所以然。中国只知有"君史"，
不知有"民史"的论述，后续发展为中国"无史"。

1901 年 9 月，梁启超发表《中国史叙论》，从学术进化的角度，
将史家分为"前者史家"与"近世史家"，代表两种不同的史学记
述方式，"前者史家，不过记载事实；近世史家，必说明其事实之
关系与其原因结果。前者史家，不过纪述人间一二有权力者兴亡隆
替之事，虽名为史，实不过一人一家之谱牒；近世史家，必探察人
间全体之运动进步，即国民全部之经历及其相互之关系"。将之前
中西史学的区分——君史与民史，转为"前者"与"近世"的价
值区分，在此基础上，明确称："虽谓中国前者未尝有史，殆非为
过"。（梁启超：《中国史叙论》，《清议报》第 90 册，1901 年 9 月 3 日）1902
年 2 月，梁启超正式打出"新史学"与"史界革命"的旗帜，总结
中国旧史学的病源在于"知有朝廷而不知有国家""知有个人而不
知有群体""知有陈迹而不知有今务""知有事实而不知有理想"，
以此之故，使得中国旧史不仅"难读""难别择"，更是"曾无有足
以激励其爱国之心，团结其合群之力，以应今日之时势而立于万国
者"，故不能使国人受益，因此要更新史学，"提倡民族主义"，为
养成国民构筑国家提供史学资源。（梁启超：《新史学：第一章 中国之旧
史学》，《新民丛报》第 1 号，1902 年 2 月 8 日）

"无史"说多与"无国"论相结合，梁启超所谓"知有朝廷而
不知有国家"，一定程度上，即是说旧史无"国家"，建立新史学，
即要使国人知有"国家"，逻辑上已有"新史学"到"新中国"的

味道。因此，批评中国"无史"，即批评中国"无国"或不成国，显示判定"无史"在于接纳"有史"，有强烈的国家主义倾向。1902年2月，邓实等人在上海创办《政艺通报》，宣称当"使天下皆知爱吾学以爱吾国，则学存而国可不亡"。（邓实：《第七年〈政艺通报〉题记》，《政艺通报》戊申第1号，1908年2月16日）邓实说明，阅读三千年史书，不能不感叹："史岂不若是邪？中国果无史邪？"阐明"中国史界革命之风潮不起，则中国永无史矣，无史则无国矣"。（邓实：《史学通论一》，《政艺通报》壬寅第12号，1902年8月18日）与梁启超新史学说有一脉相承之处。

马叙伦此文开宗明义，对于梁启超的无史说提出不同意见，其逻辑的重心，在于反无史故无国，而持有国故有史，史学久存无亡理。文章道："夫有世界斯有国，有国斯有事，有事斯有史。中国非国乎？何无史也？且目之所视者，耳之所闻者，口之所颂者，身之所接者，何一非史事？何一非史？何必读《二十四史》而后为史？何必读古《尚书》《春秋》而后为史？中国非国乎？何无史也？"中国史学的范围，远大于梁启超所批评的"君史"，"史者，国之代表也。其巨者，一国社会之文明野蛮系之，种类之兴亡进退系之；其细者，民族之变革，官制之沿废，郡县之迁徙，山川之改易系之。是故，国有亡有灭，而史则与天地相久长，与江河日月相终始，穷古亘今，而无亡理"。

对于梁启超所持《二十四史》为家谱说，不能感发国人，文章辨"人之言曰《二十四史》非史也，二十四姓之家谱而已"，称："中国固有史，夫《史记》者固我中国特别之史，而于国界世界中有以感发人之思想者也。世家起于泰伯，列传首次伯夷，命意深邃，岂一孔浅见之儒，所得知哉。""史公者，我中国精神圆满家之卓荦不群者也，《史记》者，我中国精神专注者之超拔出类者也。"继司马迁而起者，为郑樵，皆为中国史学开特别之史。（马叙伦：《中国无史辨》，《新世界学报》壬寅第 5 期，1902 年 10 月 31 日）只是"多遭流俗之讥评，不能受知于世。大抵书之愈精者，谤亦愈众。《史记》《通志》精微过《论衡》诸作，故为议谤所丛集"。故中国并非无史，无学术，史学与学术实衰于流俗不识真学术。

与不识中国学术之真一样，文章同时对于当时举国哄谈西学而不辨其新、旧与有用、无用的士习学风颇为担忧，谓："自近载以来，举国谈士交口倡新学，登山而呼，四陲皆闻，和者靡然，如涂涂附。然所谓新学者，不过崇拜西人，如乡曲愚夫妇之信佛说，初未识其精旨也。是西学也，不闻其是昔是今，无不习之。是西书也，不顾其有用无用，无不译之。然而择焉而不精，语焉不详，俚语充塞，贻笑通人，诟旧学如寇仇，斥古书为陈腐，欣欣得意，自以为他日中国之兴，皆若辈之功矣。"而以为"我论若是者，直杀我民之大蠹耳，亡吾国之蟊贼耳"。言下之意，中国无史论即是这一风气的表征，提倡中国无史论者即是对这一学风的推动者。

因此，力持一国需有一国之特性，国粹适宜保存，为立国、强国之本。道：

吾尝闻诸吾国人之言曰："国之立也，有大宝焉，是名曰国粹。国粹存则国存，国粹亡则国亡，国粹盛则国盛，国粹衰则国衰。"吾又闻之新体欧洲教育史曰："国民教育而有外国语

言文字实非得已之事。"呜呼，是诚通言哉。夫一国必有一国
之特性，而后可言特立。毋论政治、学术、技艺三者具备，其
国固必大强，即三者能得其一，国亦必能小治。今日泰西诸
邦，皆各守其特性，各崇其国粹，莫有弃其国粹而盲从他人
者。如东邦日本维新以来，几尽弃其旧学，而从泰西矣，然近
日彼邦士大夫亦斤斤以复汉学为务矣，此亦立国之公理哉。

马氏承认"吾政治技艺皆不足取"，同时强调"学术则有远过
欧西者矣"。举《史记》《通志》论，谓如《史记》"如律书言竞争
之原，礼书明人类之本，夫岂泰西纪元前若锁克刺底、若喜太来
士、若普刺通、若亚利旗托儿之流所能侃侃而道哉。而十二本纪，
三十世家，七十列传中精意横溢，锐思之士，自能得之"。如《通
志》"天文略开推步之源，昆虫略申物理之精，则又今日泰西哲学
之先声矣"，故称"中国之学术何尝不及泰西，中国又何尝无史"。
遂号召国人"急保其国粹"。（马叙伦：《中国无史辨（承前）》，《新世界学
报》壬寅第9期，1902年12月30日）

10月 杨度撰成《游学译编序》，主张扶持中国固有文明，培
植西洋新说，以成少年中国。随即《游学译编》创刊。

当年5月，杨度自费留学日本，于东京弘文学院学习日文，且
留心日本新式教育。尝为日本教育家伊泽修二所撰《日本学制大
纲》一书撰后序，后又与嘉纳治五郎围绕中国教育的欧化与保存国
粹展开讨论。是年秋，杨度与黄兴、杨笃生等湖南留日学生创办
《游学译编》，并拟定办刊原则与编辑方针。杨度撰写了《游学译编
序》，系统阐述该刊的宗旨。

序文承认："今日外人之诃我中国也，不曰老大帝国，则曰幼稚时代。"以为"此无足怪也，过渡时代之现象则然也"。并引日本的欧化与保存国粹相解释。称：

> 今之以老大诃我者，岂不以中国者，与埃及及印度、小亚细亚同称为世界最古之国，立国数千年之久，而今日之政治学术，不惟无以胜于古，且递加衰息焉。故谓之为老大乎。其以幼稚诃我者，又岂不以中国者，亚洲大陆上一土地最广人民最众之国也，乃远而比于欧美，其程度相千万，近而比于同洲之日本，其程度亦相什佰。虽欲师人而莫知所从，故谓之为幼稚乎？虽然，其论中国则当矣。

而言老大与幼稚，本为进化中相辅相成之事。所谓：

> 夫天下万事万物之进化何一非老大与幼稚两现象后先相禅以成之者耶？又何一非老大与幼稚两现象同时并立以成之者耶？推之欧洲各国而皆然，推之日本亦何莫不然。欧洲自十八世纪以来，思想横溢，沛然如骤雨之下，或主唯神论，或主唯理论，或主唯心说，或主唯物说，或主天赋人权说，或主世界主义，或主个人主义，或主实利主义，或主感觉主义，各挟其专精独到之理论，以争雄于学界，因而弥及于社会，形之于实事，使之有日进千里之势，以成今日之文化。然则自中世末以至今日之欧洲，何日而非倍根、笛卡儿、孟得斯鸠、卢梭、亚丹斯密、达尔文、斯边撒诸贤之精神相递

禅、相掺夺，以成此过渡时代之现象至今而未有已也乎？日本由汉学一变而为欧化主义，再变而为国粹保存主义，其方针虽变，其进步未已也。

又引"东京高等师范学校教员波多野贞之助之言曰：可悸哉，西洋文明进步之速也，日本之留学西洋者，方毕业归国，以之教人，而其所学，又已为西洋所废弃。五年前之书籍，仅可为历史上之材料，而不能为学术上之材料"。正因有此，才有"维新三十年来之日本，又何日而不视欧美之进步以为进步，振起直道，惟恐不及，以成此过渡时代之现象，而不知其所止也乎"。

故序文郑重提出：

由此观之，则我中国者，以东洋文明之固有，而得老大之名，以西洋文明之将来，而得幼稚之名，乘此迎新去旧之时，而善用其老大与幼稚，则一变而为地球上最少年之一国，夫岂难耶？同人之译是编也，将以为扶持老大培植幼稚之助也。

善用老大与幼稚，正与日本欧化主义与保存国粹主义兼用，时时求学术之进步理念一致。（杨度：《游学译编序》，《游学译编》第1期，1902年11月14日）

11月14日，《游学译编》创刊号出版。是编"凡分十二门。曰学术、曰教育、曰军事、曰实业、曰理财、曰内政、曰外交、曰历史、曰地理、曰时论、曰新闻、曰小说。用五号字，洋装九十叶。现时通行丛报字数之多，除《新小说》外，当以此编为最。近日译书出报者虽多，书主陈言，报主新事，欲求一兼二者之长者，戛戛其难。此编杂译书报，新陈各备。又以外人理想，多为我国国民脑中所无，若据全书直译，则满纸皆生涩之词，译者虽劳，而观者欲睡。故于各书中，摘译其菁华，自为贯串，以求合我国之程度，动阅者之感情，实可称译界中一进化也。"（《游学译编第一号》,《新民丛报》第 20 号，1902 年 11 月 14 日）

随后各地类似报刊相继创办，"自湖南同乡会创办《游学译编》，省会竞办杂志，《湖北学生界》与《浙江潮》及直隶之《直说》均已陆续出版，江苏之《江苏》亦可不日告成。其他福建则有《闽学丛书》之刊，安徽则有劝告内地之文。凡以输入文明，扶助进步者，至殷且挚已"。（《留学界：〈湖北学生界〉及〈浙江潮〉之发刊》,《政法学报》癸卯年第 1 期，1903 年 1 月 28 日）此类留日学生所办刊物，都注意日本维新中欧化主义与国粹保存主义的相竞相争相融的情状，输入文明即包含保存国粹主义，又多讨论欧化与保存国粹的次序与融合新旧之道。

△ 《译书汇编》改变体例，在译书之外，增加同人论著，取中西思想融会贯通，以为过渡时代学术独立之一步。黄节在此期发表《爱国心与常识之关系》，讨论保存国粹需对于己国有常识，不能盲目爱国而保存国粹，以阻欧化之路。

《译书汇编》发表"改正体例告白"，称："本编创自庚子，其时败衄之余，同人留学斯邦，眷念故国，深惟输进文明，厥惟译书。乃设社从事译事，创为本编，选译东西名人著述，分月印行。此外又副以单行本，随时增刊。二年以来，成书数十种，久为阅者所共许。""惟是凡事必求其进步，译书之事，仅能假他人之思想，直接映之于吾，而不能即以为吾之思想，纯以吾之思想发表，斯之谓学问独立。今于此数年中，欲骤脱译书时代，而进于学问独立时代，此固程度限之，不能骤及。然取他人之思想，而以吾之思想融会贯通之，参酌甄别，引伸发明，实为二时代过渡之要著。"故改正体例，"以同人数年研究之心得，借本编以发表之。专主实学，不事空谈，取政法必要之问题，以与吾国民留心斯学者互相商榷"。（《译书汇编第九期改正体例告白》，《译书汇编》壬寅第9期，1902年10月）

　　黄节在此期发表《爱国心与常识之关系》，涉及保存国粹的复杂性。黄节谓"国民之对国家，以有爱国心为第一义"，并总结"爱国者"有二派："其一为盲信己国派。此派以己国所有者，视为至上无极，不知己国之外更有世界；若吾国古来自称为中华，而其他皆鄙为夷狄之类是也。其二为无视己国派。此派以己国所有者，视为一无足取，一唯他国是崇拜，而不知国粹之为何义；若日本维新时，有唱言日本国语当易以英语，日本人种当杂以西种之类是也。是二派者，一主保守，一主进取，其望己国之为人上，而有纯然之爱国心，一也。然其无常识，则均不能为二者讳。"所谓常识，即"爱国心之发见，必先实知己，识可爱者何在，而后爱乃用其当"。于是有第三派即有常识之爱国者，其"深知己国之长短。己国之所长者，则崇守之；己国之所短者，则排斥之。崇守排斥之间，时寓权衡之意，不轻自誉，亦不轻自毁，斯之谓真爱国者也"。指出"由前一派，则易生自慢心，而有增长国恶之患；由后一派，则易生自弃心，而有蹂躏国粹之虑"。前两派在"常识"方面是"一过之而一不及"，惟"国家当过渡时代，常识者既不可得，则与其不及，无宁过之。国粹稍损，尚有恢复之望。国恶日长，将有危亡之虞。得百自誉者，不如得一自毁者，其犹有进步之望也"。
（黄节：《爱国心与常识之关系》，《译书汇编》壬寅第9期，1902年10月）中
国尚在追步西方，将政艺相合的阶段，不可因保存国粹生盲目爱国
心，阻碍中国进取之道。

12月30日（十二月初一）　黄节发表《国粹保存主义》，主张
国粹应是在进化论的眼光下适宜中国者，不分中国与外国，适宜中
国者中外资源皆可成为国粹，不应以保存国粹阻欧化进展。

是年2月，"国家方丁庚子之变"，邓实"念亡国之无日，惧栋
榱之同压，于是皇然而有《政艺通报》之刊"。（邓实：《第七年政艺
通报题记》，《政艺通报》戊申年第1期，1908年2月16日）以为"古今治
乱之所由，中西强弱之相反，其大在政，其小在艺"。（《政艺丛书叙
下》，邓实辑：《光绪壬寅（廿八年）政艺丛书》，沈云龙主编：《近代中国史
料丛刊续编》第27辑，文海出版社，1976年，第3页）"以博通中国政治、
外国政治艺学为主义，上下古今、旁罗中外，以备国朝掌故之资，
远以继《通典》《通考》之轨。"（《政艺通报凡例》，邓实辑：《光绪壬寅
（廿八年）政艺丛书》，沈云龙主编：《近代中国史料丛刊续编》第27辑，第4
页）以统合政艺为取向，以为"三代以上政与艺合，三代以下政与
艺分，此古今所以一治而一乱也。昆仑以西政艺由分而合，昆仑以
东政艺由合而分，此东西所以一强而一弱也"。统合政艺则首要泯
灭中西新旧之争，会通中西新旧："法无所谓中西也，中西于行法
者之心。学无所谓新旧也，新旧于承学者之口。""为治无古人之意
则必俗，徒知守古人之法则必迂，非会而通之不可行远也。""知古
知今""知中知外"是谓通，缺一即可谓不通。（《政艺丛书叙上》，邓
实辑：《光绪壬寅（廿八年）政艺丛书》，沈云龙主编：《近代中国史料丛刊续

编》第27辑，第1—2页）

　　《政艺通报》社位于上海四马路东惠福里，附设湖海有用文会以汇集同志。报社由邓实主持，事实上也由邓实独自创办。此报在广告介绍中屡述："本社总撰邓秋枚先生仍复依旧主持撰辑，承担责任。"（《本社广告》，《政艺通报》壬寅年第22期，1902年12月30日）"撰述编辑仍由邓秋枚先生主持、担承责任。"（《乙巳年之政艺通报广告》，《政艺通报》乙巳年第4期，1905年4月5日）与《政艺通报》关系密切的马叙伦亦称："那时，一位广东人邓实先生（别字秋枚）独自办了一份期刊，叫做《政艺通报》，约我写文。"（马叙伦：《我在六十岁以前》，生活·读书·新知三联书店，1983年，第21页）《政艺通报》面世之后，影响逐渐扩大，销量由最初的二千册，自第七期起每期多印千册，自十二期起每期又多印千册。（《本社广告》，《政艺通报》壬寅年第22期，1902年12月30日）故机器与人手都不敷。

　　1902年底，与邓实同出于简朝亮门下的黄节确定加入《政艺通报》。《政艺通报》第22期刊登"本社广告"，介绍"本社明岁拟延顺德黄纯熙晦闻先生、广德李振铎晓墩先生襄助撰述之事"。并再次重申创办宗旨，谓："同人创始此报之目的，原以欧美各国人人皆有参政权，人人皆有政治学术之思想，故其国人皆有可为国民之资格，吾国参政权既未可得，而其思想其资格，固不可不先有以养成之也，同人具此目的，忝为国民之一分子，有扶翊文明之义务，凡可以助吾同学诸君之研求者，虽遇种种之困难，犹当为之，矧有利便之可图名誉之可获乎，则其所以酬答同学诸君者，庸有极也。"强调发扬科学、政学以养成国民资格的职责与宗尚。（《本社广告》，《政艺通报》壬寅年第22期，1902年12月30日）

　　黄节在《政艺通报》发表文章始于1902年第15期。《政艺通报》在该期介绍黄节加入，黄节本人也在该期"政学篇"发表了《国粹保存主义》一文，系统阐释保存国粹养成国民之意。

　　文章开篇即论述由社会而成国家，一国家有一国家之精神。谓：

> 　　析六洲黄色白色黑色铜色棕色人种，而成一社会。一社会之独立，而成一国家。一国家有一国家之土地之人民之宗教政治，于是其风俗气质习惯遂各有特别之精神焉。夫有特别之精神，则此国家与彼国家，其土地人民宗教政治与其风俗气质习惯相交通相调和，则必有宜于此而不宜于彼，宜于彼而不宜于此者。知其宜而交通调和之，知其不宜则守其所自有之宜，以求其所未有之宜，而保存之。如是，乃可以成一特别精神之国家。

　　并引日本由欧化主义进而入于国粹保存主义的历程，以讨论何谓国粹。其解释道：

> 　　夫国粹者，国家之特别精神也。昔者日本维新，欧化主义浩浩滔天，乃于万流澎湃之中，忽焉而生一大反动力焉，则国粹保存主义是也。当是时，入日本国民思想界而主之者，纯乎泰西思想也。如同议一事焉，主行者以泰西学理主行之，反对者亦以泰西学理反对之，未有酌本邦之国体民情为根据而立论者也。文部大臣井上馨特倡此义，大呼国民，三宅雄次郎、志贺重昂等和之。其说以为，宜取彼之长，补我之短，不宜醉心

外国之文物，并其所短而亦取之，并我所长而亦弃之。其说颇允，虽然以论理上观之，不能无缺点焉。

黄节以为日本国粹学家所持"本邦之国体民情"之国粹说于论理上有其缺点，并以进化论之眼光，提出适宜本国者，不论本国所固有，或外国所引入，皆可称为"国粹"。其详辨道：

> 夫执一名一论，一事一物，一法一令，而界别之曰我国之粹。曰我国之粹，非国粹也。发现于国体，输入于国界，蕴藏于国民之原质，具一种独立之思想者，国粹也。有优美而无粗粗，有壮旺而无稚弱，有开通而无锢蔽，为人群进化之脑髓者，国粹也。天演家之择种留良，国粹保存之义也。譬如有地焉，蓬蒿棘榛，郁勃蹊径，甚矣其荒也。有人焉为之芟夷，而蕴崇之，缭以周垣，树以嘉木，不数年葱茏蔚森矣。夫地之宜于植也，其生是嘉木，犹其生是棘榛也。是宜于植者，地之粹也。因其宜于植，而移嘉木以植之，或滋兰焉，或树橘焉，则焕然秀发者，虽非前日之所有，而要之有是地，然后有是华，不得谓非是地之华也。是故本我国之所有，而适宜焉者，国粹也。取外国之宜于我国，而吾足以行焉者，亦国粹也。井上之言，是知我国之所有者为国粹，而不知外国之宜于我国而吾足以行焉者，亦为国粹也。

最后引马路所说："政治之良否，关于人民之德智，以空理组织之政体，虽如何巧妙，亦不适于实用，而无永续之力。永续之力为何？曰宗旨也，地位财产也，善良政治之习惯思想也，尊崇历史怀远追旧之情也。"以及加藤弘之所说："欧洲各国宪法之精神，大抵无异。至政府之权力，议会之权限，则宽严大小皆有所宜。所以然者，各国之风俗历史不可苟同也。"因此以为："夫研究我国与外国之异同，取其适用而能永续者，如马氏所举数端，皆国粹也。如加藤氏所谓，各有所宜，而不可苟同，皆保存也。夫粹者，人人之所欲也。我不保存之，则人将攘夺之，还以我之粹而攻我之不粹，则国不成其为国矣。"感慨："险哉！美人灵绶之言也，曰：欧人欲在中国扶植其势力，当无伤其风俗习惯之感情。险哉！美人灵绶之言也。"（黄节：《国粹保存主义》，《政艺通报》壬寅年第 22 期，1902 年 12 月 30 日）实际主张不能因保存国粹，而导致欧化主义在中国不张，阻碍中国在政艺两者的进步。此文与《爱国心与常识之关系》一脉相承。

1903年（清光绪二十九年　癸卯）

　　1月29日（正月初一）《湖北学生界》在日本东京创刊，主张以欧化主义为主为先，而后方可继之以国粹主义。

　　《湖北学生界》由刘成禺、李书城、张继煦等湖北留日同人在日本东京创办，对象则主要在国内，"以湖北省城为总发行所"。《湖北学生界》为月刊，每月朔日发行，以"输入东西之学说，唤起国民之精神"为宗旨，设有论说、学说、政法、教育、军事、经济、实业（农学、工学、商学）、理科、医学、史学、地理、小说、词薮（楚风集、楚言集）、杂俎、时评、外事、国闻、留学纪录（湖北之部、各省之部、日风述闻）并附湖北调查部纪事等栏目。（《湖北学生界开办章程》,《湖北学生界》第1期，1903年1月29日）《湖北学生界》封面署有"汉声"，从第6期起，正式改名《汉声》，并在《浙江潮》第8期刊发广告，"《湖北学生界》改名《汉声》,闰月大增刊旧学"。（《浙江潮》第8期，1903年10月10日）9月停刊，前后共出八期。

　　《湖北学生界》创刊之《叙论》，以强烈的亡国亡楚之感，激扬成浓烈的国家意识，欲熔铸东西各国知识，养成国民，充实内界，自立于世界民族之林。《叙论》道："自民族主义，一变而为帝国主义，亚洲以外之天地，一草一石，无不有主人翁矣。"于是列强觊觎"太平洋"，"亚洲识微之士"惊走相告"危哉，中国其为各国竞争中心点也"，"吾楚尤为中心点之中心点乎"。度之局势，"今外界之激刺，既纠纷并集，迫我以不得不应之势矣。而内界充实，则尚属不可知之数"。内界充实，"非谓点缀一二新法，遂可支撑扶持，完美而无余恨"。充实内界，"有实质焉，有精神焉"，实质者，为"吾灵秀之民族"，精神者，为"人人有国民之资格，能自立于生存竞争之世"。而"欲养国民之资格，不可不浚国民之知识。东西各国，所恃以发达个人之特质者，学校、报纸，几有功力平均，缺一不可之势。以吾中国现势衡之，报纸其尤要哉"。故创办此报。

在《湖北学生界》同人看来，中国欲在世界上立足，竞争而不败，核心在于学之一面。称："今日言兵战，言商战，而不归之于学战，此谓导水不自其本源，必终处于不胜之势。"因此，作为留日学生，"输入文明，与有责焉。与其学成归国，濡滞时日，而后转述于国人，何如旋得旋输。使游学者不游学者，日征月迈，同为平等之进步"。至于输入文明与学说，取六大主义：其一，不尚空谈；其二，不责精深；其三，专为社会说法；其四，专就目前说法；其五，陈病症而兼及方法；其六，为婉劝而戒嘲骂。主要即要针对当下，偏于实用。

同时，《湖北学生界》同人既有见于日本维新，由欧化主义始，西方新学传播至一定程度，方有保存国粹主义，以调和新旧，熔铸东西学之主张。故对欧化与国粹保存的先后与调融，颇多斟酌。《叙论》称：

同人既以六义相约，又虑夫今方输入新学，必有疑孔孟之道，将自此而废者，蔽于所习，万喙一词，不可无说以折之。夫以二千余年沁入人心之宗教，而忧其废于一旦，何其鳃鳃过虑也。日本维新之初，焚毁旧书，并力西学，其于汉学，摈斥不遗余力矣，乃未几而汉学不可废之问题，笔于书而宣于纸，彼之汉学，本非其国所固有，犹以为国粹而保存之，而吾国固有之学，反忧其不保，有是理耶？惟日本有欧化主义，乃继以国粹主义，岂不以国粹主义存于先，适足为新学之敌，而阻维新之进步哉？世有排斥新学以保中学者乎？则吾惜其太早计矣。

《湖北学生界》对中、东、西学的新旧，有清醒的认识：

今日而言新学，此吾所忸怩而难于启口者也。日人之言曰，世界非白人所专有，夫学亦岂白人之所得私哉。乃何以他人发明于数百年之前者，而吾国犹罕见多怪焉。则吾不悖他国进化之速，而愧吾学界之无进步，如斯其甚也。今之输入也由日本，而日本复贩于泰西，吾安知今日以为新理者，不为泰西之所已弃耶？吾安知今日以为新理而输入者，不旋为日本之所弃耶？

并不以为西即是新，即为是。主张"取他人之学能食而化之，则学即为其人之所自有"。以日本为例，"日本集各国之长，以成一国之学，水乳交融，亦孰能辨何者取诸美，何者取诸欧哉？吾国诚取东西而熔为一冶，发挥之光大之，青青于蓝，水［冰］寒于水，岂非由新旧二者调和而生耶。今日绍介之劳，是奚可以已也。"主张融合新旧，而以输入文明为主，"欲纳国人于文明之轨道而较其进步之迟速者也"。(《叙论》,《湖北学生界》第 1 期, 1903 年 1 月 29 日）

2月　罗迦陵去世，舆论称其国学、西学俱有所得。

《新民丛报》刊《罗迦陵女士传》，称其"少虽失学，而壮年以后，惟日孜孜，今于国学既斐然成章，博览群籍。复研精英法文学，冀广集世界智识，为后学倡云"。(《新民丛报》第 25 号, 1903 年 2月 11 日）

2月 17日（正月二十）　蒋方震发表《国魂篇》，讨论了"国粹主义"与"世界主义"，称之为一国国政进运的"两大主义"，必冲突调和而后方能成。

《浙江潮》在当年正月创刊，创刊"宗旨"明确强调输入文明需着眼于中国之特性，显现本刊的特色。称：

一、近顷各报其善者类能输入文明为我国放一层光彩，虽然国立于世界上，必有其特别之故，以为建国之原质，有万不能杂引他国以为比例者。本志负杂志之资格，其搜罗不得不广，然必处处着眼于此焉。一、本志立言务着眼国民全体之利益，于一人一事之是非不暇详述。一、欲争自由先言自治，然必于其本土之人情历史地理风俗详悉无遗，而后下手之际，乃游刃而有余。(《浙江潮发刊词》,《浙江潮》第 1 期, 1903 年 2 月 17 日）

蒋方震此文作为"社说"的第一篇，详述国魂说，主张在照应中国特性的基础上，吸入外来文明，以御列强，自立于世界国家民族之林，成为《浙江潮》创刊的旗帜性文章。

"国魂"则在此之前已早有说。早在1899年12月23日，梁启超在《清议报》发表《中国魂安在乎》，追问中国魂安在，提出制造中国魂之"药料"。梁文由日本的国魂说起，实质上说明中国国魂的理念来自日本思想界。称："日本人之恒言，有所谓日本魂者，有所谓武士道者。又曰日本魂者何？武士道是也。日本之所以能立国维新，果以是也。"日本武士道凝聚成日本国魂，其意义在于能使日本立国维新，成为一个矗立于世界之林的新国家。若以此"国魂"比观中国，则中国虽有兵，有武，却是"钳制其民"之兵，兵无魂，国无魂。故梁文指出："今日所最要者，则制造中国魂是也。中国魂者何？兵魂是也。有有魂之兵，斯为有魂之国。夫所谓爱国心与自爱心者，则兵之魂也。而将欲制造之，则不可无其药料与其机器。人民以国家为己之国家，则制造国魂之药料也。使国家成为人民之国家，则制造国魂之机器也。"（梁启超：《中国魂安在乎》,《清议报》第33册，1899年12月23日）兵魂与国魂链接起来，显现兵战的意图，反映当时国家主义盖过世界主义的倾向。梁氏《答客难》对国家主义与世界主义在今日中国应占的位置有明确的主张，称："有世界主义，有国家主义，无义战非攻者，世界主义也。尚武敌忾者，国家主义也。世界主义，属于理想，国家主义，属于事实。世界主义，属于将来，国家主义，属于现在。今中国岌岌不可终日，非我辈谈将来理想之时矣。"（梁启超：《答客难》,《清议报》第33册，1899年12月23日）主张以国家主义为先的立场。

之后，呼唤国魂以求中国国家与民族的独立自主与富强的诗文学说不断出现于报章杂志，表现明显的国家主义倾向。以"南海真我师"自称、自号"自由斋主人""江南快剑"的高旭（自由斋主人：《书南海先生〈与张之洞书〉后，即步其〈赠佐佐友房君〉韵》，《清议报》第89册，1901年8月24日），于1901年6月16日，在《清议报》发表《唤国魂》一诗，诗曰：

> 燕巢幕上危飘摇，四万万人怜同胞。天子蒙尘不援手，枉教践土空食毛。内忧鱼烂烂已极，外祸瓜分狼入室。要存种类须合群，匹夫之贱与有责。吁嗟乎，唤国魂兮豺虎狂，亚东风云兮郁苍茫，热血一斗兮歌慷慨，双龙吟啸兮夜腾光。男儿回天机屡失，炭地蛊天死亦活。不忍坐视牛马辱，宁碎厥身粉厥骨。亚剌飞麾埃及戈，波兰侠气哥士孤。横加乱民倒黑白，义士义士痛若何。吁嗟乎，唤国魂兮声呜咽，汉水无情兮东流急，苦心耿耿兮人不识，鬼雄不屑兮啾啾泣。漏舟钟鼓鸣治安，举国噤若寒蝉寒。进化兴邦筹一策，上下男女平其权。白种磨牙大可惧，爱力大涨基础树。挥斥雺雾民智开，时势全赖英雄铸。吁嗟乎，唤国魂兮难为功，大声划破兮天蒙蒙，文明运启兮日当中，扼腕发愤兮思大同。（江南快剑：《唤国魂》，《清议报》第82册，1901年6月16日）

表现在欧洲列强的侵略瓜分压力下，意图以合群、尚武、进化、平权、自由等思想，激起爱国心，铸造国魂，实与梁文意趣相近。

蒋方震《国魂篇》一文，即在这一脉络中展开，且对当时新学

人士提倡以合群、公德等说立国的做法提出修正。蒋文谓："今日
深识之士，知中国之患不在一人而在全体也，于是汲汲言教育，固
也，未有民德卑民力弱民智塞而国能自存者也。虽然，夫同是言德
育智育体育，而何以德有德之教育而不同于美，日有日之教育而不
同于法"，其故在于"有一物焉，挟其无上之力以盘踞于国民脑质
中，教育家乃能炯眼而灼见之，因其特性而发挥之，故其结果也，
德之国民，不能强之使同于法，英之国民，不能强之使同于日。夫
至于国民不能相强，则吾知任天下至大至强之一国而终无术以亡之
也，而教育之能事毕矣"。故国魂于国家上最大之关系而言有二义，
"其一曰统一力，其一曰爱国心"。统一力，"国之所恃以为国者也。
夫集多数人民以成一国，此多数者，人各其心，心各其思想，其不
能同也必矣。而其能键之结之，而成一国，则必有一物焉"。此一
物即国魂。

　　蒋文"统一力"乃基于当时中国思想界"新旧之交"有陷于分
裂之势危险的判断。其深切言道："十年以后，吾不患中国文明之
不长进，而特恐人之恃之以成国者，而中国乃恃之以亡国也。"此
说主要指向"新学之士"，谓："新学之士常以合群公德之义提倡奔
走，而卒无效，且有内溃者，何哉？盖所谓讲新学者，其各人之历
史不同，家庭不同，其所处之地之习惯风俗又不同，且既吐弃其旧
矣，而所谓新者又人各一说，家各一理，其所受之于外者，则一视
其历史家庭习惯风俗以为衡"，而"无统一之原质"。蒋文即欲发挥
国魂说以为统一之原质。辅助统一力者，则在"爱国心"。其确定
国魂之定义为："一民族而能立国于世界，则必有一物焉，本之于
特性，养之以历史，鼓之舞之以英雄播之于种种社会上，扶其无上

之魔力，内之足以统一群力，外之足以吸入文明，与异族抗，其力之膨胀也，乃能转旋世界而鼓铸之。"（蒋方震：《国魂篇》，《浙江潮》第1期，1903年2月17日）

故国魂从中国本民族之特性出发，鼓舞于社会之上，目的在于统一人群，成一国家，在此前提上可以吸收外来文明，最终抵抗外来力量，自立于世界之林。因此，熔铸国魂之方法，需根据欧化与国粹的关系，"当预备者有三事：其一曰察世界之大势；其二曰察世界今日之关系于中国者奚若；其三曰察中国今日内部之大势"。核心实在于如何协调欧化与国粹保存两大主义。故提出：

一国国政之进运也，恒不外二大主义之冲突调和而后成，所谓两大主义者何？曰世界主义，与国粹而已矣。为世界主义之言曰，事无善否，惟求其适，一国而欲自存，则必详察世界大势之所趋而变易其旧俗。吾中国自古孤立于大地，在昔之所述，固未尝不可以偷一息之安，及一旦比较而竞争起，而犹固守其旧以自足，则无惑乎其日蹙于天壤间也。故今日而欲建国本，而不洞察世界大势之变迁，所谓坐井观天而不自知其愚者也。此一说也。为国粹主义之说曰，中国者有历史的人种也，凡一民族立于世界其遗传之历史甚久者，则必有固有之特性，种之于数千年以前根深蒂固，决非可以一旦拔除之者也。其进也，有次序，有阶级，是故贵因势而利导之。若一跃而飞，则未有不蹶而仆者也。夫等是言共和政体也，而何以法民之自治，乃不同于美？等是言自由也，而何以法民乃激烈而得之，英人乃平和而得之？不识病症，而误投药，未有不亡者也。慎哉慎哉。普天下爱国诸男子，欲发一言，立一策，苟不深察中国内容之大势，则吾知其说之必不能行也。其甚者，则且至于酿大祸。此又一说也。（蒋方震：《国魂篇》，《浙江潮》第1期，1903年2月17日）

2月26日（正月二十九）《新民丛报》发表学界时评，望游学生注意国学，不忘本族特性。建议在东京设立国学图书馆，且于图书馆建成后开设国学研究会，将世界的新知识合并于中国的旧知识，以光大中国学术。

此文从国学与爱国心，游学生学习世界知识易于厌弃国内腐败的社会，博极外学仍需兼通本国之学如严复者方能发挥功效等因，详述游学生应注意国学之理。称：

国学与爱国心相倚者也。何以故？凡人之用爱，必用之于其有切密之关系者。父母妻子兄弟之爱，过于寻常，以其习而稔之者数十年也。同一朋友也，相处日久者，则爱愈深，数年远隔，爱情不稍淡者希矣。远客者见故乡人，闻故乡事，虽复一草一树之位置，一钓一游之景况，亦油然觉有大感动于其心者。何也？以吾心目中所固有也，惟国亦然。真爱国者，必使吾国之历史之现状之特质，日出入于吾心目中，然后其爱乃发于自然。不然，则客气之爱耳。客气之爱者，以他人皆各爱其国，我亦不可不爱之云尔。是理论上之爱，非实际上之爱也。

我青年欲求世界之智识，乃相率游学于海外，此诚国民发达之一现象也。虽然，去祖国日远，其所与相习者日疏，骛于他国语言文字学术风俗，而以比较诸内地腐败之社会，于是厌贱之鄙弃之之心生焉。夫焉知民族各有特性，欲善其族者，宜取其特性之良者而淬厉之，必非可以厌世观了事也。又必非能妄取他族之特性，而欲以移植于我族也。故苟厌贱鄙弃之心一生，而爱国心必与之相消。

　　又游学也者，欲学成而有所尽瘁于祖国也，或输入其理想焉，或整顿其实事焉，而要皆非深通国学不能为力。今之留学者，类皆少年志气蹵踔之士，然在内地时，率未尝受相当之教育，此无可为讳者也。故世界之普通学勿论，即本国之普通学，其有完全之学力者盖希矣。甚则国文之未通，草三四百言之短篇，亦拮据为病也。苟若此，则虽博极外学，而欲输之以福祖国，其道无由。不见前此之学西文者乎，其数如鲫，然能有所贡献于我学界者，惟侯官严氏一人而已。则有国学与无国学之异也。至于办实事，则其关系之重要，更无论矣。

究游学生不够注意国学"殆有两因"。"一则学课忙迫，今方汲汲于采集外界之新知识，无暇兼及也。一则图书不备，虽欲研究而无由也。"对此两因，作者以为"学课虽极忙，然每周间终不可不以数时从事于此"。则第一问题，"就理论上言之也，人人既认此理论，则当入于第二问题"。第二问题则为实际问题。"以留学生之在旧学界，每月筹所谓学校费、居住饮食衣服费者，率皆已竭蹶不易矣，岂复能有力以备故国之旧籍以自随。况我国学者，至今未有完备之组织，其所研究之资料，浩瀚散漫，又必非徒备一二种所能有功也。于是乎留学生研究国学之途遂穷。"

　　针对这一问题，作者提出在汇聚众多游学生的东京，"宜以公众之力，设置一国学图书馆，其事至易集，而其效至深钜"。提供游学生接触国学的便利场所。具体办法，则在于将"不过一俱乐部之别名耳"的"铃木町之会馆"改为国学图书馆。其经费，"有总监督者，为学生与政府之枢纽，可以间接力多所资助。且学生之研究国学，虽内地极顽固之官吏，亦未必反对，固可望其相助。即不助，而此区区万数千金，亦必非难集"。

　　设置国学图书馆，计划所备之书分数部：其一，道德哲理之部。十三经、周秦诸子、宋明理学之书属焉。佛典亦附属购置，以备东洋哲学之研究也。其二，历史之部。正史之外，多搜别史杂史谱传，以资参考。"九通"等皆属此部。其三，地志之部。一统志之外，广搜各省通志、各府州县志，乃至纪行等类之书。不论精粗美恶，以备为主。其四，丛书之部。百数十种大丛书宜尽购。其五，文学之部。诗古文辞、曲类，有文学趣味者择购之。

　　创办办法，"一募捐款，一募捐书。捐款最少者，得万金亦可开办矣。以五千金建馆，以五千金购书。书不足陆续附益之。至其成立以后之月费，固自有限，易为力耳"。

　　文章更建议，"图书馆若成，则凡有志于是者，可以开一国学研究会。以世界之新知识，合并于祖国之旧知识，十年之后，我国学之光焰，必有辉于大地者。国学研究会若成，与各省之调查会相辅，则能使我辈与祖国之关系日益切密。此培养爱国心之不二法门也"。（《游学生与国学》，《新民丛报》第26号，1903年2月26日）

　　△　蒋智由发表《中国兴亡一问题论》，第一章《悬论》揭示宗旨，其第四节《不以国粹解释问题》，主张先输入新学，以欧化

为主，再进以国粹主义，方能收效自立。

当时流亡或游学海外的中国士人，深刻感受到"世界"局势的风起云涌，尤其目睹日本维新的效果，亲聆日本政、学各界人士对于欧化与国粹的学说，以此返观中国，深刻体会到"二十世纪之大问题，则中国之兴亡是也"，如何振起中国国势，成为讨论的核心大议题。

蒋智由此文，即直接名为《中国兴亡一问题论》。其论述逻辑从世界局势的现状出发，谓："方欧洲内治已定，列强务均势以保平和。于是各移野心于局外，为飞而食肉之举。当非洲、美洲、南洋各岛已经略定之余，而尚有天气温和，物产丰富，土地饶沃，人民柔弱之支那一片土，遂视为鼎中之脔，俎上之肉，各思啖而食之，以餍其欲望。"因此，欧亚人之争起，欧人势力的侵入与中国人的自立展现为各种类型的竞争，所谓"今日之以兵战，以商战，以工艺战，以政治战，以教育学术战，以铁路航路矿山工厂战，以条约租借外交手段势力范围战，以殖民主义帝国主义民族主义战"。归宿则在中国兴亡一问题上。"观察此问题异，而政策亦异，处置此问题变，而局势亦变。"故中国兴亡问题，"盖非一国之问题，而全地球公共之问题也。虽然以一国之问题而使全地球之人得干涉之，且待全地球之人而决定之，是则一国之无自主权，而事之至可耻者也"。正因此，此问题不容不研究。

文章旗帜鲜明地主张"不以国粹解释问题"。时人多借鉴日本，而此期日本较重国粹，故文章从日本保存国粹之说展开。首先承认：

　　凡一国之成立必有其精华焉，所谓国粹是焉。彼日本变法，则亦有恃乎国粹矣。日本之变法也，始于医，彼其始之为医者，皆家有巨资，以医为救人之事，而悉心研求之。与夫中国之百学不成，降而为医以欺世者其道异。是故于西法之来也，而医先受其影响？何则？彼医者固有学，故能吸取之而收其用，而医乃有进步矣。日本之自夸者，曰日本魂，日本魂者，武士道也。彼以尚武敢死，为其国人之特性，故变法之初，用是以覆幕府，洎乎国是既定，乃移而用之于海陆军，而兵乃有进步矣。医与兵至今言日本变法者，必以是二者为称首。则皆恃乎其有国粹以为之因地也。

然而文章以为，日本保存国粹与吸收欧化，有其次第与阶级，中国不可忽视这一次第与阶级。其言道：

　　变法之初，盖莫不有四时期者，一曰进取，一曰扫除，一曰决择，一曰保存。方新说之初入也，国之人见所未见，闻所未闻，始而疑之，继而考求之，终而信服之，此固非见异思迁，嗜奇好癖之性然也，盖实见新学新法高出乎己之旧理，而决非恃前日之知，能所可几及，乃不惜降心相从，而发其磅礴奋取之心。夫见他人之长而发其磅礴奋取之心者是也，进取之时代宜然也。当其时也，还观夫旧俗垢秽之点，腐败之点，随在有致衰弱之原，而造灭亡之因，夫人亦囿于一隅，无比较之心也则已，比较之余，而见夫他人如彼，吾国如此，乃不胜其羞恶之心，憎愤之念，而欲摧陷廓清，一荡涤之以为快。夫知己之病，而欲摧陷廓清以荡涤之者是也，扫除之时代宜然也。当是时也，又欲取新学而施之于实行矣，而甲一说焉，乙一说焉，丙丁戊又各一说焉，云属波委而来吾前，乃不得不审吾之国势，吾之民情，而定一说以为方针，则于彼有所取焉，于此必有所弃焉，所谓有用法国学派者，英国学派者，德国学派者，此贵乎斟酌损益而有权衡审慎之心矣，则决择之时代宜然也。当是时也，新旧交孕，其旧俗之腐散者，必不能与新文化合，不归于天然之淘汰必归于人为之淘汰，渐次渐灭，其力日微，其中质之美善者，乃磨之而愈莹，砥之而愈坚，或且为他种人之所无，而此种人之所有，则其国之特性物也。凡立国者，莫不恃有此特性物也，以为基本，是所谓国粹也。于是有倡言保存者，以言保存，诚哉其宜保存也，此保存之时代宜然也。

激扬国粹，需在"进取""抉择""扫除"之后，方能识得真国粹，才有真保存。如果失此次序，"若夫非其时而语之，逆其序而用之，当人民汶汶昧昧，吸取新文明浅隘幼稚之时代，而先宣言曰吾有国粹，吾有国粹，是适足与输进文明者相冲突，增国人守旧之心，助顽固之口实，而穷国民以进步也。故未敢以国粹云者，杂投之于我国人，宜尚欧化主义之时代也。"（蒋智由：《中国兴亡一问题论》，《新民丛报》第26号，1903年2月26日）

2月27日（二月初一）　陈黻宸续刊《经术大同说》，申说日本维新，由欧化主义，继之以国粹保存主义，新学之有余，而补旧学之不足，积久成功。反观中国，并无旧学之可言，且不善于爱古，对于国粹与欧化，两失其道。力张知古通今、复古以变今的理念，力求欧化与保存国粹皆应用学问之道，发扬理想与精神。

《经术大同说》第一部分刊于1902年9月《新世界学报》创刊号，为《新世界学报》总撰述陈黻宸所撰。先是，1900年，陈黻宸受钱塘杨文莹之聘，任教于杭州养正书塾。1902年养正书塾改名为杭州府中学堂。据陈黻宸弟子马叙伦回忆，陈黻宸"常常把时事告诉我们"，"从他老讲历史里说到六朝五代和宋明亡国的事，我们不知不觉了解我们所处的时代了。他老又叫我们在课外看《天演论》《法意》，和《伯牙琴》《明夷待访录》一类的书，我们又不知不觉懂得须要革命了。因此我们考试文里也大变了色彩。"（马叙伦：《我在六十岁以前》，第11—12页）因受陈黻宸的影响，"杭之学者莫不盛张排满革命，而谈民治，风浸被于全浙"。（马叙伦：《陈先生墓表》，陈德溥编：《陈黻宸集》，中华书局，1995年，第1229页）学堂学生思想尤其活跃。1902年5月6日，杭州府中学堂因学生讨论时事为学堂监督制止受罚，发生学潮。（陈谧：《陈黻宸年谱》，陈德溥编：《陈黻宸集》，第1180页）学堂5名师范生被学校除名，陈黻宸因之愤而辞职。除名学生中即有陈黻宸高足马叙伦，马氏因生计赴上海协助蒋智由编辑《选报》，不久《选报》资方赵祖德计划增办刊物（马叙伦：《我在六十岁以前》，第17—20页），襄助《选报》编务的马叙伦引邀陈黻宸出任总撰述，《新世界学报》遂于1902年9月2日面世。

《新世界学报》社址位于上海四马路惠福里上海编译局，发行人署名"有耻氏"，除陈黻宸为总撰述外，陈氏弟子马叙伦、汤尔和、杜士珍等辅助。半月刊，壬寅年（1902年）出版9期，癸卯年（1903年）出版6期，前后共计出版15期。《新世界学报》旨在汇通中西、古今学术，尚通尚新。《新世界学报序例》称：

> 本报以通古今中外学术为目的，取学界中言之新者为主
> 义，肆力于所见所闻，抽理于赜，断事必纲，网罗故实，摘
> 英撷采，用学术为当时倡，通内外之邮，汇古今之全，风驰电
> 激，薄影而飞，鼓自然之动力，藉以操纵世宙，俾并初于一
> 途。苟不可得，亦将舍我所短，效人所长，与列强诸巨子相驰
> 骋上下于竞争场中，门键而径辟之为文明国。作者言以传诸
> 人，以垂诸后，中国之兴，其必自此始矣。（《新世界学报序例》，
> 《新世界学报》第 1 期，1902 年 9 月 2 日）

报名《新世界学报》，"犹言新学报也"，"世界学"连读，新
字断与世界不连读，然《新世界学报》并不主张"尽废古书"，而
要真识古书古学，汇通古今中西。栏目以"世界学"即近代学科体
系分，共 18 门："曰经学，曰史学，曰心理学，曰伦理学，曰政治
学，曰法律学，曰地理学，曰物理学，曰理财学，曰农学，曰工
学，曰商学，曰兵学，曰医学，曰算学，曰辞学，曰教育学，曰宗
教学。"（《新世界学报序例》，《新世界学报》第 1 期，1902 年 9 月 2 日）从经
学居于众栏目之首，已见端倪。又将哲学译成心理学，可以见到对
于中国固有学术的独立见解。《新民丛报》质疑"分类有颇欠妥惬
者"，主要即指"心理学一门"，称"统观三号，其心理学门皆论哲
学也"。认为"宜立哲学一门，而以心理、伦理皆入之，似为得体
矣"。（《〈新世界学报〉第一二三号》，《新民丛报》第 18 号，1902 年 10 月 16
日）陈黻宸解释道："日人译英文 Philosophy 为哲学，然我谓人群进

化之渐，即从人人神经所已有之物徐以引入所未知之途，故陈义不
嫌其过高，而名词必从其所习。中人向解哲学颇狭，鄙意如英文之
Philosophy，日人虽译为哲学，中人宜译为理学。"又因"世人误解
'理学'已久，未易领会，而中国古文皆以心范围一切，鄙报宗旨
不欲人尽废古书，故不敢遽从东译，而暂定以此名"。（陈黻宸：《答
新民丛报社员书》，《新世界学报》第8期，1902年12月14日）主张应用西
方及日本名词，又兼顾中国固有文化内涵。

《经术大同说》，发表于《新世界学报》第1期，居于众栏目之
首的经学一栏之首，实为一篇新时期的经学通论，表明了《新世界
学报》的志趣。

文章开宗明义，认为"经"自周末以来，有四大变动，而终失
"经"之本意。其言道：

  经自周季以降，有大变动之原因四，而秦火不与焉。汉
武常立五经博士，罢黜百家，是为经术排外之世界。学官竞
立，专经之士奉一先生之言，愿为之尸，冀为其后世，终其
身不敢桃，是为经术封建之世界。东汉以还，专门之学衰，
士趋功令若骛，马融郑康成为之魁，网罗众家，折中于一轨，
海内翕然宗之，至唐后近千年，循涂辙如一日，是为经术一
统之世界。宋儒表章群经，于往而不反之余，举前说而一空
之，功亦不为不巨矣，然其弊也，猎陈义而弃微言，袭虚理
而忘至道，后学喜其说之可托，至以弱天下而不觉，是为经
术专制之世界。

"经"失去了"经者天下万世之公言，而非一人之私言也"的本意，而成学术专制。

陈黻宸意中，破学术专制，在于返回经之本身，由知经名之公，"而经之实出矣"，经不在空言，在于实行。其言道："古所以名经者，以其出于人生日用行习之所必需，而为人人所当言，所当行者也。孔子曰：我志在《春秋》，行在《孝经》。而其作《春秋》也，又曰我托之空言，不若见诸行事之深切著明。然则经之可尊固在彼，不在此。夫天下未有必无可行而能以其言垂万世而不朽者也。""今之十三经，是四万万人公共之骨董耳。今之五帝三王孔孟，是数千年古冢之朽骨耳。故经必以能行为要。"即使不能行之，"犹能言焉"，也应言之有道，"以阐其原理可也，证其实迹可也，明其是非可否以为当世鉴可也"。此为经学之关键。

以此眼光，故尊经、尊圣人之道，不在空言，在将古之所行者施之于今。其言道：

> 今之尊经者，幼童习艺，白首不详，竭数十年之力，从事于一字一句之间，虫角雕镂，肇悦致饰，而要于经奥当欤，夫弊其精于一无所用之地，而于己何功？且示人以登天不可阶之情之形，而于人何济？然且俨然自许曰，吾尊古，夫古者，枯槁不可施于今之谓也。曰吾尊圣人，圣人者，尽人可为而非绝人以不可几及之称也。然则经固不可尊欤？曰我不以一人之私言而尊之，而以天下万世之公言而尊之，而后经尊，而后圣人尊。盖我固将以古之所行者施之于今也。

虽然，"古之所行，固有未能施之于今者。此又时势所值，万不得已，而非人之所得强矣"。"然则以经而尊之，以古圣人之言而欲行之，是又与于不智之甚者矣。"然而，作者还是坚定地认为："挟古圣人六经之说，即以治今日之天下不难，此我所敢为今日之天下而决其必然者也。天下公例，往往有洋溢放滥于数千载以后，而其说先见于数千载上者。"其举欧美为例，指出"今白种可谓极盛矣，然其大效明验，乃发于古希腊诸先哲之说，盖其昔亦有行之者，然卒一蹶不能复振。至于今而后盛行，孰谓古之不可施于今哉。夫欲言变今必自复古始，此又其大变动之原因之可寻者也"。主张复古以变今。

虽然主张复古以变今，但并非任何古都应复。其言"历二千年之排外之封建之一统之专制，趋而至于今日，经术之盛有日矣。虽然，此又非能举古人之言之行一一施于今日也。夫古之不同于今亦明矣。绳趋而轨步，其人必不良于行。心摹而手画，其人必不善于言"。于今日而欲复古而变今，言经学，"必以阐其原理，证其实迹，明其是非可否，以为当世鉴，而后于经可无憾"。（陈黻宸：《经术大同说》，《新世界学报》第1期，1902年9月2日）

时隔半年，1903年2月27日，陈黻宸续刊《经术大同说》，主张知古与通今相协调，延续复古以变今的理念。其言："我尝谓中国必亡，而后无经，抑中国一日无经，即中国一日必亡。"对于这一理念，"或曰，此国粹之主义也"。言下之意，不以国粹主义为然，作者随即阐释日本欧化与国粹的次序与要义，对此有所申论。其言称："吾闻日本变法之始，首重欧化主义，而继以国粹。国粹者，乃即从欧化之后，鼓舞激励，以大伸其反动力，积久而渐成，非可期之中国今日者也。然我又知其未尽然矣。夫人之痛恨厌弃于六经之言者，惧其为新学之敌，惧其阻文明之进步耳。虽然，我谓国之盛，必有其由盛之端，国之衰，必有其由衰之始。今日中国之衰，孰始欤，始于经欤？""今之为新学敌而足以阻文化之进步者，果能熟读十三经否欤？我又知不能举其目也。"因此，实际上"中国未尝尊经，经未尝祸中国，此我所敢张目为天下告者也"。所以厌弃"经"，在于其"古"，为新学之敌。作者又辩道："我谓可爱者，莫如古，而人之爱古者，莫如今欧人。"因举例而言，谓："吾闻之德儒曰：'古来遗履敝鼓，皆吾人研究物理之资'，英国文明史曰：'古人遗物，若画像文书，足以代表人间一切情状，乃至卑俗谚语，虽繁琐无可称述，于历史必有所益。'夫人聪明之用，智识之灵，乃自古今物类中万变千转而来。是故一古泉之微也，而彼必穷其铸者何氏，行者何国，成者何式，其精粗何如，多寡何如。一古石之遗也，而彼必辨其始于何时，积于何物，结于何质，其久暂何如，体性何如。乃至观古人骨，而识生物推迁之故。观古筑造，而悟社会变化之原。物理学欤，地理学欤，人类学欤，博物学欤，历史学欤，类皆剖之极精，语之极详，而其要则自爱古始。"现代科学，皆可从古物古迹古经中出，要义在于善于爱古，切磋琢磨，生出求学的理想与精神。

又举日本为例，见其善于爱古，国粹主义因之而起。其言道：

　　夫以亚东一小邦，崛起于六大洲各强国之间，经营三十余载，居然以立宪政体与英美法德相颉颃于一时。变法自强之速，日人亦可畏哉。夫当其海禁初开，并力西学，风驰泉涌，上下争自濯磨殚思尽瘁于维新之一途，舍己从人，步后尘若不逮。其于古学，盖亦排斥无复余地矣。然而数辈力学之士，笃守陈说，力持于众人吐弃之余，残篇故纸，揣摩无暇日，学者亦稍稍信之。于是古学不可废之问题，腾于报章，见于著作。今国粹主义，为彼国妇人女子所习知习闻者，未始非当时守旧之徒之力也。夫彼所谓古学者，本非其国所固有，而以民之从之留贻至数百年之久，爱惜不忍去，终不以外界之冲突，遽丧其内竞之精神，故鼎犹存，俨然世守。

看重的是国粹主义内竞的精神，而非排斥欧学之力。相比于日本，作者以为：中国人“当欧学初入之始，挟其名以与之争，争之不胜，乃并其实而忘之。呜呼，此亦何足怪哉？彼其中固洞然无一长物者也。夫人惟其中之虚者，其于外也，必拒之力，其拒也必败之速，其败也必皇皇然悔其始之甚愚，举其所固有之物，而尽弃之。主气无权，客喧于座，我中国之无经久矣”。相比于中国，日本经术之盛，远过于中国。而日本“其始之于欧学也，未始不群起而拒之，然其拒之也，与我中国异，即其转而从之也，与我中国亦异，彼乃真以新学之有余，而补旧学之不足者也。如我中国者，并无旧学之可言矣。国粹主义欤，我闻之汗下，我闻之眦裂”。

因此，作者以为国粹主义与欧化主义并不相违背，关键在于善用其道。称：

　　欧学果盛，而经亦未有终衰者也。然我又未必欧学之能盛矣。何也？我中国所谓欧学者，吾未知其异于向所谓经学否？

向之尊经学，未见经之果尊也。今之尊欧学，亦未见欧学之果尊也。夫设以向之所以尊经者尊欧学，吾知欧学一行，而经必立废，以声光化电之文作，且夫若日之变相，以自由平等之说，易五百年十六字之烂辞，而经乃真可烧矣。呜呼，以我中国人不学之甚，吾惧其必出于此。不然古经学亦尝行矣。……经之有用与否，亦存乎读者之人耳。夫读孔孟之书，而仍归于无用者，吾未见其读孟德斯鸠、伯伦知理、卢梭之书，而遽可以有用也。抑果知孟德斯鸠、伯伦知理、卢梭之有用，而即可知孔孟之书之有用矣。夫欧学果盛，而经亦未有终衰者也。

不论经与保存国粹、西学与欧化，重在以此逼出人之理想与精神，以施之于时。故谓："抑我又谓经果不亡，即欧学亦必行于我中国。夫经者所以启万世天下之人之智，而逼出其理想精神以用之于其时者也。夫人惟患其不智，惟患其无理想，惟患其无精神，而欧学者又以启万世天下之人之智，而逼出其理想精神以用之于其时者也。"因此，古与今，相通相辅相扶，"夫知古而不通今，果知古欤？我未见有不通今而能知古者矣。抑我又未见有知古而不通今者，古者今之代表物也。故以善于学经之人，而出其理想精神之用以求所谓欧学者，其心思必易入，其觉解必易开，其把握必易定，其措置必易当。故今且不必断断与人争欧学之行与不行，而但以益人理想振人精神为救中国要策"。要之，"学问之道，持之有故，而言之成理者，必有当于世之用。故我谓知孟德斯鸠、伯伦知理、卢梭之书之有用，即可知孔孟之书之有用。况知孔孟之书之有用，宁不知孟德斯鸠、伯伦知理、卢梭之有用者。而人之咎经者，必蔽其罪于考据，而欧学乃其考据之尤精者也。且苟其罪于表章，而欧人之欧学乃其表章之尤力者也。总之经果不亡，即欧学亦行，此理之必无可疑者"。注重专注于学问，持之有故，言之成理，尤其集注于背后的钻研精神与理想，以之施之于经学与西学，皆可有用于世，而可免新旧之争。因此欧化与国粹，不仅不相矛盾，而且相辅相成。（陈黻宸：《经术大同说（续第1期）》,《新世界学报》第11期，1903年2月27日）1894年，作者为陈虬《报国录》作序，称：近代以来，"求其融会中西，贯穿古今，通经致用，蔚为一代儒宗者盖鲜"。（陈黻宸：《陈蛰庐孝廉〈报国录〉序》,陈德溥编：《陈黻宸集》,第511页）《经术大同说》体现这一理念，具有融汇中西、贯穿古今、通经致用的理想与精神。

　　《新世界学报》刊行后，影响较大，此文及其作者的声誉，也随之大振。"《新民丛报》社员某"（疑为梁启超），认为"新出之《新世界学报》,魄力亦有大惊人者，虽其中间多有影响之语，然文章之锐达，理想之烂斑，实本社记者所深佩。其中主持论坛者似多得力于浏阳谭先生之学，尤使我起敬"。（署名"社员某"：《尺素六千纸》,《新民丛报》第17号，1902年10月2日）《新民丛报》又称："此报第一号，则全体精采动人。"（《〈新世界学报〉第一二三号》,《新民丛报》第18号，1902年10月16日）吏部尚书张百熙告诉孙家鼐说："余闻东瓯名士有陈介石者，品学纯粹，余观其所著《经术大同说》《独史》《德育》《地史原理》诸篇，辄抚摩不释手，叹为一代绝作。"因此延揽陈黻宸执教京师大学堂。（《瑞安陈太公寿书》,陈德溥编：《陈黻宸集》,第1190页）孙宝瑄后称："公著《经术大同论》《独史》《伦始》《地史原理》《德育》《辟天荒》诸作，及阐发子史微言丛志，余无

所复赞一辞矣。功之大，无逾辛亥杭州一役。"（孙宝瑄：《瑞安陈公墓志铭》，陈德溥编：《陈黻宸集》，第 1226 页）

　　△　马叙伦翻译日儒加藤氏的宗教新说，并作感言，谓文明有两大要道，一为外化主义，一为国粹主义，外化主义与国粹主义有次序与时序，不能躐等。外化主义为黑暗文明过渡时代之必要主义，中国适值此期，理应先以外化，继以保存国粹主义。然又顾忌外化而媚外，因此主张国粹与外化并进，知古与通今相辅，尤重国粹之本。

　　马叙伦此文，与乃师陈黻宸《经术大同说（续第 1 期）》同刊于《新世界学报》同一期，实为同一议题的不同论述，也是当时的时代大议题，即外化主义与国粹主义孰优孰劣，孰先孰后。其主旨亦与乃师相近，主张知古通今。

　　文章提纲挈领地说明："立国于大地，不能无竞争，竞争之胜负，决于其文明与否，致文明有大道二，曰外化主义，曰国粹主义。"外化主义谓何？"惊时君子，恸自国之黑暗，羡外邦之文明，不惜竭智虑，疲精神，采彼之英，撷彼之华，摘彼之采，择彼之长，求输入于自国斯民神经中，以为瀹智钥灵觳国犇种之要，则是谓外化。世界以外化强国者，首推日本。"国粹又谓何？"一国之成立，必经几何圣人几何贤士之缔起经营，乃能越数千年而不亡。此圣贤之所缔造而经营者，是名国粹。国粹者，犹言国之精华也。大抵一国必有一国之特性，国粹者，又即国家之大特性也。夫彼白皙种人之敢傲然不忝，执世界文明之牛耳者，彼亦能发辉光耀其国粹致然耳。国粹乎，国粹乎，国无国粹，决不足以成立而传久。嗟我中国，国粹最丰富之国也，而今乃至于此，此何以故？不能显扬其国粹故，不能发辉其国粹故。然国粹例四，有学术粹，有政治粹，有宗教粹，有教育粹。显四大强，扬一小强，征诸万国，厥例罔差。"

既然外化主义与国粹主义，皆为致文明的大道，那么两者"固孰优孰劣？孰当务孰不当务？"马叙伦直言"我不知其优劣，皆强国之不二法门，我不能定其孰当务孰不当务。谓外化为劣，而不当务欤，则日本固因之以文明其国，而主是说者，且必顽固，且必不达之人也。谓国粹为劣而不当务欤，欧西固以显扬其国粹而强者也，主是说者，又且必顽固，且必不达之徒矣"。

两者并无优劣之分，而有实行的次第与阶段：

> 外化主义者，黑暗文明过渡时代必要之主义也。方当自国衰颓，人民愚蠢之际，虽有志士仁人，舌敝口焦，千讲万演，导之以古圣昔贤之精言奥义，彼蚩蚩者何知欤？以为老生常谈素所习闻不足经意之论也，闻之有走而去耳。故当此之际，不可不专力于外化以他国新奇之术，憬彼昏睡之梦，稍稍引诱，以弹激其脑筋，乃得渐化其陈腐之质，以输入新奇之说，若彼日本维新之诱祓其民然，则功效自必不小。故曰外化主义者，黑暗文明过渡时代之必要主义也。

> 国既大强，又不可不转从外化者而为保国粹。盖久事外化，则人人皆专力于他国学术，而弃其自国之学术粹矣。人人皆专力于他国之政治，而忘其自国之政治粹矣。人人皆专力于他国之宗教，而废其自国之宗教粹矣。人人皆专力于他国之教育，而遗其自国之教育粹矣。今日本之缺憾即在是。彼方识时隽士，亦憨憨然忧之，而欲大倡保国粹矣。

先外化后国粹，为日本成功之道。然落实于中国，"恐顽固之奴隶除，而崇拜外人之奴隶增也"。故"愿与我国民显扬我国粹，发挥我国粹，以文明我国家，毋甘居白皙种人之后而为其讪笑"。（马叙伦：《日儒加藤氏之宗教新说·感言》，《新世界学报》第 11 期，1903 年 2 月 27 日）

同学杜士珍与马叙伦有同感同忧，以为中国之弊，咎由媚外者甚于排外者，故主张论学则以保存国粹为第一义，论政则以重内吸力为第一策。其文谓：

> 今外人之势，鹏高万丈，政府依其鼻息以为存亡，官吏视其指向，如戴神明，则流俗之人，固有望风而靡耳，是故靦颜无耻之徒，效其一颦一笑以为荣者，比比然也。夫至以全国之众，而皆以效西人一颦一笑以为荣焉，则我中国殆不救矣。故以今日而论亡国者之罪，咎由排外者浅，而咎由媚外者更深。我谓以中国今日之社会，今日外吸力之日拓而日广，若不坚吾之内吸力以抵制之，不数年而后即无内变之起，已在白族势力圈内，我今日而论学术，我不敢不以保国粹为第一义，我今日而论政治，我尤不敢不以重内吸力为第一方策。（杜士珍：《横议三（一名论今日之不可以废科举易服色）》，《新世界学报》第 12 期，1903 年 3 月 13 日）

△ 《湖北学生界》讨论国民教育，误将国民教育称为国学教育。

《中国当重国民教育》谓："国学教育①之在世界上，盖由自爱主义，而萌芽于十八世纪之前，由民族帝国主义，而轰烈于十九世纪之后。故近日能特异颜色于世界地图中，而号称独立国者，无不遍立国民学校，首重国民教育。"（万声扬：《中国当重国民教育》，《湖北学生界》第2期，1903年2月27日）

4月17日（三月二十）《浙江潮》登载《寓江西陈君致浙江同乡会书》，书内称道浙江同乡会诸君刊行杂志，欧化与保存国粹兼顾，提醒须破省界之念，发扬国民思想，保国新民，筑中国自立之本。

此书称：

> 诸君近日推广报告，刊行杂志，尤属意调查事业，渐欲伸张势力于内地，保存国粹，非异人任，此事在诸君为独一无二之天职，在吾乡为绝无仅有之希望，倘能万族一心，万众一志，各就地方物土人情，切实改革，认行自治政策，则界线愈近，开化愈易，人人脑中，皆知有破国亡家为妾为奴之患，皆生国民思想，皆负国民责任，则上纵顽固，而下已明通，一朝丕变，自立有基，诸君之用心，可谓美矣备矣。然鄙见有鳃鳃过虑者。侧闻诸君联订此会，省界甚严，此省不能参豫他省，浙江留学生最多，而气最盛，广西云南江西人甚寥寥，惴惴顾影，惟孤立是惧。夫同是支那之人，同具亡国之忧，此疆彼界，意何为者？况在日留学诸君，各省统计，仅此千数百人，

---

① 疑"国学教育"为"国民教育"之误。

团之犹恐不固，乃自分之，亦非共图保国新民自立之本意。果如所闻，是地图瓜分着色之笔，不操之于六七野心帝国，而操之于留学界诸君矣。凡事作始也简，将毕也巨，诸君其不可不念及也。若然，则自治之说非耶？曰，咄！是何言。自治如筑墙之立基，意诚美备。惟联会海外，扶植母国，同舟共济，拿定方针，自表面上视之，虽有此省彼省之别，自精神上测之，同是一国之人，同服从于忧国二字，天然法律之下，遇事互相磋磨，通力合作。当此二十周初，少年世界开幕之日，留学生一举一动，关系种之存亡，国之兴灭，乌可严限界线，自相鈲折，以召侮亡。不宁惟是，方今各国，耽耽虎视，视支那如俎上肉，畴不张牙舞爪，抽刀思割。其所以中止者，虑争窝之多寡，隙从自开，故徘徊观变，不肯首难。设各省各会，自存畛域，日久意见稍歧，加之我政府吹毛求疵，压力日迫，激之不能稍待。他族见此，从而用之。倘此愿向英，彼愿托日，初不过借力抵御，终则赍粮于盗，为他人瓜分之助，则俎肉先已分割成块，不啻献食于群虎之前，不亦可悲可叹之甚哉。吾敢信诸君中，真以忧国自任者，必不忍作此想。抑鄙谚有之，人心不同如其面，讵可不维持于机先也。谓宜破除省界，集留学日本同志千余人，联一考求自治政策总会，总会之外再设分会，由总会核定章程，各任本省应有义务而献其成于总会，声声相应，息息相通，如众峰拱抱泰岱，如江汉朝宗于海，人人心忧国之心，人人事忧国之事，脑电所达，目炬所照，但有国界，不有省界。（《寓江西陈君致浙江同乡会书》，《浙江潮》第 3 期，1903 年 4 月 17 日）

△　匪石发表《中国爱国者郑成功传》，描述郑成功"幼禀大和魂之熏陶，又久受中国国粹学"。(《浙江潮》第3期，1903年4月17日）

是年春　张肇桐、秦毓鎏、叶澜、汪荣宝、王周逵、嵇镜、董鸿祎、黄铎等人在东京发起创立国学社，准备编辑和出版中小学堂教科书和东西名籍。

癸卯三月（公历4月27日前），叶澜等人撰成《国学社编辑教科书启》，并在《江苏》第1期刊行。此启称：

> 有专门之教育，有普通之教育，不限于一国，不循于一途。研精万理，发挥自然，务以穷无穷逐无极，应变致用为天下先，是专门教育之旨也。因时地之情势，立一定之规律，学不务博，理不求赜，使民无智无愚无不肖莫不有同等之智识，一致之思虑，皎然与他国相别异而无有所劣弱也，是普通教育之旨也。前者务进取，后者务自立。前者求所以胜人，后者求所以不可败。未有不能自立不败而能进取胜人者，则亦未有普通教育之不备而可以言专门教育者也。比年风气渐开，学校林起，官私草创，所在纷然。然规制不一，精神萎靡，笑柄百出，弊害已见。或墨守故纸，食而不化，或专务语学，忘其所归，锢智败德，未知所终。以若所为，循焉不变，岂直无益，复有害之。是非独于教育理法懵焉无知，抑亦应用图籍无所凭借故也。自顷海内明智之士，亦尝有意于教科书矣。然率勇于译述而怯于编著，工于谈外情而拙于言国故。甚或三千年之历史，十八省之地志亦复求书异域，奋笔抄胥。呜呼！抑可谓穷矣！盖列国小学，并重国文，骛外忘祖，引为痛戒。所以固邦

本定民志，用意至深不可不察也。同人有恫于此，窃不自揆，以为受生秉气，而忘祖宗之功德，戴天履地，未知吾身之所居，抑何怪其辱之而不知耻，割之而不至痛矣。既与二三同学畅明斯旨，故复竭其愚陋，妄有所作，欲以明内外之大别，发爱国之公心。（《国学社编辑教科书启》,《江苏》第 1 期，1903 年 4 月 27 日）

此启附有《国学社招股简明章程》，简介国学社的招股事宜及运作计划。国学社事务所暂设于日本东京神田骏河台铃木町二十八番地留学生会馆内。发起人有张肇桐、秦毓鎏、叶澜、汪荣宝、王周遽、嵇镜、董鸿祎、黄铎，叶澜为总理人。

此启同时附有《编辑中小学堂教科书目广告》，计划出版以下教科书：中学读本、小学读本（由秦毓鎏、嵇镜、张肇桐合编）。中学文典、小学文典、中学国史（上古史、中古史、近世史、见世史）、小学国史（由汪荣宝编辑）。中学本国地理志、小学地理志（由叶澜编辑）。外国史（由董鸿祎编辑）。外国地理志（由王寯基编辑）。法制教科书、经济教科书（由周遽编辑）。同时也有计划编辑的拟目：中学伦理教科书、中学生理教科书、中学博物教科书、中学唱歌、小学格致教科书、小学唱歌、汉字典、汉译英字典。（《国学社编辑教科书启》,《江苏》第 1 期，1903 年 4 月 27 日）

之后，国学社迁到上海，《中国白话报》称"这社是去年下半年才开的"，即指迁回上海的国学社。社址位于"上海棋盘街中市江左书林对过恒德里里头"。（《中国白话报》1904 年第 7 期）迁回上海后，国学社陆续出版数种译本。

如汪荣宝、叶澜辑《新尔雅》，洋装一册，定价六角。广告语称：

> 凡一种科学，必有专门名词，即所谓术语是也。近来译书叠出，取用名词，率仍和译之旧，读者望文生义，易致误解。留京同人，有鉴于此，特就所学，分科担任，广搜术语，确定界说，体例一仿《尔雅》，凡分释政、释法、释计、释群、释名、释教育、释几何、释天、释地、释格致、释代、释生理、释动物、释植物十四篇。网罗宏富，疏解精详，使读是书，不啻骤得十余部专门字典，洵临文者不可不备之书也。

如秦岱源辑《体育学》，洋装一册，定价六角。广告语称：

> 今日世界文明教育分德育、智育、体育三大纲，而吾国救时之要，尤以体育为急。是书系嘱秦君岱源辑译，采集各种体育新说，加以图绘，明白晓畅，妇孺易解。凡有志保国者，不可不家置一编也。

如嵇镜辑译《国体政体概论》，洋装一册，定价二角。广告语称：

> 国家与政府，国体与政体，大有径庭。不此之辨，而侈谈政学，必成笑柄。中国人数千年不知国与民之关系，而误认政府为国家者，职此故也。近数年来，辨明国体政体之文，稍有

所见，然大率于治学中附列一二，奥义未克详尽。兹特选译欧
美大家最精当之学说，辑为专书，以便学者。有志之士，幸快
先睹。

如董鸿祎辑《中俄交涉史》，洋装一册，定价三角。广告语称：

近十年来中国奔命于外交，自满洲问题起后，中俄交涉尤
为全国所注目。然中俄两政府之外交政策，专尚秘密，公牍条
约，例不宣露，人民之身家财产，往往有已被卖而不克一睹契
约者。呜呼，亡国如此，岂不痛乎？兹特搜集西文史籍公牍，
编述是书。自本朝俄人初迫东亚起，以迄今日，提纲挈领，评
论精研，读之可知俄人东渐之次第及国权之所以丧失。洵不易
得之良书也。

**如黄以仁译《东洋卢骚中江笃介传》，洋装一册，定价二角。
广告语称：**

我国人政治思想大抵取之日本，卑无高论，局于一隅。呜
呼，亦知日本亦有所谓东洋卢骚中江先生其人者乎？先生鼓吹
民权，始终如一，明治二十三年颁布钦定宪法后举国若狂，先
生独泫然涕下，不改常度。往岁赍志以终，遗书不数月而重印
数十回，此书即先生一生之历史也。嘉言懿行，不可一世，世
有崇拜日人者，无宁崇拜斯人。（《国学社出版书目广告》，《浙江
潮》第 7 期，1903 年 9 月 11 日）

国学社当时所出书以译本为主，尤其涉及西方与日本的政治思想及新教育思想，当时舆论以为有名无实。《中国白话报》尝评论道："这社是去年下半年才开的，里头所出的书，却也狠好，但大半都是普通译本，其他那国学两字，有些不对，想将来研究国学的人多了之后，自然就有国学书出来了。"（《中国白话报》1904年第7期）

次年，秦毓鎏、叶澜等赴长沙参与了华兴会的创立。以后，大部分成员都加入了同盟会。

5月17日（四月二十一） 章太炎致信宋恕，忧国粹日微，渐失根本。

章太炎致信宋恕："爱国学校之设，聊以解忧息老，其云有裨禹域，则非吾之所闻。国粹日微，欧化浸炽，穰穰众生，渐离其本，重以科举，驱羡人心，排满宗旨，如何可达。吾社稍能树立，亦未知来者之焉届也。（章太炎：《与宋恕》，马勇编：《章太炎书信集》，河北人民出版社，2003年，第17页）

6月15日（五月二十） 匪石在《浙江潮》第5期发表《浙风篇》，以续成第4期一文。明确反对保存国粹主义，主张以欧化主义改良中国。

匪石《浙风篇》言"浙风"成立之数端，其一即"外国输入"。称：

　　日本前十余年大行欧化主义，保守党闻而惧之，日提"国粹说"以号于国，德富氏评之曰"将爱国权而反充以锁国之精神，将维国体而适续以旧日本之惯习"。夫斯语固非如今日之所号为维新党者，仿其一履一杖，逍遥海上以为文明招市之比例。盖一国必有所称为国风者，发于声音则为国歌，国歌者，全国人民之性质之代表也。英法以海峡为界，而国风迥不相若。英国开化程度为他国先，其为人也坚制而有力，富于自治厚于公德，言人格者，要必取是。法经数王暴恣以后，跳天掷地，愤而为不平之风，其为人也勇而悍，动而无常处，是善写新国民之状态者也。日本以武士道骄于人者，今国士，日以军国民主义提倡后进，盖犹仍尚武遗风。呜呼，若此者，吾中国尝以数十万方里之领土，数亿百万之金钱，又弃舍数千百万之人民性命，条约屡结，港岸屡让，而卒未能购得者也。虽然，誓必得之，不得则必注精神之半以购之，而以合于吾中国固有之特质，以造良吾国风，此国际精神贸易家所最当有事者也。……吾固持欧化主义以改良吾中国。（匪石：《浙风篇》，《浙江潮》第 5 期，1903 年 6 月 15 日）

6 月 24 日（五月二十九）《新民丛报》讨论北京大学堂之国学问题，强调国学乃教育之一大要素，发扬国民爱国精神之根基。主张合西洋文明与国学于一炉，陶冶之，以成文学复兴时代。

文章交代北京大学堂国学问题之缘起，谓"张之洞奏废科举，西后乃令往察视大学堂，旋以张百熙、荣庆推荐，请其会办学堂，遂命其与张、荣会议，重订北京大学堂及颁行各省之学校章程。张之洞深慨经学之衰息，以为今日更无人竭力提倡，则自兹以往，将无复穷经之士，而经学且将中绝，乃议于北京大学堂内，增经学、文学二者为课程，彼意颇决，张、荣固未必阻之也"。

从文章作者的立场而言，经学、文学即国学之大要，故直接评议道：

> 国学者，教育之一大要素也。非但保全国粹，足以发扬国民爱国之精神，且无国学以为之根基，则虽精通外学，亦皆隔阂难通，而不适于己国之用。三十年前留学欧美之学生，何尝不受文明国完全高等之教育，徒以缺于国学之故，其影响之及于祖国者遂尔寥寥，盖既无国学，则如移一西人于我国，其不能有所尽力，固其宜也。庚子大创而后，我国亟亟乎培养人才，其派遣出洋者趾错于道，而内地之开学者，亦务必求备西国之学科，而于国学之课程，恐不能无此重彼轻之虑，而崇拜外人之辈，甚且谓中国学问腐败猥陋，一切扫弃而不足研求，风会所趋，恐将遵三十年前欧美学生之覆辙。且夫我国文明之古国也，哲学之精深，文学之优美，于世界学界中固当占一高上之位置。徒以后儒不能阐发，精义浸湮，遂暗然沉翳于尘霾而无复精彩。苟有好学深思之士拨樻而光晶之，再接媾以西洋之文明，合一炉以陶冶，则必烂然放一异彩，且将有突出于西洋学问之外，而别孕一特色之文明者。文学复兴时代，其在斯乎，其在斯乎！

作者承认"张之洞之注意国学，言诚是矣"，然对"其所谓经学者，果为何种之经学也"，有所怀疑。指出：

> 我国经学之颓弊也，非无人治此学也，徒以治此学者，

务为支离破碎，无与于大道，而能损人之神智，故承平之世，尚有人焉消耗其无用之精力以遣有涯之生，及今事变日殷，外学骤盛，一比较而此为不切于用，则遂为世所诟，而其学骤衰，盖优胜劣败，天演公例，非人力所能强争者也。今诚能阐明大义，标撷精华，使学者无苦于繁文，而晓然于精义之所在，则溉惠学徒，必有裨补，若仍出其数十年前所钻嚼之琐碎断烂之考据训诂，而觍然号于众曰经学，而欲人之糜有用之材力以从事，则张之洞虽抱经当衢而泣，焦唇敝舌而号，吾恐人之掉头不顾，虽列之学课，亦必无丝毫之效力也，是则非吾所敢知矣。（《北京大学堂之国学问题》，《新民丛报》第 34 号，1903 年 6 月 24 日）

10 月 4 日（八月十四） 梁启超在《新民丛报》第 38、39 合刊号上开始发表《论私德》，分三回连载。① 由原先注重公德，转向强调私德，发扬阳明学，主张保存国粹以固国本，确立道德的根本，以此吸纳外来学说，造成新文明。

《新民丛报》的"宗旨"，相对完整地体现这一意趣：

一、本报取《大学》新民之义，以为欲维新吾国，当先维新吾民。中国所以不振，由于国民公德缺乏，智慧不开。故本报专对此病而药治之，务采合中西道德，以为德育之方针；广

---

① 《新民丛报》的发表时间多倒填日期，据狭间直树研究，《论私德》发表时间为 1904 年 2 月至 5 月。（狭间直树主讲：《东亚近代文明史上的梁启超》，上海：上海人民出版社，2016 年，第 242 页）

罗政学理论，以为智育之本原。

一、本报以教育为主脑，以政论为附从。但今日世界所趋，重在国家主义之教育，故于政治亦不得不详。惟所论务在养吾人国家思想，故于目前政府一二事之得失，不暇沾沾词费也。

一、本报为吾国前途起见，一以国民公利公益为目的，持论务极公平，不偏于一党派。不为灌夫骂坐之语，以败坏中国者咎非专在一人也；不为危险激烈之言，以导中国进步当以渐也。（《本报告白》，《新民丛报》第1号，1902年2月8日）

主旨即在培养国人为一合格的"国民"，故《新民说》"条目不下数十，而以《公德》篇托始焉"。（梁启超：《新民说二十一·论私德》，《新民丛报》第38、39号合本，1903年10月4日）总之，不论注重"公德"的德育，还是注重"国家主义"的政学智育，都是旨在进行一种国民教育，在国人中注入进取、冒险、独立、自由、自治、平等、权利、合群等思想，提升整体国人的"政治能力"，力求将中国改造成"立宪政治"的"新中国"。

在1903年访美后，梁启超重新开始了《新民说》的撰述，首篇即是《论私德》。大力宣扬以"中国固有之旧道德"为核心的"私德"，一改之前注重"公德"的理念。黄遵宪敏锐地注意到梁氏之变："公自悔功利之说、破坏之说之足以误国也，乃一意返而守旧，欲以讲学为救中国不二法门。公见今日之新进小生，造孽流毒，现身说法，自陈己过，以匡救其失，维持其弊可也。谓保国粹即能固国本，此非其时，仆未敢附和也。如近日《私德篇》之胪陈阳明学说，遂能感人，亦不过二三上等士夫耳。言屡易端，难于见信，人苟不信，曷贵多言！"〔黄遵宪：《致梁启超函》（1904 年 8 月 14 日），陈铮主编：《黄遵宪集》二，中华书局，2019 年，第 850 页〕由面对整体国民的"公德"，转而主要影响"二三上等士夫"的"私德"，注重保存国粹，发扬固有旧道德，是《新民说》的一重转变。背后涉及对于如何沟通中西文明以成一种中国新文明的思考转变。

《论公德》最能说明梁启超在 1902 年以来沟通中西文明的路径。《论公德》刊行于 1902 年 3 月，是《新民说》的第五节，在《新民说》中极为扼要，梁氏自称"以《公德》篇托始"，所谓"人群之所以为群，国家之所以为国，赖此德焉以成立者也"。《论公德》的主旨在于"斟酌古今中外，发明一种新道德者而提倡之"，旗帜鲜明地抛出"道德革命之论"。"道德革命"的先验学理，在于道德"一循天演之大例"，应与时俱进，实际是应向西方而进。《论公德》"以中国旧伦理与泰西新伦理相比较"，"新伦理所重者，则一私人对于一团体之事。以新伦理之分类，归纳旧伦理，则关于家族伦理者三：父子也，兄弟也，夫妇也；关于社会伦理者一：朋友也；关于国家伦理者一：君臣也"。比较之下，"中国之五伦，则惟于家族伦理稍为完整，至社会、国家伦理，不备滋多。此缺憾之必当补者也"。突破维系王朝道德的纲纪，反映此期的"革命"性，打破纲纪的背后，则有进化高端的"泰西新道德"——国家学说——作为参照。（梁启超：《新民说三·论公德》，《新民丛报》第 3 号，1902 年 3 月 10 日）

梁氏《论私德》则称："吾畴昔以为中国之旧道德，恐不足以范围今后之人心也，而渴望发明一新道德以补助之。"与之相比，

"今欲以一新道德易国民，必非徒以区区泰西之学说所能为力也"。不仅自悔前此以西方国民新道德为皈依的"道德革命"，且自揭之前"以西释中"甚至以西代中的做法，要加以改变。与"革命"背后的道德进化说相反的是，《论私德》明确区分伦理与道德，认为"伦理者，或因于时势而稍变其解释，道德则放诸四海而皆准，俟诸百世而不惑者也"。这是梁启超对于自己早先有关道德的"进化"观念极为重大与重要的调整。（梁启超：《新民说·论私德》，《新民丛报》第40、41号合本，1903年11月2日）

对于之前专注于引入西方新思想，致使破坏之说大兴，致使蔑弃国粹，作了反省。以为：

> 五年以来，海外之新思想，随列强侵略之势力以入中国，始焉一二人倡之，继焉千百人和之，彼其倡之者，固非必尽蔑旧学也，以旧学之简单而不适应于时势也，而思所以补助之，且广陈众议，促思想自由之发达，以求学者之自择，而不意此久经腐败之社会，遂非文明学说所遽能移植，于是自由之说入，不以之增幸福，而以之破秩序，平等之说入，不以之荷义务，而以之蔑制裁，竞争之说入，不以之敌外界，而以之散内团，权利之说入，不以之图公益，而以之文私见，破坏之说入，不以之箴膏肓，而以之灭国粹。（梁启超：《新民说二十一·论私德》，《新民丛报》第38、39号合本，1903年10月4日）

因此，在欧化与保存国学之间，区分为学与道，要以固有道德为根本。1905年梁启超刊行《节本明儒学案》，在《例言》中说明：

　　道学与科学，界限最当分明。道学者受用之学也，自得而无待于外者也。通古今中外而无二者也。科学者，应用之学也，藉辨论积累而始成者也。随社会文明程度而进化者也。故科学尚新，道学则千百年以上之陈言，当世哲人无以过之。科学尚博，道学则一言半句可以毕生受用不尽。老子曰：为学日益，为道日损。学谓科学也，道谓道学也。

　　科学日新月异，随"社会文明程度而进化"，故应取"泰西最新之学说"。道学恒常不变，万古受用，故不受科学势力的范围，治心治身，以立其本，王阳明之学发挥最备。梁氏又分"王学"内的"学"与"道"：

　　　　顾明儒言治心治身之道备矣。而其学说之一大部分，则又理也，气也，性也，太极也，阴阳也，或探造物之原理，或语心体之现象，凡此皆所谓心的科学也。其于学道之功本已无与，况吾辈苟欲治此种科学，则有今泰西最新之学说在，而诸儒所言，直刍狗之可耳。故以读科学书之心眼以读宋明语录，直谓之无一毫价值可也。今书所钞，专在治心治身之要，其属于科学范围者，一切不钞。

　　且称："良以今日学绝道丧之余，非有鞭辟近里之学以药之，万不能矫学风而起国衰，求诸古籍，惟此书最良。"（梁启超：《例言》，《节本明儒学案》，广智书局，1905 年，第 1—2 页）故推广科学，不可不先接受一番道学的熏陶，以确立认知的主体。梁启超与杨度便数次谈论国粹主义教育，称："近以国中青年子弟，道德堕落，非有国粹保存之教育，不足以挽狂流，如前数次所面论者。"（梁启超：《饮冰室诗话》，《新民丛报》第42、43号合本，1903年12月2日）

10月10日（八月二十）　署名铁拳者在《浙江潮》刊文，注意到近三十年来世界各国出现的一大异象，即由政治的国粹主义进于经济的国粹主义。

文章指出："近三十年来世界各国现一极大异象，无论政治家、教育家、军事家皆受其支配而不敢稍萌异志，此何事，此何事？即政治的国粹主义，进而为经济的国粹主义是也。""夫国粹主义者，十九世纪之嫡母也。十九世纪之种种战争，原因虽多，而其根本的原因，实在乎此。德国一统之战争，吾姑措之，其余若巴尔干半岛，若奥太利，若俄罗斯，若法兰西，若美利坚，其战争之目的，何一非欲建设其民族的国家，以实行其国粹主义。然则国粹主义者，初亦不迟政治上之格言，社会上之元则耳。大势簸荡，激而益紧，于是国粹主义之四字，一变而为经济界之警语。且不仅此，其主义之对于内也，有无上之权力，足以举内政、外交、教育、军事诸立国之大机关而左右之运转之，更膨胀而溢于外也。"因此留意于近世工商业之诸现象，提醒中国注意及此。（铁拳：《近世工商业之现象》，《浙江潮》第8期，1903年10月10日）

12月2日（十月十四）　梁启超于《新民丛报》刊行《饮冰室诗话》，内引杨度来函，称忧心国中青年道德堕落，以为非有国粹保存之教育不足以挽狂流。

梁启超美洲之行后，有鉴于破坏之说败坏道德，有心以固有道德补救之。杨度来函与梁氏主张相近，其函称：

近以国中青年子弟，道德堕落，非有国粹保存之教育，不足以挽狂流，如前数次所面论者，因时取旧书温阅。思欲有所编述，乃每一开卷，则责人之心顿减，责己之念顿增。时一反省，常觉天地之大，竟无可以立足之地。自治之道，其难如此。因思古今社会风俗，其能致一时之醇美者，必由于二三君子以道相规，以学相厉。流风所及，天下效之。以躬行为之倡，而因以挽一世之俗，此必非口舌论说之功所能比较者。古圣贤之为学，必求其返躬自省，而无丝毫不慊于心，乃为有得。若夫名满天下，功满天下，曾于吾身无一毫之增损者。常人道之，君子不计焉以其无关于求己之道也。（梁启超：《饮冰室诗话》，《新民丛报》第 42、43 号合本，1903 年 12 月 2 日）

12 月 19 日（十一月初一）《中国白话报》在上海创刊，鼓吹反满思想，偏重国学，以激发国家意识，增进爱国心。

《中国白话报》为半月刊，自第 13 期起改为旬刊。1904 年 10 月出完第 24 期停刊，最后 4 期合一册发行。该刊的主要撰稿人为林獬、刘师培、林宗素等。主要栏目有论说、历史、传记、新闻、实业、时事问答、小说、戏曲、谈苑和选录等。较早提倡白话文，宣传民权，改造国民，引导人们推翻清政府，鼓吹反帝爱国思想，同时也关注女性权益。

《中国白话报》曾在答读者来信时，交代宗旨，偏重国学这一实学来教育国民，养成爱国心。读者来函称：

贵报宗旨，要算好极了。但白话报的意思，原要给不懂文言的人看的，今看到贵报第十期那一门不是切实有用的，不过十成中到有八九成替党派中人及学生社会说法，若送把我的阿姊、阿嫂、弟弟、妹妹去看就有些不贪收了。譬如吃东西，鱼翅燕菜是我们喜欢的，然而小孩子们总觉得不如甘蔗、荸荠、梨糕糖好吃。只个道理，列位岂有不懂。不过学识高尚的人，天天与那无知识的谈天，本是气闷事体，未免有些按擦不住，还望列位留心些，莫负这演白话的苦心。（《中国白话报》第11期，1904年5月15日）

答函称：

　　就是那宗旨顶好的月报旬报，里头也不免太空疏，一点实学不讲究，说出来的话语都没有根底，都没有实在的凭据。本报的意思，以为如今我们中国人，若光靠着宗旨好还不中用，那国学是顶要提倡的，有了国家，才有爱国心，然后才能办各种大事，所以本报十分偏重国学，拿这种实实在在的学问来教育国民，将来成材的，才不至蹈如今草头新党各种的弊病。因有以上两层缘故，所以不能低降程度，求合于妇孺，而且那程度可以合着妇女孩童的报，如今也有好几种了，譬如《杭州白话报》《宁波白话报》《安徽俗话报》《江西新白话》，那思想浅近一点的人，都可以一看便懂。我们这报单预备着看各报的人，有了一点普通智识以后，再把这报看下去，那就八九分完全了。（《答常州恨无实学者来函》，《中国白话报》1904年第11期，1904年5月15日）

12 月 25 日（十一月初七）　署名春水者在《政法学报》发表《中国国学保存论》①之一。

此文刊于"论说"一栏，据介绍，此栏"为同人自由发挥其思想之地，不拘定格，而大部直接或间接有大影响于政治界，与寻常空论不同"。故春水应是《政法学报》同人之一，或即反映《学报》编者之观念。《政法学报》原为《译书汇编》，此次改名，关系理念的转变。此文即是此次转变的反映。

《译书汇编》于 1900 年 12 月在日本东京创刊。《译书汇编》的编辑有坂崎斌、胡英敏，《译书汇编》社社员主要有戢翼翚、杨廷栋、杨荫杭、雷奋、金邦屏、王植善、陆世芬、周祖培、富士英、章宗祥、曹汝霖等。1902 年《译书汇编》第 9 期登载一则《改正体例告白》，谓："凡事必求其进步，译书之事，仅能假他人之思想，直接映之于吾，而不能即吾之思想，纯以吾之思想发表，斯之谓学问独立。今于此数年中，欲骤脱译书时代而进于学问独立时代，此故程度限之，不能骤及，然取他人思想，而以吾之思想融会贯通之，参酌甄别，引申发明，实为二时代过渡之要著"，故"将本编体例，大加改正，以同人数年研究之心得，借本编以发表之"。则此栏即是取"他人思想"而与"吾之思想"融会贯通的体现，而欲影响于政治界者。

此文为作者原拟的国学保存诸论之一，核心在于"正气"二字，关键在于保存中国旧有道德，内含"社稷为重，君为轻"的国

---

①　正文题"中国国学保存编"，目录则为"中国国学保存论"，后一期之"前号目次"一栏亦称"中国国学保存论"，后《东方杂志》与《教育杂志》转发皆用"论"字。另此文刊于"论说"一栏，加之文内意思亦近于论，故采"论"字。

家思想。其称欧化影响下，中国之大患，在于人心无所约束：

> 一言以蔽之，今日中国青年之大患，莫甚于借新道德之影响之皮毛，以破坏旧道德，无所制约，无所信仰。其影响及于社会，荡无秩序。极其流弊，虽欲结犹太波兰亡国民之可怜团体，亦不可得。人道荡然，虽洪水猛兽，何足比其害也。

因此，特持保存中国固有道德之论，以为中国特产之物，而适用于中国者，为"正气"。作者的"正气"论，发明自孟子，屡为文天祥所引用，且有进一步阐释，有两层意味："彼对博罗之言曰：社稷为重，君为轻。又其言学曰：兼人己为一致，合体用为一原。"以作为约束人心的核心价值，志在铸造"国魂"，锻炼国家观念。

发挥中国的"正气"说，需对旧有正气论加以改良，国学应加入新智识，方能锻炼国民，将大种族转化为大国民。其称：

> 凡中国古人之奇节峻行，皆可以谓之为正气之作用。中国讲学数千年，毫不得其效果。自宋儒出，率举国之人，以困于枯寂之心学。夫治国自有政治、法律、理财、经武、通商、惠工之学，心学者，哲学之一小部分，惟教育者言之耳。宋儒乃举万事，皆以心学统之。崖山迁播，犹讲《大学》，敌军临逼，尚诵《孝经》，岂不颠乎！
>
> 夫正气之说，致用固大。然不可不改良之，改良奈何，即不可陷于愚忠愚孝是也。
>
> 正气派最主攘夷之论，而皆无以善其后。近世如某某者，

毅然排外，驱不教之拳党，以图歼异族。雄矣哉！正气派之流亚也。夫徒有正气而无新智识，终矣无功。故排外诚是也，不排外无以立国也。然排外之根本，在于锻炼国民。

未经锻炼之国民，岂不危哉。敌人环集以相争存，而一无教育，一无准备。甲种乘之，则服从甲种，而为臣民。乙种又乘之，则服从乙种，而为奴隶。其不肖者，为张弘范王积翁；其极贤者，亦不过为文天祥。夫文氏诚贤矣，迹其前后统帅，无战不败。然则浩然之正气，岂可遂恃以退敌军哉？

日人苏峰生曾作一文，曰《国民之锻炼》，诚吾国民对病之案也。其言曰：昔者太王居邠，狄人侵之，事之以皮币，不得免焉；事之以犬马，不得免焉；事之以珠玉，不得免焉。乃属其耆老而告之曰：狄人之所欲者，吾土地也。吾闻之也，君子不以其所以养人者害人，二三子何患乎无君，我将去之。此当国际之患压迫之时，孟子对滕文公所陈最善之策也。呜呼！此中国"二十二史"外交政策之键矣。

中国之所以有大种族，而不能成大国民者，实因缺乏国民锻炼之故。无国民锻炼，故绝无抵抗外敌之力，故绝无国家观念。诚如是也，种族虽大，亦不免于灭亡。

国民如个人然，必要锻炼。当外敌之来侵也，最足试国民之力量如何。故当外敌之来，不可避此机会。国民之消长盛衰，皆系于此。美国大总统罗斯福对市民之最近演说一节，最合此意。其演说曰：予希望予与国民，其扶植政策，处理万事，皆有正义之精神。负荷义务，不择难易，悉引受之，凡事之有满足力行之精神。我与国民，其勿苟安现时之平和，不顾将来之不幸，而不注意以膺国务也。

　　总而言之，无远虑者，不能成大业；不偿代价者，不得物品；不受锻炼者，不得幸福。外敌之压来，乃试验国民无上之好机会。不然，纵令吾人巧避外敌之冲突，而外敌亦岂可避者。慎乎，无执孟子退让之覼言，以误国家也。（春水：《中国国学保存论》，原刊《政法学报》第5期，1903年12月25日。引文录自《东方杂志》1904年5月第3期节录文，《教育杂志》1905年第3期又据《东方杂志》载录）

是年　章士钊撰《王船山史说申义》，谓"凡立国，必有其天然之国粹，不与人同"。

章士钊之论，为申王夫之对于拓跋氏之亡原因的探求，以为其亡之原因甚复杂，求其总因则"縻天下于无实之文，自诧升平之象，精悍之气销，朴固之风斸"之数语者其定案也。对此申论道："盖凡立国，必有其天然之国粹，不与人同。虽所遭之时世，逼之不得不然，而其所席之旧治之胚胎，究不可失。失之，吾未见其能自立国者也。"（章士钊：《王船山史说申义》，《国民日日报汇编》第2集，第11页）

△　章太炎因苏报案入狱，狱中有《癸卯口中漫笔》，叹"上天以国粹付余"而无能为继。

文谓："上天以国粹付余，自炳麟之初生，迄于今兹，三十有六。凤鸟不至，河不出图，惟余亦不任宅其位，繄素王素臣之迹是践，岂直保守残阙而已（《文录》作'岂直抱残守阙而已'）。又将官其材物，恢明而光大之。怀未得遂，累于囗（《文录》作'仇'）

国，惟□□翼□欤（《文录》作'惟金火相革欤'）？则犹有继述者。至于支那闳硕壮美之学，而遂斩其统绪，国故民纪，绝于余手，是则余之罪也。"（章太炎：《癸卯口中漫笔》，《国粹学报》乙巳年第8号，1905年9月18日）

1904年（清光绪三十年　甲辰）

1月1日（癸卯年十一月十四）　梁启超为《时报》创刊撰文宣传其宗旨，强调以"时"为要义，"于祖国国粹，固所尊重也，而不适于当世之务者，束阁之。于泰西文明，固所崇拜也，而不应于中国之程度者，缓置之"。

《时报》原拟于本年4月创刊，后于6月12日创办，1939年8月31日终刊。初创时，报馆设在上海英租界四马路。（《时报发刊例》，《新民丛报》第44、45号合本，1904年1月1日）日人宗方小太郎为名义上发行人，实际总理为狄楚青。罗孝高担任总主笔，陈景韩、雷奋协助新闻编辑工作。此后，包天笑受邀加入报馆，陈景韩的编辑工作调整为编写要闻及"极短的时评"。狄楚青虽非康门嫡系，如包天笑所说："那个时候，康、梁名重一时，拜康为师者甚众，他（狄楚青）也算是康门弟子，其实是泛泛的。"（包天笑：《回忆狄楚青》，《钏影楼回忆录》，上海三联出版社，2014年，第395页）《时报》经费却多受康门资助。康有为尝致函梁启超称："《时报》除癸年经拨款七万外，甲年拨捐款约二万（又借广智二万两），乙丙年皆过万，丁年一万，计合十五万（墨银行代出五六万，苦极），外另代交息

（三年）三万余，合共总在廿万左右，无年不请款。"（康有为：《复梁启超》，张荣华编校：《康有为往来书信集》，中国人民大学出版社，2012 年，第 612 页）

梁启超论《时报》宗旨，称：

孔子曰：过犹不及。不及于时者蹉跎苟莽，日即腐败，而国遂不可救；过于时者，叫嚣狂掷，终无一成，或缘是以生他种难局，而国亦遂不可救。要之亡国之咎，两者均之。若夫明达沈毅之士，有志于执两用中，为国民谋秩序之进步者，亦有焉矣。顾或于常识不足，于学理不明，于事势不审，故言之不能有故，持之不能成理。欲实行焉，而怅怅不知所适从。奋发以兴举一二事，则以误其方略而致失败者，项相望也。则相与惩焉，不复敢齿及变革。呜呼！全国中言论家政治家，种类虽繁，究其指归，不出于此三途。耗矣哀哉！今日千钧一发之时哉！同人有怀于此，爰创此报，命之曰"时"，于祖国国粹，固所尊重也，而不适于当世之务者，束阁之。于泰西文明，固所崇拜也，而不应于中国之程度者，缓置之。而于本国及世界所起之大问题，凡关于政治学术者，必竭同人谫识之所及，以公平之论，研究其是非利害，与夫所以匡救之应付之之方策，以献替于我有司而商榷于我国民。若夫新闻事实之报道，世界舆论之趋向，内地国情之调查，政艺学理之发明，言论思想之介绍，茶余酒后之资料，凡全球文明国报馆所应尽之义务，不敢不勉，此则同人以言报国之微志也。虽然，西哲亦有言：完备之事物必产于完备之时代。今以我国文明发达，如彼其幼稚

也，而本报乃欲窃比于各国大报馆之林，知其无当矣。跬步积
以致千里，百川学以放四海，务先后追随于国家之进步，而与
相应焉，则本报所日孜孜也。（梁启超：《上海时报缘起》，《新民丛
报》第44、45号合本，1904年1月1日）

是年初（癸卯年底） 邓实、黄节创国粹学社，计划发行《国
学报》月刊。《国学报》主张国与学皆基于自立，"国学者，明吾国
界以定吾学界者也"，由我之自立，"举东西诸国之学以为客观，而
吾为主观，以研究之"，以成国学，以立国界。

国粹学社开创时间，据黄节《国粹学社发起辞》称："岁甲辰，
同人创为国粹学社。"（《政艺通报》第3卷第1号，1904年3月1日）《国
学报叙》文末所附"记者识"则更为详细，称："癸卯岁暮，同人
创为国粹学社。"（《政艺通报》第3卷第11号，1904年7月27日）创办缘
起，据黄节所称，则由于"海上学社林立，顾未有言国粹者"。（黄
节：《国粹学社发起辞》，《政艺通报》第3卷第1号，1904年3月1日）国粹
学社之宗旨，宣称在以国粹争科学，而不争政治。黄节承认："国
粹，日本之名辞也。吾国言之，其名辞已非国粹。"国粹学社言国
粹，与日本有所不同。"日本之言国粹也，与争政论；吾国之言国
粹也，与争科学。"（黄节：《国粹学社发起辞》，《政艺通报》第3卷第1号，
1904年3月1日）国粹学社以国粹争科学，"拟月出《国学报》一编"。
（黄节：《国学报叙》，《政艺通报》第3卷第11号，1904年7月27日）国粹学
社未有明显的实际活动，其最为核心的发行《国学报》一事，亦迟
迟不能实行。《国学报》原"属黄君为之叙，后以事会变迁，迟迟
未成，今刊其原叙于此，以正海内热心同志之君子"。由黄节《国

学报叙》，可略见国粹学社与《国学报》的宗旨大要。黄节《国学报叙》处处显现"与争政治"的味道。

此叙有极强的无国无国学故立国应立国学的逻辑。叙称"社会莫不始于图腾，继以宗法，而成于国家者也"，"万汇莫不统于逻辑，阐为心理，而致诸物质者也"。然"四夷交侵，异族入主，然则吾国犹图腾也，科学不明，域于玄知，然则吾学犹未至于逻辑也"。其称：

> 溯吾称国之始，则肇自唐虞蚩尤作甲兵，始伐黄帝，至于夏殷周，而苗祸亘千百年，然则唐虞之称国也，吾以见民族之焚焉。呜呼悲夫，溯吾学派之衰，则源于嬴秦始皇烧诗书百家语，藏书博士，窒塞民智，至于汉武立博士于学官，罢黜百家，以迄刘歆，则假借君权，窜乱经籍，贼天下后世，然则秦皇汉武之立学也，吾以见专制之剧焉。民族之界夷，专制之统一，而不国，而不学，殆数千年，呜呼，奚至于今而始悲也。春秋楚人执宋公以伐宋，宋公谓公子目夷曰，子归守国矣，国子之国也。公子目夷复曰，君虽不言国，国固臣之国也。是故对于外族则言国，对于君主则言国，此国之界也。国界不明，诸夏乃衰，简书不恤，京师吴楚，以至会申楚伯，淮夷不殊，则吾国对外族之界亡矣。汉兴，黄生与辕固生论汤武受命，而曰：冠虽敝，必加于首，履虽新，必贯于足。申桀纣而屈汤武，孝景知其非，然犹曰言学者毋言汤武受命不为愚，则吾国对君主之界亦亡矣。

"国界亡，则无学，无学，则何以有国也。"总结千余年间，"五胡之乱，十六州之割，两河三镇之亡国于吾中国者，外族专制之国，而非吾民族之国也。学于吾中国者，外族专制之学，而非吾民族之学也，而吾之国之学之亡也，殆久矣乎"。

故中国国学之精粹，不在于"萃汉宋儒者之家法，而蝇蝇于十三经二十四史诸子百家之文"，更不应"一睨乎泰西诸国之政之法之艺之学，则以为非先王之道，而辞而辟之，辟之而不足以胜之也。一□乎泰西诸国之政之法之艺之学，则以为非中国所有，而貌而袭之，袭之而仍不足以敌之也，则还而质诸吾国，何以无学，吾学何以不国，而吾之国之学，何以逊于泰西之国之学，则懵然而皆莫能言"。

此叙极言其故：

> 立乎地圜而名一国，则必有其立国之精神焉，虽震撼掺杂，而不可以灭之也。灭之则必灭其种族而后可，灭其种族则必灭其国学而后可。昔者英之墟印度也，俄之裂波兰也，皆先变乱其言语文学，而后其种族乃凌迟衰微焉，迄今过灵水之滨，瓦尔省府之郭，婆罗门之贵种，斯拉窝尼之旧族，无复有文明片影，留曜于其间，则国学之亡也。学亡则亡国，国亡则亡族，吾国之国体，则外族专制之国体也，吾国之学说，则外族专制之学说也。以外族专制自宋季以来，频繁复杂，绵三四纪，学者忘祖宗杀戮之惨，狃君臣上下之分，习而安之，为之润饰乎经术黼黻乎史裁，数百年于兹矣。一旦海通，泰西民族麕至，以吾外族专制之黑暗，而当共和立宪之文明，相形之

下，优劣之胜败立见也，则其始慕泰西，甲午创后，戒于日本，复以其同文地迩，情洽而收效为速也，日本遂夺泰西之席，而为吾之师，则其继尤慕日本。呜呼，亡吾国学者，不在泰西，而在日本乎。何也？日本与吾同文而易鹜也。譬之生物焉，异种者虽有复杂，无害竞争。惟同种而异类者，则虽有竞争，而往往为其所同化。泰西与吾异种者也，日本与吾同种而异类者也。是故不别日本，则不足以别泰西，然不别吾累朝外族专制之朝廷，则又何以别日本。夫吾累朝外族专制之朝廷，固皆与吾同种而异类者也，亡吾国吾学者也。《易》曰，其亡其亡，系于苞桑。又曰，樽酒簋贰，用缶，纳约自牖。呜呼，今日黄冠草履，空山歌哭，语吾国语，文吾国文，哀声悲吟，冀感发吾同族者，盖仅仅见也。过此以往，声消响绝，虽复布福音，兴豪摩尼司脱，习希塞洛瓦其儿之文字而矣，非吾巴克之族，黄帝尧舜禹汤文武周公孔子之学矣。悲夫。

虽然，巴克之族，黄帝尧舜禹汤文武周公孔子之学，其为布帛菽粟，而无待于他求者夥矣。其为夏鼎商彝，而无资于利用者，庸讵乏焉。则是吾学界不能无取诸日本泰西亦势也。有地焉，蓬蒿棘榛，郁勃蹊径，甚矣其荒也，而吾为之芟夷而蕴崇之，缭以周垣，树以嘉木，不数年葱茏蔚森矣。夫地之宜于植也，其生是嘉木，犹其生是棘榛也，盖宜于植者是地也，因其宜于植而移嘉木以植之，或滋兰焉，或树橘焉，则焕然秀发者，虽非前日之所有，而要之有是地然后有是华，不得谓非是地之华也。何也？国固吾国也，学即吾学也。海波沸腾，宇内士夫，痛时事之日亟，以为中国之变，古未有其变，中国之学，诚不足以救中国，于是醉心欧化，举一事革一弊，至于风俗习惯之各不相侔者，靡不惟东西之学说是依，慨谓吾国固奴隶之国，而学固奴隶之学也。呜呼，不自主其国，而奴隶于人之国，谓之国奴，不自主其学，而奴隶于人之学，谓之学奴，奴于外族之专制，固奴，奴于东西之学说，亦何得而非奴也。

并叙创报宗旨：

同人痛国之不立，而学之日亡也，于是瞻天与火，类族辨物，创为《国学报》一编，以告海内曰，昔者欧洲十字军东征，弛贵族之权，削封建之制，载吾东方之文物以归，于时意大利文学复兴，达泰氏以国文著述，而欧洲教育，遂进文明。昔者日本维新，归藩覆幕，举国风靡，于时欧化主义，浩浩滔天，三宅雄次郎、志贺重昂等，撰杂志，倡国粹保全，而日本主义，卒以成立。呜呼，学界之关系于国界也如是哉！宋之季也，其民不务国学，而好为蒙古文字语言，至名其侈辞以为美，于是而宋亡。普之败于法也，割雅丽司、来罗因以和，而其遗民，眷眷故国，发为诗歌，不忘普音，于是而普兴，国界之兴亡于学界也又如是哉！夫国学者，明吾国界以定吾学界者也，痛吾国之不国，痛吾学之不学，凡欲举东西诸国之学以为客观，而吾为主观，以研究之，期光复乎吾巴克之族，黄帝尧舜禹汤文武周公孔子之学而已，然又慕乎科学之用宏，意将以研究为实施之因，而以保存为将来之果，悬界说以定公例，而又悲乎言之无文行而不远，意将矫象胥之失，而不苟同伊缓大卤之名，期光复乎吾巴克之族，黄帝尧舜禹汤文武周公孔子之学而已。呜呼，雄鸡鸣而天地白，晓钟动而魂梦苏，天下志士，其有哀国学之流亡者乎，庶几披涕以读而为之舞。（黄节：《国学报叙》，《政艺通报》第 3 卷第 11 号，1904 年 7 月 27 日）

在黄节发表《国学报叙》前后，邓实发表《国学保存论》，称：

> 昔欧洲十字军东征，载东方之文物以归；意大利古学复兴，建泰氏以国文著述。日本维新，欧化主义浩浩滔天，三宅雄次郎倡国粹保全主义。顾东西人士，无不知爱其国者；爱其国，无不知爱其学者。盖学者，所以代表其种人材之性而为一国之精神也。（《政艺通报》第 3 卷第 3 号，1904 年 3 月 31 日）

不仅与黄节一文文字重合相近，意趣更是一致。邓实、黄节乃师简朝亮则发表《国粹学》，称："国学不明，大义终塞，将有国破种亡之惨，学其乌可一日已乎。"（《政艺通报》第 3 卷第 13 号，1904 年 8 月 25 日）皆提倡国学以立国保种。

稍后邓实致黄天书，可以更好说明邓实、黄节虽强调"吾"的主观，主张保国保族保种，但并不坚持"攘夷"的民族主义，而主"文明之民族主义"，于外人，可以有亲近的朋友关系，于外学政艺，可以在"吾"的主观上吸取熔铸为我之国粹。这些理念的整合集汇，方显邓实、黄节所主持的国学与国粹之真相。邓实函称：

> 今日救国存种之策，舍民族主义，竟无从下手。惟此乃有

一线之生机耳。顾仆之私心，则以为在有实力，而不在空言。且自以为尊贵，而此外则皆目之为夷狄，日日肆其漫骂，亦非世界公理。盖日日以夷狄贱种骂人，亦适自形其野蛮也。故文明之民族主义，自爱其同种，而异族之与吾无侵犯者，我亦视为朋友，以讲外交之谊。惟其苟有侵夺我一丝之权利，则不惜粉身碎骨以争之。吾国之弊，在口则声声目凡为外种者皆为夷狄，而力则不足以胜之。观宋明之季，士大夫持攘夷之说，岂不甚烈，而卒无救宋明之亡者，是可叹也。今人之持民族主义，在守之太狭。凡欧美之人，一概目为夷狄。故以欧美极良之政法，亦以为夷狄之政法，而拒绝之。极其弊，必至于守旧。夫使其旧足以敌欧美，犹可言也，而其旧又必不足以相敌。知其不敌而必欲守之，以至于败亡，及其终局，则惟有尽节之一策。而吾种卒无救也。仆则以为莫若法日本矣。日本于欧美之政法，莫不事事师之。而种族之界，则持之必坚。故其于外种，有亲爱之为朋友，而与之结盟者。有视之为仇敌，而与之开战者。并非一概抹煞，以为夷狄不可与通好也。吾国则视凡为异种者，皆属敌国，而己则孤立无助。夫当今之世，岂有无攻守同盟之国而可以以一敌人者乎。故仆以为今日宜守文明国之民族主义，而不宜守吾旧日之攘夷主义也。（黄天：《答邓秋枚书》(附原书)，《觉民》第9、10期合本，1904年8月6日或9月4日）

国粹学社之后未见有明显的实际行动，《国学报》同样并未创刊发行。而一年后同为邓实与黄节所主导创办的国学保存会与《国粹学报》显然与此有一脉相承的地方，文字上最为显著的变化只在于社由保存国粹改为保存国学，报由宣扬国学改为发挥国粹，更多只是改名换姓不变其实。①黄节《国学报叙》后在《国粹学报》发行时改名为《国粹学报叙》发表即是一大显例，显示宗旨的延续。（黄节：《国粹学报叙》，《国粹学报》乙巳年第 1 号，1905 年 2 月 23 日）

1 月 13 日（癸卯年十一月二十六）《奏定学堂章程》颁布。主张协调新旧，在新学制中保留经学，注重保存古学国粹。②

清末思想学术界有关欧化与国粹的争议与协调，自日本而来，同样影响到清末的教育改革，并成为法定规程。

先是，负责拟订壬寅学制的张百熙，在 1902 年 2 月 13 日的《奏京师大学堂疏》中，主张大学堂应先办预备科，功课"略仿日本之意"，以经、史隶属政、艺二科下之政科。（朱有瓛主编：《中国近代学制史料》第 2 辑上册，华东师范大学出版社，1987 年，第 832—835 页）1902 年 8 月 15 日，清政府批准了张百熙主持的《钦定学堂章程》（包括《钦定京师大学堂章程》《钦定考选入学章程》《钦定高等学堂章程》《钦定中学堂章程》《钦定小学堂章程》《钦定蒙学堂章程》），划分

---

① 郑师渠《晚清国粹派文化思想研究》解释国粹学社夭折的原因，在于"国粹派还需要一个理论建构的过程"。表现为国粹派此时仅有黄节《国粹保存主义》与《国粹学社发起辞》，且强调"从单纯文化保存的意义讲国粹"，显然不适应"阴谋借此以激动排满革命之思潮"。（郑师渠：《晚清国粹派文化思想研究》，北京：北京师范大学出版社，2014 年，第 12—13 页）郑师渠一书已引及黄节《国学报叙》一文，而不纳入"理论建构"的文章例证内，事实上《国学报叙》明言"吾累朝外族专制之朝廷，固皆与吾种而异类者也，亡吾国吾学者也"。发挥国学，保存国粹，即是要在外族专制之朝廷外另觅途径，其实已有显著的"阴谋借此以激动排满"之思绪。黄节所说不"与争政治"，或许正是此地无银三百两，而避免清政府的忌讳。

② 此条目引用文献多参考关晓红《晚清学部研究》（广州：广东教育出版社，2000 年）、朱贞《晚清学堂读经与日本》（《学术研究》2015 年第 5 期）。

了普通学堂与专门学堂两大体系，以分科设学办法对原有中学课程
进行规划。

　　壬寅学制颁行后，围绕张百熙与新学制，引起了极大的争议。
1903年2月8日，清廷发布上谕："刑部尚书荣庆著会同张百熙管理
大学堂事宜，务当和衷商办，认真经理。"实际上牵制了张氏的教
育改制权力。《清史稿》称荣庆被增派为管学大臣，乃是缘于"百
熙一意更新，荣庆时以旧学调剂之"。（赵尔巽：《清史稿·荣庆传》，中
华书局，1998年，第12401—12402页）所谓"新"，主要反映为助长"自
由民权"新说。《新民丛报》消息称："大学堂课程，本已酌妥送呈
政务处。闻有智学及国际学二门，政府疑智学即哲学，恐系民权自
由之变名，更疑国际学为不经之谈，皆拟删改，再三考问。"（《大
学课程》,《新民丛报》第9号，1902年6月6日）舆论又称："日前某尚
书于朝房晤张野秋大冢宰，询及学堂之规模章程，以及学生之课程
等，均一一询明，遂大加痛诋，如学堂章程课程之不善，学生之有
恶习，职员人等之疏忽等语。"（《时事要闻》,《大公报》1903年3月18日）
尤以对张百熙极为仰仗的吴汝纶多有非难。吴汝纶尚在日本考察学
务之际，"东人士颇厚遇之，北京顽固大臣等，因即谗于庆邸曰：
吴汝纶现在东洋主持民权自由之说，不先杀之，不足以警众也"。
（《总教被谗》,《新民丛报》第16号，1902年9月16日）后来"袁慰帅到京
召见数次，闻其面奏时，力诋大学堂，谓学堂所用人员，多主民权
自由学说"。（《力诋学堂》,《新民丛报》第23号，1902年12月30日）《新
民丛报》总结其事，谓："今日之青年，其必心醉最新之理想，掉
弄自由平等之口头禅以为愉快。……政府方欲大施其压制，而此说
者忽腾于学生之口，则不能不疑及办理者之有以长养之矣。"（《痛哭

中国学务之前途》,《新民丛报》第27号，1903年3月12日）

《钦定京师大学堂章程》虽被批评为趋新，实际已是张百熙及其幕僚革新人士与清廷妥协之产物。深悉内情的张缉光尝函告汪康年:"《大学堂章程》有二本，一详而得教育之方法，一略而合中国之时趋。政府意在略者，而谓哲学太新，国际学当删，医学不应入学堂，音乐学乃教戏子。至哲学之干例禁，更不待言，刻下尚无定议也。"（《张缉光来函》五,《汪康年师友书札》二，上海古籍出版社，1986年，第1789页）张鹤龄详尽说明:"到京后管学即命草创章程，维时尚未知此间情况，直书二万余言。既上，始知情势不合。复由小沂改拟一本，由管学并呈政府，请为折衷。政府并有签驳:语多不伦，既不谙教育情形，而又敢于立论。盖荆棘从此滋生矣。"（《张鹤龄来函》四,《汪康年师友书札》二，第1818页）

1903年拒俄运动高潮骤起，留日学生与国内学生此呼彼应，掀起一场学界大风潮。青年学生的满腔热忱被指名为爱国，实则革命，朝野内外涌起一股反对学堂及主张兴学者的逆流。学制如何斟酌新旧中西，更成要务。1903年6月27日，荣庆与张百熙联名奏请"派重臣会商学务"，举张之洞"会同商办京师大学堂事宜，将一切章程详加厘定"。清政府很快批准此请求，"着即派张之洞会同张百熙、荣庆将现办大学堂章程一切事宜，再行切实商订，并将各省学堂章程，一律厘订，详悉具奏，务期推行无弊，造就通才"。（《光绪朝东华录》五，中华书局，1958年，总第5036—5037页）在张之洞主持下，重订学堂章程从1903年6月至1904年1月进行了半年多。章程多由陈毅、胡钧执笔，"当将保荐特科之陈毅、胡钧留京赞助"，"命意由之洞，而笔墨则悉以陈、胡主之"。（《记北京大学堂事》,《新民丛报》第

38、39号合本，1903年10月4日）章程以壬寅学制为基础，取法日本，以湖北教育改革经验为参考，增补修改。新章程共80篇，除各级学堂章程是在原有基础上增补之外，其余15章为新添。其宗旨体现张之洞倡导的"中体西用"思想以及调和中西新旧的手法，"大指在端正趋向，造就通才，以忠孝为敷教之本，以礼法为训俗之方，以练习技能为致用治生之具，尤重在考核品行，不得废弃中国文辞"。

1904年1月13日，清政府批准颁行《奏定学堂章程》。这套章程以《学务纲要》为总纲，共19册，包括各级各类学校的管理制度及通则、考试、奖励、教员聘用等若干规定。因公布于旧历癸卯年，人称"癸卯学制"。章程修订中，管学大臣及其下属对增加经学词章等条款表示反对，甚至予以抵制，但张之洞的意旨起主导作用。与壬寅学制参照日本大学分类办法，将经学置于文学科下迥异，癸卯学制则将经学、理学放入专为中国固有学术而创设的经科大学，史学、文学则放入可以对应西学分类的文科大学。专门的经科大学，又下分周易学、尚书学、毛诗学、春秋左传学、春秋三传学、周礼学、仪礼学、礼记学、论语学、孟子学、理学11门。（朱有瓛主编：《中国近代学制史料》第2辑上册，第770—814页）凸显以经学为核心的"中体西用"的中学分科方案。

张之洞在《厘订学堂章程折》中强调"立学宗旨，无论何等学堂，均以忠孝为本，以中国经史之学为基，俾学生心术一归于纯正。而后以西学瀹其智识，练其艺能"。（《厘订学堂章程折》，赵德馨主编：《张之洞全集》第4册，武汉出版社，2008年，第168页）其中订立《学务纲要》，在开新的同时注重保存古学、国粹。第10条规定："西国最重保存古学，亦系归专门者自行研究。古学之最可宝贵者，无过经书。无识之徒，喜新蔑古，乐放纵而恶闲检，惟恐经书一日不废，真乃不知西学西法者也。"第 11 条规定："中国各种文体，历代相承，实为五大洲文化之精华。且必能为中国各体文辞，然后能通解经史古书传述圣贤精理。文学既废，则经籍无人能读矣。外国学堂，最重保存国粹，此即保存国粹之一大端。"

4 月 16 日（甲辰年三月初一）　刘师培在《中国白话报》发表白话体的《历史》之《学术》，历数中国历代学术，揭示中国学术的真相与大义，比对学术自由竞争与儒术一统的不同，说明中国学术退步的原因，主张讲国学、讲民族、主激烈，具有强烈的学术自由倾向与浓郁的民权思想。

《中国白话报》自第一期起，连载《历史》共九篇，第一为《人种》，第二为《政体》，第三为《交通》，第四为《学术》，第五为《兵制》，第六为《田赋》，第七为《刑法》，第八为《宗教》，第九为《教育》。作者为刘师培，署名"白话道人""光汉"。九篇类似后世的专史，以每一主题贯通古今，仿照"三通"之体裁。刘师培在《中国历史大略》一文中说明："我前数册《白话报》上，登了九篇《历史》，但都是指一桩事情说的，不是指历代事情说的。这种体裁，是效法"三通"的意思，记政的地方多，记事的地方少。"（刘师培：《中国历史大略》，《中国白话报》第 19 期，1904 年 8 月 20 日）

《历史》第四篇为《学术》，署名光汉，可视为白话国学简史。《学术》比较中西学术之不同，以为："西人的学术，是日有进步的。中国的学术，是日有退步的。"究其原因，在于"西人的自由权有三桩：第一桩叫做思想自由，第二桩叫做言论自由，第三桩叫做出版自由。无论抱什么宗旨，都可以听他宣布出来，所以西人的学术，一天一天的好起来"。至于中国则几乎相反，没有思想、言论、出版的自由，没有创新思想的土壤与环境，"中国的百姓，本有一种好古的特质，到了秦汉以后，君权又大的了不得，凡思想有一点新奇的，他都说是大逆不道，况且这种夷狄戎蛮的畜生种，把中国地方占去，又用中国从前的旧学，愚弄中国的人民，有一个敢倡新思想的，就要治他离经叛道的罪。所以中国的百姓，一点儿思想都没有，从前的学术，也就渐渐的退步了"。具有强烈的民族主义意味，称"满洲的贼种"。

刘文历数中国学术发展的历程，将其分为八期八个时代，扼要介绍其脉络与精神。

第一期为中国学术的起源，"叫做神学盛兴时代"。称"中国的学术，也是从神学出来"，到了黄帝时，"实用的科学"渐渐有所发明。"作甲子的人叫做大挠，作历数的人叫做容成，作六书的人叫做苍颉，作图的人叫做史皇。"此时中国哲学也开创出来，"中国的易学，已由伏羲氏发明出来，到了夏禹的时候，又发明一种洪范九畴的学问"。

第二期是官学盛兴时代。称"中国的学术，既从这神学里边出来，这祀神的官，叫做祝史，所以中国的学术，都掌在祝史手里。到了西周的时候，学术分成两派，一种是言天事的，一种是言人事的，但两种学术，都归史官管理"。"这个时候，但有官学，没有私学，无论那种学术，都是由官学里面分出来的。"

第三期"叫做诸子竞争时代"。周朝东迁时，"史官所掌的学问"渐渐失传，人各造学术，出现九流。有大影响者四种："第一种叫做儒家，是孔子倡起来的"，"最讲伦理"。"第二种叫做道家，是老子倡起来的。"分出两派，一派讲虚无，为庄列学派。一派讲乐利，为杨朱学派。"第三种叫做墨家，是墨翟倡起来的。"宗旨归在兼爱。"第四种叫做法家，是申不害商鞅倡起来的。"大抵由儒家道家分出来。四种学说，大抵是官学支派。

第四期"叫做儒学专制时代"。称"汉武帝的时候，就把诸子百家的学术一同儿罢去，只剩了儒家一门"。此时治儒术，除注经书外，并无著作，儒学即经学。"西汉时代的经学"，分今文家说、古文家说。至王莽时候，又生出谶纬。"东汉的经学"，一种讲小学，一种讲礼经，与西汉不同。"学术的范围，就缩得小的了不得。中国人的思想，也就没有进步了。"

第五期"叫做老释杂兴时代"。称"中国到了东汉以后，治经学的人，多的了不得，却也渐渐的厌烦了。所以道家共佛家的学问，也就兴旺起来"。"到了唐朝的时候，虽说经的人，也很不少，但道教佛教，在这时也算顶盛的。"中国俗语"三教从来是一家"，是这时学派的代表。

第六期"叫做理学盛兴时代"。称老释两教极盛时，出了排老释的韩愈，"儒家的学术"，重新兴盛起来。"到了宋朝，就成了理学派。"中国的理学，有佛家与道家的学问掺到里面。"一种是周张学术，周敦颐的学术，叫做濂学。张载的学术，叫做关学。他们的学问，都是很廓大很高远的，把《易经》《中庸》两部书，当做话头。"把天道人道合成一串。"一种是程朱学术。二程的学术，叫做洛学。朱子的学术，叫做闽学。"程朱学平易近人，主张"凡事都要力行"。"一种是陆王学术。这种学术，是由陆子静倡起来的，共朱子反对。到了明朝时候，有一位王阳明，又倡了一种良知的学术，也是共陆子学术差不多的。"

第七期"叫做考证学大兴时代"。称明末满人入关，文字多忌讳，使"中国人的心思才力，都耗在无用的地方去了"。明末尚有两种学派。"一种是理学派，就是顾黄王颜四大儒的学派"，"到了满洲的时候，中国的学术就只剩了考证学一门"。"一种是声音训诂学，除得《说文》《尔雅》两部书外，他便一无所知。把经学的门径，就愈缩愈小了。"

第八期"叫做西学输入时代"。称"五口通商以后，中国的人，才晓得西学两个字"。西学输入分三期，"第一期的时候，西学入中国的都是那种算学医学，共格致学，并没有什么高尚的学科。""第二期的时候，西学入中国的都是那史学共兵学。""第三期的时候，西学入中国的，就共从前不同。凡哲学社会学政法学各书也有译出来的。"多由私设译书局翻译，"没有什么怕忌讳"，"中国的人也就共从前的顽固不同了"。

刘师培历数中国历代学术，重视中国学术中学术自由与竞争的精神与传统，注重中国学术的实用性，批评以政治一统学术的做法，以及空疏无用的学术。对于西学，则取其哲学、社会学、政法学等方面，视之为高尚学科。具有强烈的反满革命的意趣。为中国的前途计，刘文对于盲目守旧与维新之人都有所批评，主张真得学术之精神，既要讲求国学的大义，又要迎接西方政法新学，激扬民族精神。其言道：

　　中国到了现在，那守旧的人，不晓得看新书，又不能发挥旧学的大义，这维新的人，得一点儿新学的皮毛，无论甚么旧学，他都一概看不起，把中国固有的学术，就弄得一点没有了。所以现在中国的学术，就共种田的遇着青黄不接的时候一般。这学术一门，真真是不能不懂的了，但现在弄学问的人，新学固然是要紧，由我看起来，还要立三个宗旨：一桩是讲国学，一桩是讲民族，一桩是主激烈。中国弄学问的人，果能抱定这三个宗旨，中国的前途，就渐渐的可以有望了。(《中国白话报》第 9 期，1904 年 4 月 16 日)

5 月 15 日（四月初一） 刘师培为梅岩所撰爱国歌谣撰写附记，欲在学堂中以歌谣保存国粹，发挥爱国心，发扬民族主义、军国民精神，反对君权，主张民权。

刘师培称："外国学堂里面，唱歌一门，是个很着重的"发端，而关注于"中国的学堂，也狠晓得唱歌着重"，只是"他们的唱歌课本，不是从外国翻译的，就是各教习自己编的，所以好歌谣很少"，如何方称得好歌谣呢？从内容上分三类，一种"主攘夷立论的，教唱歌的人，个个晓得民族主义"，一种"主尚武立论的，教唱歌的人，个个晓得军国民精神"，一种"主哀民立论的，教唱歌的人，个个晓得君权不好"。而取材都是"撰中国人的诗，不是撰外国人的诗，都是从前人的诗，不是撰现在人的诗"。欲"教学堂里面的人，个个都晓得保存国粹。晓得保存国粹，就能够晓得爱国了。从前德国衰弱的时候，国里的人，做了一首爱祖国诗，这诗的影响很大，德国的人，都是从他振作起来了。这就是歌谣的好处了。现在的中国人，虽晓得说爱国，但中国从前的好处，还是一点儿不晓得，那里能够爱国。我晓得这弊病，正想做几首爱国的歌谣，给你们小孩子唱。才要下笔，刚刚有位朋友，做了三首《美哉中国歌》，第一首爱中国的地理，第二首爱中国的民族，第三首爱中国的学术。都是狠有精神的，所以把这诗抄出来，给你们看看，你们把他念下去，这爱国的心，自然油然而生了"。

其中《学术歌》称：

美哉中国之学术，光华璀璨英气蓬勃兮，横八荒而莫拟，东鲁素王显儒术兮，牢笼万有以特起。当成周之末造兮，百家九流，纷纭竞陈，洵金盛而完美。周髀推算，墨子说经，张衡地仪，孔明流马兮，咸精研夫物理。试一翻四千余年之历史兮，光灵赫赫，如日球照耀乎白水，为世界文明发轫之祖国兮，执欧美澳非之牛耳。彼倍根笛卡儿之阐哲理兮，非不变全欧之性质。达尔文之论进化兮，非不张权力使外溢。曾何足以比拟兮，譬爝火与旭日。呜呼噫噫，我国民兮我宗邦，必飞腾直进而莫当兮。美哉中国之学术。（《歌谣》，《中国白话报》第11期，1904年5月15日）

6月22—25日（五月初九—十一） 刘师培刊文论中国之制不存于今日，非其不优，不合进化之公理，乃由于外族交侵，与民杂处，致古代流风遗俗，悉消灭于无形。故谓中国并不保存国粹，并非反对保存国粹，意在切实发挥中国固有制度与学术，揭出真正被隐没的中国礼器学术，保存真正的中国国粹。

刘文以为"世之称中国者，孰不曰守旧之国哉？虽然，守旧者，必有旧可守者也，必能保存国粹者也。乃吾即今日之中国观之，觉一物一事之微，无一与古代相同者。吾得以一语而断之曰：中国并不保存国粹"。遂从音乐、衣服、宫室器具、礼俗言文诸方面详征中国并不保存国粹。

第一为音乐。刘文称"中国古代之乐，大抵统于八音"，"中国古代之音，大抵统于五声""十二律"。音乐又"大抵与歌诗相表里"。然"后世以降，乐府兴而雅乐亡"，"匏音亡而乐器改"，"而羌夷之乐，乃得乘其隙而易之"。如《摩诃兜勒》之曲得之西域，《鼓角横吹》之曲得之朔漠。"魏晋以降，古乐式微，羌胡杂扰，歌曲各殊。"至唐升胡部，"而伊、凉、甘、渭之曲兴"，"古代之乐章，遂悉消亡于不觉矣"。

第二为衣服。刘文称中国服饰，"以三代之制为最佳，大抵与欧西之制合"。有关冠，至赵国取法北胡，创武冠之制，"至胡元宅夏，古代之冠，遂一变而为缨笠矣"。有关衣，"古代之衣，上衣下裳"，"而衣裳之外，复有深衣"。"至后世胡服盛行，而古代衣裳之制，遂一变而为长衫短褂矣。"有关履，"古代之履，上锐下平，系以组缏"。后用靴，实为胡履，"为北俗所通行"。可见"衣饰之殊于古昔矣"。"至金代禁用汉服"，"元代崇尚胡装，而冠带之民，遂一变而为被发左衽之民矣"。"又近世持民族主义者，屏弃虏服，易以西装，而汉家官仪，遂不图于今日复见矣。"

第三为宫室器具。刘文称中国古代宫室，虽不尽平顶之制，然如明堂之制，上下四方，皆为平顶。然而"今日宫室之制，大抵上锐下方，作攲侧之形，与张盖同"。此类由于"华夷杂居，穹庐之形，历久不易"，"而中国宫室之制，遂与之同化而不觉耳"。其他如席地之制，改为胡床，几筵之制，改为火坑。皆沾染夷俗。至于中国器具，"中国铁字，古文从夷。可知冶铁之业，为中土所本无"。"冶铁之用，始于制矛。而古籍所谓二矛者，则夷矛、酋矛是也。"至于农器，"虽多中国所发明，然铁齿耙土，亦东夷输入之法也"。

第四为礼俗言文。刘文称"凡国之所以成立者，必有一国特别之礼俗"。中国礼俗，虽多沿古制，"然丧礼七七之制，始于胡魏"，"火葬之制，本于天竺"。十二肖属，"大抵起于北俗"。而礼俗既迁，言语随之而异。"如梵音东被，佛典流传，而中国人士之袭用其语者，或播之于词章（如刹那、招提等语是），或著之于语录（如真空、妙谛、常惺惺等语），则亦西人所谓外来语也。"又有"改姓易氏，献媚虏酋"。"以野蛮之语言，代中邦之文字，彼虏主之扩张势力者，遂欲抑汉文而崇虏文矣。"

因此，中国国粹之不保存，见于以上四大端，可谓用夷变夏。刘文总结：

> 由是观之，则今日之中国，岂犹有国粹之存耶。或谓事物之理，变动不居，改弦更张，古人所重。然按之中国之制，则非合进化之公理者也。盖外族交侵，与民杂处，致古代流风遗俗，悉消灭于无形。昔卫效夷言，杞用夷礼，皆为《春秋》所贬绝。今中国人民，以用夷变夏为大戒，岂知由古迄今，无一非用夷变夏之日耶！吊铜驼于荆棘，京洛凄凉；度胡马于关山，燕云望断。言念及此，能勿凄然？此古人所由虑夷患也。
>
> （刘师培：《论中国并不保存国粹》，《警钟日报》1904 年 6 月 22—25 日）

7月　张之洞以各学堂经史汉文，所讲太略，特发起议设存古学堂，以保国粹、存书种。

7月24日（六月十二），张之洞电告黄绍箕，拟在武昌城内设立存古学堂：

> 近日风气，士人渐喜新学，顿厌旧学，实有经籍道息之忧。仅恃各学堂经史汉文功课，晷刻有限，所讲太略，文学必不能昌，久之则中国经史文字无师矣。故拟于武昌省城特设存古学堂，以保国粹。若以新学为足救危亡，则全鄂救亡之学堂已二三百所，而保粹之学堂止此存古一所，于救亡大局何碍。有才有志之士，知保粹之义者尚不乏人，断无虑无人信从也。救时局、存书种两义并行不悖，日本前事可鉴。鄙意拟奏增章程一条，向来三年一举优贡，十二年一次拔贡，照旧举行，专考中国经史词章古学，即所谓并行之道也。务再力劝仲容来鄂，为此堂监督。此堂学生将来专供各学堂中学国文数门之师，存此圣脉。（《张之洞致温州电局专送瑞安黄仲弢学士电》，虞和平主编：《近代史所藏清代名人稿本抄本》第2辑第23册，第144卷，张之洞档23，大象出版社，2014年，第315—317页）

张之洞发意创办存古学堂则要更早。此年5月中旬，湖北巡抚端方、署理武昌知府梁鼎芬等讨论将湖北经心书院改建为方言学堂，谋求此时在江宁正为江南制造总局移建新厂、购机诸事忙碌的湖广总督张之洞的意见。5月21日，张氏电复："经心书院本鄙人所创，留此为保存中国古学之地，反复思之，似不可废。方言学堂拟

仍照原议，就农务学旧堂改用为善。"（张之洞：《致武昌端抚台、武昌
府梁太守》，赵德馨主编：《张之洞全集》第11册，第131页）两日后，端方
回电，依据张氏意见，答复方言学堂"即遵就农务学堂旧堂改用。
节庵意亦如此"。并表态："保存古学，至急之务，方与节庵均所兢
兢也。"（端方：《致张之洞电》，中国社会科学院近代史研究所藏《张之洞档
案》甲182—167，引自郭书愚：《开放而不失其故：张之洞兴办湖北存古学堂
的努力》，《社会科学研究》2014年第6期）

存古学堂的动议，至迟到11月，已有实行。11月26日的《申
报》记载："湖北方言学堂，业已迁于旧设农务学堂之内，其方言
学堂故址改造存古学堂，已由上宪委刘大令承绪为工程监督矣。"
（《江汉炳灵》，《申报》，1904年11月26日，第9版）基本依照张之洞意旨
进行。《申报》此消息基本获取了湖北存古学堂的主要信息，即方
言学堂确实迁于农务学堂内。与此密切相关者，在于方言学堂的
"故址"改造为存古学堂，此故址并非真正的"故址"，而为原计划
的地址"经心书院"。

随后，张之洞正式发布札文。札文发布的具体时间不可考，就
目前所见，此札文最早在《南洋官报》刊布，时在光绪三十年十一
月二十六（1905年1月1日）。

札文称："今日环球万国学堂，皆最重国文一门。国文者，本
国之文字语言，历古相传之书籍也。即间有时势变迁，不尽适用
者，亦必存而传之，断不肯听其澌灭。至本国最为精美擅长之学术
技能礼教风尚，则尤宜宝爱护持。名曰国粹，专以保全为主。凡此
皆所以养其爱国之心思，乐群之性情，东西洋强国之本原，实在于
此，不可忽也。"并交代了存古学堂与《奏定学堂章程》的关系，

称之前虽然也强调要保存中国古学国粹，然主要在开发国民普通知识，故中国经史之学的教学时间不能过多。

存古学堂则旨在保存国粹，养成传习中学之师，对于普通各门，止须学习要端，知其梗概。两者互相补益，不可偏废。同时存古学堂鼓励学有余力者加习洋文，为将来考究西籍之基。且毕业后可照高等学堂例，奏请奖励，并送入大学堂文学专科肄业，将来递升入通儒院。不习洋文者奖励须量减一等，毕业后只能送入大学堂文学选科肄习。与兼习洋文者有所高下区别。具体则规定：

专聘博通经史诸子词章各门学问之师儒为教员，选取中学较优之生，入此堂肄业，即专习此数门。数门之中，经学为一门，应于数经中任［认］占一部，《说文》《尔雅》学音韵亦附此门内。史学为一门，应于廿四史及《通鉴》《通考》中认占一部，本朝掌故即附此门内。词章为一门，金石学书法学亦附此门内。以上或经或史，无论认习何门，皆须兼习词章一门，而词章之中，但专习一种，即为合格，或散文或骈文或古诗古赋，皆可。兼习者听博览为一门，凡习经、史、词章三门者，后四年皆须同习博览一门。此学堂本应选取高等小学毕业者升入，特以目前初等高等小学尚未造有成材，应就各学生员考选，不拘举贡廪增附皆可，至监生童生皆不收录，惟总须年在三十五岁以下，如犯有嗜好者，一律禁止屏绝。其规矩整肃，衣冠画一，讲授皆在讲堂，问答写于粉牌，每日兼习兵操，出入有节，起居有时，课程钟点有定，会食应客有章，与现办文武各学堂无异。其年长身弱者，柔软体操，器械体操，兵式体操，均应一律练习。惟各项体操中，其练习过难用力过猛者，免其肄习。要之，孔子所言温故而知新一语，实为千古教育之准绳。所谓故者，非陈腐顽固之谓也。盖西学之才智技能日新不已，而中国之文字经史万古不磨，新故相资，方为万全无弊。若中国之经史废，则中国之道法废。中国之词章废，则中国之经史废。国文既绝，而欲望国势之强，种类之盛，不其难乎。

今此学堂既以国文为主，即可勿庸兼学外国文字语言。至外国历史、博物、理化、外国政治、法律、理财、警察、监狱、农林、渔牧、工商各项实业等事，只须令其略知世间有此各种切用学问，即足以开其腐陋，化其虚骄，固不必一人兼擅其长。每一星期讲习一点钟即可。若算学一门，本系中国经学史学所必需，自当仍旧讲习。且本朝列圣钦定《数理精蕴》等书，测算即用西法，自不必墨守九章四元旧式。地理及舆图一门，古来中学所重，见诸正经正史，况天地人大端要略，既名儒者，岂容茫然不通。今全球地图，几于家有一本，岂能划分中外，亦应兼习。但算学地图，不必过于求精，钟点亦不宜太多，俾其时刻较宽，可以专力中学，务造精深。总之，前奏各学堂章程，务在开发国民普通知识，故国文及中国旧学钟点不能过多。此次存古学堂，重在保存国粹，且养成传习中学之师，于普通各门，止须习其要端（要端谓算学地图两门），知其梗概，故普通实业各事，钟点亦不必过多，以免多占晷刻。两法互相补益，各有深意，不可偏废，不相菲薄。所有各门学问钟点，另单黏附于后。毕业以七年为限。该堂监督一时暂难选得其人，凡学生平日功课，由各门分教员填注分数，送交提调汇齐列表，呈候本部堂核定榜示。其年终大考，由本部堂亲临察试。此项学生，于既定课程之外，能有余力加习洋文，为将来考究西籍之基。（《鄂督南皮尚书建置存古学堂札文（附书后）》，《南洋官报》第161、162册，1905年1月1日、1月3日）

《北洋官报》"记者"对此札文作有"书后"，对张之洞设存古学堂以专习经史之学，保存国粹，补各学堂主要学习普通学而对中国旧学有所忽略之弊，力图通今而不悖于古的旨趣，颇能领会。其称："今吾国学人之弊，莫不醉心欧化，于吾千百载相传之国粹直蔑如视之矣。其甚者乃至变易名词，臆造字体，务求简便，以为新世界文字特别之标帜。而六经之训，诸子之言，与夫历代史乘，本朝掌故之所记载，足以资治裨化正人心而端风俗者，皆迂之谬之，鲁莽灭裂，而惟恐其不亟。此近日学子所以矫枉过正，流为怪诞，而一切诐邪之曲说，因之纷然以竞作也。夫吾国之学，非不足以学也。其不足学者，遗弃所学之精粹，蹈袭空言，以炫文采，而于切实当世之务，鲜讲求焉。此学所以不足用也。南皮尚书首创罢废科举与建学堂之议，意盖在此。然流弊不可不防也。故畴岁述职京师，遵奉明诏，与订《大学堂章程》，其教育宗旨皆以吾国经史为之主，各国政艺为之辅，明体达用，两无偏倚。其整顿吾学之苦心可见矣。及还任两湖，厘剔学堂积弊，凡所以正吾学界之祈向，破彼不肖之狂惑者，犹是旨也。近复饬建存古学堂，……若尚书者，可谓通今而不悖于古，崇实而不弃其华，文质兼尚，彬彬然，以协大中，以存国粹，尽善尽美，无以尚矣。"

学非所用之疑，在于无明确学堂的仕途出身。张之洞与黄绍箕函电所称，存古学堂发意，主要在于存书种，留经史之师。作者对存古学堂储师范之才的用意，以为几乎于国家无利，对存古学堂未能明确毕业后是否具有如之前科举出身者有所献疑，则为评议重心所在。以为教学为一途，官人又一途，恐学非所用，空留保存国粹之名。其言道：

> 虽然，或有问于予曰，子谓存古学堂之建置是即尚书所以存国粹，信也。顾吾窃有疑焉。今日之学堂，将为国家辨官材乎？仅为天下储师范乎？为天下储师范，亦何须如许多数之学堂，有如许学堂以造就之，即使人人皆能为师，而空言讲学，手无事权，犹是学非所用之故习耳，于国家胡利焉？如为国家论辨官材之地，则非可终以学堂囿也。《书》曰：学古入官。《周官》乡大夫之职曰：三年则大比，考其德行道艺，而兴贤者能者。马端临《文献通考》云：此谓使民兴贤，出使长之。使民兴能，入使治之。然则国家之育人才，所以使之入官也，所以使之治民也。今学堂学子但日毕业之后给予凭照，即存古学堂能毕业者，亦但名以通儒而已，至若何官之，曾未议及。夫存古者，使人知学古也，学古而不能入官，不能治民，使入官治民者必不学之人，而后用也。教学为一途，官人又为一途，两途区分，迥不相合，则学非所用之弊，今日之学堂未见愈于昔日之科举也。

虽然作者也揣知张之洞"始以改科举为学堂之升级发其端，继以《奏定学堂章程折》中所言分别录用立之准。近所建置存古学堂，其教育之程度虽使学为通儒升入通儒院，顾通儒者，通天地人之谓也。能通天地人者，必能仔肩国家之重寄。故设此名目，将使国家知学堂人才可以大用而重用之也"。然对于未明确学堂与仕途之关系，仍有质疑，主张"明议录用之等级，而奏定之"。以为"君子之作事也，必先其所当急。今学人之弊，方以醉心欧化，损害正学为大惧。倘不急起而挽救之，则国粹既不保存，学堂虽有出身，恐于吾国之大经大法，所以资治而裨化者反无济也"。对于张之洞存古学堂有所献议。(《鄂督南皮尚书建置存古学堂札文（附书后）》，《南洋官报》第 162、163 册，1905 年 1 月 3 日、1 月 5 日)

稍后，《江西官报》录《读南皮尚书建置存古学堂札文》，阐发建堂立意。以为学堂既立后，欧化风气流行，"醉心欧化之士，不甚蓄意于经史，而词章一道，尤不屑言。彼非甚恶乎此，以谓学必求其有用，终日咿唔，绞耗脑汁，以治博士家言，而转妨吾业，不如博弈之犹贤矣。即有致力于此，其人必从事科举，取其有裨于策论已耳。迨科额减尽，更无复过问者。嗟乎，经也，史也，词章也，中国数千年学界之精华，毕萃于此。学者一旦顾轻蔑乃尔，得毋中学果无裨于实业乎？抑与西学不相辅而相恶乎？又岂不逮西学而不足自存乎？信如是，固优胜劣败之理宜然。而爱惜国粹者，犹且多方拥护，庶几一线之贻留。况中学故有不可简弃者在耶"。

以日本先以欧化而后终以保存国粹为例，力言中国经史之学有保存之价值："窃观全球学界，进化改良至速者莫如日人，洞明西学源流者莫如日人，而吾国学侣为之崇拜相奔者，亦莫如日人。当其变法之初，尽弃其素业，而毕从西学，久之心知其弊，一二教育家，穷而竟委，深见精义之所在，遂于明治十四年，定议改良，仍以汉学为根据，由是风气日上，国以盛强。"故以为中国国粹实可裨益于实业。对于张之洞创办存古学堂之大旨"在于两法互相补益，各有深意，不相菲薄，所以保存国粹者以此，所以维持学子者亦以此"颇表认同。以为在当时，"无虑其不新，但虑其矫枉之过正"。因此，主张"中学以道德为统宗，西学以功利为标准，合之则两美，离之则两伤。苟由此推广学堂，讲求教育，铸成中国一代人才，标全球之特色，不益懿欤"。(《读南皮尚书建置存古学堂札文》，《江西官报》乙巳年第 1 期)

　　《湖北官报》在 1905 年刊载此札文，并录有《各门功课钟点单》与《存古学堂各学科分年教法》。《各门功课钟点单》如下，每年共 36 钟点，以主修课程为主，以补助课程为辅，并有通习课程。从各门功课的钟点分配，可以见到课程主次。

史学门分年功课表							
学科（下）| 各年钟点（右）| 第一年每星期钟点	第二年每星期钟点	第三年每星期钟点	第四年每星期钟点	第五年每星期钟点	第六年每星期钟点	第七年每星期钟点
史学	24	24	24	24	24	18	18
经学	3	3	3	3	3	3	3
词章学	3	3	3	3	3	6	6
博览古今子部诸家学	0	0	0	2	2	5	5
算学	3	3	3	1	1	1	1
舆地学	1	1	1	1	1	1	1

续表

史学门分年功课表							
学科 （下）	各年 钟点 （右）	第一年 每星期 钟点	第二年 每星期 钟点	第三年 每星期 钟点	第四年 每星期 钟点	第五年 每星期 钟点	第六年 每星期 钟点	第七年 每星期 钟点
外国史	1	0	0	0	0	0	0
博物	0	1	0	0	0	0	0
理化	0	0	1	0	0	0	0
外国政治法津理财	0	0	0	1	0	0	0
外国警察监狱	0	0	0	0	1	0	0
农林渔牧各实业	0	0	0	0	0	1	0
工商各实业	0	0	0	0	0	0	1
体操	1	1	1	1	1	1	1
合计	36	36	36	36	36	36	36

备查　史学为主课，经及词章为补助课，其余各学为通习课。

词章门分年功课表							
学科 （下）	各年 钟点 （右）	第一年 每星期 钟点	第二年 每星期 钟点	第三年 每星期 钟点	第四年 每星期 钟点	第五年 每星期 钟点	第六年 每星期 钟点	第七年 每星期 钟点
词章学	24	24	24	24	24	18	18
经学	3	3	3	3	3	3	3
史学	3	3	3	3	3	6	6
博览古今子部诸家学	0	0	0	2	2	5	5

续表

词章门分年功课表							
学科（下）　各年钟点（右）	第一年每星期钟点	第二年每星期钟点	第三年每星期钟点	第四年每星期钟点	第五年每星期钟点	第六年每星期钟点	第七年每星期钟点
算学	3	3	3	1	1	1	1
舆地学	1	1	1	1	1	1	1
外国史	1	0	0	0	0	0	0
博物	0	1	0	0	0	0	0
理化	0	0	1	0	0	0	0
外国政治法津理财	0	0	0	1	0	0	0
外国警察监狱	0	0	0	0	1	0	0
农林渔牧各实业	0	0	0	0	0	1	0
工商各实业	0	0	0	0	0	0	1
体操	1	1	1	1	1	1	1
合计	36	36	36	36	36	36	36
备查　词章为主课，经史为补助课，其余各学为通习课。							

（《各门功课钟点单》，《湖北官报》第3册，署年光绪三十一年，无月日，本册记录有本年农历五月初一事）

　　课程的设置，是将存古学堂宗旨落实的途径，而最根本之处，在于如何施教，这是存古学堂初创如何呼应设学旨趣的最根本举措。湖北存古学堂对各门功课的施教方法皆有设计。具体分门分年如下：

　　首先为经学的教法，分七年三个阶段施教、考核。规定第一、二年共两年，"遍览九经全文，讲明群经要义大略。（此两年课程，意在使学者统观群经大指，胸有全局，以为将来贯通群经之根基，且使学者自揣性之所近，以定择习一经之趣向。）先看《御纂八经》一遍，传说义疏均须依篇点阅，约一年。次看有关群经总义诸书。（如《经典释文》叙录、传经表、通经表、历代正史艺文志经籍志之经部、《四库全书提要》经部、历代正史儒林传、惠栋《九经古义》、余萧客《古经解钩沈》、王引之《经传释词》《经义述闻》、陈澧《东塾读书记》经类、九经古义以下略举数部，此外类推。）约一年。"

　　规定第三、四、五、六年共四年，"治专经之学，总以一人能治一大经，兼治一中小经为善。（大率每星期中以一日研究古注疏，以五日研究国朝人经说。）点阅所习本经注疏，每星期约四点钟。点阅所习本经，国朝人著述如孙星衍《周易集解》、胡渭《易图明辨》、阎若璩《古文尚书疏证》、孙星衍《尚书今古文注疏》、胡渭《禹贡锥指》、陈奂《毛诗传疏》、马瑞辰《毛诗传笺通释》、胡承珙《毛诗后笺》、顾栋高《春秋大事表》、梁玉绳《左通补释》、顾炎武《左传杜解补正》、惠栋《春秋左传补注》、马宗梿《春秋左传补注》、沈钦韩《左传补注》、孔广森《公羊通义》、钟文烝《穀梁补注》、王鸣盛《周礼军赋说》、沈彤《周官禄田考》、江永《周礼疑义举要》、程瑶田《沟洫疆理小记》《考工创物小记》、段玉裁《周礼汉读考》、近人《周礼正义》、胡培翚《仪礼正义》、金榜《礼笺》、孔广森《礼学卮言》、段玉裁《仪礼汉读考》、郑珍《仪礼私笺》、朱彬《礼记训纂》、刘宝楠《论语正义》、焦循《孟子正义》

郝懿行《尔雅义疏》、王念孙《广雅疏证》。以上缺本经者皆须点阅。（此举其最精要者，并非以此数种为限，如能博综，可以例推。）每星期约二十点钟。此外如学海堂刻《皇清经解》，南菁书院刻《皇清经解续编》中之精粹者，暨两《经解》以外诸名家经说中有与本经相涉者，以及《古经解汇函》《小学汇函》皆可参考。第五、六两年内须参考所习本经外之他经及子部史部可以证明本经要义者。"

规定第七年，"专考求本经自古及今，致用之实效，见于史传群书者"。至于研究之法，则参照《奏定章程》大学堂经学门。同时规定考核要求，"凡专经者，其经文皆须背诵全文，或默写三百字以上。其汉以前授受师承：一南北朝以后至今解经派别；二本经要义；三历代经师诸家于经文经义紧要处之异同；四皆须能应对纯熟，解说详明无误。以此为考核等第之实据。毕业时必令呈出所习专经之心得著述札记"。且注重小学功夫，谓："《说文》《尔雅》学，《汉书·艺文志》谓之小学，为求通经学者之衿辖。小学应附于经学门内，音韵之学即附小学门内。金石学可为考经证史之资，然要以考释文字为先，亦附小学门内。每一星期应于经学钟点内，匀出一点钟讲习小学，此首尾七年中皆同。"小学研究法则参照《奏定章程》大学堂经学门。

其次为史学一门的教法。与经学一门一致，共分三个阶段施教、考核。规定第一、二、三年共三年，"先博览全史要事大略。点阅《御批通鉴辑览》及五种纪事本末约一年半。点阅历代正史中之志及后世补志，并点阅考核全史之书有关致用者。（如《廿二史札记》《十七史商榷》《日知录》第八卷以下、《十驾斋养新录》考史各条、《陔余丛考》考史各条、《史通》之类。略举数部，余可例推。《廿二史考异》极博极精，但详考据而略致用，卷帙又繁，止可参考，不必点阅。）约一年半。"

第四、五、六年共三年，治专门史学。规定："廿四史之中听学者认习一类，《史记》、前后《汉书》《三国志》为一类，《晋书》至《隋书》为一类，新旧《唐书》《五代史》《宋史》为一类，辽金元三史为一类，《明史》及《国朝事实》合为一类。治正史者，每人须认习一类，不得仅治一朝之史。三《通鉴》为一类（谓司马《资治通鉴》、毕沅《续通鉴》、夏燮《明通鉴》三种。若《通鉴前编》《通鉴外纪》不必专习），三《通考》为一类（谓《文献通考》《续通考》《皇朝通考》三种。《通典》止资考古，《通志》实用不多，止可参考，不必专习）。第六年内，须兼考所习专门何史外之他史，可以证明本史者，并考经义诸子之可以证明本史者。"

第七年，则规定："专考所习何史，此数朝得失治乱之大端，或与今日相类之处，或与今日相反之处，可为今日法戒者。凡专治何史者，其统系、疆域、重镇、职官、财政、典礼、教派、学制、兵制、刑律、邻国边界，均须能画出图表。一朝治乱大事、变古大事、创立法制、创造有益民用军用之物、取民之制、度支之数、户口息耗、物产盛衰、工役大举、关系农工商各项人民生计大事、外交宗旨大事，均须能立表详说。若治三《通鉴》、三《通考》者，列朝均须考究贯串。"

第三为词章一门。与经史一致，共分三阶段施教、考核。规定第一、二、三年共三年，"先纵览历朝总集之详博而大雅者，使知历代文章之流别。点阅古人有名总集（如《文选》《续文选》《古文

苑》《续古文苑》《文纪》《汉魏六朝百三家集》《唐文粹》《宋文鉴》
《南宋文范》《金文雅》《元文类》《明文衡》，姚椿编《国朝文录》、
王昶编《湖海文传》、张溥选《历代名臣奏议》、御选《唐宋文醇诗
醇》，《古文辞类纂》《骈体文钞》《唐骈体文钞》《宋四六选》《四六
法海》《国朝骈体正宗》《诗纪》《乐府诗集》《全唐诗录》《宋诗钞》
《中州集》《元诗选》《明诗综》及古人诗文评诸书）。其过繁者（若
《上古文纪》《全唐文》《文苑英华》，李祖陶编《国朝文录》，《全唐
诗》《全宋诗》《全金诗》《明列朝诗集》之类），义取求备，卷帙过
多，以备参考可也"。

第四、五、六年共三年，讲读研究词章诸名家专集。规定
"或散体古文，或骈体文，或古诗古赋（诗赋共为一门），视学生
性之所近习之。第六年内兼须博考经部史部子部之可以发明词章
要指者"。

第七年，规定"专考古今词章之有益世用者"。"至考核词章
所学深浅之法，除论辨源流，疏解事实，阐发利病，证明经史等
事，必应考核外，尤须以能自作为实际，与经史他门不同。自第一
年至第七年，均须随时练习制作，毕业时应令呈出所习词章之心得
著述札记。""书法学，兼古文（即大篆）、籀文、小篆、八分、隶
书、草书、六朝正书、唐以后正书、行书、各种书法，不惟讲旧学
者，解经考史所必需，且亦为居官行政商民生业所不可废，若字体
太涉恶劣，读书不能识篆隶，下笔不能作行草，于学古应世，均有
窒碍，故必须习之。（外国书写洋字，亦分优劣工拙，日本归之于
美术一门。）应附入词章门内，可以助词章之兴会。其以词章为专
门正课者，每一星期讲授研究两点钟。七年皆同。其以词章为补助

课者，前三年每两星期讲授研究一点钟，后四年每一星期讲授研究一点钟。至学生于自习室自行临摹练习者，悉听其便。"

第四为博览子部学一门。规定："周秦诸子，思精而理驳，不宜专攻，亦不能尽废，以其中多引古书说古事，用古言古义，故多有可以证佐经典奥义之处。且其词旨奇诡，可以资益文章之处尤多。汉以后子部义类颇杂，其肤浅者无裨于事理，其较深者亦不能抗衡周秦诸家，且多有义例本非子部，而强附属于子部者。然古今事理无穷，广搜节取，取益无方，故以古今子部列为博览一门，所以优游治经史者之心思，增助治词章者之风骨，但切不可偏嗜沈溺，致违圣人异端贻害之戒。"

第五为算学一门。规定："前四年宜习西算，取其简而易入。后三年研究国朝各家算术，递溯元明历汉唐以至三代上古算术，以存中国古法。"

第六为舆地学一门。规定："第一、第二两年讲习中国今日地理，国朝疆域，海陆边界，各省重要城镇，水陆道路，通商口岸。第三、第四两年宜讲习地球全体，及外国名山大川，重要都会，港口险要，人种风俗，宗教政体，天候物产等事，以扩充学者之耳目，而启发其爱国爱种爱教之心思。第五、第六、第七三年，宜讲习中国前代历史地理，及各国国际地理，各国历史地理，使知疆域之沿革，险要之变迁，强弱之形势，政策之得失，以激励学者愤发之心。并宜博览舆地丛书，旁及中外各家游记之类，以扩见闻。自第一年起即须兼习描摹地图，先略后详。"

第七为外国史一门。规定："先讲近百年来之大事，渐次及于近古上古，使知时局变迁之所趋。"

第八为博物一门，第九为理化一门。规定："讲世间名物之门类性质，功用大略，务使学者知即物穷理之有实用，不仅空谈。"

第十为外国政治法律理财一门。规定："讲外国立政大意，务使学者知外国政法有当采取处，有情势不同不能强学处。且可知外国之所谓平权自由，皆在法律之范围以内，而邪说诐辞，自无由生。"

第十一为外国警察监狱一门。规定："讲外国安民防患慎狱恤刑大意。使学者知中国古来比闾之制，狱讼之法，外国多与之暗合，以备入仕临民之用。"

第十二为农林渔牧各实业一门。规定："讲其大意，使略知治生之法，于寒士谋生及作吏治民，皆有裨益。薛文清所谓，为学必先治生。孟子所谓，不饥不寒，王道之始。此其实际也。林渔牧皆与农相类，而各有极大功用，故特分标其目。"

第十三为工商各实业一门。规定："讲工商实业大意，使知凡系国民人人宜各尽自食其力之才，以为共保利权之计。其用意与前农林渔牧条略同。惟工业之制造，商业之贩运，今日多与外国有交涉处，故较农业尤为精细广博。按各实业本系专门，非一年数月所能周悉，但能知其大要，已不致流于腐陋偏执，空谈误事。"

第十四为体操一门。规定："除练习甚难，用力甚猛者，勿庸肄习外，凡柔软体操，器械体操，兵式体操，皆宜肄习。使文学彬雅之士，亦具有自强之志气，卫国之精神，不致流于委靡。"（《存古学堂各学科分年教法》,《湖北官报》第3册，署年光绪三十一年，无月日）

张之洞对存古学堂有通盘考虑，而能使存古学堂各种设计可以按计划实行的关键，在于师资与管理人员的到位。张之洞对此极为重视，虽未开办，已不断揣摩并加以延揽。据舆论记，1905 年 2 月，"前任礼部尚书李芯园大宗伯由长沙寄籍扫墓来鄂，驻节芍亭书院，闻张宫保拟挽留尚书在鄂监督存古学堂"。(《尚书莅鄂武昌》,《申报》,1905 年 2 月 20 日，第 1 张第 3 版）是为目前所知张之洞延揽存古学堂人员的最早消息。同时有消息称不设监督："张宫保拟在湖北创设宗经学堂，闻改名存古学堂。招举贡附增二百四十人。学科以经史词章图算分类，每类认习一门，兼习体操。卒业后即派为各学堂文学专门教师。其提调已委蕲州牧陈树屏，而不设监督。"(《存古学堂》,《四川官报》第 1 册，乙巳年正月下旬）

　　"不设监督"的消息外传，主因监督人选难觅。据许同莘记载，湖北存古学堂"先后延孙仲容主政为监督，曹叔彦中翰为总教习，皆不就。会赵侍御罢职归，敬其风骨，延之主讲，已允矣，而不果来。最后奏留杨惺吾大令为总教习，称为鄂省旧学宿儒之首选。定章设总教四人、协总教四人，皆须通儒宿学。开馆之日，讲席犹虚，盖师资难得如此"。(许同莘编：《张文襄公年谱》，北京图书馆编：《北京图书馆藏珍本年谱丛刊》第 174 册，北京图书馆出版社，1999 年，第 208 页）许同莘的说法虽与史实不无出入，却足见师资难觅，监督难得。其中，曹元弼曾经就任，婉拒湖北存古学堂教席不仅有孙诒让、赵启霖，更有王先谦、叶德辉、梁鼎芬等人。(李细珠：《张之洞与清末新政研究》，上海书店出版社，2003 年，第 161 页；郭书愚：《清末存古学堂述略》，四川大学博士学位论文 2008 年，第 97—98、106—108 页；朱贞：《晚清变局中的存古困境》,《学术研究》2018 年第 5 期）

　　张之洞愿招揽的监督首选为名儒孙诒让。张之洞在发出创设存古学堂札文后不久，即委托黄绍箕前往劝说。孙诒让虽"极感盛

意"，却于张之洞"意谓保粹是要义，现以救危亡为急，此举似可
略缓"，有所保留。"且英俊有志者，多愿习科学，恐办不好，转辜
委任。嘱代婉辞陈谢。"（《张之洞收温州黄学士（黄绍箕）来电》，光绪
三十年六月初十，《近代史所藏清代名人稿本抄本》第2辑第98册，第684卷，
张之洞收各方来电，第664页）两日后，张之洞因此事致电黄绍箕，回
应孙诒让顾虑，称特设存古学堂以保国粹，无碍救亡大局，救时局
与存书种并行不悖，嘱黄绍箕，"务再力劝仲容来鄂为此堂监督"。
（《张之洞致温州电局专送瑞安黄仲弢学士电》，光绪三十年六月十二，《近代
史所藏清代名人稿本抄本》第2辑第23册，第144卷，张之洞档23，电稿，第
315—317页）黄回电文述孙诒让之意，赞张之洞"钧筹深远"，"惟自
云多病，难胜任"。（《张之洞收温州黄学士（黄绍箕）来电》，光绪三十年
六月二十，《近代史所藏清代名人稿本抄本》第2辑第99册，第685卷，第83
页）孙诒让表示拒绝。1907年，孙诒让忆述："前此甲辰，南皮夫子
开存古学堂于武昌，三次电召委充监督，师意谆切，理不宜辞，再
四筹思，终未敢应命。迄今念之，良深负疚。"（孙诒让：《报支季卿提
学书二通》，张宪文辑：《孙诒让遗文辑存》，浙江人民出版社，1990年，第
143—144页）

　　自《南洋官报》刊发张之洞此札文后，《秦中官报》《湖北官
报》《东方杂志》《申报》皆先后刊载。当时也传出别省仿设存古学
堂的消息。《北洋官报》消息称："皖抚诚中丞拟仿湖北章程设立存
古学堂，闻已派员督工，将省城藏书楼略加修葺，择期开办。"可
见影响外扩。（《仿设存古学堂》，《北洋官报》第646册，1905年5月）

　　8月16日（七月初六）《警钟日报》广告"国学巨子"刘师培
所著《中国民族志》。

《中国民族志》已难以确定具体发行时间。蔡元培、钱玄同编著《刘申叔遗书》，收集《中国民族志》"系郑君向伦哲如君借得原印本录印，而未录原书末页所记之出版年月及处所，故不能确知其作年"。当时确定其大致发表时间是依据宋教仁的忆述，"考宋渔父君（教仁）之《我之历史》于民元前七年乙巳阳历八月二日记有鄂友寄来《中国民族志》之语，则此书殆作于前七年乙巳或前八年甲辰也，今姑系之前七年"。（钱玄同：《刘申叔先生遗书总目》，蔡元培、钱玄同编：《刘申叔先生遗书》，宁武南氏刊本，1934 年，第 9—10 页）至少由此宣传《中国民族志》的折价券的广告可知，《中国民族志》在 8 月 16 日之前已经印行出版。

广告称刘师培为国学巨子。谓："本志为国学巨子刘申叔先生研著，详载五千年来中国民族与诸外族之交涉盛衰得失，历历如绘。爱国爱种之士，不可不读之书也。"（《警钟日报》1904 年 8 月 16 日）此书具有较强的反满的民族主义倾向。《觉民》以讽刺的语调，戏谑"外行禁书"，称："近日袁督将军机处禁书公文，札饬通属，识者莫不笑其外行。知其但观标目，而书之内容并未过目也。为列所禁之书目，一一评其当否。"并示意："欲读有用书籍者，盍鉴于兹。"其评："新书报讲自由平等者甚多，禁不胜禁。禁其尤背谬者可耳。尤背谬者维何？种族主义是也。梁任公以巴结政府为要素，何以禁？至《黄帝魂》等书，禁之当矣。彼固以排斥异种为天职也。然挟持此义者，岂止此数书而已乎，为胪列数种如下。"其中即有《中国民族志》。其所举之书为："《孙逸仙》《江苏》《自由结婚》《攘书》《警钟》《猛回头》《革命军》《中国民族志》《中国白话报》《驳南海政见书》《旧学》《沈荩》《陆沈丛书》《三十三年落

花梦》《清俄之将来》《訄书》《苏报案纪事》《女界钟》"。(《外行禁
书》,《警民》第9、10期合本，1904年7—9月)

10月1日（八月二十二）《申报》转载《晋报》所录山西学政
赠赴日留学生言，称文学、语言、风俗，为一国命脉所寄，望保存
国粹，不忘本国之学。

《晋报》记日前山西学政宝大宗，送学生赴东瀛留学，临别赠
言。宝氏称：

> 学问之道无穷尽，亦无方体，师人之长乃足以补我之短。
> 昔者彼得变法，乃游荷兰。暹储爱国，遂历欧土。日本三十年
> 维新，大抵皆伊藤山县榎本陆奥诸人游学欧美之效也。诸生具
> 有忧国之真忧，高尚之志趣。丁此艰难时局，自非开拓智识，
> 磨砻世务，不足以仰副育材之盛心。今既应命赴东，当道之所
> 期许，父兄之所希望，至为重大。诸生宜勉益加勉，奋益加
> 奋，本其爱家爱乡之思，以深其爱国爱君之念。艰苦卓绝，务
> 洞悉彼中学科之肯要而后已。将来学成返国，上之辅佐清时，
> 赞襄新政，有栋梁家国之功。次之整军经武，御侮折冲，有湔
> 洗国耻之略。下之裨益学务，以图教育之普及，亦不失为通达
> 明敏之士。则所以报国家利民人者，岂其微哉。

更进而言，学新说的同时，不可忘中国之国粹。宝大宗强调：

> 文学、语言、风俗，为一国命脉所关，三者有一灭绝，则
> 其国不待人之蹂躏，而已先亡。日本当维新之初，尝取则西

欧，施之教育，大和民族几全变为欧人。洎名家辈出，乃兼取国粹主义以相调和，故有今日之文明。吾国文学，实国粹也。文学不深，即偶得一术一艺，犹将无济。盖无历史之观念以激发其热诚而增长其阅历，外来之物不过仅为其歆羡具耳。诸生日与彼都人士相往还，相过语，所望志意坚定，以保守为进取，则吾国之学不亡，即吾国四千年之声名文物可以长保。若徒剽袭皮毛，撷拾一二新奇诡异之论以惊骇流俗，而于政教宗旨反觉瞢如，既损现在之声名，复阻后来之精进，则非使者所乐闻也。(《临别赠言》，《申报》，1904 年 10 月 1 日，第 9 版)

9—12 月　梁启超发表《论中国学术思想变迁之大势》的第八章《近世之学术》，提出今日欲使外学之真精神普及于祖国，则当转输之任者，必邃于国学，然后能收其效。

《近世之学术》发表于 1904 年 9—12 月，距离 1902 年 12 月刊行《论中国学术思想变迁之大势》第六章第四节，随即搁笔，全书中断发表，已有 2 年之久。1902 年到 1904 年，正是梁氏经由"猖狂言革"直到放弃"言革"的政见剧烈转变阶段。(丁文江、赵丰田编：《梁启超年谱长编》，上海人民出版社，1983 年，第 334 页；桑兵：《庚子勤王与晚清政局》，北京大学出版社，2004 年，第 373—381 页)《近世之学术》作为 1904 年放弃言革后所写，既有具体语境下的"有为而发之言"，又延续《论中国学术思想变迁之大势》整体意思的基本理念并因时演进，仍能意义连贯地成为全书的"第八章"。

文谓：

海禁既开，译事萌蘖，游学欧美者，亦以百数，然无分毫影响于学界，惟侯官严几道（复）译赫胥黎《天演论》、斯密亚丹《原富》等书，大苏润思想界。十年来思想之丕变，严氏大有力焉。顾日本庆应至明治初元，仅数年间，而泰西新学，披靡全国，我国阅四五十年，而仅得独一无二之严氏，虽曰政府不良，有以窒之，而士之学于海外者，毋亦太负祖国耶。戊戌庚子以还，日本江户为懋迁新思想之一孔道，逾海负笈，月以百计，学生阗黉塾，译本如鲫鱼，言论惊老宿，声势慑政府，自今以往，思想界之革命，沛乎莫之能御矣。今始萌芽，虽庞杂不可方物，莫能成一家言，顾吾侪今日只能对于后辈而尽播种之义务，耘之获之，自有人焉，但使国不亡，则新政府建立后二十年必将有放大光明持大名誉于全世界学界者，吾调诸我先民，吾能信之，虽然，吾更欲有一言，近顷悲观者流，见新学小生之吐弃国学，惧国学之从此而消灭。吾不此之惧也。但使外学之输入者果昌，则其间接之影响，必使吾国学别添活气，吾敢断言也。但今日欲使外学之真精神，普及于祖国，则当转输之任者，必遽于国学，然后能收其效。以严氏与其他留学欧美之学僮相比较，其明效大验矣。此吾所以汲汲欲以国学为我青年劝也。（《论中国学术思想变迁之大势》，《新民丛报》第3年第10号）

12月7日（十一月初一）　日人江口辰太郎在湖南中路师范学校教育学科第一学期讲演之讲义，由听讲学生记录，开始在《新民丛报》以《教育学泛论》之名连载，主张教育应按各国历史人情，对于最优的国粹，应加以保存，以发扬爱国精神。

先是，之前在日本留学的速成师范毕业生十人归国，谋兴学校，振起教育，思师范为教育先导，遂于湘省设五校，中路则为长沙府所建师范学校。日人江口辰太郎为师范学校教育学讲师，其第一学期所讲之《教育学泛论》，由学生记录汇集，登载于《新民丛报》第 3 年 10 至 12 号。

《教育学泛论》共六章。第一章《发端》；第二章《教育之关系》，分为《理学的》《教育史》《教授学》《管理法》《学校卫生学》《各大教育家意义》《教育史之研究》《教育六要件》《教育效力》《人类与动物不同之区别》《教育自动与受动之区别》《教育之效力》（疑重复）；第三章《教育之时期及必要》；第四章《教育之实行及理论》；第五章《教育学之意义及必要》；第六章《教育学与诸科学之关系》。

《教育学泛论》主张："国家之强盛，全在教育。而教育之目的，全在精神。所谓精神者何？教以国民之智识，励其排外之能力是也。今中国之兴教育，原欲为强国计也，然使专重外部之形式，而不激发其爱国之精神，则个人之学问，虽可造成，恐亦终为外人之奴隶，于国家毫无裨益也。"故重视教育激发爱国精神之效力。文中论及："教育本不能随时更改，但各国自有最优之国粹，亦必保存，否则流于崇拜外人之习，大有妨碍国家之进步也。"（江口辰太郎：《教育学泛论》，《新民丛报》第 3 年第 10 号，1904 年 12 月 7 日）亦谓："教育必按本国之历史与时势及其人情风俗，教育乃于国家社会有密切之作用。中国现兴教育，亦不能全凭西洋教育，必造一种中国之教育，始可保守本国之国粹，切中本国之情形。不然不但教育为

外界奴隶，且无切当之作用矣。"（江口辰太郎：《教育学泛论》，《新民丛报》第3年第12号，1905年1月6日）

是年　黄人开始编撰《中国文学史》（1907年初版），据说为中学国学课本而编著。

是年1月，《奏定大学堂章程》颁布。《章程》规定"中国文学门"分主课与补助课，"历代文章流别"为七门主课之一。《章程》专门指出"日本有《中国文学史》，可仿其意自行编纂讲授"。随后，以《中国文学史》命名的中国文学史相继命世。黄人《中国文学史》即为其一。

黄人于1901年被聘为东吴大学国文教习。1904年，东吴大学校长孙乐文创导"自谋编著"国学课本，于是请其担任编辑主任，负责编撰国学课本。关于此事，徐允修《东吴六志·志琐言》记道：

> 光绪三十年，西历一千九百又四年，孙校长以本校仪式上之布置，略有就绪，急应厘订各科课本，而西学课本尽可择优取用，唯国学方面，既一向未有学校之设立，何来合式课本，不得不自谋编著。因商之黄摩西先生，请其担承编辑主任，别延稽绍周、吴瞿安两先生分任其事。一面将国学课择要编著；一面即用誊写版油印，随编随课，故编辑之外，又招写手四五人，逐日写印。如是者三年，约计所费已达银元五六千，所编《东亚文化史》《中国文学史》《中国哲学史》等五六种。（徐允修：《东吴六志·志琐言》，利苏印书社，1926年，第15—16页）

1905年（清光绪三十一年　乙巳）

1月　邓实、黄节等人创立国学保存会，^①以研求国学、保存国粹为宗旨^②。

先是，1904年初，邓实、黄节等创设国粹学社，欲发行《国学报》而最终未果。至旧历甲辰年冬，邓实、黄节集合同志在上海发起创立国学保存会，"绸缪宗国，商量旧学"，"以研求国学、保存国粹为宗旨"。（邓实：《国学保存会小集叙（附国学保存会简章）》，《国粹学报》乙巳年第1号，1905年2月23日）

邓实《国学保存会小集叙》交代此会缘起，称：

> 摅怀旧之蓄念，发潜德之幽光。当沧海之横流，媲前修而独立。盖学之不讲，本尼父之所忧，小雅尽废，岂诗人之不惧？爱日以学，读书保国，匹夫之贱，有责焉矣。夫神州奥区，学术渊海，三坟五典，为宇宙开化之先，金版六弢，作五

---

①　邓实《国学保存会小集叙》谓此会成立于甲辰年季冬，即冬末，故酌定于此。

②　后于1906年明确增加发起爱国心这一宗旨。

洲文明之祖。左史右史所记，金匮石室所藏，有历史以来，号
四千载，其载籍之博，曰十三经。自秦火之残，犹藏于博士，
乃咸阳一炬，尽荡为飞烟。汉兴诸经仅得之屋壁，或出之淹
中，《诗》始萌牙，《书》犹口说，嗜利禄者，拾其香草，好华
藻者，绣其鞶帨。大道以多歧而亡羊，中原方有事而逐鹿，诗
书之业，辍于干戈。六艺之圃，鞠为茂草，况复门户水火，则
兰艾同焚，诸子九流，则水炭不合，流至今日，而汉宋家法，
操此同室之戈。景教流行，夺我谭经之席。于是蟹行之书，纷
填于市门，象胥之学，相哄于黉舍，观欧风而心醉，以儒冠为
可溺。嗟乎，念铜驼于荆棘，扬秦灰之已死，文武之道，今夜
尽矣。同人吾为此惧，发愤保存，比虎观之谭经，拟石渠之
讲艺。说经铿铿，歌声出乎金石，折鹿岳岳，大义炳若日星。
有《春秋》经世之志，无雕虫篆刻之风。维时天寒景短，岁
暮风长，青松之枝，冬日而弥秀，鸣鸡之音，风雨而不已。即
以兹晨之美，先为小集之会，嘉宾在坐，连逢掖以成云，壶觞
既开，聚芳馨而成彩。白日将暮，我思古人，清风徐来，既见
君子，生刍一束，其人有如玉之美，葛屦五两，履霜无坚冰之
渐，金石之怀，历久而靡，变竹柏之节，至死而逾烈。《诗》
曰：匪先民是程，匪大猷是经。於乎哀哉！维今之人，不尚有
旧，夫岂旧之不可尚哉？君子不以所恶废乡，风人每以达变怀
旧，凡在吾党，当同此心已。（邓实：《国学保存会小集叙（附国学
保存会简章）》，《国粹学报》乙巳年第1号，1905年2月23日）

国学保存会小集同人具体为何人，已难以考知，但大体可知。

据马叙伦回忆："余之主撰《新世界学报》也，邻有顺德邓秋枚实所治之《政艺通报》。然初不相往还，及《学报》中废，而秋枚时尚为科举之业，欲赴开封应顺天乡试……乃徵余为代，既而乃有《国粹学报》之组织。其始仅秋枚与余及黄晦闻节、陈佩忍去病数人任其事，实阴谋藉此以激动排满革命之思潮。其后刘申叔、章太炎皆加入焉。"（马叙伦：《石屋余沈 石屋续沈》，浙江古籍出版社，2018年，第192页）可备一说。然马叙伦所说，与事实有所出入，尤其对刘师培在国学保存会及《国粹学报》创办过程中的地位，不免出入较大。

国学保存会一如国粹学社欲发行《国学报》，最主要的活动即是发行《国粹学报》。故由《国粹学报》创刊号所刊文章的作者，大体可以推知国学保存会最初创会的核心人物。《国粹学报》创刊号的作者为：邓实、黄节、潘博、马叙伦、刘师培、章太炎六人。马叙伦所说陈去病并不在创刊号的作者内，晚至《国粹学报》第1年第7号方才刊文。章太炎此时尚在狱中，创刊号所载章氏文，皆为章氏致刘师培函，显然由刘师培将之载入创刊号内。其中邓实、黄节本为国粹学社与《国学报》的发起人，同时即是延续此意的国学保存会与《国粹学报》的发起人，马叙伦此时正襄助邓实、黄节办《政艺通报》，自然会成为襄助者。潘博即潘若海，为邓实、黄节同乡，尝与邓实、黄节同问学于简朝亮，又师康有为，与麦孺博、梁启超相习。汪辟疆称"及秋枚、晦闻于清季创国学保存会、《国粹学报》于沪渎，若海实助其成"。（汪辟疆：《光宣以来诗坛旁记》，辽宁教育出版社，1998年，第106页）潘博仅在《国粹学报》刊文一篇，之后便无文章刊于此刊，1911年病故。对于国学保存会与《国粹学报》后续的发展并无过大的影响。在由国粹学社到国学保存会，由《国学报》到《国粹学报》的过程中，邓实、黄节、马叙伦皆为原来人员，唯独刘师培为新加入。刘师培此前主笔《中国白话报》，此报即主张发扬国学。尝在答读者信中说："本报的意思，以为如今我们中国人，若光靠着宗旨好还不中用，那国学是顶要提倡的，有了国家，才有爱国心，然后才能办各种大事，所以本报十分偏重国学，拿这种实实在在的学问来教育国民，将来成材的，才不至蹈如今草头新党各种的弊病。"（《答常州恨无实学者来函》，《中国白话报》1904年第11期，1904年5月15日）而在1904年10月，《中国白话报》即已被禁，恰在国学保存会创立稍前。刘师培此时，既有余暇且有需求在新刊中继续这一宗旨。事实上，《国粹学报》中最主要的国学文章，皆由刘师培主笔，且刘在《国粹学报》一共82期几乎期期刊文（除两期外），支撑了《国粹学报》的整体学术水准与宣传力度。甚至可说，由《国学报》之流产到《国粹学报》的新生，主要即缺一位可以落实邓实、黄节保存国学、激扬爱国心宗旨的主笔，刘师培适逢其会，而当时能担此任者除狱中的章太炎外，即属刘氏。而以排满"光汉"为名的刘师培，也为《国粹学报》注入了革命的激烈性。潘博在《国粹学报叙》中称："友人邓君枚子，刘君申叔，因创为此报，欲以保全吾国一线之学。"（潘博：《国粹学报叙》，《国粹学报》乙巳年第1号，1905年2月23日）又孙诒让函告宋恕"今刘、邓诸君创设国学保存会于沪"。（胡珠生编：《东瓯三先生集补编》，上海社会科学院出版社，2005年，第170页）两者最能道出实情。

　　邓实《国学保存会小集叙》附有《国学保存会简章》，显示此会旨在"读书保国"，规定会员资格的获得，"毋须捐金，惟须以著述（或自撰或搜求古人遗籍，或钞寄近人新著）见赠于本会者即为会员"。国学保存会保存国粹，"志在收罗遗籍，其有古人已毁板之书，或尚有板而不多见之书，或写定未刊之书，或久佚之书，海内君子如有以上各书，皆可投寄本会，经同人审定重版印行，还以印成之书若干部，用答雅谊"。故"本会设藏书楼一所，凡海内君子有以古今载籍捐助者，当题名册端，以志盛谊"。此外，最重要者即"本会月出《国粹学报》一册，为本会机关。其有外间投赠之文字著述，当择尤先刊报内同人见惠文字著述，其已登出于《国粹学报》者，即以原报一份还赠"。以此保藏并传播承载中国文化的国粹。

国学保存会会所设在上海四马路东惠福里《国粹学报》馆。此即外埠寄书赠文的邮寄地址。(邓实：《国学保存会小集叙（附国学保存会简章）》，《国粹学报》乙巳年第1号，1905年2月23日)

2月13日（正月初十） 南洋创办学堂保存国粹，引起舆论注意。

《申报》载《两广学务处照会槟城领事文》，谓："但念南洋百余万华民，生长异邦，专习西学，楚才晋用，致足惜焉。今槟榔屿创办学堂，以保国粹，南股风闻，喁喁向化。若因其一隙返光之线，而导以优为国民之方，吾道南迈，似敢断言。"(《申报》，1905年2月13日，第1张第4版)

2月23日（正月二十）《国粹学报》发行创刊号，以发明国学，保存国粹为宗旨。

《国粹学报》是国学保存会的机关刊物，同时是国学保存会五大计划中最核心也最早实施的项目。自1905年创刊，至1912年停刊，"月出一册，二十日发行"（以农历计），共出版82期，其间并无间断。(《售报简章》,《国粹学报》乙巳年第1号,1905年2月23日）自第二期起编辑兼发行者署名"爱国氏",印刷者署名"黄亚飞"。实际创办者、发行人与编辑者为邓实、黄节。

《国粹学报》"以发明国学,保存国粹为宗旨,不存门户之见,不涉党派之私"。撰述之文体,"纯用国文风格,务求渊懿精实,一洗近日东瀛文体粗浅之恶习"。报分"社说""政篇""史篇""学篇""文篇""丛谈""撰录"七门,"每号六十页,五万余言,皆自出心撰","各门皆由邃于国学者分任撰述,每门皆有精理特识"。学报对于中西学求其汇通证明,既"于我国学术源流派别,疏通证明,原原本本,阅者得此可以知读书门径",又"于泰西学术其有新理精识,足以证明中学者,皆从阐发,阅者因此可通西国各种科学"。故甚重学理,"欲与我国学人讲习实学,俾收切磋之益"。故既接受"海内通儒如有专家著述",亦欢迎"驳议或别发新议,其宗旨原不必相同,庶几奇义与析,真理日出"。

国学保存会具有五大计划,包括《国粹学报》《国粹丛书》《国学教科书》的刊行,以及藏书楼、国粹学堂的开设。《国粹学报》贯穿其中,为其枢纽。学报既独立一体,亦具教科书之意,所谓"我国近今学校林立,而中学教科书尚无善本（我国旧有之载籍,卷帙浩繁,编纂极艰,故无一成书者,坊间所有,多译自东文,夫以本国之学术事实,而反求之译本,其疏略可知,其可耻孰甚）。本报体例精审,择精语详,原以备海内中学教科之用"。又具《国粹丛书》之意,所谓"本报撰录一门,搜罗我国佚书遗籍,征采海内名儒伟著,皆得之家藏手抄未曾刊行者,为外间所希见之本,至可宝贵"。同时,"每号附中国历代学人遗像一二幅,皆搜求采访得之极难者"，并欢迎"海内收藏家如有此种遗像，尚希见寄"。

《国粹学报》在国学保存会中最具独立性，"由创办人筹足三年资本，担承责任，不募外捐"。故可以学为重，确保宗旨的延续。（《国粹学报略例》，《国粹学报》乙巳年第 1 号，1905 年 2 月 23 日）

《国粹学报发刊辞》则较为详尽地交代缘起及旨趣，称：

> 学术所以观会通也。前哲有言，执古之道，以御今之有；睹往轨，知来辙。史公之言曰：知天人之故，通古今之变。又曰：好学深思，心知其意。班孟坚曰：函雅故，通古今。盖化裁为变，推行为通，观会通以御世变，是为通儒之才。但所谓观其会通者，非断断于训故词章之末，姝姝守一先生之说也，乃综贯百家，博通今古，洞流索源，明体达用。昔庄生作《天下篇》，荀卿作《非十二子篇》，皆明学术之源流，历叙诸家之得失。炎汉代兴，通儒辈出，马谈论六家要旨，刘班志七略艺文，于学派源流，反覆论说，尤能洞见元本。至谓修六艺之文，采诸家之言，舍短取长，可通万方之略。观古人会通之学，何其盛哉？自汉氏后，二千余年，儒林文苑，相望而起，纵其间递兴递衰，莫不有一时好尚，以成其所学之盛。然学术流别，茫乎未闻。惟近儒章氏龚氏，崛起浙西，由汉志之微言，上窥官守师儒之成法，较之郑樵，盖有进矣。无如近世以来，学鲜实用，自考据之风炽，学者祖述许郑，以汉学相高，就其善者，确能推阐遗经，抉发闳奥，及陋者为之，则攈摭细微，剿袭成说，丛脞无用。而一二为宋儒学者，又复空言心

性，禅寂清谭，固陋寡闻，闭聪塞明，学术湮没，谁之咎欤？海通以来，泰西学术，输入中邦，震旦文明，不绝一线，无识陋儒，或扬西抑中，视旧籍如苴土。夫天下之理，穷则必通，士生今日，不能籍西学证明中学，而徒炫皙种之长，是犹有良田而不知辟，徒咎年凶；有甘泉而不知疏，徒虞水竭。有是理哉？嗟乎！旧籍未沦，风徽未沫，旧国旧都，望之畅然，虽百世之下，犹将感发兴起，况生于其邦，可不知尚论其人乎！夫前贤学派，各有师承，懿行嘉言，在在可法。至若阳明授徒，独称心得，习斋讲学，趋重实行，东原治经，力崇新理，椎轮筚路，用能别辟途径，启发后人。承学之士，正可师三贤之意，综百家之长，以观学术之会通，岂不懿欤？惟流俗昏迷，冥行索途，莫为之导，虽美弗彰。不揣固陋，拟刊发报章，用存国学，月出一编，颜曰：国粹。虽夏声不振，师法式微，操钟鼓于击壤之乡，习俎豆于被发之俗，易招覆瓿之讥，安望移风之效。然钩玄提要，括垢磨光，以求学术会通之旨，使东土光明广照大千，神州旧学，不远而复，是则下士区区保种爱国存学之志也。知言君子，或亦有取于斯。（《国粹学报发刊辞》，《国粹学报》乙巳年第1号，1905年2月23日）

会通学术，既包括古今，同时含有中西，主张以中西学互相证明，光复神州旧学，以存国学，达爱国存学之志。

黄节叙《国粹学报》，仍沿用之前为《国学报》所撰之《国学报叙》，借助历史而言今，以为"国于吾中国者，外族专制之国，而非吾民族之国也。学于吾中国者，外族专制之学，而非吾民族之学也。而吾之国之学之亡也，殆久矣乎"。而今之人，"一睨乎泰西诸国之政之法之艺之学，则以为非先王之道，而辞而辟之，辟之而不足以胜之也。一謷乎泰西诸国之政之法之艺之学，则以为非中国所有，而貌而袭之。袭之而仍不足以敌之也，则还而质诸吾国，何以无学？吾学何以不国，而吾之国之学，何以逊于泰西之国之学？则懵然而皆莫能言。呜呼！微论泰西之国之学，果足以裨吾与否，而此懵然莫能言之故，则足以自亡其国而有余，是亦一国之人之心死也"。因此主张应自主，自主并非固步自封，乃缘于"不自主其国，而奴隶于人之国，谓之国奴；不自主其学，而奴隶于人之学，谓之学奴。奴于外族之专制固奴，奴于东西之学说，亦何得而非奴也"。正因如此，国学保存会"同人痛国之不立，而学之日亡也，于是瞻天与火，类族辨物，创为《国粹学报》一编"。宣示"夫国学者，明吾国界以定吾学界者也。痛吾国之不国，痛吾学之不学，凡欲举东西诸国之学，以为客观，而吾为主观，以研究之，期光复乎吾巴克之族，黄帝尧舜禹汤文武周公孔子之学而已。然又慕乎科学之用宏，意将以研究为实施之因，而以保存为将来之果"。并以文之，以期行远。（黄节：《国粹学报叙》，《国粹学报》乙巳年第 1 号，1905 年 2 月 23 日）乃与《国粹学报发刊辞》中西学互相证明，而保中国国学一脉相承，而尤其强调自主，亦即以"吾"为主观，"东西诸国之学"为客观，以加以研究之意。

潘博叙《国粹学报》，申说顾炎武亡天下与亡国之辨，称："以易朔者，一家之事，至于礼俗政教，澌灭俱尽，而天下亡矣。夫礼俗政教，固皆自学出者也，必学亡，而后礼俗政教乃与俱亡。"则国学必须重视。当举世欧化之时，以适者生存之进化论视中学，以为在淘汰之列，实则国之衰，非因中学无用，而因"学之不明"：

> 吾中国二千余年，圣哲之所赍授，诸儒之所传述，固已炳然若日星矣。虽其间中更衰乱，或至熄灭，然而二三儒生，抱持保守，卒使熄而复明，灭而更炽。故自三代以至今日，虽亡国者以十数计，而天下固未尝亡也。何也？以其学存也。而今则不然矣。举世汹汹，风靡于外域之所传习。非第以其持之有故，言之成理也。又见其所以施于用者，富强之效，彰彰如是，而内视吾国，萎薾颓朽，不复振起，遂自疑其学为无用，而礼俗政教，将一切舍之以从他人。循是以往，吾中国十年后，学其复有存者乎？夫吾中国开化最早，持其学以与外域较，其间或短长得失则有之矣，而岂谓尽在淘汰之例耶。国之衰也，乃学之不明，而非学之无用。而嚣嚣者方持是以为口实，不亦惧哉。嗟乎！国不幸而至于亡，即亦已矣，奈何并其学而亡之，而使天下随之以亡也。

《国粹学报》之创，以保全国学为己任，而非抱残守缺，志在修明而光大之。其言道：

> 夫一命之士，国亡犹与有责，而况系于天下者乎。然则救亡图存，抑亦二三君子之责也。友人邓君枚子，刘君申叔，因创为此报，欲以保全吾国一线之学。其心苦，其力艰，其志卓矣！夫六籍之厄，莫大秦火，汉初诸儒，厥功伟焉，然亦掇拾残阙而已。非如今日震于十数强国之威，眩于万有新奇之论，

以与吾学竞。扬其波者，且方遍天下也。而独以眇然儒生，支柱其间，不惑不惧，毅然以保全为己任。呜呼！天下之不亡，其赖是乎！其赖是乎！《诗》曰：风雨如晦，鸡鸣不已。《易》曰：硕果不食。夫冒举世所不韪，而独行其志者，烈士之用心也。不必其为世用，守此以有待者，贤者之所志也。况乎风俗之所积，常起于一二人，持是以为倡，安见天下无与应者。且将与海内贤哲，修明而光大之，宁仅暖暖姝姝封己抱残而已乎？是则诸君子为此之意也。（潘博：《国粹学报叙》，《国粹学报》乙巳年第 1 号，1905 年 2 月 23 日）

《国粹学报》分七大栏目，第一为社说，"圣为天口，心存牖蒙，论说之名，实始《雕龙》，宣口为说，析理成论，披条索贯，推见至隐，弥纶群言，权衡万事，振聩发蒙，曰惟予志"。

学报第一篇社说，由邓实撰写，名《国学原论》，原始要终地揭示国学之本原，来自鬼神术数之学，而成于教，称："圣人之道，本天人之际，始乎鬼神，中乎术数，终乎饮食日用人事之内。天事始，人事终。人事终，天事始。天人相应，百福之主。"首述文字之始："既生人类，而成种族，合一种族，而成社会，则必有其社会内之事。其始纪事以口舌，渐进而以结绳，由结绳而有画，由画而成文，由文而成字，由字而有书。昔者包羲有天下，龙马负图出于河，遂法之以画八卦，是画之始。苍颉见鸟兽蹄远之迹，而造书契，象形以成文，谐声以成字，是文字之始。"又考"神州种族"，一曰本族，是曰黎民；一曰客族，是曰百姓。"黎民之俗，尚鬼神，而百姓之俗，尚术数。"则中国初始，"一纯然多鬼神之古国而已"。

中国政教起源，与此鬼神观念相关。至成周时，一代制作，皆出于周公。"周公之学，集黄帝尧舜禹汤文武之大成，而皆在于明堂清庙。"因此，"明堂清庙者，大教之宫"，"而中国历代政教所从出也"。"周制自天子至于庶人，莫不有祭，而祭有等级，其事至重。舍祭祀以外，无所谓事功。即舍鬼神以外，无所谓学问。故鬼神一派之学，其原虽始于黎民，至夏中叶而大。……至殷而不废，……至周而可谓极盛矣。"

由鬼神，故有推测鬼神情状，知其吉凶祸福之术，于是有术数之学。"术数者，初民社会思想之渐进者也。""百家言术数者，皆称黄帝，是术数之学，其起原远在五帝之世也。"天文历谱，术数大原，起于黄帝。"由黄帝至禹而有五行之说。""由禹至周，而蓍龟之术著。""由周至春秋，而杂占形法之说盛行。"其中，"天文、历谱、五行、蓍龟、杂占、形法六者之学，以五行所传至远，其义至广，汉朝儒者解经，莫不宗之"。五行者，"五性也"。"五性五伦，皆生于天，人受天所生，即曰命。故五帝以五德王。""五行之学，远出包牺。至禹陈鸿范，而传其文。至《齐诗》《二雅》而承其流，至西汉白虎诸儒而通其义，至大儒董生而集其大成，至宋儒而尽废其说。"然"神州草昧，诸夏荒远，其制度文物，礼俗材性，微言大义，有不能尽诬者"。

邓实溯源国学，以为"自春秋以前，二千余年之政治礼乐，教化风俗，千枝万条，而莫不以鬼神术数二者之学，为其质干。故明堂大祭者，为古代国家至重之典，一代治学之原也"。在后世眼里，社会日进化，民智日启，然社会起原，本于宗教，有宗教则必有鬼神迷信之说，而后其宗教乃行，不特神州然也。而中国鬼神之学，

"三代之上，其鬼先圣先贤高曾祖考而已，其神天地日月风雨山川社稷门户而已。鬼神之数简，故人心之思理简，人心之思理简，故其所用之术数亦简。简之极则太一而已矣"。因此，"三代之世，所由不闻有假左道以乱政者欤。夫人心一而已矣。道之大原，出于天，亦一而已矣。心一则情专，情专则性治，性治而上帝万灵可得而昼夜通也，天可得而祈也，命可得而永也，福禄可得而受也。夫是之谓绝地天通，夫是之谓天人相与之学"。此为中国国学之原。

（邓实：《国学原论》，《国粹学报》乙巳年第 1 号，1905 年 2 月 23 日）

　　《国学原论》作为《国粹学报》提纲挈领具有社论性质的"社说"的开篇，揭示中国学术起源于鬼神术数之学，核心在于沟通天人，绝地天通，天人相与。《国粹学报》邓实、刘师培等人皆受章学诚、龚自珍"六经皆史论"的影响，在此学说中，周公确定政教，创法立制，奠立中国学术之基。邓实此文同样如此，且安排了周公与孔子的链接，在于"教"。其揭出"是成周一代之制作，皆出于周公，而周公之学，集黄帝尧舜禹汤文武之大成，而皆在于明堂清庙。故明堂清庙者，大教之宫，而中国历代政教所从出也。孔子曰：'郊社之礼，禘尝之义，知其说者之于天下也，其如视诸掌乎。'此仲尼所为梦想周公，欲行周公之道，而有从周之志也"。将周公与孔子的学术传统贯于一线，而启《国粹学报》第二期社说《国学微论》之意。

　　除"社说"外，第二门为"政篇"，其立意在于："人亦有言，儒效迂阔。空言无补，曷以宰物。吾思湖州，治事名斋。亦有颜门，为世储才。仕学互训，因时制宜。如有用我，举而措之。"第三门为"史篇"，其立意在于："《春秋》于世，体备法严。迁直而核，固详而赡。公论如火，直道如川。清议寝微，秽史流传。用理秘文，发扬幽潜。志古匡今，俾作箴贬。"第四门为"学篇"，其立意在于："诸子百家，殊途同归。汉尊儒术，九流式微。治学之要，实事求是。门户不立，争端奚起。循序致精，大道非歧。实斋瑮人，是曰导师。"第五门为"文篇"，其立意在于："一为文人，固无足观。立言不朽，舍文曷传。古曰文言，出语有章。昭明文选，巨编煌煌。大雅不作，旁杂侏离。堕地斯文，孰振厥衰。"第六门为"丛谈"，其立意在于："吕览鸿烈，古称杂家。稗海说郛，其书五车。说经之家，学必崇汉。琐碎支离，于道益畔。顾曰日知，钱曰养新。仰彼前征，用扩异闻。"第七门为"撰录"，其立意在于："秦廷遗烬，孔壁残书。觥觥巨制，册府莫储。阐发幽光，德以不孤。亦有时流，才超杨马。白雪阳春，曲高和寡。启发篇章，择言尤雅。"（《国粹学报发刊辞》,《国粹学报》乙巳年第1号，1905年2月23日）

《国粹学报》定有《售报简章》，确定代售、定阅规则，以维持报章运行。章程规定："本报月出一册，二十日发行，自乙巳正月二十日出第一号以后按期出版，定阅全年至十二月二十日第十二号止。报资邮费先惠，收银后给回收据空函，恕不奉复。"定阅方式三种："定全年者必自本年第一号至十二号止，定上半年者自第一号至六号止，定下半年者自第七号至十二号止，不得从中间参差定起，致有残阙。""外埠代售自五份起，至二百份，报资八折，邮费无折，所有汇寄费均由代售处认给，其派出之报，皆照原价，不得多加分文。""代售处收到本报第一号后即须将报资邮费收寄本馆，本馆接款然后陆续寄第二号以下报。""江海内地诸君有愿为本报代售者，皆可投函寄款于本馆，本馆认定即可寄报，惟报资不能拖欠，资满停寄，例必实行。本馆鉴于我国从前代售通弊，故所定售例极严，办事认真，彼此交益，诸君子亦所深谅也。"（《售报简章》，《国粹学报》乙巳年第 1 号，1905 年 2 月 23 日）全年十二册报资三元五角，邮费五角。（大洋）半年六册，报资一元八角，邮费二角伍分。零售每册三角，外埠概不零售。（《价目表》，《国粹学报》乙巳年第 1 号，1905 年 2 月 23 日）告白（广告）费：五行起算，每次三元。半页，每次六元。一页，每次十元。（《告白价目表》，《国粹学报》乙巳年第 1 号，1905 年 2 月 23 日）《国粹学报》迅速获得较多定阅，自第二期即有北京、天津、锦州、保定、太原、陕西、河南、新郑、济南、烟台、潍坊、武昌、汉口、沙市、贵州、成都、重庆、泸州、南昌、赣州、安庆、□州、芜湖、扬州、南京、泰兴、福州、广州、潮州、汕头、杭州、绍兴、宁波等地的代派处。（《本报代派处》，《国粹学报》乙巳年第 1 号，1905 年 2 月 23 日）

　　同时通过《申报》等报章，进行广告宣传。3 月 8 日，《申报》以《新出〈国粹学报〉第一号出现》为题广告谓："本报以发明国学、保存国粹为宗旨，由海内通儒分任撰述。兹第一号已出版，目录列下：○图画。孔子像并赞，老子像并赞。○叙一叙二。○发刊辞。○国学保存会叙。○社说。国粹原论。○政篇。古政述微。○史篇。黄史。○学篇。古学出于史官论，周末学术史。○文篇。文章原始，论文杂记。○丛谈。国学发微，读左札记，读书随笔。○撰录。顾亭林遗札，王怀祖与宋定之书，王伯申与焦理堂书，孙仲容刘恭甫墓表，章太炎与刘申叔书，章太炎再与刘申叔书。定阅本报全年十二册，报资二元五角，邮费五角。半年六册，报资一元三角，邮费二角五分。零售每册三角。"（《新出〈国粹学报〉第一号出现》，《申报》，1905年3月8日，第1张第1版）3月11日，《申报》收到赠送的《国粹学报》第1期后，《志谢赠书》谓："世变日棘，横议沸腾，非萃前哲粹美之词无以箴近世嚣张之习。是报月出一编，命意选词，不迂不激，保全国粹，其庶几乎！"（《申报》，1905年3月11日，第1张第5版）

《国粹学报》第一期，一如社说《国学原论》，有"原"之意。政篇为马叙伦之《古政述微》，史篇则为黄节之《黄史》，学篇则为刘师培之《论古学出于史官》，文篇则为刘师培之《文章原始》，丛谈则为刘师培之《国学发微》，皆可视为国学源始之分述。（《国粹学报》乙巳年第1号，1905年2月23日）

《国粹学报》虽然以保存旧籍、发扬国学为面目，邓实亦谓："国学保存会之设，不过一二下士，伏处荒江，寂寞自守，不与闻政治，非敢自居于讲学，褒贬人物，裁量执政，如东汉晚明士夫之所为。然月有讲习，文字遂多，故有《国粹学报》之锓。……诚以掇拾丛残，实在野之责，庶几他日礼失求野，文献足征，将使神州之天下不至终亡，斯亦下士为学之光矣。"（邓实：《国粹学报第三周年祝典叙》，《国粹学报》戊申年第1号，1908年2月21日）然其中多寓革政、反专制与排满之意。《国粹学报》核心人物为邓实、黄节、刘师培。邓实、黄节亦主持《政艺通报》，此报"其大旨则欲扶植民权，以排斥专制，为变政之根本"。（邓实：《第七年政艺通报题记》，《政艺通报》戊申年第1号）章太炎后为黄节撰墓志，谓黄氏"与同学邓实等集国学保存会，搜明清间禁书数十种作《国粹学报》，以辨夷夏之义。……简先生闻二生抗言以为狂，颇风止焉，而二生持论如故"。而"时炳麟方出系，东避地日本，作《民报》与相应"。（《黄晦闻墓志铭》，《章太炎全集·太炎文录续编》，上海人民出版社，2014年，第263页）

《国粹学报》亦在革命党同盟会的机关刊物《民报》上登载广告，其辞称："粤自通古斯入寇以来，二百六十年中，国粹泯之殆尽。讵意人心不死，顿放光明者，则《国粹学报》之显于宇内也。且著述诸子，以心胸之精博，见识之卓越，于枯窘之中，发挥微义，辉煌陆离，实二十世纪之一怪物也。凡欲保存国粹者，不可不人人手一编。"将国学之沦丧与满洲入关联系在一起。（《国粹学报》，《民报》第5号，1906年6月26日）马叙伦为《国粹学报》重要作者，其回忆："《国粹学报》之组织……实阴谋藉此以激动排满革命之思潮。"（马叙伦：《石屋余沈　石屋续沈》，第192页）冯自由著《开国前海内外革命书报一览》，即列有《国粹学报》。（《组织》第1卷第6期，1943年5月21日，第14页）与南社关系密切的郑逸梅，谓：邓实"在上海发起国学保存会，也是个革命组织"。（郑逸梅：《南社丛谈》，上海人民出版社，1981年，第6页）

清政府也风闻及此。1905年12月4日，宋恕注意到："上海新出编译各书，宗旨极杂。其中历史一门，最多趋重民族主义，其或显露革命排满之逆意。……《国粹学报》一种，则业经本处查系革命逆党所编。""传谕各学堂严禁学生私行购阅，是为至要。"（宋恕：《吴守呈禀及附件批文》，胡珠生编：《宋恕集》，中华书局，1993年，第393页）1909年3月2日，《申报》亦记《道批》，谓"职员邓祐祺批禀悉仰候缮发执照三份具领，惟查《国粹学报》从前所出各册，其史篇一门，颇多失检之处，既往姑不深论，嗣后务宜慎重编纂，毋蹈前辙，仍

将续出之报，按期呈送一份，来辕籍备查。"（《申报》，1909年3月2日，第3张第4版）

　　作为《国粹学报》的读者，周树人称："从清朝末年，直到现在，常常听人说'保存国粹'这一句话。前清末年说这话的人，大约有两种：一是爱国志士，一是出洋游历的大官。他们在这题目的背后，各各藏着别的意思。志士说保存国粹，是光复旧物的意思；大官说保存国粹，是教留学生不要去剪辫子的意思。"（鲁迅：《随感录三十五》，《鲁迅全集》第1卷，人民文学出版社，2005年，第321页）而所谓"光复旧物，说得露骨些，就是排满"。（鲁迅：《略谈香港》，《鲁迅全集》第3卷，第452页）周作人回忆：《国粹学报》"以复古来讲革命，灌输民族思想，在知识阶级中间很有势力"。（周作人：《周作人回忆录》，湖南人民出版社，1982年，第215页）

　　而二十年代的汪兆铭，从革命文学的角度，更是将《国粹学报》与《民报》《南社集》并论，谓：

　　　　中国之革命文学，自庚子以后，始日以著，其影响所及，当日之人心为之转移，而中华民国于以形成。……核其内容与形式，固不与庚子以前之时务论相类，亦与民国以后之政论绝非同物。盖其内容，则民族民权民生之主义也。其形式之范成，则涵有二事：其一，根柢于国学，以经义史事诸子文辞之菁华为其枝干；其一，根柢于西学，以法律政治经济之义蕴为其条理。二者相倚而亦相抉。无前者，则国亡之痛，种沦之戚，习焉忌忘，无由动其光复神州之念；无后者，则承学之士，犹以君臣之义无所逃于天地之间，无由得闻主权在民之理。且无前者，则大义虽著，而感情不笃，无以责其犯难而逃死；无后者，则含孕虽富，而论理未精，无以辨析疑义，力行不惑。故革命之文学，必兼斯二者，乃能蔚然有以树立。其致力于前者，则有《国粹学报》《南社集》等；其不懈于前者而尤能致力于后者，则有《民报》等。……革命党人所以能勇于赴义，一往无前百折不挠者，恃此革命文学以自涵育，所以能一变三百年来奄奄不振之士气，使即于发扬蹈厉者，亦恃此革命文学以相感动也。（汪兆铭：《南社丛选序》，胡朴安编：《南社丛选》，中国文化服务社，1936年，第1—2页）

3月9日（二月初四）《申报》刊文《论吾国人无爱国思想》，认为富强之道有本有末，西方富强之道不专在中国人以为的艺学、商务、枪炮之发达等末务，根本在于国民具有爱国思想。爱国方能使国人团结一致，休戚与共，而其道之一在于以保存国粹唤起爱国心。

文章区分西方富强之道的本末，以为："富强之道，有本有末。握其本，则事事有精神，可以震国民之脑筋，结种族之团体。务其末，则不过支支节节而为之，形式虽具，必无实效之可睹也。吾人向来所艳称泰西各国之富强者，不过曰艺学之精耳，商务之盛耳，枪炮之利，兵舰之多耳。抑知以上种种，皆富强之末务，而本计则不在此也。本何在？则以国民有爱国思想为第一义。"因此学习西方富强之道，要习其有爱国思想。至于爱国思想，"包举极广，其能力极宏，不可指一二端以为概，约为计之，则有二种"。一则在于亲爱同胞也。一则在于保存国粹也。国粹与爱国思想之生发尤为密切，国粹形成于历史，"中国开化最早，唐虞三代最称隆成，圣经贤传，若日星之炳于天，纲常伦理，若江河之行于地，是盖吾国数千年来赖以立国之国粹，所当珍惜爱护而不可弃之若弁髦也。泰西之人于其本国文字及拉丁文经典皆自幼诵习，终身不敢废弃，可见保存国粹之说，中外所同。使人人知旧学之可重，则爱国之心油然而生，自不为外说所淆夺矣"。

学习西方，最关键在于保存国粹，欧化与存国粹趋于一致，而其目的在于与外人抗衡，显示学习西方的复杂性。文章以为中国人对于国粹，则甚忽略，事实是不知真国粹：

吾国之人受治于数千年专制政体之下，养成倚赖性质，不复知国与身有密切之关系，加以教育不讲，民智闭塞，虽人数冠于全球，而具有国民之资格者，千人无一二。同光以来，欧力东渐，教堂林立，商埠繁兴，其余轮船电报铁路矿务诸大政又无不任用外人，白种势力遂遍于全国，为虎作伥者流无不倚仗洋势，鱼肉同胞，蛮横之情，怨毒之事，谈者眦裂，闻者发指。地方有司，亦隐忍偏袒，奉令惟谨，以致激成拳匪之祸，演数百年未有之惨剧，是皆由于吾人无爱国思想，故惟利是图，甘为奴隶牛马而不惜也。然此第就下等社会言之耳，若夫身列士林，名登仕版，或受朝廷转达之知遇，或为通国仰望之名公，其办事也宜若可以力顾大局，稍尽公德矣。乃历观近来各处所办之事，某省订一开矿合同，则受贿数万矣。某省立一铁路公司，则受贿数十万矣。其屈指可计者，若杭绅某部郎串同洋商将浙江全省矿山私售矣，粤绅某京堂则因日工程师被杀一事借外人之势要挟政府矣，又粤汉铁路废约一案某侍郎某宫保俱有莫须有之事（观梁主政之书已隐约可知），此皆各报论之已详，非记者一人之私言。由是观之，是吾国之上等社会亦惯于罔利营私，而不顾公家之利害矣。至于小轮挂旗店铺戏牌等事，自有为丛驱雀者任其咎于若辈固然足责耳。

而"热心之士，鉴于国势之积衰，社会之腐败，愤时嫉俗，发为过激之论，以为中国之不振，实由于古法之未善，欲尽弃向来之礼俗政教而一一仿效西法，举世汹汹，一唱百和，循是以往，中国十年以后，旧学其将澌灭殆尽矣。夫持向来之旧学与外域较，其间短长得失盖有之矣，而岂谓尽在淘汰之例耶？国之不强，由于旧学之不明，而非旧学之无用，乃执后世之弊政，而追咎古人，所谓爱护祖国之心，又何在耶？"（《论吾国人无爱国思想》，《申报》，1905年3月9日，第1张第2版）故主张申明旧学，激发爱护祖国之心。

3月25日（二月二十）　邓实发表《国学微论》，是为《国粹学报》第2号社说。持六经皆史论，谓史官为神州学术之微，无史则无学，自孔墨老至诸家之学皆起于官守之史官，故力言无史则无学，无学则无国。

《国粹学报》同人，在发刊辞中宣称"实斋瑟人，是曰导师"。以章学诚、龚自珍为导师，最主要即体现于在阐释中国国学之真时，在方法上采用"考镜源流，辨章学术"之道，同时在考镜源流时取"六经皆史"说。邓实在《国粹学报》创刊号的"社说"栏内发表《国学原论》，第二期"社说"栏内发表《国学微论》，前者以

"鬼神术数"为中国学术之"原"，以周公集大成。后者以"史官"（六经皆史）为中国学术之"微"，九流皆出于史官，以孔子为大宗。

邓文《国学原论》已论"神州学术，其起原在乎鬼神术数而已"。此文论鬼神术数之学，职掌则在于史官。"春秋以前，天下之学，归于鬼神术数。春秋以降，天下之学，归于史官。"因此，"鬼神术数者，神州学术之原也。史官者，神州学术之微也"。称"古者一代之兴，必有一代之仪法文字典籍，而史官实司其典守。《周官》：太史掌建邦之六典，小史掌邦国之志，内史掌王之八柄之法，外史掌书，外令掌四方之志、掌三皇五帝之书，御史掌赞书。是成周一代之学术艺文典章制度，其寄于文字典籍者，莫不掌之于史官，不特鬼神术数之学之掌于史也"。因此，"史为古今天下学术一大总归，文书之库，而知识之府，故史之权于通国为独重，而史之识，亦于通国为独高"。至春秋之季，民智日启，鬼神术数之学不足以统一天下思想，于是有老孔墨三家之学。是为神州学术后起之三大宗，其学同出于史官。

三家之中，老子为周守藏室之史，为"古之博大真人也"。"生文胜法敝之除，痛末流之愚暗，礼意之失实，乃欲一切反之无为自然之地，故鬼神术数之学，沿于炎黄，极盛于周，至老子而尽破。""鬼神术数之说既破，于是而刍狗万物，刍狗百姓，并天下之文物典礼而空之。"然"隐而犹著书，著书而后隐，则老子固未尝无意于斯世"。然不能不称"老子之学，可谓矫枉而过其正者"。孔子为老子弟子。但"孔子之学，周公之学也。六艺皆周公之旧典，守于史官，孔子删订六经，皆得之于史，故因鲁史而作《春秋》。虽然，史掌鬼神，而孔子则不言鬼神，与史官同源异流。邓文称

"孔子之道，以宗法为根据，忠孝为本原，立君父为至尊无上之体，故不得不去鬼神以独尊其君父。君父之位既定，于是而有井田世禄冠昏丧祭之礼，《诗》《书》《礼》《乐》之文，而天下乃彬彬然于文治，号称太平矣"。墨子为孔子弟子，又史角之弟子，与老子孔子同出于周之史官，而学大不同，与孔学尤相反。"盖孔子尊君父，而墨子尊天鬼，尊君父则不得不废天鬼，尊天鬼亦不得不废君父。此其学术不同之大原也。"三家之学，皆起于春秋之季，同导源于周之史官。其中，"老学为九流之初祖，所传至近，而最先亡。墨学所传稍远，其弟子甚盛，各为派别"。"孔学所传为至远。"老孔墨三家，各立一宗，皆有可为国教之势，"然其后率统一于儒者，则以儒之教本于宗法，而中国之社会，亦本于宗法也"。

老孔墨三宗外，有诸子百家之学，并起于周秦之际。"诸子九流之学，溯其所自，皆出于周官之典守，其于老孔墨三宗之同出于史官者，未有异也。周道衰微，官司失职，散在四方，流而为诸子。"九流之学，其初皆王官也。故"周秦诸子，为古今学术一大总归，而史又为周秦诸子学术一大总归，吾观春秋之季，诸侯放恣，天下脊脊大乱，而一代学术不与俱亡者，实赖史官保存之力"。

故邓文感慨无史则无学，无学则无国，强调史才史学：

中国之无史也，非无史，无史材也；非无史材，无史志也；非无史志，无史器也；非无史器，无史情也；非无史情，无史名也；非无史名，无史祖也。呜呼！无史祖、史名、史情、史器、史志、史材，则无史矣！无史则无学矣，无学则何以有国也。诸夏翩翩，神州莽莽，中区鱼烂，道术将裂。邓子受三千年史氏之书而读之，而以良史之忧忧天下，曰：实于大道，不敢承仰万一，不幸而生其世，则亦愿为其人欤，愿为其人欤！

（邓实：《国学微论》，《国粹学报》乙巳年第2号，1905年3月25日）

3月下旬　秦力山发表《中华义学序文》，宣扬国学，注重发扬民族主义。

中华义学由缅甸侨商于1903年冬筹办，1904年4月正式开办，宗旨在于教育华侨子弟学习中国语言文化。秦力山到仰光后，该校董事庄银安、徐赞周请秦氏重修该校章程，力推民族主义，遂有此序。序中称：

国学就湮，宗教亦替，曲阜一铎，侵蚀随之。以东鲁达人之邦，衣冠礼乐亦沦于荒废，而变成伊川氏之墟，为日耳曼人所征服。然则海田云狗，上国且然。而望《孝经》伦理、《春秋》治法，犹存于附庸者为蛮烟二万里之海隅一角，何可得哉？何可得哉？中原文献已不足征，寖衰寖微，何问荒服？乃诸君抗志存古，大愿发宏，能以尊教之心，寓于奖诱后进之内，礼容肃穆，俎豆馨香，昌平之祀赖以不斩，间可为翼教之魁杰，辅世之伟民，为海外各埠教育家之先导者。（刘泱泱编：《樊锥集 毕永年集 秦力山集》，湖南人民出版社，2011年，第224页）

是月　江起鹏著《国学讲义》由新学会社发行。

是书作者署名龙津学堂教员江起鹏。龙津学堂位于浙江宁波奉化县，创办于1902年2月（光绪二十八年正月），由当地江氏乡绅改制锦溪书院而成。创办人江迥，校长江起鲲，一为江起鹏族兄，一为亲兄。经理严翼銎、周曰年。教员有江起鲲、江成教、江起鹏、中村良一郎、荒木彦助。分普通科与师范速成科，课目有伦理、国文、教育、政法、历史、地理、论理、算术、代数、几何、理科、英文、日文、图画、体操十五门。（《宁波奉化县学校一览》，《浙江潮》第8期，1903年11月25日）

　　江起鹏，字内民，号南溟，浙江奉化县江口镇人。幼从族兄江迥学习经史，后多应宁波辨志精舍课。辨志精舍与辨志文会渊源密切。辨志文会由宁波府于1879年增设，"凡各属各县之人皆可与课"。其所应之课与宁波原有的孝廉堂、月湖书院不同，"辨志文会分六斋，仿考据、义理为汉学为宋学，取经济致用之意为史学兼掌故为舆地为算法，而华之以词章焉。""每斋延专精是学者为斋长，校阅课卷。每斋每课三题，仅作一题者不录。""文会无论举贡生监俱准与试，与试者各习一斋，尽其所长，不必求多。鸿才博学，能兼各斋者，听其兼作。但卷须每斋一本，不得并写。""每课每斋俱分三等。超等十名，第一名花红六元，第二、三名各四元，第四、五、六名各三元，七、八、九至第十名各二元。特等十名，每名一元。一等不拘名数，不给花红。"同时，辨志文会有计划建造"斋室"，"俟斋室造成，经费充裕，住斋肄业再议膏火。"（《增设辨志文会示》，《申报》，1879年2月18日，第2、3版）光绪八年（1882年）二月的辨志文会"史学兼掌故"斋课题出现"拟建辨志精舍祀王伯厚先生议"。（《宁郡辨志文会二月分课题》，《申报》，1882年3月24日，第2版）1891年3月，辨志精舍开始出课题，分为"汉学""宋学""史学兼掌故""天文兼算学""舆地""词章"，与辨志文会大致相当。(《宁城辨志精舍辛卯春季课题》，《申报》，1891年3月12日，第2版）辨志文会课题在1903年12月后不再出。1892年江起鹏以经古案次取获得生员资格。(《宁郡院取生经古案》，《申报》，1892年3月22日，第3版）同时获得应课的资格，随后开始应辨志精舍课。

据《申报》载，江起鹏应癸巳（1893）春季课，获得舆地超等。(《宁郡辨志精舍癸巳春季课案》，《申报》，1893年7月26日，第2版）应癸巳（1893）夏季课，获得汉学特等。(《宁郡辨志精舍夏季课案》，《申报》，1893年10月24日，第2版）应甲午（1894）秋季课，获得汉学超等。(《宁郡辨志精舍甲午秋季课案》，《申报》，1895年1月21日，第3版）应乙未（1895）夏季课，获得汉学、宋学超等，舆地特等。(《宁郡辨志精舍乙未夏季课案》，《申报》，1895年11月18日，第2版）应乙未（1895）秋季课，江起鹏获得汉学特等、舆地超等。(《宁郡辨志精舍乙未秋季课案》，《申报》，1896年2月11日，第2版）应乙未（1895）冬季课，获得汉学、词章特等。(《宁郡辨志精舍乙未冬季课案》，《申报》，1896年4月28日，第9版）应丙申（1896）春季课，获得舆地超等。(《宁郡辨志丙申春季课案》，《申报》，1896年8月17日，第3版）应丙申（1896）夏季课，得到汉学特等。(《宁郡辨志六斋丙申夏季课案》，《申报》，1896年11月9日，第2版）应丙申（1896）秋季课，获得舆地超等。(《宁郡辨志精舍丙申秋季课案》，《申报》，1897年1月30日，第2版）应丙申（1896）冬季课，获得舆地超等。(《宁郡辨志六斋丙申冬季课案》，《申报》，1897年4月8日，第1版）应丁酉（1897）春季课，获得舆地特等。(《宁郡辨志文会丁酉春季课案》，《申报》，1897年7月27日，第3版）应丁酉（1897）夏季课，获得史学、舆地特等。(《宁郡辨志文会丁酉夏季课案》，《申报》，1897年

11 月 15 日，第 3 版）应庚子（1900）春季课，获得经学、舆地特等，史学超等。（《宁郡辨志文会春季课案》，《申报》，1900 年 7 月 9 日，第 9 版）应庚子（1900）夏季课，获得汉学特等，史学、舆地超等。（《宁郡辨志文会庚子夏季课案》，《申报》，1900 年 9 月 22 日，第 9 版）应辛丑（1901）春季课，获得舆地超等。（《宁波辨志文会辛丑春季课案》，《申报》，1901 年 9 月 2 日，第 9 版）应辛丑（1901）秋季课，获得汉学特等，史学超等。（《宁波辨志文会秋季课案》，《申报》，1901 年 12 月 19 日，第 9 版）与江起鹏同应课者有章太炎、陈汉章等日后名儒。

江起鹏自 1902 年起任龙津学堂教员，至少在 1906 年 12 月之前为龙津学堂经理。（《禀控霸持学务宁波》，《申报》，1906 年 12 月 1 日，第 2 张第 9 版）本书由新学会社发行。新学会社由江起鲲、江起鹏昆仲及孙振麟、庄崧甫等浙江宁波奉化人于 1902 年创办于宁波，1904 年正式将总部迁往上海棋盘街，有北京琉璃厂、汉口黄陂街、广东双门底、宁波日升街四处分社。该社以启迪新知、开化愚昧、推进学术进步为宗旨，出版以教科书、医学常识、农学书为主，同时发行杂志。（《新学会社书目提要》，新学会社发行，时间不详）

《国学讲义》为新学会社发行的"中学堂用书"之一种，《新学会社书目提要》称："是编以世界学理辅成国粹保存为主义，凡所申说，自无取夫陈言。共分三编，上编总论国学，中编详述经传，下编列论诸子百家，由博返约，井井有条，洵保存国粹之要书焉。"（《新学会社书目提要》，新学会社发行，时间不详）书末则更介绍此书"为龙津学堂普通科之讲义"。于光绪三十一年正月发印，三月出版。

本书分上中下三编：上编"总论"，共三章，第一章"研究国学之方法"，第二章"国学之历史"，第三章"国学之系统及进化略论"；中编"经传学"，分为绪论、周易、尚书、诗、周礼、仪礼、礼记、春秋及三传、孝经、论语、孟子、尔雅、经传学结论等；下编"诸子述凡"，有预告而未见出版。

《国学讲义上编》第一章论"研究国学之方法"，第一节定"方针"，谓"定教育之方针为今我国民一大问题。识者谓莫妙于欧化主义与国粹主义相持并进，庶学于人而不至役于人，不失为我国民之教育。信是则研究国学，其亦学者所有事焉"。

第二节定国学"类别"，谓"我国学者，固以孔子之学为正宗者也。然其大别亦有二"。一为经传，此"纯然为孔子之学者"。一为诸子，此"不纯然为孔子之学者"。

第三节阐"性质"，谓"我国学术之性质，大抵多哲学思想而少科学实验，我孔子之学说，又为教育家政治家言，而非宗教家言。故今日而言学问，广求世界之智识，以证我固有之哲学，以补我未及之科学，而无用断断与他宗教家争短长，致失我孔子之真相。此则欧化主义与国粹主义，有相得益彰者已"。

第四节揭"精神"，谓"学古在精神，而不在形式，汉以来之学者，大抵以墨守为辅翼，又以局于一社会之成迹，于思想自由之意泯矣。于古先圣哲所以著此之真相之目的亦泯焉。今则世界之风潮既变，为此学者，益当以补救为辅翼，是则言国学者之精神也"。

第五节申"程度"，谓"各国学校之程度，大学校主取学问最优之士，以研究他国学术与己国学术之高下，以求进步，以求胜人。然则欲实赴保存国粹之目的者，此事当属之他日大学校博士，今之学普通学者，无能为此也。故兹之所述者，约以明本书之源流，撮书中之大义，间或参一二新说，以为后日启悟之资，不背普通名义已耳。至畴昔经师训诂，及宋儒门户之见，概不敢袭"。

第二章述"国学之历史"，大体分"第一节上古萌芽时代""第二节中古进化时代""第三节孔子集大成时代""第四节周秦之间学术全盛时代""第五节秦汉间学界受政界之制裁""第六节西汉儒学与诸家之冲突""第七节西汉经师之竞立""第八节两汉间儒学之一大变相""第九节东汉儒学之效果""第十节三国六朝间老学夺儒学之席""第十一节唐代儒学之影响""第十二节宋元之理学""第十三节明代理学之特色""第十四节国初理学之结束""第十五节乾嘉间经学之特盛""第十六节今世学术之变迁""第十七节结论"。

作者对于学术的专制与自由有所申说，主张发挥国学中的宗教性。称：

> 综二千余年学术之陋，一言以蔽之，曰失其自由而已。失其自由者，即所谓奴隶之学是也。夫古人经传诸子之学，皆不屑为奴隶之学者也。汉之经师，掇拾遗闻，俾周秦之学，赖以不坠，其功伟矣。然无新学理之创获也。宋之理学……本朝学术，盖含有经师理学文学制科诸杂质而一之，殆将为旧学界之一结束，而特放新学界之光明者欤。
>
> 新学之说，所谓欧化主义是也。学术随世运而变迁，我诚不容以自小，然余观欧洲近世学术之新，赖有宗教巨子也。我国学者，素无宗教思想，故不能有大势力于世界，为今之计，

莫如尊崇我二千年来朝野上下所共崇拜之孔子，以为教主，而以欧化主义附益之，庶几于路德之改革耶教，而耶教之世界益大也。夫罗马解纽，欧洲列邦之纷争，赖有统一之者，罗马教皇也。今我国殆其时乎。讲新学者其深思之。

第三章"国学之系统及进化略论"，分三节论述，谓"经传之系统""诸子之系统""后世诸子学之陋"，实际主要涉及经子两部。

《国学讲义》中编述经传学。而其结论，颇强调"国粹之必要"，尤其重视其中的宗教意味，称："欧美各国，奉耶氏之说为宗教者也。近世科学之发明，与耶氏学说往往立于反对之地矣，而无害于耶教之推行。且有宗教家科学家互相为用，互相资长，而益扩其势力于全世界者。国粹主义之谓也。日本之为国，无纯一之国粹，佛学也，汉学也，皆得之自我者。明治改革之初，欧化主义，靡然一国，厥后武士道，大和魂之大日本主义出，于是国粹主义，战胜欧化主义矣。夫一国之所以盛强，必有一国固有之道德之历史以为之桢干，俨然有神圣不可犯之精神，乃能吸受一切，图战胜于世界，不然有客观的而无主观的，虽日日进于文明，亦为奴隶之文明已尔。"

国学以孔学为核心，而孔学以经传为正，故"标尊孔之真相"，视孔子为教主。称：

我国之国粹，自当以孔圣之学为主观也。承二千年来君主之尊崇，虽曰其所尊崇者，非为能实行孔圣之道德，而其教泽之沾被一般社会者，固人人意中有一种神圣不可侵犯之孔圣在，因其固有而利用之，此立国之第一要义也。

顾说者谓学孔圣则弱的主义，非强的主义也，保守的主义，非改革的主义也，自尊的主义，非吸受的主义也。不知是数说也，固二千年来所谓学孔学者之通病。然实二千年来专制君主之侮弄我孔圣，而成此似是而非者之孔学也。试思行道为己任，至老而不倦，强何如也，夏时可行，诗书可删，改革何如也，学于老氏，学于四夷，吸受何如也，不学其精神，而学其形式，不研究其实行之历史，而研究其历几何尘劫之区区文字，呜呼可呜呼可。

于是揭出"讲国粹学者如之何，曰是有数义：（一）不徒事诵读，而实奉圣训。（二）不专事诂训，而通知大义。（三）广参世界之学说，以阐发微言。（四）实体先圣之志愿，以普救同胞。一言以蔽之曰，实尊我孔圣者。务去二千年下似是之学说，而还我二千年上真正之孔子。毋拘牵，毋颟顸，毋自封，毋自隘，则庶乎为圆满之国粹主义乎"。

进而又"辨宗佛之究竟"，缘起于"说者又谓孔子非宗教家，以我国固有之宗教论，则佛氏其选乎。且佛氏善度众生之雄大主义，实救世之伟主义也。欲救吾今日中国之涣散软弱诸病，则佛氏之说，其亦足标东洋之国粹乎？"答曰："不知佛氏之大乘说，固为高尚圆满的主义，然不合于普通社会矣。其为一般社会所欢迎者，则西藏行之，我国行之，其结果既若是，居今日而犹欲扬其波而益其澜，其不至胥国人而沉沦也几希。夫由儒而佛者，古今聪哲之士不乏矣。然以之为世界之学说则可，以之为唯一之国粹主义则不可也。是又讲学者所不可不辨之于早也。"

此书1905年3月一版，1906年5月二版。

3月28日（二月二十三）　黄遵宪过世。数日后梁启超撰《饮冰室诗话》纪念。

黄遵宪过世数日后，梁启超《饮冰室诗话》挽之谓："先生著述百余万言，……其他述作，或演国学，或箴时局，一皆经世大业，不朽盛焉。"（梁启超：《饮冰室诗话》，《新民丛报》第3年第15号，1905年4月2日）

4月6—7日（三月初二—初三）　《申报》刊文论国文寄一国之精神，同时为运化欧洲学术真精神之基础，学校亟宜注重。

此文名《论学校亟宜注重国文》，作者未署名。作者开宗明义，谓文字牵涉一国历史，关乎一国精神，独居高尚精洁的位置。其言道：

> 一国之立，必有一国之元素，如人之有面目，有精神。面目以对外言，精神以对内言。盖所以养成此一国之民，而与他国不相混淆者，胥赖乎此也。然如正朔制度，衣服徽帜，皆所谓有国体也，而皆可以朝夕改也。惟有一物可以范围此正朔制度衣服徽帜以及天地万物人事之变迁，以成一国之历史，出乎天，入乎人，江海枯而不更，金石泐而不变，苟不至于人种尽灭，则其光明终存于世界万国，以此驰其声誉，而中国进化最先，独居高尚精洁之位置，道在何居？曰：文字而已矣。

中国文字虽关乎中国根本之精神，却有盛衰升降。认为中国文字一衰于唐以来愚民之术，又衰于现今学堂重西而抑中，偏重洋文之弊。谓：

中国文字代有盛衰，唐以来愚民之术日益精鞔，有用以归无用，民智益锢，文化亦退。至同治中受外界之激刺，鉴于交际之不可无外国文也，乃立方言馆、同文馆以培译才。比年以来，朝廷叠降明诏，谕各省遍立学校，尤重小学，颁定章程，以期教育普及，为强国之基础。是其意至深且远，非昔日之方言馆、同文馆比也。乃学人深识者寡，罔知本末，几以外国文为学堂之专科，此洋学堂洋学生之徽号所由来也。青年子弟之无初辨，即强以西文，其上者凡历史地理算学概以西文统之，而本国仍茫然也。其下者习商贾语言，熟诵读本数册，仅足充洋衙之翻译，或洋行之侍者而已。是岂中教习之势力不敌西教习乎。即在延请者每以中教习之易求，减其薪资，西教习之难得，高其价值，先存一歧视之心，而近来学堂毕业能当教员者又半如以上所言，心厌中文，忌其所短，且染外国人独行政策之习气，视西文为全学堂之代表，于是乎重西而抑中，势固然也。夫欲教育国民，以为强国之基础者，正所谓南辕而北辙者矣。

虽然，"去年端中丞抚吴，整理学务，首示此意，通饬属下各县小学堂，概不得兼习西文，而小学当备各科，无使或缺，自中学堂以上，方列外国文一科"。然此举引起时人争议，"一时教员学生及经理均窃窃然私议"，甚者避其名目，而行其实，"有将英文教习改名曰体操教习，仍课英文而国文不讲如故也。推其意，必以中文为八股策论之类，不过考试用之耳，政府正议停止科举，则吾属非早习西文必无谋生之地。呜呼！此吾所以谓文化退而不进，及此不讲，殆将绝也"。

而国文实有其应用与精神的卓绝之处，"伟大之人物，必赖深远之文字，而后融化其超奇杰特之气于全社会中，渐渍渐深，成为此社会所有之特色。绝大之战争，又必赖有雄伟之文字，或淋漓之诗歌，而后其印象日留于国民脑中。不宁惟是，凡哲学之理想，创始之艺术，独居深思，口不能告人，手不能示人，而一尺之纸七寸之管，可以鼓动一世，而指授将来，甚至一小说一诗词，可以颠倒英雄豪杰，转移数千年社会之习惯，此所谓文字之魔力也"，不可听其湮灭。

作者以日本为例，谓："前年癸卯，日本开内国博览会。吾邦之赴东游览者不乏才艺之士，归而记述，莫不艳称其工艺馆、农业馆、林业馆、水产馆、机械馆、美术馆之如何美备，及畜牧场、植物场之如何茁壮而肥腯。"而作者以为，"日本之所以立于今日世界，由免亡而跻于列强者，其本皆不在是"。其本谓何呢？观其教育馆，"中列文部省检定之册籍、种种教育用品及各种新学术之图书，无非自泰西输入者，而无非用其本国文字以发挥之者。无论其学术技艺进步之速令人骇走，即其文字由翻译时代而进于著作时代，自成一国之精神，上自士夫以至竖贾走卒，其爱国心固已胎孕于脑中。日本诚善保国粹也哉"。由日本"远而观乎泰西，自小学校以至于专门大学，人生需用学科，无门不备，而皆统属于本国文字。且除工业商业之外，凡文科及内籀之各学科，必上溯拉丁、希腊之古文，欧洲各国文字所自出，不通古文者，不能读博奥之古书及深湛之学说，即不能入于作者之林。盖一国文字之进化，常与国势相为比例"。

以此返观中国，"其现象有大可异者。前此文字思想递变而递退，亦无暇胪言，近来新智识输入，教育必要之条件既繁多，各种之教科书率皆取材日本，又坐不讲国文之病，译笔疲茶，胶泥不化，颠倒无纪律，诘屈无意义，国文一科反致欠缺。即有一二讲求国文文法之教科书，自出心裁，亦至浅极陋，仅仅为识字缀句而止。其程度稍高，即无以为应。若马氏之《文通》，固今日文法唯一之善本，托术固高，而不适于用。或则以近时之论说，词胜理疏之文字，又无教习为之指示，偶逢考试，堂上悬题，堂下操觚，东涂西抹，潦草塞责。以为文字无凭，不如致思于他学科之问答也。四方有志之士，编述教科书者，又以国文之题目既不新，销场必不广。加以国粹旧学，毫无把握，因之中馁。而祖国高等文学之精神，遂将自此坠地乎"。如此，是否缘于欧洲文字，优胜于中国文字呢？作者谓："吾不得不攘臂大呼曰，不然不然。"

同时，欲真知欧洲文字，运化自如，得欧洲学术精神，运于中国，又必精本国文字如严复者。故作者称：

约而言之，学校者将以教育国民也，非所以培选人材也。泰西分教育为三大别，曰道德教育，曰精神教育，曰科学教育。曰道德，曰精神，吾祖国四千年历史之特色也。然而渐没将尽，渐没将尽，力求恢复可也，弃而他顾不可也。东家之儿，乳养于西家，虽不至死，长而不识其父母矣。中国自立学堂以来，其成迹最著者为北洋学堂，普通非不完全也，或榷税务，或襄邮事，上者寄使命，握学校教育，权率皆足以自立。而与之言祖国大事，茫然多不省，漠然不足动其感情者，非直此也。文字之性质，高者奥曲，卑者浅率，又各国所同也。本国文字，不能得要领者，于外国文字，亦不能知其奥曲。此所以通洋学者几百辈，而能言译书者，但侯官严先生一人而已。吾意以为，西文之精深博奥，必与吾国不相径庭。则欲通其学术，输运其真精神者，又非浅尝者所得梦见，则必赖乎国文者，尤非浅鲜也。

故以为，"欲革除旧时之恶思想，以输运文明之新空气，洗心革面以图更始，胡能执途人而语之也。是其鼓舞而鞭策之者，仍当收功于文字。严先生尝曰，学校之立三十年矣，游学外洋亦不乏人，而上者为象胥，次且匠师工头，其折冲樽俎之任固不我予也。先生此言，若有所憾，然亦知此辈之无足重任者。既得重任，而于国仍无补也。吾恐今日竭各省无数之财力，阱各省无数之青年，以广立学堂，其宗旨不过曰培人材，则他日所收之效果，仍不出乎严先生所言。可不惜哉，可不惜哉！"主张学校应注重国文，既可运欧洲学术之真精神，又能固本国固有之精神。（《论学校亟宜注重国文》，《申报》，1905年4月6、7日，第1张第1、2版）

4月17日（三月十三）《申报》刊登《孝女纪略》，记者因之论及女子教育，主张保养爱父母爱兄弟之性质，以植女子教育之基，名曰国根，实即国粹。

《孝女纪略》记述"孝女四姑刘姓，衡山增生刘岳峻第三女"之孝行。记者因刘姓孝女之事迹，申说道：

> 近世言女子教育者，其说均采之东西各国。虽曰妇德妇工并重，然往往注重手工，为女子谋生计者居多。窃尝读西国史，考其风俗，女子往往有一种坚执不移之性质，发之于爱父母爱兄弟，创为特异之行，传之美谈。其迹近愚，其情至真。故近来研究女子新教育者，莫不保养此种性质，以植女子教育学之基。名曰国灵，又曰国根，实即所谓国粹也。中国古世，于女子有关风教之事迹，经世大儒留心世道者，亦皆极力阐扬，以维风化。归震川论女子愚孝，谓愚乃斯真，非有特异之性质者不能。此可见伦理大义，中外所同。降至近世，女学兴而斯风稍歇，即偶有其事，亦皆略而弗考。然则所谓保存国粹者何事？此记者之所不解也。今读《孝女纪略》，有以见湖南风俗之纯美，而女学之兴，湖南为各省冠，又以见湖南之讲求女学，为知所本也。世之振兴女学者，盍亦留意于此哉。（《孝女纪略》，《申报》，1905 年 4 月 17 日，第 2 张第 10 版）

4 月 19 日（三月十五）《新民丛报》刊载康有为《欧洲十一国游记》中之《罗马四论》。梁启超撰识语，以为康有为深知国学，以此眼光，将欧洲与中国互证，优劣互现。主张自尊但不夸张。

梁启超识语谓：

> 明夷先生游欧洲，著十一国游记，其观察之精密，论断之

博深切明，非直我国前此游记所未有，即日本人之著述，亦瞠乎未有见也。其论罗马数篇，条举其得失，以与中国相比较，以先生之醰粹于国学，引证既赡且博，又亲历罗马，一切皆由目睹所得，两两相较，而得其真相。吾中国不如人之处，固偻指不稍讳，而其优秀之点，亦发皇之无余蕴，读之真令吾国民足以自豪，引觞满饮，蹶然以兴，知中国决非为人下也。呜呼，我国自十年以来，以屡挫之余，人人萎苶蜷伏，几不敢自比于大国。佛说有言三界，唯心所造，我国民今若此，吾不知其所造恶果之何终极也。然则先生之论，其起衰之第一良剂乎。或者曰，今日犹嚣嚣言国粹，长夸张之气，其犹将龅龅然距欧西文明于千里乎？应之曰：国民之自尊者，一国之元气也，自尊则何害？况夸张云者，我本无而妄自诬为有也。先生所论列，皆有古籍可考证，无一语杜撰，宁云夸张？若我本有而妄自诬为无，则又何如？故今撷取游记之言罗马者四节，名曰《罗马四论》，先登报中，以诏国人之拜欧而蔑祖者云。（梁启超：《罗马四论》，《新民丛报》第3年第19号，1905年4月19日）

4月24日（三月二十） 邓实在《国粹学报》第3号"社说"栏内刊文《国学通论》，以续第1、2号"社说"《国学原论》与《国学微论》。

邓实在《国粹学报》第1号"社说"刊《国学原论》述"神州学术，春秋以前归于鬼神术数"，周公以集大成，以"教"立国。第2期"社说"刊《国学微论》述"神州学术，春秋以降归于史"，孔子以集大成，以六艺立国。

第3期"社说"《国学通论》续此二篇，论"自汉武罢黜百家，表章六经，用董仲舒之言，诸不在六艺之科孔子之术者，皆绝其道，勿使并进。于是而儒教始归于统一，天下归往，大道为公，汉以后遂无诸子"。因此"神州学术，汉以后归于儒"，遂"通论"汉至明之"儒学"。

邓文称"儒之名，上古有之，非孔子之特创也"。儒以六艺教民，六艺之名由来久远。六经则皆经孔子所修订删定，笔削去取，皆有深意，"非复先王政典六艺之旧"。"故孔子未删订之六经，则儒家与诸子共之"。"孔子既删定之六经，则惟儒者一家之学，服膺诵习，守而勿失"，与旧本之经异。"孔子不作经而订经，其订经之功"不减于作。"使先王之道，断而复续，暗而复明，孔子之功亦伟矣，其斯为国教之龙象。"至"孔子没而有子夏，七十子丧而有荀卿，微言大义，复赖以不绝"。至西汉时，"汉武罢黜百家，置五经博士，然后史公谓：自是以来，公卿大夫士吏，彬彬多文学之士矣"。其间虽多利禄所趋之徒，然"当其初，一二经师大儒，承七十子之微言大义，辛勤补缀，类能通经以致用"，则经学必非无用。"西汉自孝武表章六经，师儒虽盛，而大义未明。及光武起，数引公卿郎将，讲论经理，夜分乃寐。……故三代以下，儒术之醇，风俗之美，无过于东京者。""三国之世，承汉末儒术之盛，虽稍凌夷，而流风未泯。""然鱼豢谓：'正始中，诏议圜丘。是时郎官及司徒领史二万余人，而应书与议者，略无几人。公卿以下四百人，其能操笔者，未有十人。'"儒学之衰也。"然郑王二派，递相传述，下迄六朝，犹存家法，则儒学尚延一线之传焉。"之后，儒学之衰，至晋而极。"故王肃逞伪说而作《家语》，王弼宗老庄而注《周易》，杜预废服贾而释《春秋》，梅赜乃至以其《伪古文书》窜乱经籍。则当时之经学可知矣。"国亡于上，教沦于下，举中国之天下而亡之。"永嘉而后，地分南北，于是而学术亦有南北之分。""大抵北儒之学，好崇实际，故重师法。南儒之学，好言新理，故尚浮夸。其分道扬镳，盖由于山川地理之趋向，自古已然者矣。厥后北学，以徐遵明为大儒，倡明郑学，博通群经，门徒甚盛。而南学则辅嗣之《易》，间行于河南青齐。元凯之《左氏》，但行齐地，所传甚微。"至隋，"隋初高祖超擢奇隽，厚赏诸儒。京邑达于四方，皆启黉校。齐鲁赵魏，学者尤多。讲诵之声，道路不绝。及莫年精华稍竭，不悦儒术，专尚刑名，仁寿间遂废天下之学，惟存国子一所"。隋之儒学，前盛而后衰。然"隋合一南北，学术渐由分而合"。唐"退周公而祀孔子，尊经师以配庙堂，雠正五经，撰为义疏，开端创始，举南北五百余年之纷争，一朝大定。后王遵守其制，毋敢易。自汉至唐，可谓儒学之中兴矣。然惜乎孔冲远、朱子奢之徒，撰《五经正义》，去取多乖，不能折衷至当"。"旧经古谊，微言大义，驯致湮没。"至宋中叶，"周敦颐出于舂陵，乃得圣贤不传之学，作《太极图说》《通书》，推明阴阳五行之理。张载作《西铭》，又极言理一分殊之情。仁宗明道初年，程颢及弟颐生，及长受业周氏，已乃扩大其所闻，表章《大学》《中庸》二篇，与《论》《孟》并行。迄南渡，新安朱熹，得程氏正传，其学加亲切焉。大抵以格物致知为先，明善诚身为要。凡《诗》《书》六艺之文，与夫孔孟之遗言，至是皆焕然而大明，秩然而各得其所。此宋儒之学，所以度越诸子，而上接孟氏者欤"。"真仁之世，田锡、王禹偁、范仲淹、欧阳修、唐介诸贤，以直言谠论，倡于朝。于是中外荐绅，知以名节为高，廉耻相尚，尽去五季之陋。故靖康之变，志士投袂，起而勤王，临难不屈，所在有之。及宋之亡，忠节相望。"故感叹学术之有益于人国。至辽金元，"皆崛起于朔北，其族本犷野，自主盟中夏，托名卫道，效法先王，兴学崇儒，极意铺张，文采始郁郁可观。而姚枢、许衡、窦默、吴澄之徒，窃程朱之传，以圣道自命，复为之文饰遗经，润色鸿业，于是而觍然受太牢之享，隆大儒之称，君子曰宋以后，以北方而儒者，刘因一人而已，姚许窦吴之徒毋取焉"。有明一代学术，亘三百年，"未闻有以经训家法，卓然成家者。学者以讲章为圣经，以类书为贤传，困守帖括，向壁虚造，经学非汉唐之专精，性理袭宋元之糟粕。科举盛而儒术微，殆其然也"。及明季，心学流弊，无用极矣，"是以米贼一呼，明社以屋"。然"明社屋矣，而死义诸人，遍于东南。下至贩夫愚妇，与宋同烈，其故何哉？论者谓东林二三君子讲学之功云"。

邓文总结历代学术，"大抵以儒家为质干，以六经为范围，舍儒以外无所谓学问，舍六经以外无所谓诗书"。历观"中夏之世，自汉以来，于其无学，则祸生焉。于其非儒学，则祸又生焉"。如"晋之将亡也，弃六经，尚清谭，而晋社邱墟。宋之未亡也，禁道学，兴党祸，而宋以不振"。故以为，"非儒者之无益于人国，而人国之废弃其学也"。

比较中外之教，以为"中国之地理便于农，而儒重农。中国之风俗原于文，而儒重文。中国之政体，本于宗法，而儒重君父"。此其所以行之二千年，其于人心之微，未有背也。"白人之地理便于商，白人之风俗原于武，白人之政体本于国家。""故白人之教贵平等，而黄人之教尊伦常，此其不同之故，盖成于其天然之所构造，而人治不与矣。"儒学"于一国之群治，不能常盛而常治者"，并非先天不适于中国，其弊"在学在上而未普于下。历代尊儒重道，开学设教，皆人君及在上师儒一部分之事。故神州无普及之教育，学在利君而不利民。儒者之学，对君言者十之七八，对民言者十之二三。故下流社会，罕受其益。学在专制而不能包容，故九流诸子，皆归罢黜，而无与比观争胜，是则儒学末流之弊也"。主张"古之儒通天地人曰儒，通经以致用曰儒"，而非"今之儒则训诂词章而已，咿唔占哔以求爵禄而已"。故认为"儒之真之失也盖久矣"。邓实论国学，即要揭其真，复其真。宣扬"吾儒所以致命遂志杀身成仁，爱国保种存学救世不刊之大义"。(邓实：《国学通论》，《国粹学报》乙巳年第3号，1905年4月24日)

　　△　国粹学报社刊发《本社发售书目》。

　　计有：《朱九江先生集》(木刻四册)；《小雅楼诗文集》(木刻五册)；《黄氏日钞读史部》(木刻二册)；《明夷待访录》(铅印一册)；《经史百家序录》(铅印十六册)；《最近支那史》(铅印四册)；《支那教育问题》(铅印一册)；《日本学校图论》(铅印二册)；《东游考察学校记》(铅印二册)；《奏定大学堂章程》(铅印一册)。(《本社发售书目》，《国粹学报》乙巳年第3号，1905年4月24日)

　　5月23日、6月22日（四月二十、五月二十）　邓实于《国粹学报》第4、5号"社说"栏刊发《国学今论》。

　　《国学今论》承《国粹学报》前3期之"社说"《国学原论》《国学微论》《国学通论》，而专论有清一代学术，以识"神州学术"之"真"。学术上主汇通，不分汉宋，政治上主张发挥理义，伸张民权，寓有较强的民族主义色彩。

《国学今论》述有清一代学术凡三变，顺、康之世，明季遗儒"读书以大义为先，惟求经世，不分汉、宋"。为一变。乾嘉之世，"考据之风盛行，学者治经，以实事求是为鹄，钻研训诂，谨守家法，是曰汉学。方（苞）、姚（姬传）之徒，治古文辞，自谓因文见道，尸程、朱之传，是曰宋学。治汉学者诋宋，治宋学者亦诋汉"。为二变。道、咸之世，"常州学派兴，专治今文，上追西汉，标微言大义之学，以为名高"。为三变。由不分汉宋之学，变而为汉学、宋学，汉学、宋学再变为西汉今文之学。此三变为上古所未有。上古之变，在各自为宗，"树矛戟于道外"。"树矛戟于道中，变之于道外，则各学分立，而学之途日争而日进。"近世之变，"变之于道中"，同室相争，学派愈趋愈歧，而失学术之真。

故求"学之真"，"一而已"。称："秦火之残，诸经复出，汉儒治经，博综群籍，铨明故训，不为墨守，此汉学之真也。有宋诸子，生经学昌明之后，本之注疏，通夫训诂，然后会同六经，权衡四书，发其精微，明其义理，此宋学之真也。西汉经师，承七十子微言大义，类能通经以致用，如《禹贡》行水、《春秋》折狱、《三百五篇》当谏书，此今文学之真也。"

进一步而言，处今日之境，而"学古人之学"，便要学汉学、宋学之真，"得其真而用之，皆可救今日之中国"。得学术之真，即为真国学，可救国。称："汉学解释理欲，则发明公理，掇拾遗经，则保存国学。公理明则压制之祸免，而民权日伸。国学存则爱国之心有以附属，而神州或可再造。宋学严彝夏、内外之防，则有民族之思想，大死节复仇之义，则有尚武之风。民族主义立，尚武之风行，则中国或可不亡。虽亡而民心未死，终有复兴之日。是则汉学、宋学之真也。"

　　在此真学术的观照下，邓文综论"本朝二百余年之学派"，虽称"经学迈汉唐，性理越宋元，辞章驾魏晋"，为"神州学术之中兴"，然行文多取章太炎《清儒》之说，寓有较强的政治色彩。在揭示清廷繁密文网、专制政治下学术发展路径的文字中，见恢复学术之真的旨趣。其称清人趋向治经一路的原因在于：

　　　　求学问则必知今古，知今古则喜议论，而或且以文字得祸，则相与辐辏于说经。经之大义多言经世，则又恐涉于国是，以自取僇，则说经又相与舍其大义，而但据撠细微，苟以耗日力纾死免祸而已。……此汉学考据所以经乎天演淘汰，而于清世为最适者也。……本朝学术，实以经学为最盛，而其余诸学皆由经学而出。学者穷经必先识字，故有训诂之学；识字必先审音，故有音韵之学；今本经文，其字体、音义与古本不合，故有校勘之学；校理经文，近世字书不足据，则必求之汉以上之文字，故有金石之学。又以诸子之书，时足证明经义，于是由经学而兼及子学；以经之传授源流详于史，于是由经学而兼及史学；以释经必明古地理，于是由经学而兼及地理学；以历法出于古经，于是由经学而兼及天文学；以古人习经先学书计，于是由经学而兼及算学。是故经学者，本朝一代学术之宗主，而训诂、声音、金石、校勘、子、史、地理、天文、算学，皆经学之支流余裔也。

　　故邓文叙述有清一代学术，不及在高位者，"如宋学一派，则二魏（象枢、裔介）、汤斌、李光地，汉学一派，则徐乾学、纪昀、阮元、毕沅，皆以大人先生，执学界之牛耳，然而无取焉者，一则伪名道学，以腴媚时君，一则著述虽富，或假手于其食客，是故清学而有此巨蠹之蟊贼，而清学亦衰矣"。对于国学的取舍一目了然。（邓实：《国学今论》,《国粹学报》乙巳年第 4、5 号，1905 年 5 月 23 日、6 月 22 日）

5 月 23 日（四月二十）　国学保存会公布收到赠书、赠文题名。

赠书计有东莞邓汉光赠《明史窃》一部、《张文烈公遗诗》一卷；吴江诸宏肃赠《明末古文汇钞》一部、《昭代丛书》一部、《杏庐文钞》一部；仪征刘光汉赠《颜氏学记》一部、戴东原《孟子字义疏证》一部、许慎像一幅；顺德卢沈隐赠《五周先生集》一部、《小三吾亭诗》一册；仁和马夷初赠《问桃花馆诗钞》一部、《墨稼稿斋诗集》一部；新繁陈彦升赠《尚书句读》一本；北平张振宗赠《励学语》一本；会稽顾氏赠《孟晋斋集》一部；顺德邓枚子赠《朱九江先生集》十部、《小雅楼集》二十部。（《国学保存会赠书题名》,《国粹学报》乙巳年第 4 号，1905 年 5 月 23 日）

赠文计有顺德伍献庵赠《伍子胥传》一篇、《惜明》一篇；金山高黄天赠《吹万楼随笔》一卷；瑞安陈日新赠孙仲容《古籀拾遗叙》一篇。（《国学保存会赠文题名》,《国粹学报》乙巳年第 4 号，1905 年 5 月 23 日）

6 月 22 日（五月二十）　国学保存会开始印行《国粹丛书》。

汇集古籍，刊行《国粹丛书》，是以保存国粹为宗旨的国学保存会的重要事项。至此，国学保存会乃在《国粹学报》刊登印行《国粹丛书》的广告，交代缘起及旨趣谓：

吾国典籍，号称至繁。四库所录，浩如烟海。然大都有目无书，或版已久佚，坊间所有，亦仅通行数十种。志学之士，欲研究国学，博览载籍，往往苦无从购置。而一二藏书家，则庋阁废弃，徒饱蠹鱼。近顷东文翻译之书盛行，短书小册，充塞于市，其书每多东涂西抹，至无可观。学者购一书不能得一书之益，其一时风潮所煽，致使吾祖国古籍，虽极重要极通行者，任购一种，反不可得。而西国近日学者，方谓二十秩之世，当以研求东洋二古学为急（一中国学一印度学）。至设东方博学会以搜求汉文典籍。本会有鉴于此，以研究国学保存国粹为宗旨，志在搜罗遗籍，或版已久佚者，或未曾刊行者，皆择其至精至要，无愧国粹，切于时用者，审定印行，汇为《国粹丛书》一大部。今先将征采所得者，陆续付印，不日可出版。世有宝爱国学，好古敏求之君子，当亦乐乎此也。

其第一次拟刊之书目为：顾炎武《肇域志》一百卷，《颜氏学记》十卷，戴震《孟子字义疏证》二卷、《原善》三卷，焦循《论语通释》一卷，包世臣《说储》一卷。（《国学保存会刊刻古籍广告》，《国粹学报》乙巳年第5号，1905年6月22日）

最终，《国粹丛书》最早刊行者为戴震的《孟子字义疏证》与《原善》二书。之所以刊行二书，除众所周知的"戴氏号吾国近世经学大师，其学风靡东南，横蔽天下，为近百余年最有势力之学派，其著书甚多"，而以此二书"为其生平讲学之宗主"外，更要紧者在于"二书皆发明公理"，以扫除宋以来所倡"名分之说，以犯理即为犯分"而为"君主利用""以制天下祸中生民"的学说，二书"以为理出于欲，情得其平，是为循理，与西国民主之制、公好恶于民而倡人类平等之说相合"，"其排斥专制，主言共和，盖与卢骚之《民约论》、黄梨洲之《明夷待访录》"相仿。（《广告》，《国粹学报》乙巳年第6号，1905年7月22日）

10月18日，续出《国粹丛书》为谢皋羽《晞发集》、李贽《焚书》、《夏内史集》、《张文烈公遗诗》、全祖望《续耆旧集》。（《国粹丛书续刊书目》，《国粹学报》乙巳年第9号，1905年10月18日）

7月4日（六月初二）　《汉文台湾日日新报》之《汉学保存会小集叙书后》，以汉学指称国学。（《汉文台湾日日新报》第2005号，1905年7月4日）

7月22日（六月二十）　许之衡发表《读〈国粹学报〉感言》。

《国粹学报》第1年第6号以来函代替"社说"，即许之衡《读〈国粹学报〉感言》，显示与《国粹学报》同人论学意见可相参。

许文分辨两种国粹论，称："居今日而言国粹，其真为举世所不为，而特立独行之士乎？世之图新者，必以出世太早不合时代二语相訾议，余亦初意谓然。反复思之，而知当识别也。"区分"在上"与"在野"两种保存国粹的取向，以为"夫在上而言国粹，则挟其左右学界之力，欲阻吾民图新之先机，以是为束缚豪杰之具，辞而辟之可也。若在野而倡国粹，则一二抱残守缺之士，为鸡鸣风雨之思。其志哀，其旨洁。是犹仁者见仁，智者见智。欧化者自欧化，国粹者自国粹而已，与执政之主持，殆不可同日而语"。许文对于当时以《国粹学报》为主的国粹论，有所补充。称："外人之灭我国也，必并灭其宗教，灭其语言，灭其文字。知文字语言之要，而不知宗教之要，非得也。保全国粹诸子，首以国学为倡，其识诚伟大。读其书，标民族之宏义，发神州之鸿秘。其志可哀，其旨可敬，其文辞尤可感而舞也。然而独不及宗教，无亦滞于远藤隆吉、白河次郎二氏之学说乎？"

许文因此提出"余之欲提议于倡国粹者有两事，亦攻错之林也"。其中之一事，即"孔子与宗教"之关系。此说实从辨析梁启超《保教非所以尊孔论》（梁文发表于《新民丛报》第2号，1902年2月23日）及章太炎《訄书》以孔子下比刘歆而起。许以为梁、章二人"其学皆与东洋有渊源，东洋之排斥孔子，则由彼爱国者，恐国人逐于汉化，又恐逐于欧化，故于孔子有微辞，于耶苏亦多论议，以成彼一种东洋之国学，即国粹主义所由来也。论者不省，而据为典要，扬其流而逐其波，不亦误乎"。尤其辩驳梁氏孔子非宗教家一语。

许文一一反驳梁启超之论，以为"西人固以宗教为体，科学为用，有宏大而无胭缩也"。且孔子与诸子之关系，在于自然竞争，优胜劣汰。孔子独尊，非出自专制力。且"孔子之遗经，无一为主张专制者，虽不主共和之制，然其所言君权，大抵主限制君权之说居多。（如以天临君，即限制君权说之一证，特时代幼稚，不能如今日学说之缜密耳。）以愚意度之，其殆主张君民共主之制者乎？夫孔子之掊击专制，皆属于微言，其最多在《易》。尊崇孔子，并非要菲薄诸子，"孔子固久处国教之地位，吾因其尊而尊之，以定民志而已，岂薄诸子哉"。提出信教以合群之理，以为"无宗教则殆无伦理，无宗教则殆无道德，无宗教则殆无教育"。许文以为，"夫孔教之不能盛行者，以无马丁路得其人耳。苟吾教有马丁路得，则教必盛行，或形式而兼备，安见孔子之必非宗教耶。特孔子之教，多属于宗教哲学，而非宗教迷信，是固孔教之大，亦孔教不昌之原因也"。故"愿有治国学者，当求为孔教之马丁路得，而毋为破坏宗教者扬其波也"。

第二事基于孔子与宗教的关系，辨"国魂与国学"之关系。许文称："国魂者，立国之本也。彼英人以活泼进取为国魂，美人以门罗主义为国魂，日人以武士道为国魂，各国自有其国魂。"中国之国魂，必从中国历史出发，而不应与人苟同。其论从当时言"国魂"者多言黄帝出发，一面赞同黄帝为"民族之初祖，揭民族主义而倡导之，以唤醒同胞之迷梦，论诚莫与易矣"。同时以为黄帝者多见其政治，而道德不与，故提出言国魂者，应将黄帝与孔子合言，一为政治之纪元，一为宗教之纪元，两者相兼，国魂才丰富。既自张己见，又与此文所辨第一事相呼应。而所论孔子既为宗教家，又并非如今人所论，只与道德相关，与尚武及国家主义无关，揭出《儒行》为尚武主义，《春秋》为国家主义，赋予孔子及国学以新时代的新意义。详述国魂出于国学，"国魂者，原于国学者也。国学苟灭，国魂奚存？而国学又出于孔子者也。孔子以前，虽有国学，孔子以后，国学尤繁。然皆汇源于孔子，沿流于孔子，孔子诚国学之大成也。倡国魂而保国学者，又曷能忘孔子哉"。保存国学，发挥孔学，更要适应今日，不为守旧，"国学即国魂所存，保全国学，诚为最重要之事矣。然尤当亟思改良，不为守旧，俾合于今日情势，而使必不可磨灭。斯真善言国学者矣"。而"国学当首经史"，六经本为孔子的教科书，建议以普通教科书发挥国学，取其通俗，"六经可读，而国学永不废"，可锻炼成宗教观念。具体来说，经学一面，"惟有节经与编经之二法。一变自来笺疏之面目，以精锐之别择力，排比而演绎之，采其有实用者，去其无用而有弊者，著为成书，勒为教科，除去家法之见，一洗沉闷之旧，如是则经乃可读"。史学一面，"今后之作史，必不当断代，而不嫌断世（如上古、中古、近古之类），藉以考民族变迁之迹焉"。如文学一途，"宜适晚近，不宜返之皇古。虽不必效东瀛之文体，然亦当为智识普及起见，宁失之平易，无失之艰深"。至于释词之学，"用王氏引之，不若用马氏建中为尤矣。马氏兼通中西，王氏则但通古训，两者相较，不若后者居胜也"。许文以此为国学保存之意见。（许之衡：《读〈国粹学报〉感言》，《国粹学报》乙巳年第6号，1905年7月22日）

8月13日（七月十三） 东京留学生召开欢迎孙中山大会，末永节发表演说，劝说中国志士"发挥其国学，丕定国基"。

略谓："诸君自表面而观，谓敝国今日之强，由于取西法之效，而不知为汉学之功。当年尊王倾幕之士，皆阳明学绝深之人，而于西法未必尽知，使无此百折不回之诸前辈，以倾倒幕府，立定国是，则日本之存亡，未可知其能有今日之盛耶。故诸君亦惟先发挥其国学，丕定国基，再以西法辅之，则敝国之富强不难致，驾而过之亦不可知，否则先其所后，后其所先，摹仿敝国今日之皮毛，而遗本国固有之精髓，必无效可见，此可断言也。"（过庭（陈天华）：《纪东京留学生欢迎孙君逸仙事》，《民报》第1号，1905年8月13日）

8月20日（七月二十）《国粹学报》第7号"社说"栏刊发许守微《论国粹无阻于欧化》，主张以国粹之精神，行欧化之物质。

《国粹学报》第7号"社说"，刊发许守微《论国粹无阻于欧化》，旗帜鲜明地说明国粹学报社欧化与保存国粹共进的宗旨。

文章以设问始，称欧化已成有识之士救国的共识，但事实上西法人中国已"将三十年"，为何莫能收其良效？作者答道："《语》有之：橘逾淮则为枳。今日之欧化，枳之类也。彼之良法善制，一施诸我国而弊愈滋。无他，虽有嘉种，田野弗治弗长也；虽有佳实，场圃弗修弗植也；虽有良法，民德弗进弗行也。夫群学公例，文明之法制，恒视一群进化之度以为差。（斯宾塞《群学肄言·宪生篇》曰：群制之于民品，有交相进之功，群制待民品之美而后隆，民品亦待群制之隆而后美。《成章篇》曰：故无论其群之民品为何如，其中制度必其所利，亦无论其群之刑政为何等，其民之情性智识必与相需，夫而后力平而势静也。余多畅发此旨。）我不进吾民德，修吾民习，而兢兢于则效，是犹蒙马之技，而画虎之讥也。所以进吾民德修吾民习者，其为术不一途，而总不离乎爱国心者近是，此国粹之所以为尚也。"

因此，欲收欧化之效，需进民德修民习，进民德修民习之核心，则在于激发爱国心，激发爱国心，必以国粹为尚。"国粹者，一国精神之所寄也。其为学，本之历史，因乎政俗，齐乎人心之所同，而实为立国之根本源泉也。是故国粹存则其国存，国粹亡则其国亡。此非余一人之私言也。昔辛有见披发于伊川，而知其不百年为戎。原伯鲁之不悦学，而仲尼断其亡国。（并见《左传》。）颜之推谓晋代儿郎，幼效胡语，学为奴隶，而中原沦亡。（见《颜氏家训》。）此皆觇之前史而信者也。试觇之外史。意大利之建国也，古罗马之庄严伟烈，日印于国民心脑中，是以一举而大业成。日本之初，倡尊王攘夷，取大和魂之武风，聚国人而申警之，而今日遂卒食其报。此又言欧化之士所乐道也。若夫崇古抑今之见，昔之交化未通，隔于时势，故生谬误。若今则车轴大同，地绝天通，波谲云诡，咸驰域内，方如丸之走阪，水之就下，而奚患乎其自封也？"

由世界大势征之，国粹亡则国衰，国粹兴则国振。如"埃及为文明之初祖，天文建筑美术，照烁寰宇"。"而今日不见琐罗门美内士之遗烈""故国粹骤而埃及微矣"。征之希腊，"希腊诸贤，学派朋兴，沿流溯始，灌溉全欧"。而今日不见"梭格拉底、柏拉图、亚里士多德之流风"，"是国粹绝而希腊衰"。又征之印度，"印度以佛为国粹者也，自佛教歧出，蒙古一再侵入，天方之教踵兴，而印度遂为英藩矣"。文明古国，因失其国粹，或亡或灭，或弱或微。而中国独存，即因"古先哲贤，抱守维持"。而欧洲"以复古学而科学遂兴"，因此"吾国至斯，言复古已晚"，犹应急起直追，力自振拔。

由国之历史而言，或有人疑汉宋学术兴盛，而不能救"黄巾之厄""南渡之祸"。作者以为此所谓知其一而不知其二。"汉儒虽不能救黄巾，然其学弥漫宇内，至于五胡之乱，文献沦亡，衣冠涂炭，而南北诸儒徐遵明、崔灵恩辈，犹守其学而不为膻风貉俗所易，则汉儒之泽远也。宋儒虽不能救南渡，然其学风靡一世，于夷夏之界，辨之甚严，元窃祚未几，即复反正，而宋濂、薛瑄辈，复昌其说，人咸知伦纪彝叙，而不至终沦左衽，则宋儒之泽远也。"是故"国有学则虽亡而复兴，国无学则一亡而永亡"。即因"国有学则国亡而学不亡，学不亡则国犹可再造。国无学则国亡而学亡，学亡而国之亡遂终古矣"。因此"吾国所以屡亡于外族，而数次光复"。且汉宋儒者，亦非孔学之至，"尤非吾国学之纯然至粹者也"。而效已若是。因此，强调居今日而言国粹，"固将集各学之大成，补儒术之偏蔽，蔚然成一完粹之国学，而与向之呫哔其言，咿唔其艺者，固大异其趣，而谓可尽废乎？"

　　同时，中国先哲，善于海纳百川，吸收外学之长，又融化为一体，非如今人，欧化而忘本。"且吾国之先哲，固恒好翕受外学者也。孔子作《春秋》，集百十二国之宝书，问礼老聃，问官郯子，是固然矣。佛学之来也，宋儒得之，得其意而辟其辞者为程朱，……用其意而间涉其辞者为陆王。……是佛学入中国，翕受之而成一精妙之哲学也。算学之来也，清儒得之，于前有梅文鼎、戴震，于后有李善兰、华蘅芳。西人谓《几何原本》，独传精蕴，驾乎西本之上。是算学入中国，翕受之而成一精妙之科学也。今译学又然矣。其国学无本，满纸新名者，曾不值通人之一盼，而能治国学者，新译脱稿，争走传诵，奉为瑰宝。若是者，以国学翕受外学之效，……揆之于古既如此，衡之于今又如彼，如是犹谓国粹之说，有阻进化者，不亦卑当世之伦，而羞神州之士也耶？"

　　作者且区分欧化与国粹，国粹为精神之学，欧化为形质之学，"无形质则精神何以存，无精神则形质何以立"，以国粹为精神，吸取欧洲形质之学以相补，"国粹者，道德之源泉，功业之归墟，文章之灵奥也。一言以蔽之，国粹也者，助欧化而愈彰，非敌欧化以自防，实为爱国者须臾不可离也云尔"。国粹既不阻于欧化，且可更好吸收欧洲形质之学而不背中国精神。"是故国粹以精神而存，服左衽之服，无害其国粹也；欧化以物质而昌，行曾史之行，无害其欧化也。"（许守微：《论国粹无阻于欧化》，《国粹学报》乙巳年第7号，1905年8月20日）

　　△　国学保存会征书。

国学保存会因"本会所未有而急需调查参考"，故向海内藏书家征书，计有：谢皋羽《晞发集》《方正学集》，黄道周《漳浦集》《代言集》，焦弱侯《献征录》《澹园文集》，黄梨洲《留书》《孟子师说》，刘继庄《广阳杂志》，王昆绳《平书》《文集》，李刚主《文集》《大学辨丛》，吕晚轩《文集》《惭书》，毛西河《文集》，郑晓吾《学编》，李天生《寿祺堂集》，邵晋涵《南江文集》，惠定宇《松崖文钞》，章实斋《文集》，庄述祖《古文甲乙篇》《说文古籀疏证》，黄晦木《文集》《东壁遗书》，钱辛楣四种，王壬秋所著书，廖平所著书，孙仲容所著书。（《国学保存会征书目录》，《国粹学报》乙巳年第7号，1905年8月20日）

9月2日（八月初四） 袁世凯、赵尔巽、张之洞、周馥、岑春煊、端方六人联衔会奏《立停科举推广学校折》。科举虽停，学堂仍尊经学，为保存国粹，固定根本，免科举停止致荒经之弊。

此日，直隶总督袁世凯、盛京将军赵尔巽、两湖总督张之洞、两江总督周馥、两广总督岑春煊、湖南巡抚端方六人联衔会奏《立停科举推广学校折》，强调若按原议减额，"必须二十余年后，始得多士之用"，故"欲补救时艰，必自推广学校始，而欲推广学校，必自先停科举始。拟请宸衷独断，雷厉风行，立沛纶音，停罢科举。庶几广学育才，化民成俗，内定国是，外服强邻，转危为安"。

科举虽停，学校推广，或疑荒经蔑古。此折对此有所说明：

> 虽然科举停矣，尚有切要之办法数端，而学堂乃可相维于不敝。一在于尊经学也。或虑科举一停，将至荒经。不知习举业者未必甚湛深经术，但因科场题目所在，不得不记诵经文，

又因词章敷佐之需，不得不掇拾经字，故自四书五经而外，他经多束置不观，即五经亦不皆全读，读者亦不尽能解，是何与于传经。今《学堂奏定章程》，首以经学根柢为重，小学中学均限定读经讲经温经暑刻，不准减少，计中学毕业共需读过十经，并通大义，而大学堂通儒院更设有经学专科，余如史学文学理学诸门，凡旧学所有者皆包括无遗，且较为详备，盖于保存国粹尤为兢兢。所虑办学之人，喜新厌故，不知尊经，则虽诸生备记各种科学，亦仅造成泛滥无本之人才，何济于用。应请饬下各省督抚学政，责成办理学务人员，注意经学暨国文国史，则旧学非但不虞荒废，抑且日见昌明。(《四川官报》第27册，1905年11月，乙巳年十月中旬)

9月18日（八月二十） 国学保存会因应清廷“立停科举”，教科书需求激增，开始出版发行《国学教科书》，其中《经学教科书》第一册已印行。刘师培为此书总编辑，邓实为总参校。之后，《国学教科书》陆续出版发行。

国学保存会《编辑国学教科书广告》谓其欲办之事有五，已逐渐成立者有创刊《国粹学报》、开设藏书楼、刊刻古籍汇编《国粹丛书》，此外欲开办者有开国粹学堂与编辑《国学教科书》，而其中尤以“编辑教科书，最为重要”。其述缘起称：“顷明诏废科举，兴学堂，而所需教科书尤急。现查坊间所有之国学教科书，非译自东文，则草率陋劣，竟无一可用之本。本会同人既以保存国学为任，安能任五千余年光明俊伟之学术，听其废弃。然祖国典籍，浩如烟海，学人苦无门径，每兴望洋之叹。非提要钩玄，重行编辑，不能合学堂教科之用。同人热心发愤，举以自任，将我国所有经史百家诸书，萃荟无遗，另行编辑为《国学教科书》五种。定约以二年编成。其课数体例，悉依学堂章程，举我国五千年之学术，其精要重大者，皆融会于五种教科书之中。学者读此，于国学已能窥其全，学有根柢，然后更进以泰西科学，其所成就必大。至本书之编辑，皆出自邃于国学诸子之手，其渊雅通博，有典有则，迥非坊间译本可比。"（《国学保存会编辑国学教科书广告》，《国粹学报》乙巳年第 8 号，1905 年 9 月 18 日）后于 1906 年 12 月的广告中，明言《国学教科书》的总编辑为刘师培，总参校为邓实。（《国学教科书第二册编成出版》，《国粹学报》丙午年第 11 号，1906 年 12 月 5 日）

此五种教科书分别为：《伦理教科书》《经学教科书》《中国文学教科书》《中国历史教科书》《中国地理教科书》，并附《古诗歌读本》。此时，其《国学教科书》五种之第一册皆已编成，年内皆可出版。其中《经学教科书》第一册已印成出版。国学保存会广告之："是册述经学之源流，首正六经之名，次定经字之义，复辨明古代之六经与西周之六经及孔门之六经各有不同，后分经学为四期，两汉为一期，三国南北朝隋唐为一期，宋元明为一期，国朝为一期。分经叙述，淹贯详赡，得未曾有。诚经学教科书最良之本也。"（《国学保存会编辑国学教科书广告》，《国粹学报》乙巳年第 8 号，1905年 9 月 18 日）《申报》收到国学保存会赠送的《国学教科书》之《经学教科书》第一册后，尝于 10 月 28 日登报致谢。（《赠书鸣谢》，《申报》，1905 年 10 月 28 日，第 5 版）

10 月 18 日，《国粹学报》广告《国学教科书》之一《伦理教科书》第一册出版。是书"述对于一己之伦理。首搜集六经、周秦诸子、汉唐名儒之名言精理有关于伦理范围者，次罗列宋元明儒学案之要语，皆择其至粹者，排比释之。复于东西洋哲儒之新伦理学，时有采录，以备参考，要以国粹主义为本，又以心理之与伦理有密合之关切也，故言伦理必兼言心理，择精语详，纯粹以精。诚伦理教科书之善本也"。(《国粹学报》乙巳年第9号，1905年10月18日)

《经学教科书》与《伦理教科书》出版发行后，《国粹学报》对二书广告道："伦理、经学二科，为吾国国粹之至重要者。五千年立国以来，先圣名贤，所发明者，实以此为至精。故学堂课程，首列二科，诚重之也。乃吾国于二科之教科书，未闻有编辑成书者。坊本间有一二，则不完不备，草率特甚，致学者欲稍窥国学，亦苦无门径。本会苦心编辑，先成此二书，诚以为国学之津筏。使学者得此，实不啻入学堂而受最高等国学之教育，事半功倍，其便于少日失学之人，实非浅鲜。以告爱国好学之士，幸勿忽之。"(《国粹学报》乙巳年第10号，1905年11月16日)

12月16日，《国粹学报》广告《国学教科书》之《中国地理教科书》第一册出版发行。谓此书"述中国现今之地理大势，首本禹贡之例，因山川以定疆域，故于山脉河流之学，纪之特详。盖山脉河流既明，则全国地理，了如指掌。次以省为纲，先详沿革，以重考古，继言区划，以贵知今，末及商埠物产，以求实用。而其中所列之表，尤为完密"。(《国粹学报》乙巳年第11号，1905年12月16日)

1906年1月14日，《国粹学报》广告《国学教科书》之《中国历史教科书》《中国文学教科书》第一册出版发行。至此，《国学教科书》五种之第一册全部出齐。《国粹学报》谓《中国历史教科书》："述古代之历史，由开辟以至夏殷，举古代之种族、地理、风俗、政体、典章制度、学术、技艺，言之綦详。其参考采取之书，计数百种，而古代社会之情形，由是可以考见，诚中国史书中空前之著述，而其所注意之点，则一在历代政体之异同，一在种族竞争之始末，一在制度改革之大纲，一在社会进化之阶级，一在学术进退之大势，不专重君朝，而兼重民事，不专详事迹，而兼详典制。"谓《中国文学教科书》："述造字之源流及名词代词，本荀子正名之学，分析字体，审定名词，详征雅诂，使学者先识字而后为文，则其文章有根柢。近日中国文学之教科书尚无编辑之本，此书辨析文字之源流，深明字学之作用，诚文学教科最佳之本也。"（《国粹学报》乙巳年第12号，1906年1月14日）

国学保存会出齐以上五种教科书之第一册，略有使用说明，谓以上教科书五种，"皆以供高等小学及中学堂之用。每册三十六课，伦理、经学、地理，每星期教授一课，恰合一年之用。历史、文学每星期教授二课，恰合上半年一学期之用"，并预告"明年五月之前，续出历史、文学第二册，十月以前续出伦理、经学、地理第二册，十二月以前，续出历史、文学第三册"。（《国粹学报》乙巳年第12号，1906年1月14日）且更进一步交代整体理念并广告宣传："本会所编教科书，皆就国学之一面着手。盖以吾国学术，历五千年浩瀚渊博，非荟萃群籍，提要钩玄，折衷至当，不足以发挥国学之精粹。其事之难，非就外国科学之一面有东西编成本可以按文直译者可比。故吾国至今，尚无一精良之国学教科善本。本会有鉴于此，特任其难，集合邃于国学之士，编成《国学教科书》五种，不用东西文成本之片言只字，皆自出手眼，其详略得失，学者当自辨之。"（《国学保存会编辑教科书广告》，《国粹学报》丙午年第6号，1906年7月11日）

1906年6月11日（丙午年闰四月）出版的《国粹学报》广告《国学教科书》之《历史教科书》第二册出版，与之前预告的"明年五月之前"续出第二册相符。《历史教科书》第一册论述由开辟至夏殷间的历史。第二册"述西周之兴亡及其疆域、政体，阶级制度，地方自治制度，宗法制度，人民职业，宗教学术，教育官制，财政刑法，兵制礼制，与夫西周一代之名物制度。大而国家典章，小而民间事业，皆言之綦详，考核精审，纪载渊博，而所列之表尤多。于分类之中，仍寓编年之体。其体例之精，采取之富，不特近日坊编历史之所无，亦吾国旧史所未见者也。西周一代为吾国三千余年政体制度之所从出，历代以来虽少有因革，而其大体无不本原于西周也。则此编之重要可知矣。"（《中国历史教科书第二册出版》，《国粹学报》丙午年第5号，1906年6月11日）

第一册出版后一年，第二册出版，广告谓："吾国学术浩瀚渊博，非萃荟群籍，提要钩玄，折衷至当，不足以发挥国学之精粹，其事之难，非就外国科学之一面，有东西洋编成之本可以按文直译者可比，故吾国至今尚无一精良之国学教科善本。本会有鉴于此，特任其难，由刘君光汉为总编辑，邓君秋枚为总参校，复集合邃于国学之士，参考互订，务求完善编成此书，举我国五千年之学术，皆融会于此五种教科之中，庶以造成实学有用之才。至其内容精确渊博，有典有则，皆自出手眼，不用东文成本之片言只字，其详略得失，学者当自辨之。"（《国学教科书第二册编成出版》，《国粹学报》丙午年第11号，1906年12月5日）正式告知，《国学教科书》的总编辑为刘师培，邓实为总参校。

1907年2月2日（丙午年十二月二十），《国粹学报》正式广告

《国学教科书》第二册出版四部，唯缺少《文学教科书》。

其《中国历史教科书》第二册之广告同前。其广告《经学教科书》第二册称："是册述《易经》之大义。《班志》言五经《易》为之原。故《易经》一书，所该之学甚广，凡古代之文字、数学、科学、史学、政治学、社会学、伦理学、哲学、典礼学，无一不包涵于《易经》之中。故《易经》一书，非仅空言，实为古代致用之学。惟必先明其例，而后于所该之学，分类而求，则《易》之大义始见。此编汉宋兼采，惟求其是。言义理而不废象数，由象数而兼明义理。刺旧说者十之二，参臆解者十之三，如《易》于易象之外，兼有象经，则发前人所未发者也。著者刘君，世守遗经，家法师承，夙有所自。故能渊粹详明，得未曾有也。"(《国学教科书第二册出版广告》，《国粹学报》丙午年第13号，1907年2月2日)

其广告《伦理教科书》第二册称："是册第一编述家族伦理，第二编述社会伦理。中国古籍，于家族伦理，每失之于繁。于社会伦理，每失之于简。今编此册，于家族伦理，多矫古说之偏，于社会伦理，则增补前人之所略。先剖明其原理，而终之以实践。凡古人之一言一行有可师法者，无不择其精粹，排比训释，而复于东西洋之新伦理学，疏通证明。每发一义，皆精深确当，无可与易。"(《国学教科书第二册出版广告》，《国粹学报》丙午年第13号，1907年2月2日)

其广告《地理教科书》第二册称："是册述直隶、山东二省之地理。先总论黄河流域各行省之大概，次综述顺天一府，次述直隶，次述山东。每省先列总论，其目有三，一地势，二交通，三人文地理。后则每府每州每厅，均先详其地势与山脉河流，次地望，次沿革，次形势，次古迹，次人物，次物产，次邮驿铁路，次税额，次职官，次金石。考核精审，调查精密。大抵考古以证今，采于古册者半，采于官书者亦半。诚近今调查最新，考核最审之地理教科书也。"（《国学教科书第二册出版广告》，《国粹学报》丙午年第 13 号，1907 年 2 月 2 日）

《国学教科书》至《国粹学报》戊申年第 1 号最后一次广告，之后在《国粹学报》上便再无相关消息。《中国文学教科书》第二册最终未见出版消息。（《国粹学报》戊申年第 1 号，1908 年 2 月 21 日）

9 月 28 日（八月三十）《广益丛报》以"大昌国学"为名，广告吕雪堂在川中建九经学会精舍及刊发《九经学会学报》。

广告称："近来新学风行，旧学荒芜，甚者悖谬之谈，所在皆是。国学日衰，有心人慄［栗］然忧之。近有华阳孝廉吕雪堂先生，为湘潭王壬秋高足弟子，久称川中名宿，现旅居江北，筹资建一九经学会精舍，上盖一风雨楼，以讲学自任，及门督促，以先生每月讲义经说等汇为一报，颜曰《九经学会学报》，以饷沃吾蜀人士，由广益书局排印，于九月下旬出版，在江北九经学会发行。有心保存国学者，知必先睹为快矣。"（《大昌国学》，《广益丛报》第 3 年第20 号，1905 年 9 月 28 日）

9 月 29 日（九月初一） 高旭刊文叙《学术沿革之概论》，谓国学乃立国之根本，而国学之能存在，必待与新学术之调和与补助。真国学不赖保存，而能自存于宇宙间。

此文刊于《醒狮》创刊号。该刊由清末江苏籍留日学生创办，缘起于《江苏》停刊。（《申报》，1905 年 9 月 9 日，第 3 张第 17 版）编辑兼发行者署李崑，实为高旭等主持，主要撰稿人有柳亚子、马君武、李惜霜、宋教仁等人。原刊用黄帝纪元，每月一日出刊，以爱国、民主、革命为宗旨，栏目有工业、论说、时评、军事、美术、文苑、政法、化学、医学、音乐、小说、科学、理科等。发行所包括：（日本）留学生总会，（松江）明新书局，（上海）国粹学报社，（上海）时中书局，（香港）中国日报馆。

此刊第一文为预测文，题为《醒后之中国》，而此刊最大之希望，亦在唤醒中国。故此文作为学术一栏之第一文，用意不离此。文章强调真国学欢迎新学术的调和与补助，随时势而进：

> 国何以立？以有学。无学则国非其国矣。故一国必有一国之学，谓之国学。虽然，专讲保存国学，亦安能立国哉。国因时势而迁移，则学亦宜从时势而改变。夫惟其能改变也，故学为可珍，而学乃可以常存。不然，国势已变迁矣，而犹死守固有之学，不稍变动，势必为强外族闯入而制其命，而尽废其学。若是，不特国学之不能保也，而国亦因保国学而灭绝。况所谓保国学者，未必真国学。苟真国学，固不依赖人之保存，而能自存于宇宙间矣。顾国学之能自存于宇宙间者，在欢迎新学术以调和之、补助之耳。夫如是也，进步之速率岂有量哉。

中国学术之所以不进步，原因在于"政体之专制"。比照西方，"太西学术思想日以进步"，原因在于政体文明。许人民以言论自由、思想自由、出版自由。人民有自由，故"著书立说，一听其脑筋之电力所至，无今无古，无人无我，纵横八合，惟所创造。故全国人民相争相竞，各出其智力，而文化日以精神"。专制政体下，则"言必古人之所已言者"，故不重独创，且扼杀独创。"君主既以人民之言论自由，悬为厉禁，而士夫遂不敢创立异说，以冀得世界之真理。"

　　此文颇受邓实《国学原论》《国学微论》《国学通论》等影响，将中国历代学术，分为八时代以论之。第一为"神学全盛时代"。称："上古之世，崇信神教，立有专官，称为祝史。全部之学术，皆掌于祝史。祝史有统治全部学界之权。祝史者，其殆墨家之巨子，罗马教之教王乎！"第二为"官学昌明时代"。至西周，学术由神学发展为二派，一派言天事，一派言人事，实力归于史官。此期"中国但有官家之学，无私家之学"。第三为"诸子竞争时代"。自周室东迁，"聪明智慧杰出者流，创造学说，表章其平日所自信者，各思改造其社会，历史上所称为九流者是也"。主要有四家：其一，孔子"创立儒教"，重伦理，"治国平天下之法制，其规划亦复周密"。其二，老子"所创之教为道家"，一派专讲虚无，一派专讲乐利。"其宗旨，尚自由，排君主"，"其弊在遁于空虚"。其三，墨子"倡教称为墨家"。主兼爱。其四，为名家。"由儒家分出，得儒家之一部分，而能精加研究，其法制直超儒家而上之"。而特称"墨子诚中国之圣人哉"。第四为"儒学统一时代"。称："儒家之学术，专讲名分，于君主专制政体吻合，故君主每利用之。"至东汉，儒教专制达于极点。第五为"佛老混合时代"。老学一变为道家，道家分两派，"其一王弼、何晏所倡，为玄理派；其一为神仙派，如《抱朴子》等是"。东汉后，儒术寖衰，"佛学乃自东汉时，传入中国，至晋而盛，至南北朝而大盛"。然"无巨力深识之彦，收拾三教之精英于一炉中以冶之，铸成光明异样、灿烂鲜明之学风"，故虽混合三教，"终不能产出一新学术"。第六为"理学发明时代"。

理学采取道家、佛家之长而支配之。程、朱、张、周外，别有陆氏自出心裁，独树旗帜。继之而起，为明王阳明。理学维持人伦，然"三纲之说，毒痛四海，推原而论，当以二程、朱子为中坚"。第七为"考据学披猖时代"。称："满虏入关，中原板荡，中流砥柱，一发犹存。自顾亭林、王船山、颜习斋、黄黎［梨］洲、吕晚村诸先生死，而汉学绝矣。"乃有"考据之学"出，绝口不谈国事。故称"中国之学术，至弘历僭窃后，而晦盲闭塞极矣！"第八为"西学输入时代"。自此，"民权自由主义、尚武主义、种族主义，灌溉国民之脑球，镌印国民之骨髓"。为"文字收功日，神州革命潮"，称之为"近时学界之一大变象"。

由史明志，循此之后，中国学术发展之路，应取主观主义与客观主义相合之途。作者对于开新、守旧两派皆有不满。开新者"欲造新中国，必将中国一切旧学扫而空之，尽取泰西之学，一一施于我国"。守旧者"我欲强我国，行我古代圣王之法而有余，不必外求。或但取其艺学"。以为"我国之学，可尊守而保持者固多，然不合于世界大势之所趋者亦不少。故对于外来之学，不可不罗致之"。同时，"一国有一国之风俗习惯"，不可夏裘冬葛，北辙南辕，"对于我国固有之学，不可一概菲薄，当思有以发明而光辉之"。因此提出，"对于内有之学"，虽"其至精至微者，经历代君主专制之威权，划削摧排，几丧尽矣。然古籍中，时复露其一二，吉光片羽，宜如何珍重保护之，拾其精英，弃其糟粕"，此为主观主义的作用，主观主义即保存主义。至于"外来之学"，"其有大利益于我国者，则掠取之，以为补助之资料。其学虽善，而于我国现势不合者，则无宁舍之而勿顾焉"。此为客观主义之作用。客观主义，即吸收主义。并称"自今以后，为吸收与保存两主义并行之时代"。

（高旭：《学术沿革之概论》，《醒狮》第 1 期，1905 年 9 月 29 日）

10月18日（九月二十）《国粹学报》第 9 号"社说"栏刊发邓实《古学复兴论》，申说孔学与诸子学皆为国学，欲在发挥孔学真相的同时，振兴诸子古学，以成中国的古学复兴（文艺复兴）盛事。

邓实在《国粹学报》"社说"栏连续论述《国学原论》《国学微论》《国学通论》《国学今论》，复次论述《古学复兴论》。《国学原论》与《国学微论》论及国学源自鬼神术数而集成于"教"，《国学微论》论述中国学术九流皆出于"史"。《国学通论》则论儒术一统中国学术之后，中国学术的演进。《国学今论》则论述有清一代学术，"曰汉学，曰宋学，曰今文学，其范围仍不外儒学与六经而已，未有能出乎孔子六艺之外而更立一学派也"。因此，有意欲在孔子六艺之外，另立新学，以为"有之自今日之周秦学派始"。故别著《古学复兴论》。

邓文比较中西学术之路，称"希腊七贤，创兴学派，各自为宗，讲学授徒，流风广被，为中欧一时学术之盛"。而中世纪"宗教之束缚"，一时"希腊文物之光明，黯然无色"。之后"欧人始知为考古之学"，"不独考究古人思想而已，且务搜罗马希腊遗亡之古书"。"凡研究古代文学者，称曰豪摩尼司脱，当世以为美称焉。"以意国为中心，高等学校，"尽以希腊学者为其教师"，古学之智识思想，风发泉涌。至十六世纪，而尽输于北方。遂有欧洲古学之复兴。以此观照，周秦诸子即如希腊七贤，土耳其毁灭罗马图籍即如嬴秦焚书，旧宗教束缚、贵族封建压制，即如汉武罢黜百家。而西学入华，"考其实际，多与诸子相符"，于是周秦学派复兴，"扬祖国之耿光"，二十世纪亚洲古学复兴，一如十五世纪欧洲古学复兴。

因此专论诸子古学复兴。先论古学之亡，称："学之衰也，其自汉武之罢黜百家乎。夫汉武用董仲舒之言，尊儒术而表章六经，则亦已矣。诸子之学，其为神州之所旧有者，听其自存自灭可也，奈何而竟用专制之术，尽绝其道乎？此君子所以不恨于秦火之焚烧，不恨于咸阳之一炬，而独恨于天人三策之所陈为无道也。自是以后，诸子之学，遂绝于中国。义疏于隋唐，性理于宋元，帖括于明代，学术之途，愈趋愈狭，学说之传，日远日微。"而自明季西学入中国，士大夫多习其学，外学日进，本国旧有之古学亦渐兴。乾嘉以还，对诸子之学"虽仅掇拾丛残，雠正讹伪，然先秦之书，赖此可读"。道咸以后，"学者之爱读诸子，尊崇诸子，不谋而合"，学风遂转。诸子之学与西来之学相因缘而并兴，缘于"诸子之书，其所含之义理，于西人心理、伦理、名学、社会、历史、政法、一切声光化电之学，无所不包"，互观参考，所得良多。又因"我国自汉以来，以儒教定一尊，传之千余年，一旦而一新种族挟一新宗教以入吾国，其始未尝不大怪之，及久而察其所奉之教，行之其国，未尝不治，且其治或大过于吾国，于是而恍然于儒教之外复有他教，六经之外复有诸子，而一尊之说破矣"。不仅有孔老墨优劣之比较，孟荀优劣之比较，且有订孔之篇，排孔之论。故提出："学术至大，岂出一途，古学虽微，实吾国粹。孔子之学，其为吾旧社会所信仰者，固当发挥而光大之；诸子之学，湮殁既千余年，其有新理实用者，亦当勤求而搜讨之。夫自国之人，无不爱其自国之学。孔子之学固国学，而诸子之学亦国学也。"不应保其一而遗其一。

同时，展望于世界大势，"近日欧洲学者，谓二十世纪所当求之古学有二：一印度学，而一支那学"。并设东方博学会，讲求东方古今政教、俗尚、语言、文字。东洋二古学，必有大发明，以影响于全球学界。"他人之宝贵吾学如是，而吾乃等之瓦鼎康瓠，任其沈埋于尘埃粪土之中，视若无睹。"因此宣告"吾人今日对于祖国之责任，惟当研求古学，刷垢磨光，钩玄提要，以发见种种之新事理，而大增吾神州古代文学之声价，是则吾学者之光也"。（邓实：《古学复兴论》，《国粹学报》乙巳年第9号，1905年10月18日）

以为九流诸子之学与孔子之学本皆为中国国学，而受学术专制之力，罢黜百家，独尊儒术，遂湮灭不章。返观欧洲，创兴学派，各自为宗，学术争鸣而学术愈进，而成古学复兴之盛。因此主张，在发挥孔学之真的同时，振兴诸子古学，以成中国古学复兴之盛事。

11月5日（十月初九） 山东学务处议员宋恕上书山东巡抚杨士骧奏请创立粹化学堂，欲熔国粹、欧化于一炉，而以兼治日文为调和粹化之良方，以此粹化国学与西学。

宋恕称："海外教育学家，其论教育，恒分普通、特别二种。普通者，所以造多数之常识，特别者，所以造少数之异材。大抵新利既固其基，则但求常识之芸芸，旧弊犹待于革除，则尤贵异材之济济。盖必须少数之异材相与先立其大，而后彼多数之常识得以各尽其长，此古今之定例，中外所同然。"而山东省学务，"自高等至小蒙，规模大备"，并有"法政速成之科，创设行查之差，选任师范之侣，于普通之教育，将冠绝夫区中"。故"默念西力东渐之危，私画百年树人之计，窃以为普通之教育难振，即由于特别之教育久无，欧化之罕能调和，即由于国粹之罕能传习，故普通诚不可缓办，而特别尤必须补施"。因此"拟请奏创一堂，名以'粹化'，招英俊之书生，施特别之教育，以博览方闻为日课，融国粹、欧化于一炉，专造异材，以备大用"。

宋氏论证其理，由国粹与欧化的竞争与调和始。称："'国粹、欧化'四字，为今日本之熟名词。彼国自尊攘后，教育学家分为国粹主义、欧化主义两派。所谓国粹主义者，以保存神、儒、佛之粹美为主义者也。所谓欧化主义者，以化合英、德、法之风俗为主义者也。其始两派竞争极烈，能调和者最居少数，乃俄而居多数焉。"主竞争后之调和。回观中国，开港译书，先于日本，"虽无国粹、欧化之名词，而亦显有国粹、欧化之分派"。然竞争至六七十年，能调和者仍居最少数。其要因在于有真假国粹与欧化，"往往粹其所粹，非真能守国之粹，化其所化，非真能化合于欧"。真国粹、真欧化，"出于爱众"，"调和之境易臻"。伪国粹、伪欧化，出于营私，"故一对观，而调和之意愈断"。

宋氏追问日本多真而我多伪之问题，就教育一端言，以为日本"当维新之前素有特别之教育"，而我无之。日本维新前特别教育，如昌平黉及诸藩学，"皆但有国粹而无欧化，乃其后调和欧化之杰，皆其前传习国粹之豪，则岂非欧化与国粹同源，而欲求能调和欧化者之多，必先求能传习国粹者之多之明证欤？"主张欲调和，先取粹化。中国虽看似尊国粹，然能通国学者无几，大抵"以六籍授受之重，付诸八股焚坑之余，宜乎讲者奄奄无聊，听者昏昏欲睡，谬种相续，国粹将亡"。稽亚洲之历史，"大抵国粹愈微，则欧化之阻力愈大，而欧侮之排去愈难；国粹愈盛，则欧化之阻力愈小，而欧侮之排去愈易"。

因"大抵地球正教，宗旨全符，孔、佛、耶稣，同归仁恕。所不同者，皆其形式。故本国之粹若微，则外国之粹自然亦格格而不相入，本国之粹若盛，则外国之粹自然亦息息而遥相通。苟其所坚守者皆非本国之粹，则其所欢迎者自然亦非外国之粹"。

既然国粹与欧化（即外国之国粹）息息相通，如所守非真国粹，则所吸收者亦非外国之真国粹，则保存国粹，首在辨证国粹真伪。宋恕以新党与旧党对待国粹之道为例："试观今之所谓新党，往往斥慈悲为迂腐，逞野蛮之自由，甚或敢攻'抚我则后'之圣训，妄煽种族畛域之野谈，崇拜豺狼其性之张献忠，丑诋尧舜其君之王景略，背谬至此，何但浮嚣！又试观今之所谓旧党，往往未读一书，不解一事，仕则草芥小民，处则鱼肉同室，徒借忠、孝等名词，以冀权利之在握。"故以为"两党相诟，病源则同，国粹日微，相食将尽，尚复安望组织宪政，改进文明！"宋恕尤点出"顷上海书肆出有《国粹学报》，惜择焉不精，玉石并列，且间登逆说，致反碍及'国粹'字样，尤为可恨！"

宋恕最终之要点，在于欲使欧化之阻力小，必先使国粹之微者复盛。其举郭嵩焘之例，指出郭"当众口同声指西洋为夷狄禽兽之时，独慨然称其政教风俗之庶几唐虞、三代，居恒太息流涕，痛士大夫中于南宋以来七百年虚憍之毒，是真知本者矣！"并慨叹"曩光绪甲午，增生在李文忠公军府，独建议宜与日本共拒俄罗斯，以扶亚东之大局。其时士大夫虚憍之气不可向迩，此议一播，遂为京外所不齿。十年以来，频受非常之欧侮，至于要害尽失，偿金如山，□□□之民数百千万，而旧党虚憍之气乃始稍衰。然今之所谓新党者，又往往以不学之躯鼓虚憍之旧气，增欧化之阻力，而适以固欧侮之基础矣。总之，国粹之微者若不能复盛，则虚憍之毒根终不可得而拔。故欲欧侮之排去易，必先使欧化之阻力小，而欲欧化之阻力小，必先使国粹之微者复盛，此所以有必须补施特别教育、奏创粹化学堂之卑议也"。

出于以上宗旨与旨趣，宋恕说明学堂办法"非与普通教育之各学堂大异不可"，提出：

宜参用孔门及汉、唐、宋太学之制，而改射御为兵式体操，删习礼课，增万国历史、万国地理、万国哲学三课，又宜参用日本维新前昌平黉及今帝国文科、法科大学、早稻田大学、法政大学、哲学馆等之制，而删西洋语文。选生必天分极高，选师必读书极博，经史子集各从所好，华文之外兼治日文，务使辨难从容，精神活泼，内界抽出之理想与外界输入之见闻互相引于无尽，则诚为造异材之方、排欧侮之本矣。宜兼治日文者，以其为调和粹化之无上灵药。增生曩游彼中，心醉其粹化学之盛，假名存汉、吴原音，书藏富唐、宋写本，周秦诸子悉列教科，佛教杂志数十百种，许、郑、陆、王皆有学会，韩、柳、李、杜几于户诵。伏查前吴京卿汝纶，闻华族女学校弹筝及德川学课用《史》《汉》而不胜感慨，其亦知本者哉！盖日人皆内地之移民，日文即华文之变体。彼中当隋唐之际，文物已蔚然可观，内地历宋、明之劫，学术遂去之［益远］，故精华文者于治日文直如骏马之下坡，而通日文者于治华文亦如暗室之得烛也。（宋恕：《上东抚请奏创粹化学堂议》，胡珠生编：《宋恕集》，第371—375页）

宋恕上书中所拟学堂办法，相对精审，而未详细展开论述。11 月 15 日，宋恕详拟粹化学堂办法并上呈。《粹化学堂办法》计有：考选办法七条，学课办法十六条，卒业办法七条，其余重要办法共十二条。

首先为考选办法。

考选学生首重理解，次及文词。考分六场：第一场口问口答，问题多寡不定。二、三、四场皆笔问笔答，每场皆出问题二十。五场出记事、论事文题各一，六场出五七言古、今体诗各一，此两场皆兼考文理。另外拟规定：考选员宜特派、考选期宜宽限、愿考生保结宜从宽取具、招考宜不限何人及年若干、特送生宜免考。

其次为学课办法，最能见出粹化不仅国粹化，也欧粹化，日粹化。

第一条，宜分华文、日文两课。每日午前，日文讲师上堂讲授二小时，余时自治日文。午后华文讲师上堂讲授二小时，余时自治华文。

第二条，华文课宜分经、史、子、集，排日讲授。每月除四来复日休业外，其第一来复一日讲授经学，第二来复一日讲授子学，第三、四来复一日讲授集学，余日均讲授史学。对此，宋恕有所说明，谓：

> 经、史、子、集之分起于近世藏书家，非学者之所分也。然若用九流等古名词分课，恐太不谐俗，姑用此尚不甚俗之俗名词分课为便。
>
> 史为记事之书，经、子、集虽杂记事，而要皆为论事之

书。记事书为原案，论事书为各断，未详原案之终始，焉知各断之是非？故欲研究各断之是非，必先调查原案之终始。昔北宋洛学好谈空而忽治史，司马温公独深慨之。南宋浙学重史，而闽学承洛风轻史，元、明之后浙学不行，益以八股之祸、野史之狱，史荒愈甚，士愈虚怃。今海外望国莫不注重史学，有一学必有一学之史，有一史必有一史之学，数万里之原案咸被调查，数千年之各断悉加研究，史学极盛，而经、子、集中之精理名言亦大发其光矣。

第三条，经、史、子、集宜皆分内国、外国两课，轮期讲授。如同为讲授史学之期，前期内国史，本期则外国史，经、子、集亦然。对此，宋恕有所说明：

> 日本文科大学于哲学分东洋、西洋，于东洋哲学又分支那、印度。支那哲学者，我国古经、古子是也。印度哲学者，佛教各宗经论是也。此其识量之深，规模之大，虽［我］南朝之分立儒、玄、文、史四学，盖犹逊之。今宜以佛经及《旧、新约全书》等入外国经学课。日人所著子部、集部书不少，而所译西洋子部、集部书尤多。我国开港已六七十年，而能从英文译出西洋子部书者至今但有一闽严复。（《几何原本》虽为子部第一杰译，然由西士口授，而徐、李二君不过笔述，则二君虽诚硕学，然未可称译家也。）能从法文、德文译出西洋子部书者尚无一人。至诗文总、分集则未曾译出一种，以视日本何其相去天壤也。今若不急将内国四部、外国四部之学融于

一冶，而犹于学界存拒外之见，窃恐再逾十年，所谓齐、晋、燕、秦之彦，三江五湖之英者，且将对于台湾、桦太之岛民而自惭其陋矣！

第四条，讲授宜用摘讲法。讲授内、外四部皆用摘讲法，不用序讲法。其册数甚少，如《孝经》《论语》《老子》《文中子》《因明入正理论》等，讲师愿序讲者听。对此，宋恕说明道：

> 内国四部书已浩如烟海，况加之外国四部书乎？若用序讲法，则篇卷之甚多者，数年不能毕一种，何由使学生博览方闻、调和粹化？且现当二十世纪，博物学、物理学、化学等皆非常进步，回视十九世纪以前各国四部书之涉及此等学说者，皆甚形其幼稚。若用序讲法，则必逐句授义，将使学生之已闻新义者含笑而慢师、未闻新义者误信而堕障。故必宜用摘讲法，由讲师摘出原书中之粹而旁征远引以讲之，此惜光阴而弃糟粕之道也。宋、明诸儒之讲经也，亦多用摘讲法，如程、朱二氏于《小戴记》摘出《大学》《中庸》二篇以为讲干，尤为世所共知，旧法亦有可效者矣！

第五条，内、外四部教科书宜皆分首要、次要、又次要。如《十三经注疏》《说文》《广雅》等为内国经学首要教科书，如刘氏《史通》、章氏《文史通义》，《史记》《汉书》《三国志》《晋书》《南北史》等为内国史学首要教科书，如《荀》《庄》《墨》《吕》《淮南》《论衡》《中论》《文中》等为内国子学首要教科书，如《昭明

文选》《唐文粹》《宋文鉴》等为内国集学首要教科书。对此，宋恕
有所说明：

> 唐、宋虽以文词取士，而其制尚不陋，未尝束士于一先生
> 之学说。束士于一先生之学说自元延祐始，而明制大致仍之。
> 杨升庵尝深慨其陋，语至沈痛！明季毛、黄、顾、王诸氏皆大
> 声疾呼，思以博矫陋，而国事已无可救！我朝惠、戴、钱、纪
> 诸氏亦皆思以博矫陋，而皆不得行其志。近年八股虽废，而
> 官、民学堂之所谓中学教科书中，启蒙者诚远胜于前，余者较
> 八股时代之教科书不过五十步笑百步耳。今创此学堂将选异材
> 而备大用，若仍狭定教科书，则何当于以博矫陋之宗旨？故教
> 科书必宜广定。教科书既广定，则不可不分首要、次要、又
> 次要以便讲师矣！若参考书则愈多愈妙，既曰参考，理无可限
> 定也。

第六条，讲授四部宜兼用日文书。讲授内、外四部皆许兼用日
文书，若讲师不解日文，亦不强其兼用。对此，宋恕说明道：

> 内国四部之学，日本德川时代名家甚多，然其所著多用华
> 文。明治以后，名家特著及学校之讲义录、学会之杂志等，其
> 于内国四部之学或专属、或旁涉者则多用日文矣。外国四部之
> 学，虽其中佛氏经论，日人亦纯用华文古译，然元、明以后佛
> 典之高等学理几绝于此而独盛于彼。今其所出日文之特著、杂
> 志、讲义录等尤多精理名言，发前人所未发矣！至于彼用日文

译出之西洋四部书，则较之此用华文译出者之数多寡殆不可同年语。近顷从日文转译华文者虽颇多，然佳译殊鲜，不如读日文原书。若讲师不解日文，姑取用之，亦所谓慰情聊胜无也！

第七条，日文宜专课通行体。通行体课毕或欲再学古体、俗体者，听其自与讲师商议。对此说明道：

日文有古体、通行体、俗体三者之分，在日人及华人之浅于华文者，学日文自以俗体为最易。而华人之深于华文者，学日文则反以通行体为最易。盖学俗体必须先学其语，而学通行体则不须先学其语也。且彼中著书多用通行体，课毕此体，即可治其高等学矣。古体者，所谓和文也，最难学。

第八条，日文课宜注重综合史哲之学。预与日文课讲师约：课毕通行体日文，即行讲授综合史哲之学。对此说明道：

十九世纪以前，史学家多病实，哲学家多病虚。十九世纪以后，西洋学者乃多能综合史哲，而史学不滞于实、哲学不堕于虚，若达尔文、斯宾塞之伦是矣。今日本综合史哲之学亦极盛，即所谓进化论派者也。所宜卑辞厚币延彼名家来此讲授，则学生进步必有一日千里之势矣！

第九条，数学、乐学、画学、体操学宜皆列于随意课。堂中备延四学教师，堂生或愿全应四课，或应其三、其二、其一，或全不应，均听自便。对此说明道：

　　数学、乐学本为三代孔门教科六艺之二；画学虽不立为一艺，然书画同源，未必不属于书学之中；体操学则射御之变相。是无论国粹与欧化，皆必当列此四学于正课，否则将为颜习斋、李刚主两先生所大笑矣。然近世此四学甚荒，理解超妙、文词高雅之士，亦多以不获师而未曾问津。本堂重在综合史哲，若必列此四学于正课，责诸生以必全应，恐多苦其难，而精神因之不活泼，故宜变通矣。

第十条，地理学宜暂属于史学课。内国地理作为内国史学之子目，外国地理作为外国史学之子目。对此说明道：

　　地理、官制本为史学之二大子目，今海外学课皆以地理与历史平列，盖其所谓地理二字之义与我国所谓地理二字之义稍分广狭，其课难在背画，甚费精力，本堂既列画学于随意课，则地理学可暂属于史学课，由狭而渐广矣。

第十一条，词章学宜不别立课。各体词章之学皆不别立课，属于集学课随讲师意讲授。然刘氏《文心雕龙》须令堂生各置一部，司空氏《诗品》亦须令各录一分。对此说明道：

　　西洋亦重词章之学，其俗：于过去之词章名家往往为之铸金像，设追悼会。谓西洋无词章，此我国不解词章之舌人自文

其陋之诬说也。日本今代实学固极盛，而词章之学亦极盛，盖
无论士大夫也，即下至走卒、佣媪亦往往解吟咏，其吟咏亦或
有为我国士大夫所不及者。词章之盛衰可以验国民之精神，夫
亦安可忽也！然本堂首重理解，若别立词章课，恐生重文轻理
之弊，且词章之源固在经、史、子，而其总集、别集何一不在
集部中乎？苟四部之学能博而深，则词章必不求工而自工，古
来不朽之词章皆非由命题课作而成者也。

第十二条，理、化等学宜暂不立课。博物学、物理学、化学、
天文学皆暂不延师立课，其欲自行流览译本者听。

第十三条，宜令堂生月呈四部课日记。除日文必须由讲师逐渐
课之造句而章而篇外，其内、外四部课则除每年一小考一大考外，
均不命题课文，惟令堂生每月各呈日记四册，由四课讲师分评。

第十四条，经、史、子、集四课讲师及日文课讲师宜皆带课修
身。每卒业期各生修身课级数，由五课教师会同监督，参同堂生公
定。其言权有分别，监督一人当讲师二人，堂生十人当讲师一人。

第十五条，大小考宜皆命五十题，四部题内、外各半。每暑休
前举行小考，每腊月举行大考，均由各讲师命题各考。经学、子学
均命四题，史学二十题，集学十二题，均限以内国、外国各半。日
文十题，共命五十题。

第十六条，大小考宜皆由各讲师排监及分级。经、子学讲师均
排监二日，史学讲师排监十日，集学教师排监六日，日文讲师排监
五日，共须停课行考二十五日，考毕各自分为十级。

宋恕还建议"宜以本省的高等学堂为本学堂。别以银数万两

建筑一学堂，俟工程毕，即将现高等学堂中人移住，而以现高等学堂为粹化学堂"。（宋恕：《粹化学堂办法》，胡珠生编：《宋恕集》，第377—390页）

11月9日（十月十三）《申报》载《川督奏陈学务情形》，涉及师范学生情形，其一为或通洋文而不精国学。

《申报》记载川督锡良奏陈学务的梗概，内中述及师范学生情形，谓"师范学生，定例年不越三十以上，然亦有年长实能任事，而教育学苦于未闻，又或通洋文而不精国学，与夫科学间有门径而普通未尽讲求者"。故提出"宜设补习科以弥其阙余"。（《川督奏陈学务情形》，《申报》，1905年11月9日，第3版）

11月11日（十月十五） 尚贤堂第五次讲期，西人李佳白演讲《论调和新旧学界之法》。

1897年6月，尚贤堂由美国传教士李佳白发起于北京。（《振兴洋务》，《申报》，1897年6月2日，第1版）于1902年11月3日正式开馆。"功课分两大纲。一经济学，内分历国约章公法政治为一班，历国各种今古史书为一班。一高等英文学，亦分班教授。除礼拜六礼拜日停课外，每日上午九点钟至十二点，下午两点至四点，俱按班教授。"（《新学功课》，《申报》，1902年11月1日，第6版）尚贤堂宗旨在于"开民智，广人才，联交谊。盖交谊联，则猜忌除。猜忌除，则中外安。果能建造大厦，一如会馆之轮焉奂焉，则中人以上者，彼此交缔，互相亲近，中外之贤者尚之，不肖者去之，诚不愧尚贤之名也"。尚贤堂由中外合办，"不分尔我，不分国教，惟求有益于中国"。后议定改设于上海。（《再续议设学堂》，《申报》，1903年5月3日，第3版）

先是，11 月 9 日尚贤堂于《申报》广告："定于本月十五日下午四句钟开第五次讲期，题为《调和新旧学界之成见》。"（《尚贤堂定期宣讲》，《申报》，1905 年 11 月 9 日，第 9 版）是日，"尚贤堂开第五次讲期。原请电政大臣吴仲怿侍郎首座，侍郎以公冗委周万鹏观察为代表，宣读吴侍郎发起之词。大旨谓，中国学派，根诸孔子。泰西学派，肇诸希腊。中国今当新学萌芽之时，应如何保守旧学，采用新学，或新旧合为一，或新旧不并存，其间关系至大，深愿李君罄其所知，为我侪告也"。

述毕，李佳白讲演，称主旨"在求一新旧学并行不悖之方"，以五大端言中学西学，固互相为用。称：

一曰，自新学盛行以来，中国旧学似日就渐灭也。虽然，中国文学，岂可轻视废弃，而以西学代之耶。人苟欲学贯中西，恐竭毕生之力，亦尚未逮。泰西各国，凡学生于普通学已得要领，即择性之所近者，专习一业。此法中国学生亦极切实相宜。故总之不论为文学士，为科学专家，为算学名手，必先求其谙习中文，然后国粹可保。彼已知西学而不通中学者，亦一大憾也。中国教育家今方思所以弭其憾矣，使其法而不易得，中国之于新旧学，尚其兼收并蓄之为愈乎。一科举与学堂之不相为谋也。科举之法，实中国数百年来激励士气，培养人才之方，奇才异能之由此出者，岂可胜计耶。今科举已废，学堂尚未遍立，是不啻有人焉毁其旧屋，露处于野，以待新厦之成也。又不啻有人焉于新衣未成之前，弃其旧服，兴无衣无褐之叹也。今中国亟应设立学堂以补其缺，虽肇端伊始，未能悉臻妥洽，然苟加之以热心实力，将见大学中学小学不难次第举行。彼重视旧学者与提倡新学者，可听其各行其是，但望学堂之收效，能与科举相等，斯为美耳。一尚齿引年之礼，今昔不同也。旧学之教人也，以老吾老为本，而新学之诏后生也，则于年尊者未免太加轻视。昔则年高德劲者在位，今则少年浅学或曾游学日本一年归国者辄私议朝政矣。旷观各国，以少年居高位者，间亦有之，但未闻有国焉以政权悉委之于少不更事之辈也。日本当变政之初，国家遴用有学问者为执政大臣，亦未闻任少年不学者与闻国政也。故中国今日，宜仍敬礼齿尊望重者，而于后起英俊宜有以裁成之，以大其才，而竟其用，其庶几乎。一伦常之学，旧学实较胜于新学也。考经传所纪载者，文苑也，政治也，史记也，诗歌也，伦理也，无所不备，而伦理一端尤关紧要。所谓大学之道者何，即在明明德，在新民，止于至善，是也。圣人之训，昭垂万世，中国无此，沦亡久矣。今者新学风行，此学之不废亦仅耳。虽然，旧学之重视伦理也，岂无故耶。国家改良学制，其毋忽诸。一新旧学不和之于国家之影响也。旧学家之言曰，其为人也孝弟，而好犯上者鲜矣。不好犯上而好作乱者，未之有也。回忆二十年前，余初至中国，未尝敢昌言中国国政之得失也。今则虽略知新学之学生，于官常国事，两国交涉，亦皆放言高论，甚且评议他国之政事矣。不观近日之创议拒约开会发电警告各督抚者乎，非教习也，非大学之毕业生也，非学识兼优之老成人也，乃迹弛不羁之青年学生耳。若辈不揣分量，急于自炫，岂真有学问者之甘等于骏马之缓行耶。若辈固少安毋躁之为愈也。(《西儒李佳白

论调和新旧学界之法》，《申报》，1905 年 11 月 20 日，第 1、2 版）

11 月 18 号（十月二十二） 政务处奏遵议整顿翰林院并考选馆职，以保全国粹。

先是，给事中吴煦奏请整顿翰林院并考选馆职。政务处议奏，称："查原奏，请以学务大臣兼翰林院掌院并管国子监事务，现经臣等会议，请将国子监归并学部，翰林院衙门并不归并，所请以学务大臣兼管翰林院之处，应毋庸议。原奏又称翰林本文学之官，有应掌之职任，请厘定职司，分为三类，以期整理扩充，系为保全国粹起见。所拟办法，具有条理。"（《政务处奏遵议整顿翰林院并考选馆职片》，《申报》，1905 年 12 月 20 日，第 9 版）

12 月 9 号（十一月十三） 舆论批评各省所派监学大员徒知保存国粹，于国民教育，世界大势，均非所知。

先是，政务处致各省电称，拟由管学大臣遴派五品以上谙练学务人员，前往各省监视学务，如清初巡学御史故事。并称此项监学大员可否即以学政兼充。

《申报》认为对此有不可不讨论者二端："一为五品以上人员，果能谙练学务与否。一为学政兼充此项监学大员，有弊与否。"就第一层而言："我国官制之最不可解者，在于以官阶之大小，定其当职之能否。位高望崇者，虽其事非所素习，苟略知皮毛，无不以其谙练通达称之。位卑职微者，虽抱专门之学，以其资望之浅，摈不得与闻。数十年来海内颖杰秀出之士不少，通知专门之学艺，足备新政之使用，而卒阒寂罕闻者，大都坐此病也。教育一事，博大精深。今正以旧日科举之腐败，方将廓清，而有事于此。创始诸事，经纬万端，断非仅知科举学问之人，所能胜任，亦非撷拾一二教育之新名词，略窥其皮毛者，所能当之而无愧也。试问今日五品以上人员，其从学堂出身者有几人乎，其不从学堂出身，而孳孳矻矻讲求教育之方有素者有几人乎？我知为途既狭，取才必有不足之患，滥竽充数，乘辀轩而四出者，整顿学务则不足，败坏学务则有余。政府之有此议者，盖犹沿资格用人之弊也。"就第二层而言："至于各省之学政，则枵然拥钦差大臣之名，所至责州县之供应，每届按临一府，所费辄縻巨万，此其积习，久已视为固然。故一日闻废科举之令，皇皇然恐其权利之不可保。有嗾各府电请考试以图收取棚规者（如江西学政是），有上官样文章之折以为留心学务者（如江苏学政是），且有联合各省上奏当与督抚平行以冀不失其权利者，彼其体制之滥崇，既已习惯，必不能轻车简从，以尽其监学之责。其于学务又皆在门外汉之列，本其词章训诂之见解，徒知国粹不可不保存，经学不可不重视，兴学之纲要如是而已。至国民教育之如何发达，教育方针之如何当对，于世界之大势均非所知。以此等大员，立于监学之任，欲其考察一省之学堂，裁汰其不合格者而奖励其合格者，是犹使盲者辨色，而聋者别音也。庸有当乎政府之议及此者，盖不免情面用人之弊也。"

针对以上两层问题，提出：

> 监学官之设，宜用小官而不宜用大官。宜求之于留学师范等卒业学生，而不宜求之于旧日翰苑部曹中人。宜多设，而不宜一省一人。其官小，则所至少供应之烦，而不胜任者易于撤退。其位卑，则易于熟悉各地方之情形。选之自留学

卒业生，则一切调查考校之事，自中窾要。一省之地广，监学必不能常亲自视察，宜每道或每府一人，则视察可周详。三者得宜，然后学制可得而改良，教育可期其进步矣。且所谓监学官者，不过视察其教育之合格与否，以随时指导耳。其关涉于地方行政之事，固有地方官担其责任。德国各州有督学局，州之长官统裁之，而受学部大臣之监督。日本文部省之视学官，为奏任，而非敕任。每府县有视学官一，视学二，一月或二月视察学校一次，皆附属文部大臣行政官下，不以位卑权小为嫌也。（《论各省派大员监学事》，《申报》，1905 年 12 月 9 日，第 1、2 版）

12 月 12 日（十一月十六） 顺天学政陆宝忠上奏条陈学务，提醒注重中国文字，保存国粹。

其中提到："各省中学堂宜兼重汉文。查各国学堂皆以国文为重，前次奏定章程，小学堂毋庸兼习洋文，本以国文为初学基础，中学堂、高等学堂亦有经史文学功课，至大学堂又设经学文学专科，用意至为深远。小学堂毕业学生只能通顺中国粗浅文义，若入中学堂以后汉文不再深求，则将来大学堂经学文学专科，势必无人及格，各国文以俄文德文较为难学，然比之中国文，其难易又甚悬殊。环地球以中国文字为最难，为最雅，学中文虽质性文采其高者，亦非十余年不能优。十三经周秦诸子史汉说文，即以文论渊雅朴茂，实为国粹。近日争习各国语言文字，风气趋重，避难就易，数十年后恐文字尽成鄙僿一路。"（《顺天学政陆宝忠奏条陈学务折》，《南洋官报》第 31 册，1906 年 1 月 4 日）

是月　长沙孝廉堂拟改为养粹学堂，取保存国粹之义。

先是，湘省孝廉堂，自去年改为达材校士馆，除各孝廉照常驻堂肄业外，另添生监一班。惟每月课奖，微有分别。其大致半皆仍照旧章，略仿学堂章程，课试各门科学。是年，因科举停罢，不能不专作学堂办理。"日前经黄绅敬舆、孔绅静皆等酌议，更改命名养粹学堂，取保存国粹之义，悉遵《奏定学堂章程》，拟订简明规则，一俟王绅益吾参定后再行禀请抚院庞劬帅奏咨立案。"（《孝廉堂拟改养粹学堂》，《申报》，1905年12月8日，第3版）

1906年（清光绪三十二年　丙午）

1月初　山东巡抚杨士骧札文仿湖北存古学堂，设立国文学堂，以中国国学为主，兼及东西洋科学，表彰国粹，调和欧化。①

先是，山东学务处议员宋恕于1905年11月5日上书山东巡抚杨士骧建议创办粹化学堂，沟通中国与东西洋学说，粹化为一体。获得杨士骧"手批暨面谕嘉奖"后（宋恕：《推荐国文学堂监督人选禀》，胡珠生编：《宋恕集》，第400页），又于11月15日上呈《粹化学堂办法》。杨士骧对于宋恕的建议，主要取其"特别教育"之意，在普通教育之外强调中国国学的专门教育，以及与当时张之洞所推行的存古学堂之意接近。对于兼用日文以荟萃中国与东西洋学说之粹，则并未吸纳。故学堂之名，也未取"粹化学堂"之意，而改为"国文学堂"。宋恕所拟《粹化学堂办法》，宏大开阔，所设学课，多为培养学兼中西的通儒而设，学时既长，所费不菲。故其办法多未被

---

①　据山东学务处议员宋恕所说，于乙巳年十二月初九（1906年1月3日）在山东学务处读到"为创设国文学堂饬处拟、查章程事"。由山东巡抚札下学务处，时间不至过久，故拟定此下札时间。（宋恕：《推荐国文学堂监督人选禀》，胡珠生编：《宋恕集》，第400页）

采纳，国文学堂主要仿照湖北存古学堂办法。学堂也未基于宋恕上书中的高等学堂改建，而拟由尚志堂改建为国文学堂，后别购地另筑学堂。(《各省教育汇志》，《东方杂志》第3卷第1期，1906年2月18日；《东抚杨中丞札设国文学堂文》，《四川学报》第21册，1906年9月上旬)

杨士骧札文，备述国文与中国文教之关系，以为"文字实为一切学问之根源"，一切中国学说，"藉文字以传"。故"不讲求文学，则载籍精微，无由窥见"，"使文学废坠，则孔孟以来相传之道统，亦且因而灭绝矣"。鉴于更改学制，"增讲各种科学"，导致"浮薄小生，往往厌鄙国文"，"欲取数千年来圣帝明王之载籍，一扫而空之"。不独"中学有沦丧之忧，即东西国科学之精微，彼亦何曾梦到"。针对此故，进而提出，"国文一道，即科学之基，殊涂同归，未有昧乎此，而能明乎彼者"。强调"一国粹美所留遗，实居历劫不磨之地位。日本维新以后，保存国粹之谈，汉学重兴之论，犹时时发现于学界。西有罗马，东有支那，皆文明之祖国，实并峙于两洲。振古如兹，江河不废，此不可诬也"。

札文详辨"国文止中学之一端，不足概学术之全者"之说，以为非也。称：

> 国文一语，有广狭二义。如与经学、史学并列，则国文专指文词一事而言，此国文之狭义也。若第言国文，则即是国粹之义。凡经学、史学、义理、考据、词章，莫不包括于国文之中，盖所谓文者，犹言文明之文，非但文字之文也。若以科目之一端视之，则所失多矣。此不可不辨者一也。
>
> 又有谓推重国文，为崇古之意者，此亦非也。既为中国之

人，断不能离去文教，此实朝廷立国、士夫立命之基础，非第以为古尝有是而护惜之也。方今世变无极，苟其事于生人日用无关，则今昔异宜，何暇顾已陈之刍狗。昧者视国文之美与钟鼎尊彝之古物同科，盖于国文之为用，未之深悉矣。此不可不辨者二也。

又有谓国文为专门之学，当特别肄习者，此亦非也。国文之为科学，与历史、地理、理化、算数、法政、教育等各科，正同精之至极，固当各立专门。而普通知识，则人人所不可缺。且文字较以上诸科关系尤重。盖文字，犹语言也。语言以达俗情，文字以通奥义。流俗专用语言，学士兼须文字，正如布帛菽粟，人生必需之物，专门固所当求，普通尤为切要。今所设学堂，预防斯文废绝之忧，特谋深造，即各学堂中，亦何在不当以国文为重，岂谓举世所不须，而特留此硕果之不食哉。若以专门待之，而不习此科者，遂可视为无与，则文学日荒，人才必有横决之患矣。此不可不辨者三也。

又有请国文学堂，专指中国旧学而言，于东西各国之新学，并无关涉者，此亦非也。夫学有何界限，文亦有何界限。道惟其是，安有新旧之可言。海宇未通，则专精一国之艺术，便可谓之博学。世界既开，学界亦因而拓广，生今之世，不博综五洲之精粹，不足以言学，亦不足以言文。取外国之学以相助，而吾学益广。取外国之文以相较，而吾文益尊。岂得守拘墟之见，姝姝然悦己而自足哉。惟学业至繁，固非一端所能尽。今既设国文学堂，自当以中国国学为主。余如东西洋政治、教育、法律、理财、交涉等事，亦应旁通而并及之，仿外国文科大学，日本早稻田学堂之例。惟农、工、商矿、格致、制造之事，势非文科所能赅备耳。若专以向日旧学为限，而不驰域外之观，则于时势隔阂矣。此不可不辨者四也。

因此，提倡"有体有用之学"，"守旧即可以开新，通今亦所以博古。既不谬于先哲，自博济乎时艰"。（《东抚杨中丞札设国文学堂文》，《四川学报》第21册，1906年9月上旬）

在杨士骧札文下达之后，1月7日，宋恕上书推荐国文学堂人选。宋恕以为："凡一学堂之设，首须监督得人。苟监督不得其人，即使章程尽善，仍必徒有皮毛。苟监督真得其人，即使章程未善，亦能隐补缺憾。"其所拟推荐人选入选条件为："年太老者不列举，官现任者不列举，为其万不能来也。无职衔者不列举，职衔卑者不列举，为其未便派充也。虽非现任官，而地位太尊崇者不列举，为其无俟卑达也。虽曾相往来，而心迹未详知者不列举，为其恐误宪听也。"所推举有十四人："四品京堂汤寿潜，系浙江籍，学宗杜、马，有守有为。曾辞两淮盐运使恩命，舆论翕然推为当世第一高士。翰林院编修蔡元培，系浙江籍，学识博通，志行坚苦。刑部主事孙诒让，系浙江籍，为已故太仆寺卿孙公衣言之子。菲食恶衣，倾资兴学。该主事于海内名宿中倾慕西法最早，当光绪初年即已提倡欧洲学说于乡里，曾经现任尚书葛保荐经济特科，博极群书，尤精经子，洞明政理，自晦山林，著有《周官正义》《墨子间诂》书，《正义》未出，《间诂》已盛行于日本。户部主事陈黻宸，系浙江籍，现充户部计学馆教习。文追班、马，学绍郑、章，志行之高，尤不可及。著有《独史》一书，意在发渔仲之孤怀，补实斋之有待，全编未出，凡例早传。户部主事孙宝瑄，系浙江籍，为现充出使法国大臣孙宝琦胞弟。闭门都下，萧然著书，斟酌古今，极多心得。前刑部实缺主事吴保初，系安徽籍，为已故提督吴公长庆之子，性情悱恻，风骨清刚，学识超伦，词章拔俗。户部主事丁惠康，系广东籍，为已故巡抚丁公日昌之子。文章气节，卓尔不群。吏部主事陈三立，系江西籍，为已故巡抚陈公宝箴之子，学行之优，世所共信。内阁中书潘鸿，系浙江籍，曾充出使俄德参赞，现充浙江杭州府中学堂监督，师章友戴，学有渊源。候选道员严复，系福建籍，理解、文词，皆能自立。始传西洋天演学说，译著之佳，甲于全国。候选道员陶浚宣，系浙江籍，新旧兼通，亚欧一冶，创设东湖学堂，提倡实学亦早。曾著《女学》长歌，洋洋数千言，其识解真能不落宋、元以后。文章亦雅，久主骚坛。江苏道员俞明震，系浙江原籍，才气纵横，文学淹雅。安徽候补知府王咏霓，系浙江籍，曾充出使西洋参赞，博古通今，文坛养晦。候选知府钱恂，系浙江籍，历充出使西洋随员、参赞，于古今中外之故，了然于胸。倡议派遣留日学生，且有送合门子女入彼学校之创举。以上十有四人，其品学既皆足起国文之衰，其地位又皆可充监督之乏，用敢不避越分，列举以闻。倘蒙特记广询，酌行调用，必能仰副节下表章国粹、调和欧化殷殷之意。"（宋恕：《推荐国文学堂监督人选禀》，胡珠生编：《宋恕集》，第 399—402 页）

议定之后，山东巡抚杨士骧饬令候补道萧应椿筹设国文学堂。萧应椿于 1906 年 3 月，"相度地基，估工修建"。勘得正觉寺街西首路北有郭姓等园畦地一方，西傍趵突泉，北邻金泉精舍，极为合宜。该地共二十六亩六分七厘，议定地价共合京钱一万四千二百六十八千八百文，由官银号垫发，买定此地。因国文学堂仿湖北存古学堂办法，分经史词章三门，故计划建讲堂三所，斋舍百余间，合之教习、委员及执事人等住房，约须三百余间。国文学堂为保存国粹起见，顾名思义，不应修造洋式，一切构造按中国旧制。造价济平银三万五千两，已获得杨士骧批准。并由杨士骧札何刺史择吉，已于3月22日兴修。(《建设国文学堂》，《山东官报》第20号，1906年3月25日，第5页；《兴建国文学堂》，《山东官报》第26号，1906年4月5日，第6—7页)

国文学堂工程于1907年1月底2月初完工。国文学堂最终由礼堂、讲堂、斋舍、操场等组成，"颇合学校建筑之法"。学堂可容一百二十名学生。山东巡抚杨士骧拟将本年优贡备取二十名，全数提入国文学堂肄业，并在师范学堂选拔优级生数十名，余额则招考。计划3月开学。(《国文学堂工程告竣》，《北洋官报》第1271册，1907年2月4日；《各省教育汇志》，《东方杂志》第4卷第3期，1907年5月7日)

1月13日（乙巳年十二月十九） 宋教仁接到上海《国粹学报》馆寄来之《国粹学报》，请《民报》社代售。(宋教仁:《宋教仁日记》，湖南人民出版社，1980年，第119页)

2月6—7日（丙午年正月十三—十四） 时人撰文分析中国实行警察权难之原因，在于贱视武士，于国学不通，更无论法学。

文章认为，立于人群秩序紊乱之国，欲以消极的作用，防止人群之退化，维持社会之秩序，张新机汰旧弊，最需精神，最当严格，属于内务范围唯一大事业者，惟警察与警察权而已。然中国实行警察权极难，原因在于，一者为旧社会之观念贱视武士也，一者为一般充警察者，无法律上之普通学识也。"中国武士之目不识丁已成惯习，国学未通，遑论法学。"（《论中国实行警察权之难及其原因》，《申报》，1906 年 2 月 6、7 日，第 2 版）

2 月 学部通饬学堂注重经学，以期保存国粹，引起舆论议论。

舆论探闻恽毓鼎近日奏准，嗣后各省学堂所定课程，务须注重经学，兼习东西专门实业，不得弃置经书，以期保存国粹。（《徽辅近事》，《北洋官报》第 899 册，1906 年 1 月 28 日；《学部通饬学堂注重经学》，《申报》，1906 年 2 月 22 日，第 3 版）

2 月 28 日，《申报》针对此事刊文讨论，以为学堂注重经学，保存国粹，于教育之法不合，有躐等的嫌疑，对于造成国民之资格的教育目的亦不符，与普及教育背道而驰。其文称：

> 经学为中国二千年相传之国粹，尽人知之。保而存之，勿使废坠，固主持全国教育之学部所应有事也。近日学部通咨各省督抚，以内阁学士恽毓鼎奏明奉旨，嗣后各省学堂所定课程，务须归重经学，至东西各学，惟习其专门实业，不得轻忽经书，以期保存国粹云云。窃谓其于保存国粹之方针，不免有所误会。率是以往，恐不特所谓保存者，仍属空言无补，而普及教育之主义，将大受其阻碍，而终无造成国民资格之一日也。
>
> 夫经学之所以为国粹者，以其文辞为重乎，抑以意义为重乎？若取其文辞也，则古文简奥，初等小学之儿，断不能领会。若取其意义也，则儿童之心理，宜事实而不宜理想，宜具象而不宜抽象，而圣经之所载，则皆理想而属于抽象者也，反于儿童之心理者，教授必无其效。髫龀之童，聒而语之以高深

之学理，是犹食婴儿以膏粱，而不计其食之能消化与否也。无论东西各国，今日无此躐等而进之教法。即证诸中国古人之教育，六年始教之以数与方名，七年教以男女之别，八年教之让，十年就傅，则学书计，其时三皇五帝之古书，未尝无也，顾不闻以之教儿童者。所谓譬诸草木，区以别矣，君子之道，焉可诬也。子夏斯言，实深得教育之精意。今为保存国粹计，不区而别之，而责诸小学之儿童，殆不外于诬之而已。我谓其保存之，仍属空言无补者，此也。

　　国家之所以重教育者，其宗旨在造成国民之资格，而俾其有一切普通应用之知识，不适于用而强教之，陈义虽高，勿贵也。今《奏定学堂章程》，于初等小学之课程，第一年读经，每日四十字，每星期治经十二点钟，几占全课程之半。即已注重于此，则耗费脑力必多，再以其余力治国文、算学、历史、地理各科学，必致有所不足。卒业之后，于应用最多之学问，则未必遍知，于成诵熟读之四书，则不知其应用，使其递升而入高等学堂大学堂，则经书之成诵于心者，将来专门研究之时尚可资以为益。然国民之多数，力不能入中学以上，当其为农为工为商之时，能应用此经学乎，徒使其普通之知识，为此缺乏而已。我谓普及教育之主义，将大受其阻碍者，此也。

　　指出："若为维持中国之学术起见，欲不使三纲五常之道自兹废绝，则近人所议撷圣经之精义，编为浅近之课本，为修身教科已足得其实用，至于专门研究之学，则既有通儒院列为专科，必不虑圣学之自兹废绝，且自中学堂始加入经学一门，则经学之传播，已不为不广。若必骛保存国粹之虚名，而忘其与普及教育之相背而驰，阳托为维持世道之辞，而阴实为窒碍新机之蠹，即令强迫教育能有实行之日，欲追踪于各国国民教育之盛轨，吾知必瞠乎其后，而永不能并驾以驰也。"（《论学部通饬学堂注重经学》，《申报》，1906 年 2 月 28 日，第 2 版）

　　△　国学保存会同人在上海黄浦江畔鸡鸣风雨楼小集，同时庆祝《国粹学报》发刊一周年。（邓实：《国粹学报第一周年纪念辞》，《国粹学报》丙午年第 1 期）

3 月 28 日（三月初四）　四川总督锡良、学政郑沅上奏添设致用学堂以广儒效而豫师资。

　　由于趋新之"风会所趋，少年学子，本原未裕，竞思捷获；掇拾一二外国名词，自命新学，蔑视经史。而有识之徒，或发愤为保存国粹之说。昔也汉宋，今也新旧，叠成聚讼。臣等尝深求其故，窃以国粹莫重于伦理，莫备于群经"。故奏请拟将四川旧有东文学堂改为致用学堂，内分经学、政学、艺学三科，选录各属之举贡生员入堂肄业，"非抉择政教之大者深研而实究之，不足以重国本而杜流弊"。（中国第一历史档案馆编：《光绪朝朱批奏折》第 105 辑，中华书局，1985 年，第 731—732 页；锡良、郑沅：《添设致用学堂折》，中国科学院历史研究所第三所主编：《中国近代史资料丛书》之《锡良遗稿·奏稿》第一册，中华书局，1959 年，第 563—565 页）

　　光绪三十二年三月初四，此折奉朱批并由军机处抄交学部，三个月后的六月初八，学部上《四川致用学堂改办师范折》，内云：

兴学一事，造端宏大，新旧之见必融，缓急之序宜审。该督等拟设致用学堂，虽意在保存国粹，具有苦衷。但经学、政学、艺学三者，奏定学科已赅括无遗；如人伦道德则取法宋、元、明理学诸儒，经学大义则谨遵《钦定八经》阐发，而讲授历史、地理并皆以中国为先。果能实力奉行，不流偏倚，何难收成德达材之效？似无庸另立章程，转滋歧异。至经学、政学两科不设教员，暨考验惟凭札记、论说，皆与学堂办法不合。且艺学重在实验，如止就已习者设问，尤恐虚悬科目，徒托空言。查欧美日本各国教育隆盛，其兴办之始，莫不以培养教员为要图。苟学校广设而无相当之教员，则财力虽充，犹嫌浪费；规则虽善，亦等具文。故多立师范学堂，乃今日最急之务。凡举贡生员之文理较优者，俱可选入该堂，按年毕业，俾充各学教习。既足广地方教育之用，又可免寒儒失业之虞，似为两益之道。前此湖南船山、成德各学堂，河南之尊经学堂，均经臣部奏明，令其改办师范。川省事同一律。应请饬下该督改为师范学堂，以符定章而收实用。（《本部奏章·四川致用学堂改办师范折》，《学部官报》第3期，1906年10月18日）

是月　两淮盐运使赵滨彦将扬州安定、梅花、孝廉及算学馆等校士馆一律裁去，仿湖北存古学堂改设尊古学堂。后因新旧争议，改为师范传习所。

1906年3月2日，《申报》载："赵都转将安定、梅花、孝廉及算学等校士馆一律裁去，改设尊古学堂，其章程则仿照湖北存古学堂办理。"（《扬州学务三则》，《申报》，1906年3月2日，第9版）据《申报》

所载，尊古学堂一年十课，每课仅取二十人，1906 年农历二月十五开考，所课为经史词章。（《扬郡学务》，《申报》，1906 年 3 月 6 日，第 9 版）《北洋官报》则称："两淮所设尊古学堂，计分经学、史学、算学、词章四科，按月命题考试。"多了算学一科。（《会议尊古学堂问题》，《北洋官报》第 1167 册，1906 年 10 月 23 日）

尊古学堂于是年 6、7 月间迎来总教习吴同甲，"岁奉修金六百两，膳金二百四十两，节敬六十两。太史已于本月初六日抵扬"。（《尊古学堂聘定总教习》，《申报》，1906 年 7 月 3 日，第 9 版）

尊古学堂舞弊案频发，促动改革之议。据说："扬州安、梅书院改为尊古学堂后，专为体恤寒畯起见，且考试之法腐败已极，得题六日后方缴卷，有一人而兼试数卷者，且斋夫学书又复扶同考生，种种舞弊割卷易名，故与其有也，不如其无矣。"（《改作尊古学堂之问题》，《大同报》第 7 卷第 21 期，1907 年）1907 年 7 月，"廪生贾观霄，日前具禀运司，拟请裁撤尊古学堂，改设师范或法政学堂，以广教育"。（《禀请裁撤尊古学堂》，《申报》，1907 年 7 月 6 日，第 2 张第 12 版）"经贾观霄等禀改法政学堂，颇有多人起而反对。"（《大同报》第 7 卷第 21 期，1907 年）又有消息称："有副贡生范复昌等联名具禀两淮运署，请将该学堂裁撤，所有经费分为四股，以一股为遣派学生出洋留学经费，以一股为创办初级蒙学八所经费，以一股为创办两淮印刷局常年经费，以一股仍留为体恤寒畯之资，现已经赵渭卿都转批饬扬州府荣月帆太守会同扬州学会邀齐全体会员取决众议云。"（《会议尊古学堂问题》，《北洋官报》第 1167 册，1906 年 10 月 23 日）

对于贾观霄诸人废尊古学堂之议，"赵都转批云，据禀已悉。所陈各节，不为无见。无论师范法政，均属亟应兴办之举，本司去年

屡次筹度，尤于创办师范一节，禀蒙督宪批准在案。嗣因经费无着，
踌躇迄今，未能就绪。该廪生拟请撤去尊古学堂，系属化无用为有
用，仰候札饬扬州府会同教育会悉心妥议，详候核夺"。(《禀请裁撤尊
古学堂》，《申报》，1907年7月6日，第2张第12版) 稍后数日，江宁提学
司"派庶务课总长庞君次淮，副长罗君孝高，会同方君泽山，赴扬
属考查学务。三君至扬后，即谒见运宪，磋商尊古学堂改革事宜"。
(《调查学务委员莅扬纪闻》，《申报》，1907年7月9日，第2张第11版)

与此同时，在"扬州府督同教育会筹议"之时，"现又有举人
陈延礼等联名禀请保留"。"赵都转批示云：查尊古学堂发起系于恩
前升司任内，据举人吉亮工等禀请变通课士章程，所有经费，半仍
课士，半则改办师范。恩前升司因为保存国粹起见，仿照湖北存古
章程办法，定名为尊古学堂。嗣经本司到任，调取存古章程，一再
参酌，规模极大，经费浩繁，断非五成课士经费所能集事。不得
已，即就尊古之名，先为课士之计。在当时，原拟另筹的款，仿照
存古章程，切实举办。所谓保存国粹者，亦庶几名副其实。若仅
藉膏奖以为课士，本不足言保存，亦未便遽称国粹。科举既停，各
项学堂亟待创兴。值此经济困难之际，使尊古一席，至今尤徒存虚
名，本司未尝不引为缺憾。然吉亮工等原禀请办师范，至今亦尚缺
如。际兹预备立宪时代，法政学堂，更为应办之举。倘使款项充
裕，则尊古与师范、法政，三者缺一不可。现既不能并举，亦惟有
权其缓急，略分先后。既据禀请，仍候札饬扬州府督同教育会并案
议复，以凭核办。"(《禀留尊古学堂之批词》，《申报》，1907年7月25日，
第2张第11版) 两淮转运使实即赞同裁撤尊古学堂，而对开设法政学
堂也不表赞成，事实上较为倾向先改为师范传习所。江宁提学司对

此有所附和，赞成改革尊古学堂，以为"扬郡尊古学堂事同虚设，因即函商运司拟改办师范传习所"。(《筹议改革尊古学堂》,《北洋官报》第1501册，1907年10月2日）"赵都转奉函后颇表同心，并欲与法政学堂同时开办，拟以梅花、安定两书院为校址。惟所需经费甚巨，现都转已督同教育会竭力筹措以期早日成立。"(《筹议改革尊古学堂》,《北洋官报》第1501册，1907年10月2日）

因此事，扬州学界争议不断，演成扬州教育会内的新旧之争。"扬州贾观霄等日前禀请运司裁撤尊古学堂，改设法政学堂或传习所，嗣举人陈延礼等又复联名禀留，均经赵都转批饬教育会查覆在案。兹悉教育会正副会长，前日邀集学界开会，提议此事。谓当此预备立宪时代，尊古、法政，缺一不可，应请运司切实整顿尊古，另行筹创法政，以济当务之急。讵是日将行入座，尚未布告宗旨，旧学全体遂群起咆哮，谓教育会左袒新界，有意破坏旧界生计，率行辱骂，几于殴打，以致一哄而散，未能成议。现正副会长周君树年、蒋君绍筬已据情禀复运宪，并将宗旨布告学界全体。"(《新旧学之冲突》,《申报》, 1907年8月15日，第2张第11版）当会议时，"有镇江在该堂肄业诸生及斋夫等人，闯入该会事务所。始则哀恳存留尊古学堂，俾寒士有以糊口，继因不允，互相詈骂，以致议未就诸，即行闭会"。(《教育会议事未成》,《申报》, 1907年8月20日，第2张第12版）

"扬郡尊古学堂，因裁留未定，以致屡起风潮"，引起上层注意，"现由提学司以该堂教授有名无实，特禀请江督札饬淮运司切实整顿。赵渭卿都转奉札后，当即督同扬州府教育会磋商改良办法，以期保存国粹"。(《筹议改良尊古学堂》,《申报》, 1907年8月23日，第2张第11版）

最终，尊古学堂于1908年改建为两淮师范，然改设为师范后，应考者较为寥落。据《申报》记："两淮师范学堂，系尊古学堂所改，一切章程，均仿照省垣初级师范办法。定额四百名，按年分班添招。今年应招正科豫科各五十名，须由尊古旧生尽先考补。不足则无论本籍外籍，均可投考。以国文清顺，各科学普通程度者为合格。正科毕业后，派赴各属充当义务教员二年。豫科一年。该堂系梅花书院改建，工程业已告竣，定暑假后开学。惟招生两月有余，报名仅二三十人。究其原因，一为尊古旧生均系年大旧学之士，不愿与少年争胜。其年少者，又因义务二字，有所不愿，以致群相裹足云。"（《两淮师范报名寥落》，《申报》，1908年7月22日，第2张第12版）

4月1日（三月初八） 孙宝瑄与友人论学，以为中国即使如词章一道，亦受压制而少自由性，致使绝好美术萎靡不振，以为不如日本尚存国粹。

孙宝瑄"访子蕃"，"谈我国晚近匪惟诸学衰歇，即区区词章，亦能解者鲜，强半误于帖括，人人从事于圆美恬俗，且以绳墨拘牵，没其自由性，而数千年来绝好美术，亦靡靡不振。余于诗歌一术，略知门境，然间学汉魏，则读者尽茫然无能辨者，岂不可叹！"且以为"迩后新派蔚起，此道将成《广陵散》，尚不如日本之犹存国粹也"。（孙宝瑄：《孙宝瑄日记》，中华书局，2015年，第894页）

4月2日（三月初九） 钱玄同读《国粹学报》，兴起保存国粹，输入新知，光大国学的志向。

钱玄同记"菊圃购一《国粹学报》至，借观之，颇有趣味。盖现今东洋文体，粗率之书实不足观，且亦无甚道理。保存国粹，输入新思想，光大国学，诚极大之伟业也。数年以来，余扮了几种新党，今皆厌倦矣，计犹不如于此中寻绎之有味也。"（杨天石主编：《钱玄同日记》第1册，北京大学出版社，2014年，第33页）

4月5日（三月十二）　朱执信以"蛰伸"的笔名，发表《德意志社会革命家列传》，感慨今日青年不识国学而借口欧化，逐欲而牺牲一切。

朱执信以"蛰伸"的笔名，发表《德意志社会革命家列传·拉萨尔》，其论拉萨尔之为情死，以为："或又短拉萨尔之情死，是则拉萨尔无所辞咎矣。然自社会言之，则拉萨尔以一身唱新说，抵死以谋其进步，后死者食其萌，拉萨尔亦可谓无负社会矣。功未成死，固可为憾，然社会革命之事业，固不为拉萨尔死败也。拉萨尔虽与彼妇订白头约，而犹申礼自防，不与其出走之谋，卒以死殉，于道德未为伤也。第自主观言，则不能为天下惜其身，使所图中道受其阻滞，藉拉萨尔不死三四年，其势力正当大长。"并就拉萨尔一面唱新说，为社会谋进步，一面又能固持道德，返观于中国新进借新说而背道德，不免感慨："顾今日志士，有年未弱冠，不识国学何许，亦未尝肄于专科，而借口欧化，破溃藩篱，恣情快志，驯至牺牲一切，以逐其欲，其视拉萨尔又何如乎？不幸今吾国中乃多有是曹，所为伊郁不置者也。"（朱执信：《德意志社会革命家列传》，《民报》第3号，1906年4月5日）

5月3日（四月初十）　时人撰文呼吁以深于国学者修习音乐，谱为歌谣，由学校之音乐，影响及于社会之音乐，以振兴全国精神。

作者认为："今日社会音乐，流入卑靡者，已至无可挽救。吾人所首当研求者，其在学校音乐乎。"同时，中国学校音乐之发明，早于世界他国，久有传统。而"迩年以来，谋兴教育，音乐一科，已为吾国定学科者所公认。将来乐界之发达，计日可待。顾音乐之功用何在？材料何在？其于国有何等之关系者？谋始者不可不慎也"。

作者就此类问题，指出："音乐列科之目的，大致在德性之涵养，而不在心情之娱乐。今之学唱歌者，音阶略通，即唱男儿第一志气高之歌。谱表未熟，即手挥五五六六五五三之曲。欲速不达，弊在躐等。此先宜筹改良者也。其尤要者，则在研究歌学与曲学之性质，合一炉而共冶之。"查"今之学校，皆以洋曲填国歌，识者方议其不合"，提议"令国学深邃之人，专修音乐，究其旋法进行之微妙，归而以素所蓄积者谱为歌谣，为之培养生徒之美感，唤起全国之精神乎。歌与曲合并为一，将来音乐发达，固可预必"。而且但当音乐发达，"而社会上一般淫靡不正之乐，将受天然之淘汰，而归于劣败。即现在学校中所唱五更调者，亦可因之而消灭。吾所谓学校音乐，足以挽回社会音乐者，此也"。音乐感动之力，可以移风易俗。"哥仑布豪杰之歌，能镇北美合众国之争乱。马赛之歌，能激法国之大革命。谁谓学校音乐，与社会音乐，无直接之影响耶？"（《论学校音乐之关系》，《申报》，1906年5月3日，第12版）

5月4—6日（四月十一—十三）　钱玄同连续关注国学保存会所刊《历史教科书》及《国粹学报》。

钱玄同记：4日、5日"看国学保存会之《历史教科书》，系申叔所编，取精用宏，体例亦不差，远胜夏《历史》矣。惟属于高等科用，盖文字渊深也。中学以下诚能仿其体例，掇其菁英而编之，必有佳者。昔尝谓横阳翼天氏之《中国历史》，体例未错，而喜用新名词，太远国风，且考据多讹，恨无人循其体例而改其内容之组

织。今得此，真获我心也"。6 日看《国粹学报》。（杨天石主编：《钱玄同日记》第 1 册，第 41 页）

5 月 7 日（四月十四）　张之洞严札申斥各营不准擅改装束，以保国粹，《中华报》评议此举为无益有损，违背古制。

《中华报》称："近来各营多改西装，张宫保甚为反对，持严札申斥各营，一律垂辫，以保国粹。不准擅改装束，违者以军法从事。呜呼，辫之为物，无益有损，且非古制。宫保尚古，不读三代以下之书，胡独以俗尚为国粹，而竭力保守之。我中国人因此区区之发而死者，不知几百万人矣，犹斤斤于此，殊亦可以不必矣。"（《张宫保保存国粹》，《中华报》第 496 册，1906 年 5 月 7 日）

5 月 13 日（四月二十）　国粹学报社刊登征文与征书广告。

征文广告云："本报刊行，原欲与我国学人商量旧学，俾收切磋之益。海内通儒，如有专家著述，鸿篇巨制，投赠本社者，本社谨当录登报内，即以原报一份还赠，每页并以一金为酬，尚希不吝金玉，无任企盼。"（《征文广告》，《国粹学报》丙午年第 4 号，1906 年 5 月 13 日）

征书广告云："本社志在收罗旧籍，发扬国光。海内藏书家，如有佚书遗籍，无论手钞已刊，但为希见之本，即望投寄。本社同人，当择其精要者，重版印行。即以印成之书若干部，用答雅谊。其有以寻常通行之书捐助本社者，亦当题名册端，谨为收藏，以预备扩充国学藏书楼之助。"（《征书广告》，《国粹学报》丙午年第 4 号，1906 年 5 月 13 日）之后的《国粹学报》，连续登载此征文与征书广告。

是月　江苏学政考查上海各校，并分别等第，给以奖罚。

江苏学政考查公立天足会女学堂，称"此校科学固有特色，尤重德育根柢，于开通风气之中，寓保存国粹之意。有志提倡女学者，取法此校可也。奖给匾额"。（《江苏学政考查上海各校分别等第表》，《申报》，1906年5月28日，第4版）

6月上旬（闰四月中旬）　孙雄在天津客籍学堂温课时以笔代舌，向诸生论国文之要及治国文之道，以为国文为废科举设学堂后昌明国学之根据地。

天津客籍学堂总教员孙雄交代以文代演说的缘起，在于"赤日炎炎，暑假在迩。今当季考之前，例应温课半月。仆因平日所编讲义，局于暑刻，限于篇幅，每多不能尽其意"。故"以笔代舌"，宣为《国文讲义余谈》。主张废科举兴学堂之后，国文一科地位更重，为昌明国学之根据地。其言道：

《左氏传》云，言以足志，文以足言。不言谁知其志？自春秋以迄战国，为我国文学最盛，言论自由之时代，儒墨道法诸家，各以所学著书，苟读其文，自能别其学之程度。汉时公卿大夫，无不工为文章者。吾国元明以后，青衿之士，误于举业，致荒实学。（科举时代，亦有专力于实学者，然究居少数。）今幸明诏特废科举，学堂肇兴，文学一科，视昔加重。（吴挚翁谓科举既废，学堂宜以国文为最重要之科，洵为确论。）矧欲通达时变，致用当世，舍是一途，蔑由赴轨。故仆谓中国文学一科，数十年后，必骎骎乎昌明光大，实为百世不祧之宗，亦有一定不易之理，可饮水思源，乃由废科举而设学堂，以为昌明国学之根据地，此虽仆一人之创论，而凡今日之笃嗜旧学，与研究新学者，靡不公认以为确实也。诸君子朝渐夕摩，咸不以鄙见为非，而硁硁私意，更有不能不详细表白者，则以讽咏诵读之不可废也。

故望诸生可以熟读选本，而"旧日选本，以姚惜抱氏辑《古文辞类纂》及曾文正公《经史百家杂钞》二书，为最有义法"。（孙雄：《国文讲义余谈》，《寰球中国学生报》第 2 期，1906 年 8 月）

6 月 26 日（五月初五）《民报》刊登《国粹学报》广告，并由民报社编辑部代派。

广告称："地星之国，固以国民国土国权，膏液之造，合之而成。然其文犷兴颓，莫不以国粹之论事保存为一大关键。粤自通古斯入寇以来，二百六十年中，国粹泯之殆尽。讵意人心不死，顿放光明者，则《国粹学报》之显于宇内也。且著述诸子，以心胸之精博，见识之卓越，于枯窘之中，发挥微义，辉煌陆离，实二十世纪之一怪物也。凡欲保存国粹者，不可不人人手一编。"（《国粹学报》，《民报》第 5 号，1906 年 6 月 26 日）

6 月 30 日（五月初九）　时人评当时文字之怪现象，忧心新名词流行，以为文字为中国国粹，理应注重。

作者称文字"代表国人好恶喜怒之心理，与夫风气时势之转移，而一一宣布于外者也"。验之于二千余年之历史而不谬。"自与各国通商以后，内忧外患，日逼日亟。于是政治上之改革，纷纷效法东西各国，以图自强。国势与民气乃一大变更，而文字亦随之而俱变。除八股，重策论，力去其旧日空浮之习，而趋于识时势崇实学之一途。至于今日，东西各国书籍翻译日富，新知识之输入日多，而一切新名词，亦遂摇笔即来，时时流布于文字之间。故文字变至今日，可谓从古所未有。"其所用新名词，有"按之东西洋之解释，既不然，按之中国向来之解释，又不然"。对此应加以注意，称："自西人言之，文字为开化之母，宜加研究。自中国言之，文字为国粹所存，最宜注重。其变迁也，关系至巨，岂区区细故而可忽视哉！"（《论文字之怪现象》，《申报》，1906年6月30日，第2版）

是月 署名弢客者发表《学界刍言》，主张保存国粹，普及教育。

先是，1905年7月1日，李登辉在上海北京路十五号青年会，发起成立寰球中国学生会，以求中国之进步。拟设教育部，以改良中国之教育方法。设翻译部，以输进泰西新智识。设刷印部，以印所翻书籍并刊学报。设待聘部，以供给祖国延聘成材之士。（《组织寰球中国学生会之发起大意》，《申报》，1905年7月1日，第4版）。其所刊学报，在寰球中国学生会初建之时，名曰《寰球一粟》，每月出版一次，报告会务的进行状况，并介绍新知识于社会。至1906年6月，《寰球中国学生报》正式发刊，成为寰球中国学生会的机关报。自《寰球中国学生报》发刊，寰球中国学生会也才真正运作起来。"亚东弢客"《寰球中国学生报序》即称：（寰球中国学生会）"创立伊始，首办月报，凡以阐发学生会之宗旨，研究学生会之敷设。"（亚东弢客：《寰球中国学生报序》，《寰球中国学生报》第1期，1906年6月）"林亚弢"也专门在此报创刊号刊发《寰球中国学生会序》，交代寰球中国学生会之缘起与旨趣。（林亚弢：《寰球中国学生会序》，《寰球中国学生报》第1期，1906年6月）足见此报与寰球中国学生会实际展开活动之密切关系。

"亚东猞客"《寰球中国学生报序》交代此报旨趣，称："举外侮内讧之时局，纷沓委靡之社会，责以扶持旋转，而胥于学生肩之"，作者以为"危乎殆哉"，故尤须研究学生及学生会之组织。作者"尝略考各国教育之法，返观吾国学界之弊，以为一国者，如百工骈集之大工厂也，一国之民，皆工厂中役夫也，或司建造，或司选购，或司分配，或司制作，彼度地审势，绘图斠界者，先人而劳，亦先人而逸，布划既定，各就所职，无所谓高下。就其材以学之，无所谓位置。就其学以事之，无所谓特别。就其事以权之，至此则学于仕者仕，学于兵者兵，学于商者商，学于工者工，学于农者农。全国之人，无一非学生，然后国可以国"。故主张在内地学生与留学生渐众之时，为改善管理，教学相得，应"先定方针，以图着手"，须"研究而敷布之，非会不可，非就今日之学生，先掣别而结合之以为会不可"。以研究教育，阐发学生会之宗尚。（亚东猞客：《寰球中国学生报序》，《寰球中国学生报》第 1 期，1906 年 6 月）此报主笔为李登辉、严复、唐介臣、曾子安。（封底照片，《寰球中国学生报》第 1 期，1906 年 6 月）

《学界刍言》即是此报论说之第一篇。作者署名"猞客"，与前二序作者"亚东猞客""林亚猞"应是同一命义。"猞"，通"韬"，有隐藏之意。作者或是创刊者李登辉，或是以李登辉为首的创刊团队人员的共同署名。由此也可见，此文于此报及此会的提纲挈领之性质。

作者开宗明义道："学也者，国之利器也。"而"吾中国，学国也。四千年来，具哲想，挺奇姿，简不绝书，今乃瞠乎后于天下，以不学闻。如日本者，昔挹吾文明以立国，今且为吾导师，骎骎乎握吾教育权。于此而不求自振，日就陵替，伊于胡底。比者上自朝廷百司，下逮士庶商贩，莫不注意于兴学。学堂既日有增设，游学东西各国者，一二年间增至十倍，不敢谓不盛矣。虽然，昔如烬烛，今如棼丝，待烬烛之尽不可，理棼丝而迷其绪，愈理愈乱，与不理又何异"。故作者提出"学界刍言"二十四则，"皆拟实际办法，以补承事之所略"。

此二十四条建议，分别为：各省宜遍设学会也；学费宜统捐国民也；宜互遣教员考较也；宜厘订学堂课本也；宜编经子教课书也；宜编历史教课书也；宜辑科学原理书也；宜编简易教课书也；设中西文高等专门学堂也；定学堂中官话简要文字也；出洋学生宜设预备学堂也；宦绅子弟宜让官派额费也；请改良课吏章程也；筹位置旧时士子也；设实业学堂也；设国艺学会也；宜增律学科也；宜广医学院也；设国乐研究会也；设简易女学堂也；遣女学生赴各国肄习也；开乳育所及幼稚学院也；宜改制学堂房舍桌椅也；宜自制学堂衣装用品也。（弢客：《学界刍言》，《寰球中国学生报》第1期，1906年6月）

正如陈季同为《寰球中国学生会序》所写识语："近世党界，划若鸿沟。新旧学子，皆枘凿不相入。思欲居间而融洽之。"（陈季同：《寰球中国学生会序识语》，《寰球中国学生报》第1期，1906年6月）《学界刍言》整体之原则，即在注重东西洋各科学的同时，应保存本国固有学问，协调新旧。如安置旧时士子，设国艺学会，设国乐研究会，而最显著者在于应编经子教科书，其言谓："四千余年，圣贤精魄之所寄，在十三经，在周秦诸子，无理不具，无义不包。历朝

之士，寝馈于此者，靡不立功立言，为世所则。独是卷帙浩繁，无
论科学盛行之世，不及浏览，即从前学生为考试功令计，亦止于记
诵五经四子书，绝少玩味精义者，子书尤视为不足轻重，至有身入
词垣，不知庄列荀扬为何人。诿云旧学误人，吾不知谁为旧学也。
亟宜延通儒硕士，各加选辑，分浅近完备二种，删去复杂歧泛之
处，演精深为通达，辞简义赅，无取支蔓，浅近者用之小学堂，以
一年卒业。完备者用之大学堂（或中学堂），亦约以一年卒业。（伦
理、国史、国艺教课书中，亦宜参用经子。）此亦保存国粹之一捷
法也。"其总结诸原则，强调"以保存国粹，普及教育为主义，非
泛谈理想，实可见诸施行。……新近海上各报，皆言学部注重国粹，
从此各学校，当知科学虽要，国粹尤不可忽，微特圣经贤传，仍与
日月同光，即子史及古文词章，亦可藉是不废，其实科学原素，皆
为旧学含点。"（弢客：《学界刍言》，《寰球中国学生报》第1期，1906年6
月）《东方杂志》第3卷第10期全文转载此文。

7月1日（五月初十）　钱玄同"购去年之《国粹学报》等而
归"。（杨天石主编：《钱玄同日记》第1册，第50页）

7月6日（五月十五）　时人发表《论保存国粹》，反对不问理
之是非，以我所有而别国无者为国粹，尤其反对借保存国粹以阻新
学，隐射存古学堂之设。之后，直隶图书课员韩梯云撰《释保存国
粹》，认为保存国粹于理既模糊而于义为无当。

《大公报》所刊文述国粹正义，称：

按《说文》：粹，不杂也。《易》曰：刚健中正，纯粹
精也。古人凡用粹之字义，皆含精纯美丽之意。至近今时贤

所谓国粹者，大都为古代流传之至理名言。流风余韵，足为
经世宰物，缮性陶情者。若文章，若美术，凡属快心目、瀹
性灵者，皆是也。然则所谓粹者，固有美无恶，有是无非者
也。使一国有此，而社会见重于他族。一人具此，而品格度
越于流侪。夫如是安得而不保，安可而不存。是岂待智者而后
知哉。

依此，则国粹自待保存。然国粹保存之论，起于欧化东渐之
后，"泰西之奇技淫巧，新理异说，日灌输于吾国。喜新之辈，稍
稍趋之，而旧学宿儒，群相唾斥为离经背本"。一者"胜气少年，
喜新厌故，矫枉过正"。一者"旧学宿儒辈，本其一孔之见，挟其
自大之心，痛心疾首，奔走喘汗"，忧用夷变夏，"于是嚣嚣然塞于
途、盈于耳者，无不日保存国粹、保存国粹"。使国粹"果足巩固
邦国，康济群生，跻吾民于富强，进吾民之幸福者，则造次于是，
颠沛于是，须臾不离可也。又岂仅保存云乎哉"。然多"狃于习，
蹈于空，务虚名，贾实祸"，实为一"似是而非之口禅，有名无实
之门面语"。则此国粹自待辨析。

作者辨"治国必本经义"说，以为"欲取二千余年已前一国自
为之事，施诸二千余年已后五洲交涉之时"，必捍格而不合。"且不
惟不适于用，而更于文明进化之机，多所窒碍。"虽然，"学古非不
可以通今"，不如"以今通今之为功易"。且"西人新法之善，必竟
委而穷源。华人古法之拙，犹多方而护短"。"使我学术文章，果为
完粹精美，颠扑不破，真足与二十世纪列强竞胜于天演旋涡中，则
俯拾即是，何事他求。乃今情见势绌，优劣判然，亦不待智者而后

知也。人尚实际，我崇空谈，人重趋新，我专泥古。重其所轻，急其所缓，几何其不背驰，而欲收富强之效果，岂异缘木求鱼，北辕适越乎。"对于"学堂虽立，而每校中经史国文居其大半"之现状，强调国处争存之日，"欲求强立，端在西学。欲事西学，必习西文乃有实效"。对以存古学堂为代表的在学堂保存国粹之举颇不以为然，以为"学堂之芽甫萌，而保存国粹之言蜂起"，"其于富强之根基，直同摧残践蹈而不已"。

作者虽反对在学堂保存国粹，亦不认同"所谓国粹者，固不必保存"。然以之为如泰西之美术馆，"凡夫雕虫小技，刻鹄奇思，苟有一技之长，则无不分门收录"。并不以之为"可施之于修齐平治也"。对于职国民之向导的报馆提倡保存国粹，以为"揣其意未尝不知西学之利实用，中学之逼空谈也。以为不如是则不得上宪之欢心，无以谋其升斗，而阻隔风气，闭塞民智，非所计也。此辈直无是非之心，而惟以上宪之好恶为是非，水母目虾，可怜孰甚。"以此辈保存国粹，"果得达其目的，底厥成功，吾恐粹虽保而国不存"。故事实上反对保存国粹，"愿有斯民之责者，去其骄矜，澄其心目，毋徒狃积习，务虚声，而祸我种族，覆我邦家也"。（《论保存国粹》，《大公报》第 1436、1437 号第 2、3 版，1438 号第 2 版，1906 年 7 月 6 日—8 日）

图书课员韩梯云撰《释保存国粹》，则先辨保存国粹之保存义，称："保存二字，为有对待之名词，非独立之名词，必经破坏乃用保存。古今来一切事物，当其积极既久，一旦有人焉，举向所堆积壅滞者，尽举而扫除廓清之，及其糟粕既尽，精华乃见。而有心人乃于残灰断烬之中，磨洗之、光大之，是则所谓保存也。故保存者，破坏之最后手段也。"而吾国"今之所谓维新者"，"其所破坏者，不过以一二新名词，破坏向来起承转合之文体，以一二新学说，破坏向来墨守饾饤之经义耳。是文粹也，是学粹也，即须保存，亦安得而谓之国粹也"。就此以为，"吾国竟无所谓粹，而无可保存者乎？"又以为不然。因"国于天地，必有与立，国之有粹，犹人之有精神也。精神不可见，而可于其如是则生，不如是则死，如是则存，不如是则亡者，而定其精神之所在。"因此又辨国粹与国魂之不同：

　　国粹与国魂不同，国魂者，一民族固有特性之谓。吾国今日事事见绌于外人，独此父父子子、兄兄弟弟、夫夫妇妇之间，虽于伦理之范围未尽，而其真诚至性之所结，他国人莫望项背。自黄帝至今，所以能独立于此搏搏大地而战胜他族者，此也。此固无人敢破坏者，不破坏乌用保存也。国粹者，一民族精神之谓，如今日之所谓民族主义、帝国主义、尚武主义，皆精神之一端，此又各国之粹，世界之粹，非我国所得而私有者也，非我独有，安得谓我国之粹也？盖特性所独也，精神所同也，将以保存我固有之特性乎，则固依然无恙也。当俟之数十百年后，外化达于极点，而我国固有之特性，或将潜移默化之时，再徐议之，将以保存共有之精神乎。则我于数主义之形质犹未具。吾言之吾滋愧，淫淫然不知其汗之所从出也，何颜之厚而敢云保存我之国粹也？然则保存国粹云者，闭四库之门而严锁钥之，保存之道在是矣？

因此以为："凡保存者，对待破坏而言也。今云保存而无所谓破坏也，非正确之保存也。凡国粹者，一民族之精神也。今云国粹而无关于民族之精神也，非正当之国粹也。"故"断定此案曰，今所称保存国粹四字，于理既模糊而于义为无当"。（《释保存国粹》，《直隶教育杂志》1906年第11期）

以上二文事实上皆反对保存国粹之说。

7月11日（五月二十） 国学保存会继去年之后再在《国粹学报》发表刊刻古籍广告，所刊古籍及待刊者增多。

国学保存会以研究国学，保存国粹为宗旨，志在搜罗遗籍，对于版已久佚者，或未曾刊行者，皆择其至精至要，无愧国粹，切于时用者，审定印行，汇为《国粹丛书》。由此次广告可知，《国粹丛书》第一集有王阳明《传习录》（付刊）、顾亭林《肇域志》（续刊）、《颜氏学记》（已印）、黄梨洲《孟子师说》（续刊）、刘继庄《广阳杂记》（续刊）、戴东原《原善》（已出版）、《孟子字义疏证》（已出版）、包慎伯《说储外篇》（付刊）。第二集有郑菊山《清隽集》（已刊）、郑所南《百廿图诗》（已刊）、《郑所南文集》（已刊）、谢皋羽《晞发集》（付刊）、《谢皋羽年谱游录》（付刊）、李氏《焚书焚余》（续刊）、《吕晚村文集》（续刊）、《张文烈公遗诗》（付刊）、《夏内史集》（付刊）、《吴长兴伯遗集》（续刊）、《吴赤溟集》（付刊）、钱受之《投笔集》（付刊）、《万履安遗诗》（续刊）、《全谢山续著旧集》（续刊）、《黎忠愍公集》（续刊）、《陈文忠公遗集》（续刊）、《陈岩野先生集》（续刊）、邝湛若《海雪堂集》（已刊）。第三集有黄梨洲《行朝录》（已出版）、冯再来《劫灰录》（付刊）、彭孙贻《湖西遗事》（付刊）、彭孙贻《虔台逸史》（付刊）、彭孙贻

《岭上纪行》（付刊）、王孙父《东江始末》（付刊）、无名氏《苏城纪变》、《南疆绎史》（付刊）、《海东逸史》（付刊）、《传信录》（付刊）。(《国学保存会刊刻古籍广告》,《国粹学报》丙午年第6号, 1906年7月11日)

7月15日（五月二十四）　章太炎在东京留学生欢迎其东渡日本的大会上演讲, 鼓励以国粹激动种性, 增进爱国精神。

先是, 6月29日, 章太炎出狱。孙中山派人赴沪迎接。7月7日, 章太炎加入中国同盟会。7月15日, 东京留学生开会欢迎章太炎。"是日至者二千人, 时方雨, 款门者众, 不得遽人, 咸植立雨中, 无惰容。"(民意:《纪七月十五日欢迎章炳麟枚叔先生事》,《民报》第6号, 1906年7月25日)

章氏在讲演中称:"近日办事的方法, 一切政治法律战术等项, 这都是诸君已经研究的, 不必提起, 依兄弟看, 第一要在感情。没有感情, 凭你有百千万亿的拿破仑、华盛顿, 总是人各一心, 不能团结。当初柏拉图说:'人的感情, 原是一种醉病', 这仍是归于神经了。要成就这感情, 有两件事是最的:第一, 是用宗教发起信心, 增进国民的道德;第二, 是用国粹激动种性, 增进爱国的热肠。"

至于为何提倡国粹, 章氏解释道:"为甚提倡国粹? 不是要人尊信孔教, 只是要人爱惜我们汉种的历史。这个历史, 是就广义说的, 其中可以分为三项:一是语言文字, 二是典章制度, 三是人物事迹。近来有一种欧化主义的人, 总说中国人比西洋人所差甚远, 所以自甘暴弃, 说中国必定灭亡, 黄种必定剿绝。因为他不晓得中国的长处, 见得别无可爱, 就把爱国爱种的心, 一日衰薄一日。若他晓得，我想就是全无心肝的人，那爱国爱种的心，必定风发泉涌，不可遏抑的。兄弟这话，并不像做'格致古微'的人，将中国同欧洲的事，牵强附会起来；又不像公羊学派的人，说甚么三世就是进化，九旨就是进夷狄为中国，去仰攀欧洲最浅最陋的学说。只是就我中国特别的长处，略提一二。"（章太炎：《演说录》，《民报》第6号，1906年7月25日；另可参见民意：《纪七月十五日欢迎章炳麟枚叔先生事》，《民报》第6号，1906年7月25日）

是月　工部主事刘桢呈请学部代奏学务要端，宗旨在于保存国粹，推广学堂。

奏文称："学堂之设，在西国为致强之总纲，在中国尤为救危之上药。比年以来，教育普及之议，樊然盈耳。自停科举设学部以后，薄海之听睹一倾。自教育宗旨宣示天下以后，士夫之趋向一正。近且特简提学使，分布各行省，总挈学纲。继今以往，学校林立，治化日新，盖无待言。惟规制贵乎因时，推行期于无弊，事属创始，不厌求详。"故"举荦荦大端，筹议办法，上备采择"。

所举共五事，谓：一、筹拟学生出身；二、编定国文课本；三、推广小学堂办法；四、推广实业学堂办法；五、严防女学堂流弊。并总结"以上各条，或筹推广学堂之策，或以保存国粹为宗，要皆期于切实可行，不敢为迂疏高远之论"。（《工部主事刘桢呈学部代奏稿》，《申报》，1906年7月26日、27日、30日，第2版）

8月9日（六月二十）　国学保存会事务所搬迁。

国学保存会将事务所从《国粹学报》馆及《政艺通报》馆所在的上海惠福里转移至上海铁马路北爱而近路上海商务总会隔壁弄内第六号洋房，提醒所有投赠书籍及商量学问函件，请直寄是处。而

寻常购书筹款项函件仍寄《国粹学报》发行所。(《国学保存会藏书楼广告》,《国粹学报》丙午年第7号，1906年8月9日)

△ 邓实开始在《国粹学报》刊发《国学讲习记》,谓国学为一国自有之学,分一国之经学、一国之史学、一国之子学、一国之理学、一国之掌故学、一国之文学。

国学保存会一大事业,为"讲习国学"。规定"每月开讲习会以商量旧学,互收切磋之益"。稍后在《国粹学报》上广告,谓"自明春起,编为国学讲义录,月出一册,以三年讲毕为卒业。吾国典籍至繁,浩如烟海,学者苦无门径,每兴望洋之叹。又百家诸子立说互歧,朱陆汉宋门户攸别,非探赜索隐、提要钩玄、深明学术之源流,何以造成有用之学"。(《发行国学讲义》,《国粹学报》丙午年第11号，1906年12月5日) 邓实《国学讲习记》当即属于此类"讲习国学"之讲义。

此期所刊,实为《国学讲习记》之序。(此期所刊《国学讲习记》在《政艺通报》丙午年第14号、《山东国文报》第19期所刊者皆署题为《国学讲习记序》) 故开宗明义,交代国学之名义,谓国学为"一国所自有之学也。有地而人生其上,因以成国焉。有其国者有其学。学也者,学其一国之学,以为国用,而自治其一国者也"。

此类皆与邓实师朱次琦治学一致的观念相近。以此之谓,邓实详析国学之类,分为六,此分类亦近于朱次琦,谓:"既有国则必有先知先觉之圣人出焉,著书立说,以俟百世。圣为天口,贤为天译,演之为宗教,尊之曰圣经。是曰一国之经学。既有国则必有其风俗习惯,治乱兴亡之故,与夫英雄豪杰,忠臣义士,儒林文苑,循吏酷吏。是曰一国之史学。既有国则其一种人之内,必有心灵秀特之士，各本其术以自鸣，若阴阳名法儒墨道德，成一家之言者。是曰一国之子学。既有国则必有一部分之师儒，读圣贤之书，守先王之道，以继往开来，明道救世。是曰一国之理学。既有国则必有政治因革损益之事，是曰一国之掌故学。既有国则必有语言文字，以道政事，以达民隐，诗以歌之，辞以文之，是曰一国之文学。"

故而声明："是故国学者，与有国以俱来，本乎地理，根之民性，而不可须臾离也。君子生是国，则通是学，知爱其国，无不知爱其学。学也者，读书以明理，明理以治事，学其一国之学，以为国用，而自治其一国者也。自一心之微，以至国家之大，皆学也。故不明一国之学，不能治一国之事，乃若有兼通他国之学以辅益自国者，则兼材之能也，国杰之资也。然而不通自国之学，在古不知其历史，在今无以喻其民，在野不熟其祖宗之遗事，在朝即无以效忠于其子孙。知其历史，熟其遗事，则必以读本国之书，学本国之学为亟。虽然，国学之替也，汉宋操其矛焉，朱陆刺其盾焉，丛脞其考据，空疏其性理，藻绘其词章，靡靡乎香草，逐逐乎鞶帨，以云学则非学，以云国则不国。呜呼，非学不国，虽匹夫与有责焉矣。夫国以有学而存，学以有国而昌。昔孔子入其国而观其教，即以知其国。《诗》曰观国之光，又曰思王多士，生此王国，王国克生，维周之桢。以云士者，国之桢也。学者，士之用也。多士力学，以为国桢，岂非国光之可观者乎。实不敏，断断于读书报国，而无忝其为国士者。承诸君子之雅，以相与商量旧学，于荒江寂寞之上，风雨神州，鸡鸣不已。思以松柏之节，伟为国桢，庶几读书申明大义，正气尚存，国光不泯，意在斯乎。"

下一月，邓实在《国粹学报》续刊《国学讲习记》，实为《国学讲习记》正文之开篇，论一国之经学，别之分支并未兼顾。

邓实讲国学之经学，首先"正名"，谓：

经之名何自始乎？曰凡一学术，成一宗派，行之社会，而成国教，是曰经。有教主以前之经，有教主以后之经。由前之经，则如孔子未生，天下已有六经。《庄子·天运篇》曰：某以六经干七十君而不用。《记》曰：孔子曰：入其国，其教可知也。有《易》《书》《诗》《礼》《乐》《春秋》之教，是为教主以前之旧经，未经教主之删定者也。由后之经，则孔子自言述而不作。然太史公有言：孔门弟子，通六艺者七十二人。又曰：世之言六艺者，折衷于夫子。则孔子虽不作经，孔子未尝不订经。史言孔子删《诗》《书》，定《礼》《乐》，赞《周易》，修《春秋》，是为教主以后之经，经教主所编订，而用为孔门之课本者也。乃若教主之言行，有纪述以成书者，则亦谓之经，如《孝经》《论语》是。然而，《孝经》《论语》之称为经者，乃后人之尊崇教主而然，而在古无是经也，不可名经。故班固序六艺为九种也。於乎经之名不正，于是而有以传为经（《左传》《公羊》《穀梁》），以记为经（《小戴礼》），以群书为经（《周官》），以子为经（《孟子》），以释经之书为经（《尔雅》）者，此皆不知经之名实出于国教也。夫中国古代之有六经，犹印度之有四韦驮，犹太之有《旧约》而已。教为一种人所特有之教，即经为一种人所特有之经；有一国之教，即有一国之经。守教者曰祭司，守经者曰经师，其义一也。

其大义出自"六经皆史"。详说之谓：

　　章实斋曰：六经皆史也。古人不著书，古人未尝离事而言理，六经皆先王之政典也。龚定安曰：儒者言六经，经之名周之东有之，六经者周史之宗子也。夫二子之以史称经，可谓知其本矣。经之为物，其始于中古乎。既有天地，即生人类。人类而聚居一处，即有其山川风土，而成一群。群之内必有其文字以记事，积之久而成一书。其始有之数书，大抵以记其种人开辟迁徙战争及古来所传闻之遗事而已。故其书每人神并载，政教不分，有英雄传记焉，有酋长号令律例焉，有教主言行焉，有种人旧俗遗语焉，数体相合，而成一书，则尊之曰经。要之，皆其一种人所演之历史也。太史公有言：载籍极博，学者犹考信于六艺。六艺者，六经之文，即三皇五帝之书也。六经皆史，岂不信哉！

又主经学之"通今"。谓：

　　经者古史，读经者宜以今义通古义，以今制通古制。故经之名物度数、车服宫庙，如明堂辟雍、郊祀禘袷，皆当博观其义，而不必拘泥其迹。儒者是古非今，聚讼纷如，甚无谓也。昔孔子论政，皆政之精意。若政之法度，殷辂周冕，未尝多及。故曰：殷因于夏礼，所损益可知也。周因于殷礼，所损益可知也。余闻仁和龚氏有言曰：孔子曰：郁郁乎文哉，吾从周。又曰：吾不复梦见周公。至于夏礼商礼，取识遗忘而已。

以孔子之为儒，而不高语前哲王，恐蔑本朝以干戾也。又闻之太仓陆氏之言曰：孔子动称周家法度，虽周公制作之善，亦从周故也。予每怪后儒学孔子，亦动称周家法度，而于昭代之制，则废而不讲，亦不善学孔子者矣。是故读古人之经，贵得古人之意。以古证今，而权以时义，用之则可行，则可谓通经之士矣。

既主通今，自然主讲"致用"。谓：

　　韩子曰：士不通经，果不足用。孔子曰：诵《诗》三百，授之以政，不达；使于四方，不能专对。虽多，亦奚以为。吾闻两汉经儒，通经皆以致用。西汉诸儒，如以《禹贡》行水，以《洪范》验五行，以《齐诗》测性情，以《春秋》决疑狱，以《礼》定郊禘大典，以三百五篇当谏书。东汉郑君，隐修经业，黄巾不入其境，比牒并名，早为宰相，毋失其素风，此皆行乎经术而能致用者也，汉学之真也。呜呼！古之汉学，岂如今之汉学之丛脞无用者哉？以声音训诂、名物考据，而号之曰汉学，此近二百年之学风之所以敝也，非汉学之真也。

故复古学之真，以为"古之学者，六艺而已矣。于《易》验消长之机，于《书》察治乱之迹，于《诗》辨邪正之界，于《礼》见圣人行事之大经，于《春秋》见圣人断事之大权。经明其理，史证其事。知经史，则掌故非胥吏之材；知经史掌故，则性理非迂儒；知经史掌故而又服习性理，则词章非轻薄之文人。《书》与《春秋》，经之史学也；六经之法，掌故之学也；六经之义，性理之学也；六经之文，辞章之学也。十三经之文，天地之至文也，其义以文而著，不察其文，则其义亦隐。"（《国粹学报》丙午年第 7、8 号，1906 年 8 月 9 日、9 月 8 日）

《国学讲习记》在《国粹学报》只登载两期，即讲习记的序及第一篇经学，原本计划中的史学、子学、理学、掌故学、文学皆未刊行。故为未完结之篇。

是月　上海格致书院出课题，策论中国学生在学习东西洋文字时，如何尊尚国文以保国粹。

上海格致书院农历七月课题之策论，为试论"寰球之上，无论何国文字，当推中国为独优。今中国既广设备等学堂，并令贵胄及绅官子弟游学各国，诵习东西洋文字，宜如何尊国文，以保国粹。"（《上海格致书院七月份课题》，《申报》，1906 年 8 月 20 日，第 17 版）

△　章太炎与刘师培讨论《国粹学报》，建议无取公羊学说。

章函称："《学报》钩微探赜，宣扬国光，诚所崇仰。独其中所录《公羊》诸说，时有未喻……鄙意提倡国学，在朴说而不在华辞，文学诚优，亦足疏录。然壮言自肆者，宜归洮汰。经术则专主古文，无取齐学。（《穀梁》《鲁诗》，皆可甄录；《公羊》、辕固，则无取焉。）"（章太炎：《与刘师培》，马勇编：《章太炎书信集》，第 76—77 页）

△　国学保存会明定章程，并分赠各地学人。

发行于 1906 年 9 月 8 日（七月二十）的《国粹学报》丙午年 8 号之"通信"栏内，刊登了郑孝胥及林纾的致谢函，都提到获赠《国学保存会章程》一册。（《通信》，《国粹学报》丙午年第 8 号，1906 年 9 月 8 日）

此次公开发布的《国学保存会章程》，详尽细致远过于创刊号所附的《简章》。此次章程规定并说明：

首先正名，"本会为保存国学起见，故名国学保存会"。其次阐释宗旨，则在《简章》"研究国学"外，新增"发扬国光，以兴起人之爱国心为宗旨"。

为达成此目的，实现此宗旨，国学保存会详列了各种办法。此前更强调保存遗书，对应于保存国粹。此时首先注重"讲习国学"，规定"会员平时至会研究外，每月开讲习会一次。或推举会员，或敦请外界之有学者主席"。因此一改"志在收罗遗籍"，改谓"本会志在以讲学合群，交换智识"，因而重"交通学界"。

其他如设藏书楼及刊行《国粹学报》则一致。此外，新增：

"设阅书报室。本会于总部内设阅书报室，凡所藏各书，所购各报，可径由司籍员按录调阅，会员于每月缴会费时，给予该月之阅书报券一张，免收券费，若非会员则例须购券入座。

"设美术室。本会于总部内设美术室。所储金石彝器、琴书图画，及吾国最新之织造，最佳之瓷器各品，以备游息时研究美术。凡持有阅书券者得与流览。

"设博物室。本会于总部内设博物室。搜探内国自产之动物、植物、矿物，制为标本模型，以图内国教育主义之完全。

"刊发报告。每月本会所办各事举其重要，刊为报告，附登《国粹学报》内，宣布同人，以识本会成绩。

"刊行国粹丛书。搜罗佚书遗籍，凡钞本未刊者，或版已毁者，或尚有版而不多见者，皆择其秘要精粹者，审定印行，版存本会。

"编辑国学教科书。荟萃群籍，提要钩玄，折衷至当，编为中学、高等小学、初等小学各种教科书，及乡土志以普及国学，感发国人之爱国心。"（《上海国学保存会章程》，《北洋官报》第1186册，1906年11月11日）

皆体现保存国粹，发扬国光，激发中国人爱国合群之宗旨。

1906 年 11 月 15 日，国学保存会组织的藏书楼成立，举行开楼礼，邓实报告国学保存会所办各事，谓"共分五科，一发行《国粹学报》，一编辑国学教科书，一刊行《国粹丛书》，一设立藏书楼，一设立国粹学堂"。可见此五类为国学保存会之核心事业。而国粹学堂的计划创办，并未列于之前的两种章程内。之后直至藏书楼开楼之日，"前四科业已陆续开办，基础已成"，而国粹学堂仍未开办。（《藏书楼开楼纪事》，《申报》，1906年11月20日，第2版）

章程规定了国学保存会的具体经营运作的规则。谓：设干事员。"每半年选举一次。于会员中公举正会长一人、副会长一人、评议员每二十人举一人、会计一人、书记一人、司籍一人。"有关其人的权责，谓："正会长部署全会一切办法，主持开会报告会事。副会长赞助正会长，分担责任，对于各干事员有稽查干涉之权。评议员商议会中各事，与会时有指陈得失之权。会计经理银钱出入，每月录报销单一纸，布告全会。书记专司来往信札及平时誊写文件。关于开会之记录，每月缮稿由会长核定，附登报告。司籍管理藏书楼及阅书室内各事。凡会内外同志捐出寄存各书品，必得司籍署名收条为据，每月缮造捐出寄存各书品清单附登报告。凡会中除月会与特别会议，由会员公决外，平时非极重要之事，不及布告全体会员，由干事部三分之二商酌执行。"

又规定入会办法，谓："愿入会者须遵守本会会约，担任本会月费赞助，本会办事有本会会员二人介绍者，填写愿书方得入会，本会给予入会证书。凡入会者，须捐入会费三元以后，每月捐月费一元。均由会计员发给收条为凭。其月费须于每月初五日以前缴交，逾期即停给其所得之利益，月终并登入报告，道远者，或预缴半年、全年月费，均无不可。"另有特别会员："凡会内外同志每年认特别捐自二百元以上者，推荐为赞助会员、名誉赞助员。本会赠以长年阅书券十张，许其介绍亲友持券入座（惟必须介绍好学者方可）。百元以上者，赠以长年阅书券五张。五十元以上者赠以长年阅书券二张。得同介绍亲友到阅。（长年券一张可换每日券三百六十张）。"

亦规定"书品捐"："凡会内外同志捐出寄存本会内藏书楼、美术室诸珍要书品，本会月终题名报告以志盛谊，并视其物之轻重，报以阅书券若干张。其书苟经本会刊行，即以印成之书十部还赠。"

至于获得国学保存会会员资格者，可得以下利益："（甲）凡本会会员讲习国学，有所考索疑问者，可于开会一星期前标举讲习簿中，俾得互相讨论。（乙）凡本会会员有在远道，不能时相叙谈者，可以驰书论学。由会长及会内各同人举所知以答。（丙）凡本会会员于交月费时，即给以阅书报券一纸，得入阅书报室。经由司籍员调阅各书各报，免购券费。（丁）凡本会会员领有阅书报券者得入美术室内流览。（戊）凡本会会员皆有选举干事及公黜违约者之权。"

章程规定"出会"的情形，谓："凡入会者即属同人。平时邃密商量，无故不得出会。（一）有因特别事故自请出会者，须将出会缘由函告书记，缴回证书，请会长出名，即停月捐。（二）有违背会约，败坏名誉，为本会同人所万难容忍者，由会长于月会时报告全体以示公黜。（三）倘无出会公函，又不缴月费，至三阅月者，与公黜同。"既定出会规则，亦有"复入"规定。谓："于出会第一条内，因特别事故投函出会者，他日重来入会，果其人与会约无违，即准其复入，免捐入会费。惟犯出会第二、第三条者，不能复入。"

会约有四，曰："（一）尚公德；（二）知自爱；（三）维持会费；（四）实力讲习。"

国学保存会会期是："每月第四次星期下午二时至五时开通常月会。每逢六月、十二月之第一次星期开大会一次，选举干事员及修改章程，提议兴革各事。平时有特别事故，开临时会议决定。每年逢开会纪念日，宴集一次，借以联络学谊。"（《上海国学保存会章程》，《北洋官报》第 1188 册，1906 年 11 月 13 日）

办会经费一项，因"本会创立伊始，愿力极大而经费无多，今由同志数人发起藉手举办，将来持久之计，全赖会费、图书报券费、特别捐款三种为当年经费"。章程规定总部设在上海虹口铁马路北爱而近路，此与之前四马路已有别。谓"俟办有成效再图扩充，立各省支会"。（《上海国学保存会章程》，《北洋官报》第 1186 册，1906 年 11 月 11 日）

△ 胡梓方发表《说国粹》，为新旧学说作媒介，主张以西方哲学汇通中国国粹而见其极。①

---

① 此文 1908 年 9 月以《保存国粹论》为题，发表于《福建教育官报》戊申年第 2 期。

此文认为国粹为一国之基，中国开化最早，三代之治可比今日宪政，三代学制可比今日泰西教育，故应保存国粹。保存国粹与更新文化并不矛盾。称："中国惩前毖后，舍旧谋新，诚当务之急，然亦惟是革其敝俗，新其文化而已，而吾所以立国之本始要道，先圣之精义微言，经数千年之层累曲折而存于今日者，固不可举而一扫空之也。"且革新不应尽扫国粹。以为"希腊之亡也，先亡其学术；印度之亡也，先亡其宗教；波兰之衰，纪纲不振后改国语，宗社永墟。准是以谈，天下固未有国粹陵夷而危亡不属之者。伊川被发，百年为戎，古今中外，又同此公理，无可遁逃者也"。作者对当时更新文化中的"自由平权"之说不无警惕，称"比年以来，横序之子，言伦理则视为具文，讲经学则主张破碎，读历史则鄙夷宗国，习国文则剿袭芜辞，即以言夫西学，求速成不求深造，求形色之完全，不求精神之贯注，而又心醉自繇平权之说，不得其义之所归"。以为保存国粹可以保名教礼法。且作者以为："尤有可危者，垂髫之子，专诵西文，游学之徒，未涉国学，一旦有成，靡论其于吾圣人之道，未之有闻，计其所得，亦仅西人形下之学，而于高深哲理政治本源，都有未梦见者。（近日留学东西洋学生颇有学理湛深，贯通中外者，此就其多数而言。）"而比观欧西日本，"闻之泰西士夫之博通方言者，未有不先通其国文，而于古学尤所尊重。生徒必涉拉丁，方入大学。通都大邑，藏书楼庋古籍常至数百万卷，握铅怀椠之徒，游其间者日益万计。于前言往行，足资观感者，往往编为诗歌，抎扬鼓吹，务使成童就学之年，既已薰陶其德性而不至流入于奇邪。日本之初，倡尊攘之论，识者皆谓汉学之功。挽近西乡东乡，皆低首阳明，力求实践，丰功伟烈，照耀全球，有以也夫。夫王学，未至孔子者也，学未至于孔子而又行之于异国之人，其为效也已如是。然则我国学之纯然至粹者，苟有人昌大而光明之，为效不更什百千万于此耶"。

然保存国粹，并非要固步自封，与守故自大者不同，而是愿以此为新旧学说之媒介。以为只有新旧交融，国学乃能广大，只有以西方哲学汇通证明，才能复古之道，而将国粹发挥其极。其文称：

> 居今之世而欲复古之道，非证以西哲学理不足以会其通而见其极，此当世达人所恒言也。今日内顾国情，外度时势，必兼采新旧学说之长，而后国学乃得完全。世运日进，公理日新，使姝姝守一先王之法而不进窥西学之堂奥，是自封之道也，不特无以关彼喜新者之口而夺其气，实亦无以广先圣之旨而收考道之功。故吾之言非为彼迂儒老师作游说，而实为新旧学说作媒介也。之为治之具，可以改良立国之本，必不可以破坏。国粹存则国虽弱而不至于亡。(此言有人昌明国粹则国虽弱而不亡，中国礼教不明，人心不古，已非一日，实无国粹之可言。彼乡曲之儒，守故自大，自谓保全国粹，实所以促中国之亡也。)管子曰，国粹亡则国终不可以幸存，礼义廉耻，国之四维，四维不张，国乃灭亡。其此之谓与？霸气销沉而名言如诏，世有君子，其兴国粹式微之感，而奋力图之，则神州之幸也夫。(胡梓方：《说国粹》，《寰球中国学生报》第2期，1906年8月)

△　范祎发表《国文之研究》。

作者之所以撰写《国文之研究》，原因在于"一国之文字，一国之灵魂精神命脉系焉。欲鼓吹一国之进化者，非恃异国之文字，乃恃其本国之文字也。环球列国，较大者数十，文字之较著名者亦数十，无不各自保守其本国文字，与夫语言之习惯。未闻有舍弃本国，而苟焉浮慕他人，取素所不谙之一种文字，强欲易其所本有者"。"国之灭亡也，不过土地与主权暂为人之役属而已，迨至文字之灭亡，而人心乃真死矣"。故发挥国文研究之法度，以宣说国文之特质。作者自称："非谬持保存国粹之迂见，方襟矩袖导后来学子，以顽锢否塞之途者也。实见夫吾国苟永无发达之日则已，如或不然，一国之兴，未有不在人民之学问，而学问之凭借，未有不在国文者。"故提倡国文而研究之。与胡梓方一文一同反映寰球中国学生会融汇中西又注重中国主体性的旨趣。（范祎：《国文之研究》，《寰球中国学生报》第2期，1906年8月）

△　寰球中国学生会附属小学堂广告招生。

寰球中国学生会附属小学堂为培植小学基础，敦请练达学务，热心教育之员数位，授以中西各种科学。四年毕业，房屋明净，课堂相宜。课程外兼设体操、音乐并各种游戏之艺。每半年脩金十五元，均于开学时先缴。

寰球中国学生会附属小学堂设国文、英文、算学三门课程，国文课兼及世界地理，英文课则兼及国学文编，体现中西兼顾，适用普通的特点。这与寰球中国学生会的融汇中西的旨趣相符。

其课程表如下：

年期	国文	英文	算学
第一年	读本、修身 习字、演话	国学训蒙 拼法、丁氏法程 习字 国学文编初集	笔算数学第一本
第二年	读本、修身、习字 演话、造句 中国蒙学史 地理初阶	国学文编二、三集 地理初阶 文规、拼法 造句、默书	笔算数学第二本
第三年	读本、修身、文法 中国古世史 信札 亚洲地理	国学文编四、五集 地理进阶 文规、默书 短论、拼法	笔算数学第三本
第四年	读本、修身 中国近世史 世界地理 文法、作论	国学文编五、六集 舆地、作论 历史、会话 文规、翻译	代数

（《告白・寰球中国学生会附属小学堂》，《寰球中国学生报》第2期，1906年8月）

9月5日（七月十七）　苏州师范学堂增设优级选科及简易科，在《申报》刊登招生广告。

苏州师范学堂增设的优级选科，其"教员除聘日本学士主任教授外，仍各请中国专门教习一人，以为之辅。期以良法，融化旧知识，成新教材，俾他日出授生徒，能发明国粹，适于应用，以成一完全优级专科之师范"。（《苏州师范学堂增设优级选科及简易科章程》，《申报》，1906年9月5日，第2张第9版）

是月 章士钊与同人在东京合创国学讲习会，尊章太炎为主讲。

9月5日，章士钊以国学讲习会发起人的名义，在《民报》刊发《国学讲习会序》，讲述创立国学讲习会之缘起、志趣及实行之办法。[①]

此文以为"今之世多能言昌明国学之必要者"。然究竟"国学何以须昌明？抑由何道而始获昌明？且昌明之者当属之何人？"此层前人"罕能详言其故"。国学讲习会之设，即欲"解决此问题"。

文谓国学沦丧，由来已久，而今世尤为岌岌，甚于科举时代。详究其原因：

> 前日正学之所以不能光大者，以科举为之障害也。科举者，只以肤浅无可道之词章帖括为饵，无取乎窥名山而议先王。隋唐至今，天下之士，殆无不出于此者，即当其时有硕师大儒者崛起，亦无以遏其流而救其蔽。虽然，士之所以趋于科举者，班固所谓利禄之道使然也。其业是者，固只借以为利禄之阶梯，虽至愚极悍之人，从未敢妄断科举即为博学之宗。得科举者，即知致用之道，而遇有提倡绝学者，己虽不能划除利禄之念以从之，而未敢辄以为非。且知言者或心仪之，好名者或乐为标榜也，是若而人者，不过认此为应世之不必要而已，非有他也。而硕师大儒者，乃得利用此种种之心理，为之说以主之，毅然深斥应世俗学之无与于明德新民之业，使闻风者恍然于彼此出入之是非正伪，（虽或有言科举无妨于正学者，然

以其时科举之潮流太盛，欲引人入道，不得不责之也廉。至能
入道者，未有不弃绝举子业者也。）其结果亦得于狂流东下之
余，收集数四根器较深者，而传之以所业。虽不获主持全国一
致之风会，而绝学则获赖以不坠。其所以然者，则纯以科举与
绝学，立于正反对之地位，无郑声雅乐几微混合之患，故摧陷
彼而保存此者，得以单纯之手段出之，而天下之人不待寻求而
即得其端绪之所在故也。

今也不然，科举废矣，代科举而兴者新学也。新学者，亦
利禄之途也，而其名为高。业新学者，以科举之道业之，其蔽
害自与科举等。而新学则固与国学有比例为损益之用，非词章
帖括之全属废料者比。前之言国学者，可绝对弃置科举；而
今之言国学者，不可不兼求新识。前之业科举者，不敢排斥国
学；而今之业新学者，竟敢诋国学为当废绝。时固不乏明达之
士，欲拯斯败，而以其无左右褊袒之道，即无舍一取一之方，
二者之迷离错杂，不知所划，几别无瓯脱地，以容吾帜。则有
主张体用主辅之说者，而彼或未能深挟中西学术之藩，其所言
适足供世人非驴非马之观，而毫无足以餍两方之意。以此之
故，老生以有所激而顽执益坚，新进以视为迂而僻驰益甚。是
二者虽皆无所增损于日月之明，而其浮障之所至，竟可使国学
之昏暗较之科举时代而尤倍蓗。呜乎，是谁之责欤？夫国学之
所以不振，既非有纯一相对之障碍物，而所障碍之者，或即出
于同一之本原，拘墟者辄用以自戕，本可资为消长，而剽窃者
乃浅尝以忘其本。

正是由于以上"诸种复杂之原因"，则欲振起，"谋所以整齐收拾之道，非有人焉精通国学能合各种之关键而钩联之，直抉其受蔽之隐害，层层剔抉，而易之以昌明博大之学说，使之有所据，而进之以绵密精微之理想，使之有所用，无冀幸焉"。

文章强调："国学者，国家所以成立之源泉也。吾闻处竞争之世，徒恃国学固不足以立国矣，而吾未闻国学不兴而国能自立者也。吾闻有国亡而国学不亡者矣，而吾未闻国学先亡而国仍立者也。故今日国学之无人兴起，即将影响于国家之存灭，是不亦视前世为尤岌岌乎？"

振兴国学如此之要，"笃旧者无论矣。吾今语夫业新学者。略识西字，奴于西人，鄙夷国学为无可道者，此Comprador之言也，亦无论矣"。对于"志在中国者"而言，"夫一国之所以存立者，必其国有独优之治法，施之于其国为最宜，有独至之文辞，为其国秀美之士所爱赏。立国之要素既如此，故凡有志于其一国者，不可不通其治法，不习其文辞，苟不尔，则不能立于最高等之位置，而有以转移其国化，此定理也。（其或治法不仅于其国为优，文辞不仅于其国为独至，则他国之人有欲考求其所以为用而相仿效者，亦必习此文辞，通其治术，此又别论。）中国立国已二千年，可得谓无独优之治法乎？言治法犹晦。中国之文字，于地球为特殊，可得谓无独至之文辞乎？必曰无之，非欺人之言，则固未之学耳"。

文章进而道：

> 然则欲求有为于中国，其先所从事之方可知矣。而顾吾见夫今之号称志士者，陈义惟恐其不高，立言惟恐其不激，其所

以自信者，吾必有以主于中国也。而是人者，乃或口不能举经史之名，手不能行通常之简，语以儒言国故，则漫然嗤之曰，是何足取。嘻，亦已过矣。虽然，为是者有本有原。夫今之求新学者，此苏子瞻所谓智勇辩力四者，皆天民之秀杰者也。此四者不失职则民靖，故世主恒因俗设法以养之。三代以上出于学；战国至秦出于客；汉以后，出于郡县吏；魏晋以来，出于九品中正；隋唐以后，出于科举；而今之世，则出于新学。故新学者，若仅为世主之所利用，即所以聚集智勇辩力四者之天民而驯致之之道也。苟学者仅如其所驯致者而学之，此正苏氏之所以论六国，谓以凡民之秀杰者，多以客养之不失职，其力耕以奉上者，皆椎鲁无能为者，虽欲怨叛，而莫为之先，此六国之所以少安而不即亡者也。吾决其与所言爱国者，辕南而辙适北矣。（以上多杂钞苏氏之言。）此义也，在明者宁不知之？而中国圣人之训曰：民可使由，不可使知。在民贼固利为己用，而望庙堂之高远者，亦恒借以自慰，即明哲之士以懒习掌故，亦以自欺，而贤者又或混同于习俗矣。中国流行之文章，夙无过于应试之词章帖括，苟非关于此者，非卓绝之流，或荒怪之士，即有高文典策，且束置不读，以此数千年如一日之习惯，迤演递嬗，以至于今。虽今摧破旧俗若无所存，而名异而痕尚可寻，毒深而根骤不可爬梳，则今日之浮慕新学，与谈国闻而恝置者，亦何足怪其然乎？闻者其毋以吾言为过当也。顾氏《日知录》者，固国闻中之良书也，数年前石印书贾发行之数，不下十万。其所以然者，乃以其言蕴藉，而且殚洽便于试场之吞剥，与国中治国闻者之级数，毫无比较之关系。而章氏之《訄书》，其价值与顾氏之书，可俟定论，而徒以其文艰深，骤难通晓，且大远于应世俗学，故庚子此书出世以后，即海内通识之士，又或表同情于章氏者，且艰于一读。而汤蛰仙之《三通考辑要》，当经济特科之顷，则不胫而走天下也。呜呼，此即可见治学者之劣根性也矣。夫此种劣根性，无智愚贤不肖皆含有之。愚不肖者，自不待论。其智者贤者，以国学无所于用，故不治之，非我不知所以治也，则自以为高出于寻常之不治国学者。不知彼之所谓无所于用者，推其意必谓国学即前日所治科举之学也，吾即未尝治，当即吾祖若父所治之学也，或非尔，则必其尤不切于用者也。夫至科举之外，不知所谓学，或知之而以为不切用，此即吾之所言劣根性，有以封其蔀屋也矣。本原也者，此之谓也。今苟以此劣根性移以治新学，是如前言。新学一科举也，虽爱国者之所业或自信其业之不同于科举，而人且信之，而根柢如此之浅薄，无以持其志而帅其气，其将来之所成必亦一科举也。世有智者，当无以易吾言。夫科举时代，昌明绝学犹较易，新学溃裂时代，而含种种混杂之原因，而国学必至于不兴，则亡中国者必新学也。夫新学果何罪？而学者不知所以为学，至以亡人国，是则埋苌弘之血，而碧不可没者矣。何也？真新学者，未有不能与国学相挈合者也。国学之不知，未有可与言爱国者也；知国学者，未有能诋为无用者也。

今世可以昌明国学者推章太炎。谓："作《訄书》之章氏者，即余杭太炎先生也。先生为国学界之泰斗，凡能读先生书者，无不知之。今先生避地日本，以七次逋逃，三年禁狱之后，道心发越，体益加丰，是天特留此一席以待先生，而吾人之欲治国闻者，乃幸得与此百年不逢之会。"

以此之故，"同人拟创设一国学讲习会，请先生临席宣讲，取为师资"。

据此文介绍，章太炎计划宣讲者有以下大端："一、中国语言文字制作之原；一、典章制度所以设施之旨趣；一、古来人物事迹之可为法式者。苏明允曰：事以实之，词以章之，道以通之，法以检之。先生之道将于是乎备。且先生治佛学尤精，谓将由佛学易天下，临讲之目，此亦要点。"（国学讲习会发起人：《国学讲习会序》，《民报》第 7 号，1906 年 9 月 5 日）

上文所发布的讲习内容为大纲，之后具体者仍有增减。同月 26 日，宋教仁记："至《民报》社访章枚叔，坐谈最久。枚叔言国学讲习会已经成立，发布章程。"谓讲习会科目分为预科、本科。"预科讲文法、作文、历史，本科讲文史学、制度学、宋明理学、内典学。"宋明理学似为新增。故章太炎"又言诸君意欲请君讲宋元理学一科，可担任否？"宋教仁答："余谓余于宋元理学尚未入门，派别亦不清楚，至于区分学别，折衷古今，则更不能矣，此责实不能任也。枚叔又言及作文一科无人担任，且此科无善法可教，作文之善否不可以言喻，又无一定之法则者也。""余又言中国宗教亦讲否。枚叔言亦于文史学中略讲一二，但中国除儒释道之教外，余皆谓之异教，不能知其教理若何也。"（宋教仁：《宋教仁日记》，第 249 页）《国学讲习会序》其实也说明道："先生之所欲授之吾人者多端，皆非吾人所能预揣。"则增减科目亦属自然之事。（国学讲习会发起人：

《国学讲习会序》,《民报》第7号，1906年9月5日）10月1日，"章枚叔来一片"，仍问宋教仁"以宋明理学讲义能略说数篇否云"。（宋教仁：《宋教仁日记》，第258页）10月5日，宋教仁为"佐国学讲义略说事，又写一信致章枚叔，言担任宋明理学讲义之责决不敢承诺，一则教仁虽有志研究，而至今尚未得要领，不敢入切磋之席，一则此座须服膺此学，躬行实践而素为人所仰望者，方可担任，教仁实不能当此也云云"。（宋教仁：《宋教仁日记》，第262页）

《国学讲习会序》预告："国学所以须昌明之道，与由何道以昌明之，吾人皆将获确证之于先生。夫讲学者，必精博绝伦，且不可杂以丝毫利禄之念者也。"其讲习内容"将编为讲义，月出一册"。（国学讲习会发起人：《国学讲习会序》,《民报》第7号，1906年9月5日）同月，东京国学讲习会出版《国学讲习会略说》，铅字排印，日本秀光社印行，署黄帝纪元四千六百四年。收有《论语言文字之学》《论文学》《论诸子学》三篇。《论诸子学》即同年旧历七月二十、八月二十出版的《国粹学报》丙午第8、第9号所载的章太炎著《诸子学略说》。

《国学讲习会略说》的出版应早于9月19日。是日钱玄同购"《民报》《国学讲习会略说》等"。（杨天石主编：《钱玄同日记》第1册，第58页）然似乎另有一种《国学讲义》。9月28日，钱玄同"至《民报》社，定《国学讲义》及《革命评论》"。（杨天石主编：《钱玄同日记》第1册，第60页）10月21日，钱玄同初见章太炎，"下午访西狩，道貌蔼然，确是学者样子。入室见满架皆旧籍。西狩方握笔作内典学文字，与之谈及近人一切，并代布宣定《国学讲义》一份"。（杨天石主编：《钱玄同日记》第1册，第64页）

章太炎讲习国学，以语言文字为根本，谓："今日诸君欲知国学，则不得不先知语言文字。"（《论语言文字之学》，《国学讲习会略说》，日本秀光社1906年，引自章念驰编订：《章太炎演讲集》，上海人民出版社，2011年，第9页）10月19日，宋教仁记："复向章枚叔取得《国学讲习会略说》一册"，宋教仁的印象是"所说以文字语言为多，他未及也"。（宋教仁：《宋教仁日记》，第282页）

10月　章太炎创立国学振起社，拟发行国学讲义。

国学振起社事务所设在《民报》社，章太炎为社长。10月8日，《民报》刊有国学振起社广告，谓："本社为振起国学、发扬国光而设，间月发行讲义，全年六册。其内容共分六种：一、诸子学；二、文史学；三、制度学；四、内典学；五、宋明理学；六、中国历史。每册售价四十钱，全年费先纳者二圆二十钱，但十月二十日前交费者，特别减价，二圆。邮费每册四分，均须先期交纳，自行来取者免收。"（《国学振起社广告》，《民报》第8号，1906年10月8日）

《民报》广告谓《国学振起社讲义》计划于11月20日出版第一期。10月8日，章太炎致信钱玄同，也称："国学振起社讲义，阳历十一月间便可出版，此间耳食者多，微言大义则易受，发疑解滞则难知，亦无术以更之也。"（章太炎：《与钱玄同》，马勇编《章太炎书信集》，第99页）

《国学振起社讲义》第一期出版稍有延误。"本社第一期讲义，本定于阳历十一月十五日出版，因其中生字多为日本铅字所无，尚须新铸，而校勘亦颇费时日，以至延迟。有负诸君之望，殊深歉仄。"（《国学振起社谨启》，《民报》第10号，1906年12月20日）《国学振起社讲义》第一册于本年编成，据版权页则注明于12月6日正式发行。（早于延误致歉的广告，当与事实有所出入。）章太炎为编辑兼发行人，铅字排印，民报编辑所发行，日本秀光社印行。（署中华民国纪元四千六百四年。但封底则为日本明治三十九年十二月六日发行）收文三篇，第一篇《诸子系统说》，无署名，与《国学讲习会略说》中的《论诸子学》不同。第二篇《管子余义》，署"章炳麟学"，收入《章氏丛书》初编。第三篇《中国近代史》，正文标题为《中国最近世史讲义》，署"汪震述"。（汤志钧编：《章太炎年谱长编》增订本，中华书局，2013年，第126页）

10月19日（九月初二）　署名"儆"者开始在《申报》连载《近三百年学术变迁大势论》，谓一国无学则国亡，欲一国有学，重在取人之长补己之短，不可轻弃本国国学。

作者交代为何撰写《近三百年学术变迁大势论》，在于："吾言吾中国之学术，吾心滋戚戚矣。泰西之学术，历久而愈盛。中国之学术，历久而愈衰。自春秋迄战国，为中国学术史最发达之时代。自秦用阴柔之策，以愚弱其民，政体既更，而学术亦因之不振。吾尝谓汉以后无学者，唐以后无文章。自宋迄明，益不足道。是故西人之恒言曰，中国之历史，不名誉之历史也。中国之学术，无思想之学术也。吾愧其言。虽然，此特犹数千年来学术全体，以东西相比校言之耳。要不可一概论。吾又闻立国之要素有二，曰政治，曰学术。二者若影形之相附，不可须臾离。凡各国学术之盛衰，无不与政治有关系者，而中国其尤著者也。中国历代学术之盛衰，无不与政治有关系者，而近三百年其尤著者也。"

其论近三百年学术变迁之大势，先之言"近三百年之政体。中国之政体，一专制之政体也。近三百年之政体，又以一政府立于两民族之上，专制极点之政体也"。在此论断上，进而言近三百年学术。其将近三百年学术分为三个阶段，其一为"明之季"，其二为"自顺康至雍乾"，其三为"由雍乾而入嘉道"。综论此三个阶段，"三时期中，顺康之时，实学最盛之时代也。而经学则门径初开，尚未大盛。雍乾之世，考据学最盛之时代也。论据之精当，引证之博广，实二千年所未有，真能绍东汉之家法者。而斯时之能究心实学，思以其道易天下者，则除罗台山一人外无闻焉。盖以有涯之时光，治无穷之考据，顾此失彼，亦势所必至矣。嘉道之世，经学学派大变之时代也。今文之焰既张，古文之势遂绌。而一时思想界亦渐次发舒，非复前此之锢蔽。此三期之变迁如此，而所以变迁之故，则皆以政治问题为总因。吾前言学术与政治有关系殆不谬矣。且夫吾国学界之黑暗，非一朝矣，晋之清谈兴而学术一黑暗，宋之理学盛而学术一黑暗，明之时文作而学术又一黑暗。其稍稍能振衰风立宗派者，厥惟近三百年。然则近三百年之学术亦可为历史上放一大光彩矣。"

因此，不可不宝贵此学术之光彩。故谓："近世新学之士，五经埋尘，三史覆瓿，于国学一无所知，而施施然拾他人之皮毛，欲取所固有者，一切摧烧之，亦真所谓背本诬祖矣。夫一国无学，则其国亡，一人不学，则其人亡，欲一国之人有学，重在取人之长补己之短，取泰西之长以救吾之短，则吾甚愿焉，而末流乃如此。夫人之求学者，以其能爱国也，国学者，又与爱国心有密切之关系者也。世之人方乞邻之醯，而毁家之宝。吾恐无本之学，终不免有亡国为奴之惨也。"（傻：《近三百年学术变迁大势论》，《申报》，1906 年 10 月 19、20、21、22 日，11 月 12 日，第 2 版）

10月20日（九月初三）　吕镜宇在上海新法界石牌楼尚贤堂讲演《论中国学界宜保存国粹于欧化之中》。

先是，10月11、19日，尚贤堂发出广告，称："九月初三日即礼拜六第二次讲期敦请商约大臣兵部尚书吕镜宇星使演说，题为中国学界宜保存国粹于欧化之中。"（《尚贤堂定期讲演》，《申报》，1906年10月11日，第10版；《尚贤堂第二次讲演》，《申报》，1906年10月19日，第10版）

演讲论"保存我国国粹之思想"，分为宗教、文学、历史、政治、礼制五大端。

一曰宗教。称：

> 孔子，生当春秋，集尧舜禹汤文武周公之大成，而为中国宗教之祖，当时弟子身通六艺者，七十有二人，各以其所心得转相授受。至战国时异端竞起，诸子纵横，归杨归墨，莫衷一是，得孟子拒而辟之，孔教赖以不绝。祖龙肆虐，焚书坑儒，及汉高时鲁诸生犹能以岁时习礼，弦歌不绝，厥后高祖破黥布，还过鲁首，以太牢祠孔子，说者为两汉四百年得士最盛，实基于此。东汉以来，名儒辈出，抱守遗经，笺疏传注，历晋而唐，各守师说。宋兴，周程张朱诸儒更取洙泗之微言奥旨，互相发明，而圣道益著。元明学术，各有师承，无不以孔子之道为主。迨我本朝定鼎，列祖列宗临雍视学，尊礼有加，以故三百年来名臣硕彦，后先辉映，或表章圣经，或阐发宗旨，盖此固我国之国粹，如日月经天，江河行地，学界岂可不亟思保存之哉。

一曰文学。称：

我国文学之渊源，实肇端于六经，圣门言文学首推游夏，尚矣。然子游习礼，子夏通诗，兼通易，可知儒林文学，古人不分两途。即如汉之贾谊、董仲舒、司马迁、班固、刘向、杨雄，唐之韩愈、柳宗元，宋之欧阳修、曾巩、三苏，明之归、唐，本朝之桐城、常州诸作家，莫不根柢经术，发为文章。……学者欲保存国粹，尊经其先务也。

一曰历史。称：

国无历史则不国矣。……古者左史记事，右史记言，为我国有史之权舆。孔子得百二十国之国史，作《春秋》，笔则笔，削则削，褒贬谨严，故历代列之为经，而乱臣贼子始知所惧。龙门变编年而为纪表传志，扶风因之，遂为后世史家不易之体。……正史而外，编年之书，若涑水《通鉴》，紫阳《纲目》，史之最善者也。……我国国粹胥在乎是，学者诚能研究贯穿，实保存国粹之要务也。

一曰政治。称：

古人谓《周礼》一编，为周公致太平之书。……今虽年湮代远，因革不同，然试考泰西各国政治，往往有隐相符合者，此以见古圣人创制之精。……若设官、兴学、理财、治兵、通商、惠工诸大端，果能举唐虞三代之制度，而保存之，则将来仿行泰西各国之法，更融会我国国粹于其中，岂非尽善尽美唯一之政耶。

一曰礼制。称：

中国为礼义之邦，……先王之制礼也，乃欲纳人人于轨范之中也。今日学界多倡自由之说，放弃礼法，恣肆不驯，抑知泰西各国所谓自由者，必人人先有自治之能力，自治云者，即遵守礼法之谓也。夫人而能遵守礼法，则仰不愧天，俯不怍人，所谓名教中有乐地也。是真自由也。……故礼制者，我国之国粹，亦泰西各国所最企慕者也，可不保存乎哉！（《吕钦使尚贤堂演讲文（论中国学界宜保存国粹于欧化之中）》,《申报》, 1906年11月26、27日，第2版）

11月8日（九月二十二）　孙宝瑄申论流行于世的保存国粹主义。

孙宝瑄记道："保存国粹主义，为今日一大问题。国粹者何？即本国之文字是也。游学东西归者众矣，其于本国文有不能缀句者，本国经传历史及现今情势有茫乎不知者，如是虽获有他国高等文凭，几于无所用之。何也？彼既不解国学，则于本国数千年来旧社会中组织之现象，以及性质风俗，皆不能详究深考，譬诸医者，不察病情，虽有良药，欲施无繇。况地球万国，未有不谙本国学问文字，而专研究他国者也。盖知有他国，而不知有本国，是国未亡而先自灭者也。乌乎可？"（《孙宝瑄日记》，第1004页）孙宝瑄意中之国粹，犹以国文六经为根本，谓："昌士足迹遍七八行省，阅历极富，余尝谓人以学校为学校，彼直以寰区之大为学校。虽曰未学，吾必谓之学矣。若夫以天地万物为学校者，吾尤服之。惟文章是我国国粹，国文如废，国粹尽矣。今不可不图保存之。习国文不可不以六经为根柢，故教小儿者，未入学校之先，须将六经读完。"（《孙宝瑄日记》，第1001页）

11月12日（九月二十六）　赵炳麟奏请变通《奏定学堂章程》，于每省各立国学专门学堂一所，以保存国粹。

奏文称：

臣闻政治家云，民族之在社会，有一国之形式，即有一国之精神。形式云者，政治法律历史上之制度是也。精神云者，所以构成此政治法律历史上之学理是也。故凡一国之立于大地，必有所以立国之特质，欲自善其国者，于此特质必长养而发达之。我中国自周秦以来，文物典章，灿然大备，故世界称文明祖国者五，我中国居其一焉。他如印度、安息、埃及、墨西哥，其文明与国俱亡矣。我中国硕学通儒递相传衍，绵绵不绝，微言奥义，西国大政治家莫出其范围，是文明实有关于治平者，莫我国学若也。臣考《奏定学堂章程》自小学至大学，一切中西学科，皆兼授并课，合古今中外，陶铸一炉，用意良善。然各学之理想至赜，一人之精力无多，恐西学难究其精微，中学转荒于务广，欲两收其益，反一无所成，国家岁用钜万之经费，不大可惜乎。拟请旨变通《奏定章程》，每省设国学专门学堂一所，大省以二百人为额，中省百五十人，小省百人，分经、史、文学三科，详定妥章，专心研究。其学生现暂以举贡生员年力富强、学有根柢者考充，他日中学堂毕业，选国文优等充之。以五年毕业，选最优等为翰林，优等作为国学进士举人，量才录用。国学专门既立，原定之高等学堂章程，凡关于经、史、文学三项者，皆可减少钟点，俾得悉力于各种科学，似于中西学业两有裨益。臣亦知时事变迁，国学将等于散帚。惟东西各国之为治也，其挹取他国科学固日新月异，而于本国固有之学理，无不宝贵珍重，谓之保存国粹，所以坚国民之爱国心也。（《御史赵奏请立国学专门学堂折》，《学部官报》第9、10期，1906年12月16日、26日）

其意与张之洞存古学堂相近。

11月26日，《北京五日报》报道："近闻御史赵炳麟以目下各省学堂虽次第兴办，惟于中文多欠讲求，特奏请设立国学专门学堂，以存国粹。奉旨学部知道。"（《设国学专门学堂》，《北京五日报》第51期，1906年11月26日）12月5日《申报》报道："御史赵炳麟奏请设国学学堂，已交学部议覆。"（《各部新官制事宜六志》，《申报》，1906年12月5日，第3版）《四川学报》以《奉设国学堂》为名报道此事，谓："御史赵侍御炳麟日前奏称：目下各省学堂，其于国文，皆不讲求，拟请饬令设立国学专门学堂，以保国粹云云。"（《四川学报》1906年第12期）

11月上旬　端方、戴鸿慈上奏，考试留学生应另试中国文学。

《申报》记："日前端、戴两大臣奏陈两宫，略谓各国学校文凭

不足为据，以其西学虽优，而于中国文学或无关涉，且留学生不特
于国学根柢多有未具，并有不通中文者，未可遽授要职，请饬学部
另试中国文学，加意注重，庶少幸进，并免教育权外溢云云。闻已
奉旨允准。"（《奏请考试留学生另试中国文学》，《申报》，1906 年 11 月 13 日，
第 3 版）

11 月 17 日（十月初二）　沈敦和在尚贤堂讲演，讨论道德心
与科学之关系，以为近日中国之病，在于蔑弃中国固有道德，国粹
沦亡，公私理欲不辨，仅从事于经史词章，不足以救之，应重视德
育，方能挽回。

此次讲演，于 11 月 17 日下午五点钟开始，在上海新法界石牌
楼后的尚贤堂进行。（《尚贤堂定期演讲》，《申报》，1906 年 11 月 17 日，第
3 张第 17 版）

沈敦和讲演称："中国道德极高尚之国也，君臣父子夫妇昆弟
朋友之伦，惟中国首明之，孝弟忠信礼义廉耻之德，惟中国实倡
之，日用饮食文物制度之原，亦惟中国实倡之。""近五十年受外界
刺激，慨内治腐败，时怀更新之思"，国中学术不惜舍己从人，以
儒为诟病，于是爱国之士倡"保存国粹之议，或高谈性命，或潜究
经史以及训诂词章"。然所讲"粹诚粹矣"，对于"近时病痛"未能
审定而投以针锋相对之剂。

故审定"近时病痛"，为"人人欲发达其思想，奉欧美权利之
说为泰斗，而视吾国固有之道德若弁髦，以世界为科学之世界，驯
至有机事者必有机心，不恤利己而损人"，对于公私理欲之界不暇
辨别。返观欧美，其宗教家惧民智益进，世风益薄，故"大倡天堂
地狱灵魂等说"，称"即吾上古神道设教之意"。而"吾国民"于

"外人之宗教既格不相入，而己国之古道德，又吐弃之"。"恐科学日进，机械日深，生人之具，假以杀人，物质虽明，用违其当。"

因此对此"病痛"，"思有以药之"。以为"舍发挥古道德外，无他法。发挥古道德，舍编辑古人之嘉言懿行为修身课本教授学子外，无他法"，以鼓励"国民团结心，道德心"。（《论道德心与科学之关系宜亟谋德育以防人民日即于非行》,《申报》, 1906年11月19日,第2版）

11月19日（十月初四）　国学保存会组织之藏书楼成立。

建立藏书楼，本是以保存国粹为宗旨的国学保存会的五大计划之一。至是年7月，藏书楼已有眉目。国学保存会在《国粹学报》登《藏书楼广告》，谓："本会事务所及藏书楼现已设在铁马路北爱而近路上海商务总会隔壁弄内第六号洋房，所有投赠书籍及商量学问函件，请直寄是处。"（《国学保存会藏书楼广告》,《国粹学报》丙午年第7号, 1906年8月9日）

同期的《国粹学报》并有刘师培《论中国宜建藏书楼》一文，与此广告相配合，交代建藏书楼与保存国学，发扬爱国心的关系。

刘文历叙五帝至清之历史，称"古代书在上庠，有典书之官，以诏国子之读书"。至"周衰道废，孔子欲藏书周室，子路谓老聃可以与谋。盖当此之时，学术之权，操于师儒，故孔子欲以私家之藏，辅官府之不逮，惜有志未偿"。后降至秦，"律令图书，藏于宫禁，掌于博士，民间莫得而视，民间亦无复有书"。西汉之时，"外有太常、太史、博士之藏，内有延阁、广内、秘室之府"。之后，"霍山以写书而获愆，东平以求书而见斥"。证其时"在上者以书籍自私，不复公之于天下"。自此以降，东汉有石室、兰台。两晋六朝，率遵遗轨，隋唐征书继之。宋设秘书省，辽建乾元阁，元开弘文馆，"明命有司访经籍藏之秘府"，至清"四库所收，尤征完美"。征书藏之于上由来已久，而民间莫得与观。

书仅藏于上，流弊诸多。其一，"馆阁校雠不尽向、歆之才，吏民检阅，事干例禁，加以隐秘之书，伏匿不出，而山林枯稿之作，专门名家之藏，亦非一时征求所能集"。其二，"中秘之藏，世鲜传本，而易姓改命之际，兵锋所及，文献摧残"。如"散布民间，藏书者非仅一人，流行者非徒一峡，虽有水火之不时，兵戈之窃发，书策散亡，当不若是之甚也"。

书藏于上，以书自私，有违学术天下公器之意，致使士欲悦学而不得书，国学式微，而为保存国粹者所忧心。称：

> 学术者天下之公器也，今以书自私，上行下效，寒畯之家，虽欲检阅而无由。当其盛时，亦欲以留意篇籍，博嗜古之名，传之来叶，以示子孙。曾几何时，而文籍湮轶，一至此极，非独自亡其书也，且使皇古相传之故笈由己而亡。昔孟子谓上下交征利而国危，吾亦谓上下交争书而学危。言念及此，能无恫哉！嗟乎！三代以降，苛政日增，不知以学术导其民，并不以学术公之于世，虽庠序之间，藏经有阁，以嘉惠多士，然颁赐之籍，半属功令之书，且事领于官，簿录出纳，职守多亏，阅者裹足。惟近代江浙之间，建阁贮书，文汇、文渊，均饶善本，及阁毁于火，崖略仅存。若夫私家之书有公之一族者，如孙氏渊如藏书家祠不为己有是也。即有达观之士，鉴于聚书之易散，欲择宽闲远僻之区，以传久远，仿史迁藏史名山，白香山藏诗东林寺例，于崇祠古刹，筑室珍藏，如阮氏芸

台藏书杭州灵隐寺及镇江焦山是也。然地匪通都，艰于跋涉，阅书之士，履迹罕临。夫道书释典，均有藏室，二氏且然，况于典籍？昔明侯官曹学佺谓：释道有藏，儒何独无？欲聚书鼎立；近儒章学诚亦欲于尼山、泗水之间择地藏书，法非不美，然仅托空言，以致好学之士难于得书，见闻狭隘，囿于俗学，并博闻之士，多识之才，且不可多得，况欲窥古人学术之真乎！故国学式微，由于士不悦学。此非不悦学者之咎也，书籍不备，虽欲悦学而无从。此则保存国粹者之隐忧也。

改变书上下相争之旧，宜参用东西方藏书之法，"于名都大邑，设藏书楼一区，以藏古今之异籍"。虽经营伊始，厥有四难：其一，"世禄之家，鲜明公德，凿楹而藏，以矜私蓄，吝一鸥之借，蹈怀璧之讥，其难一也"。其二，"若夫求书，遣官下檄郡邑，则顺、康之时曾行此法，而四方州郡，疲于应命，宪檄甫加，即报无书。今仿其规，恐蹈覆辙，其难二也"。其三，"梓人考工，以艺自植，市贾之徒，仅知射利，储藏虽富，索值必高，今公私交匮，巨资谁供，其难三也"。其四，"传录文字，非由目验，时值右文，必多伪托。记事或昧是非，考古莫明存佚，赝鼎乱真，审定匪易，其难四也"。解决此四难，应先普编藏书志，他日可以按簿索书，便于成立。而"简编既备，栋宇落成，然后条列部目，按类陈列，典籍得其人，阅书定以时，以供专门之寻绎，以扩学者之见闻，庶载笔之儒，凌云之彦，专业是尚，师承并兴，即后来承学之士，亦兴起于斯，此则国学昌明之渐也"。由此古学可以复兴，"知人论世，抒怀旧之蓄念，发思古之幽情，爱国之心既萌，保土之念斯切。国学保

存，收效甚远"。（刘师培：《论中国宜建藏书楼》,《国粹学报》丙午年第 7 号，1906 年 8 月 9 日）

至 9 月底，国学保存会已商定藏书章程，藏书已达五万余卷，初具规模。9 月 28 日，遂在《申报》登载《国学保存会藏书楼章程》,详谓：

（一）庋藏古今载籍，搜罗秘要图书，分别部目，以供本会会员及会外好学之士观览。（二）本楼开办伊始，仅由同志数人捐助搜求各种书籍，已得五万余卷作为基础，尤望海内爱国好学之君子及藏书家慨助本楼书籍，或助以捐款，俾得购置本楼所未有之书，逐渐扩充，以成完备。（三）本楼阅书室一所，凡到阅书者，须纳阅书券费，一日券自早八时至午五时，每张五分，半月券每张六角，一月券每张一元，长年券每张十元。（四）本楼之书，均有司籍监守，只可在阅书室阅览，无论会内外同人，概不得借观出外，如有秘书要籍，可在阅书室钞录副本，唯不得涂改污损。（五）本楼自编书目志多册，详分子目，阅者可以按目检阅，俾易寻求。（六）本楼置捐书题名册、捐款题名册各一本，凡有以古今载籍款项捐助者，即题名册端，以志高谊。（七）海内珍藏家有重要品件，不能割爱捐助者，可作为寄存，寄存者另记一册，随后可以取还，惟至少以半年为限。（八）凡藏书家有佚书遗籍及钞本为海内所罕见者，不能将原书捐助，则望录副见遗，其写费由本会奉给，或将原书寄下，由本会自钞，钞毕奉还。（九）本会所藏之书，经同人检定，皆系重要有用之籍，其一切无谓鄙陋猥俗者概不庋置，以省阅者目力。（十）本楼藏书之外，附设美术、译本、报章三部，美术如金石碑版、印章雕刻、书画钟鼎、彝器绣织各品，译本如近出东西文译本及佛经，报章如各种双日、星期、旬报、月报、季报之类，无不广为罗列，以收参观互考之益。（十一）本楼书籍作为永久公置之物，有维持保存，而无破坏，待经费充足，当择地自建楼所以留久远。（十二）本楼现设在上海铁马路北爱而近路商务总会西边傍六号洋房。（《国学保存会藏书楼章程》，《申报》，1906年9月28日，第3张第17版）

至是日，国学保存会所组织之藏书楼乃开楼，来宾到者甚众。午后一时开会，由发起人邓实报告国学保存会"所办各事共分五科，一发行《国粹学报》，一编辑《国学教科书》，一刊行《国粹丛书》，一设立藏书楼，一设立国粹学堂，计前四科，业已陆续开办，基础已成。《国粹学报》已出至二十二号，《国学教科书》已编印五种，《国粹丛书》已刊行二十余种，藏书楼所贮之书，由发起人所捐及各同志所赠者，共六万余卷[①]，不经见之本甚多，有一部分自杭州丁氏抄出者。国粹学堂，亦拟于明春开办云。报告毕，合会员来宾共拍一照，以留纪念"。（《藏书楼开楼纪事》，《申报》，1906年11月20日，第2版）合影者14人，其中8位国学保存会会员，6位来宾。会员分别为：邓实、黄节、沈廷墉、高天梅、朱葆康、马和、文永誉、陆绍明。来宾不署名。合影者既有穿西服戴礼帽者，亦有穿长袍马褂者。（《国学保存会藏书楼合影》，《国粹学报》分类合

---

① 《国粹学报》丙午年第10号亦有《开楼纪事》述此事，与《申报》所载近似而较略，差异处在于《国粹学报》记藏书卷数为七万。此期《国粹学报》署时丙午年九月二十，早于藏书楼成立的十月初四，显然署时并不真实。

订本图画社说，丙午年第1册）

此外，邓实亦报告五科之外另办之事有二，一为编辑十八行省乡土历史地理格致小学教科书，一为编辑中国博物教科书，"顷方从事编辑，实力经营，务期成就"。（《开楼纪事》，《国粹学报》丙午年第10号，1906年11月6日）

"三时提议扩张藏书之办法。四时茶叙散会，定于初五日售阅书报券，每券价五分。本馆记者躬逢其盛，特纪其崖略如此。好学深思之士，幸往观焉。"

《申报》记者对此又有评议，谓：

> 按藏书楼之制，泛言之则为文明之雅观，切言之则为教育之补助。欧西各国，凡居民稍众之都会，无不有藏书楼之建设。（如英二百所，法五百所，德三百九十八所，意四百九十三所）即日本东京一隅，亦且多至十余处。彼中搜罗群籍，任人纵观，其要旨在使中年以上好学之士，藉以灌输智识，增长学问，非仅仅为文明雅观计也。吾国在海通以前，其书之藏诸秘府，蓄诸私家，深闭固拒，靳勿予观，吾固无怪焉尔。独怪上海通商，垂六十年，其学界人物，奔走执事者，既视此为无足重轻之事，新学少年，心醉欧化，又或不知吾国书籍之可以宝贵，而一二抱道之儒，嗜奇之士，则更或冥心孤往，与古为徒，不思所以公之世界，致藏书楼之制乃至今而未作，宁非沪上士夫之耻欤？国学保存会邓君等八人，于今秋创设藏书楼，于昨午行开楼礼，吾知自今以后，博古之君子，因此而输入新智识，证佐其固有之国学，识时之英俊，因此而输

入旧道德，兴起其爱国之心思，新旧二者，沟通其邮，夫孰非斯楼之有以植其本而树之型乎。（《藏书楼开楼纪事》，《申报》，1906年11月20日，第2版）

后人称国学保存会藏书楼为国人自设图书馆之第一所。（《七十五年来上海的文献》，《申报》，1947年9月21日，第3张第9版）民国时期，国学保存会藏书楼将当时的全部书籍共2888册移捐给复旦大学图书馆。（《复旦大学图书馆启事》，《申报》，1932年1月22日，第2张第5版）

12月4日（十月十九）　江苏教育总会复函两江总督端方讨论学务，辨析新旧，以为旧邦维新，不有旧者无以吸新，且旧者非敝，主张学无古今、新旧、中外，提倡新知，灌输文明，以自保国粹者，为上策。

先是，11月16日（十月初一），端方电函江苏教育总会："曾绅朴等禀请设立之常昭教育会，虽经批准，现复有人更立教育会名目，争拨公款。查部章一地方只许设一会，如该两会宗旨相同，自应归并一处办理。倘系新旧各挟意见，于学务甚有妨碍，请派员查明见复，再行核办。"江苏教育总会在遵议办理的同时，对于新旧意见妨碍学务之说，作出辨析。其谓："两会归并与否，先问其宗旨之何若。学务妨碍与否，当视其意见之何若，而新旧之说不与焉。"且详说其理由：

知新温故，学者当奉以为师。旧邦维新，政治且益征进步。不有旧者，何以吸受夫新。不有新者，何以保存其旧。顾今日新旧之说，则大异是。自科举既废，朝廷颁兴学之诏，其兴学者，不必非昔日科举中人也，同是科举中人，或则兴学，或则阻学，兴学者固咸目之为新，阻学者遂强诋之为旧。积之又久，阻学之人，惟向之志于科举者居多数，遂以守旧为科举中人之代名。呜呼，如其阻学也，则岂惟旧之云尔。谥之曰愚，贬之曰顽，号之曰腐败，曰病夫，皆可也。别于新者而称之曰旧，则真彼愚顽腐败病夫遁形之美名，而借以自处。

……

夫人才出科举，非科举出人才。搢绅先生类能诵之。明之王文成，国朝中兴时之曾胡林沈诸老，皆科举中人。出其绪论，以任当世艰巨，天下不敢以儒为诟病，亦不敢以科举为诟病。

……

夫所谓旧者，指有质料者言之也。若已无质料之可言，直敝焉而已。故夏鼎商彝，古色斑斓，旧也而不可为布帛菽粟之用，然置诸几席，供摩挲而不厌者，完全其固有之质料。旧固无害于新也。此旧之说也。颓垣朽栋，风雨零落而不可终日者，敝也，而非旧也。东倾西崩，与之邻者，昕夕凶惧，一日不加铲除，即一日无可建设。旧而妨碍于新者也。此敝之说也。今日真知守旧之为用者，自愧闻道之晚，而亟亟提倡新知，贯输文明，以自保国粹者。上也。自揣柄凿于时，宁为深闭固拒，人不附我，我亦不附人，出门一步，便非干净土，则日本至今尚有登楼不截发之老人，中国旧时亦有著书不纪元之甲子，尚无害其为贤。次也。既不能令，又不受命，削人之足，而纳公之屦，而徒为取悦寒士之具，阴行其阻挠兴学之谋，实保其把持乡里之故智。彼兴学者，固未必尽餍人望，然即就形式上言，优胜劣败，已难逃陶汰之列。彼阻挠者必又曰某也踰闲，某也荡检，毛举昔日之细微，为推波助澜之语。无论君子，恶讦为直，且溲冠之行，袴下之辱，士有负俗之累，而立功名。是非固不在是。新旧更不在是。

指出"学无古今，无中外，无新旧"。以为"所谓各挟意见者，尚非真有新学旧学各立门户之实在，不过一见冲突，便曰新旧，转与以巧为藏身之具，似不如祛新旧之说，而专论是非"。（《江苏教育总会复端制军书》，《申报》，1906年12月4日，第2版）

12月5日（十月二十）　国学保存会编成《国学教科书》第二册。

《国粹学报》广告："本会所编《国学教科书》分为五种，曰伦理，曰经学，曰中国文学，曰中国历史，曰中国地理。其第一册已于去岁冬出版，今第二册经已次第编成付印，历史第二册现已出版，而经学、伦理、地理第二册亦一律于年内出齐。"（《国学教科书第二册编成出版》，《国粹学报》丙午年第11号，1906年12月5日）

12月11日（十月二十六）　时人讨论各省宜设立局所调查物产，以保存国粹。

作者认为："各省之物产，仅附见于郡邑志乘，然大抵因袭故书，非必得之于目验。不知物产之调查与否，于一国之贫富，有密切之关系。"且"中国各学校，其教授博物，均用东西之书为课本，推其极弊，养成重外轻内之风，于保存国粹之意，大相违驰。夫一物不知，儒者所耻，然博物之学，必由近而及远，若并乡土之物而不知，夫亦可耻之甚矣"。故从富国与确立爱国心来说，都应设局调查物产。

（《论各省宜设局调查物产》,《申报》, 1906年12月11日，第2版）

12月13日（十月二十八）　时人讨论新名词输入与民德堕落的关系。

其文谓："自新名词输入中国，学者不明其界说，仅据其名词之外延，不复察其名词之内容。由是为恶为非者，均恃新名词为护身之具，用以护过饰非，而民德之坏，遂有不可胜穷者矣。如先国后家，美名也。今之学者，遂援家族革命之名，富者自纵其身，欲拒家庭之干涉以自便。其私贫者自惰其身，欲脱室家之累以泯其谪言。而先国后家之美名，遂为淫民惰民所假托矣。又如地方分权，美政也。今之奸绅劣董，遂援地方自治之名，上以绝官吏之约束，下以□人民之欢迎，因以横行乡曲，把持公务以自植其权。而地方分权之美政，遂为奸民蠹民所假托矣。"

又谓："守旧维新之名词，为报章中之惯语，今之自命新党者，空疏不学，不欲施征实之功，而又欲自文其陋，于是以灭古为趋□，以读书为无用，而中国之国粹日以亡。（昔之空疏不学者，尚自知自愧，是为自弃，今则以悦学为非，是为自暴。）"（《论新名词输入与民德堕落之关系》,《申报》, 1906年12月13日，第2版）

12月　国学保存会决定，自明年春开始，每月发行国学讲义。

国学保存会"每月开讲习会以商量旧学，互收切磋之益。自明春起，编为国学讲义录，月出一册，以三年讲毕为卒业。吾国典籍至繁，浩如烟海，学者苦无门径，每兴望洋之叹。又百家诸子立说互歧，朱陆汉宋门户攸别，非探赜索隐、提要钩玄、深明学术之源流，何以造成有用之学"。（《发行国学讲义》,《国粹学报》丙午年第11号，1906年12月5日）

"全年十册，正月六月年暑假内停刊。每册百页，其内容共分二十一科，一经学，二文字学，三伦理学，四心性学，五哲学，六宗教学，七政法学，八实业学，九社会学，十史学，十一典制学，十二考古学，十三地舆学，十四历数学，十五博物学，十六文章学，十七音乐学，十八图画学，十九书法学，二十译学，二十一武事学。……本会发行讲义，原为便于远道不能听讲者起见，学者得此修业，三年不过费十五元，而国学已卒业，不啻入学面授，且可造成优级师范之材，以之教授后进，其获益实大。"

"本会正讲师刘光汉家传汉学，好学深思，其所讲述渊博精微，多发前人所未发，有嘤鸣求友之益，无党同伐异之见，风雨如晦，鸡鸣不已，庶几读书申明大义，当亦爱国好学之士所乐闻也。"（《发行国学讲义》，《国粹学报》丙午年第11号，1906年12月5日）

1907年（清光绪三十三年　丁未）

1月4日（丙午年十一月二十）《国粹学报》拟在明年（丁未年）增广博物、美术两大门类。

《国粹学报》公告自明年（丁未年）起，增广门类。谓：

本会学报发行已满二载，其宗旨在发明微学，阐扬幽光，于转移学风，保存国粹，不无少补。自明年丁未起，益复广延撰述，增加门类，由华辞而趋重朴学，由议论而渐归实际。所增之门凡二。一曰博物篇。吾国地大物博，菁华所蕴，甲于全球，惜无人发表疏录之，坐使精光久闷。今撰博物篇，分为植物、动物、矿物三科，以搜求内国物产，明析辨章，使人由爱土物之心，而知爱国。一曰美术篇。东方文明，发生独早。雕刻印刷，练染刺缕，绘画之术，皆先泰西而精巧，至若诗歌文学之优美，尤为吾国之特长，今撰美术篇，凡金石、音乐、刻缕、图画、书法、歌词，莫不阐其精微，详为论列，以见吾先民高尚优美之风。以上二端，拾其微茫，无非神川光彩之至可宝者，吾愿爱国之士之共宝此国光也。（《国

粹学报增广门类》,《国粹学报》丙午年第12号，1907年1月4日）

△ 《国粹学报》丙午年第12号载各人致国学保存会函，对《国粹学报》保存国学之举多表赞成，并对征集遗书古籍多有贡献。

沈毅来函谓："自大报发行以来，导扬国华，警振民族，重以诸君子湛深之学，渊懿之笔，绍前修之坠绪……国学未湮，端赖贤者。"

徐鸿宝来函谓：邓实"集合同志，立国学保存会，设藏书楼，振民正俗，佩服无量。凡处禹域之人，咸有辅翼之责"。

石凌汉谓："屡诵学报，知当世之尚有人，而吾族之精神思想赖以不死，免为印度波兰之续。风雨如晦，鸡鸣不已。"（《通信》，《国粹学报》丙午年第12号，1907年1月4日）

1月6日（丙午年十一月二十二）　湖北按察使梁鼎芬上奏请建曲阜学堂。

梁鼎芬十一月初入京述职，行前与张之洞有过会谈，友人曾广钧则有诗赠之，称："犹传直谏书"，似预示北上入京有封事。二十二日上折请建曲阜学堂，附片三：（一）请饬下湖广总督张之洞督同湖北提学使黄绍箕，招集天下通经守正之士，尽心经理。（二）请重修曲阜县志，及翻刻《孔子类记》《孔门诸子言行》等书，以彰孔教，而光正学。（三）奏报东塾先师学术名著及其门下马季立、陈庆笙之学行。（吴天任：《梁节庵先生年谱》，艺文印书馆，1979年，第216—220页）

据梁鼎芬自述，奏设曲阜学堂事，乃是在入京前与马贞榆（季立）商定。马贞榆是东塾门生，与梁鼎芬为同门，时为湖北存古学堂经学总教。（郭书愚：《清季山东保存国粹的办学努力——以国文学堂和

曲阜学堂为中心之考察》,《江汉论坛》2014年第11期）梁鼎芬奏稿主要在
于发挥孔子教法，称孔子重学："《论语》一篇，首揭学字，以诏万
世。""孔子之学，重文武，重德行道艺，设四科，即今日分科专门
之意，学在四夷，即今日派人游学外洋之意。时习谓每日有正业，
朝昼夕夜，分而为之，即今日学堂定钟点之意，凡今所有者，无所
不包也。"称孔子教人爱宗国："孔子之教，首重孝弟，为人孝弟，
则不犯上作乱。其教人也，是爱宗国。"梁鼎芬所奏曲阜学堂，并
非局限于曲阜当地的学堂，而是有意要精选各省学生，成为全国的
示范。折称："建设曲阜学堂，以示天下。湖广督臣张之洞，通经
守正，当代儒宗，拟请特旨派令敬谨经画此事，期于早成。各省学
生，皆可精选入学，以广孔教教人之法。以时习为要，分科专门，
各造其极，文武兼资，德行道艺并重，俊秀之士，选派东西洋游
学，而归本于孝弟，收效于爱国，使天下学堂皆以此堂为法。"(《鄂
臬梁鼎芬奏请建曲阜学堂折》,《北洋官报》第1247册，1907年1月11日）当
时舆论对此多有关注，《政艺通报》《申报》《东方杂志》《山东国文
报》《北洋官报》《秦中官报》《通学报》《四川学报》《山东官报》
等皆有报道。《盛京时报》称梁鼎芬奏设曲阜学堂在"通古今之
变"，是为"人才消长之枢"。(《论鄂省梁臬奏请设立曲阜学堂》,《盛京
时报》,1907年1月23日）

　　当日内阁奉慈禧太后旨："湖北按察使梁鼎芬奏请建曲阜学堂
各折片。孔子为万世师表，昨经降旨，升为大祀。曲阜为圣人之
乡，自应建设学堂，以拓宏规而启后进。著张之洞督同湖北提学使
黄绍箕悉心筹画，妥慎办理，所需经费，即著该督筹办，并颁发帑
银十万两，由山东藩库发给。"(《电传上谕》,《申报》,1907年1月7日，

第1张第2版）

随后，1月14日，御史赵炳麟读建曲阜学堂谕旨，上奏请据此确定教育宗旨。其折称："古之王者建国，君民教学为先。故舜契命曰：百姓不亲，五品不逊，汝作司徒，敬敷五教。五教云者，父子有亲，君臣有义，夫妇有别，长幼有序，朋友有信是也。是以八岁入小学，知父子之道，长幼之序。十五岁入大学，知君臣之义，上下之位。夏曰校，殷曰序，周曰庠，学则三代共之，皆所以明人伦也。人伦明于上，小民亲于下，此帝王立学之宗旨也。我国学术发明最早，自伏羲氏创象数，作书契，造历纪官，制礼作乐，教民佃鱼畜牧，学术已有萌芽。唐虞三代，愈益昌明。周室之末，学制虽失于上，学理则阐于下，至孔子而集大成。集大成也者，合帝王政治教育一切形上形下之学理，无一不发明，以著于后世。"提出孔子之教包含中西政、学教育之原理，称："纵观泰西大政治家大教育家之学说，其事实不同，而其理未有外我孔子之范围者。考东西各国历史，凡立法行政合我孔子之言者，国靡不昌。背我孔子之言者，靡不乱亡。乃知我孔子之道，系人之所以为人，国之所以为国之道。世界无人则已，无国则已，无政治教育则已，有人有国有政治教育，我孔子之道，他日必焕光彩于民族，臣敢断言也。今日学术之大害，不在言不尊孔，而在行不遵孔。孔子者，人伦之极则，人多于伦理漠然，而厚颜号于众曰：我修身也，我有耻也。考其行谊，居家则禽兽之行也，为政则跖盗之行也。行如是，言如彼，天下学子闻其言效其行，以若人之修身为修身，以若人之有耻为有耻，言似尊孔，行愈背孔。孔子之道不坏于秦火，不坏于猛兽洪水。自若人者，窃其言而背其行，伪说昌，正道晦，臣所以太息痛恨于其学，欲令其言行相顾也。昔汉灵帝立鸿都门学，画孔子及七十二弟子像，示诸生崇圣。诸生出为刺史太守，入为尚书侍中，以至封侯锡爵者不可胜数，然而有道之士，耻与为列者，以其援引多无行趣势之徒，言尊孔而行背孔，是以愈促其国之乱亡也。"以孔子之教为立国安民之本。故奏称："现当曲阜学堂开办伊始，天下学术之正伪，视此为标准，我朝国本之治乱，视此为转移，拟请明谕天下，定教育宗旨，俾知我皇太后皇上兴学之意，以明人伦重躬行为崇圣第一要义，不在拘文牵义，徒托空言。"文末特别提出："责成湖广督臣张之洞，会同学部，慎选师儒，注重行谊，求孔孟之正宗，破门户之陋习，详定规则，奏核施行。务期国学昌明，世风隆厚，以仰体朝廷重道育才之盛心。"明确应会同学部举行，与原本由张之洞主导之意轻重略有别。(《御史赵炳麟奏请定教育宗旨折》，《申报》，1907年1月26日，第3张第17版)

　　针对赵炳麟的奏折，慈禧太后谕："据该御史奏称曲阜学堂开办伊始，请以明人伦重躬行为要义等语，亟应申明前旨，俾共切实遵行。所有曲阜学堂应如何慎选师儒，注重行谊，著学部会同张之洞悉心妥议，详定规则，奏明办理。"故学部于当年4月5日，咨行湖广总督张之洞，"筹拟办法"。(《咨鄂督请拟曲阜学堂办法文》，《学部官报》1907年第17期，1907年4月5日)

　　当时各种消息经各种途径传播，大体涉及曲阜学堂的办学宗旨与开办办法。据称，张之洞拟派黄绍箕前往督修，拟咨各省督抚合筹银五十万两，以补所发帑银十万两之不足。(《计画曲阜学堂》，《大同报》第7卷第1期，1907年3月9日；《曲阜学堂之计划》，《广益丛报》第5年第2期，1907年4月12日)衍圣公也对曲阜学堂宗旨提出意见，据舆论所称："原议曲阜学堂只于经史礼乐等定为课程，衍圣公不以为然。其意以忠君爱国尊孔为该学堂之宗旨，此外以经史礼乐伦常国文方言测绘体操宪政，定为十科。并闻衍圣公有出洋调查学务之说，现并欲往各省游历云。"（《衍圣公对于曲阜学堂之意见》，《直隶教育杂志》1907年第4期，1907年4月27日）对于衍圣公的意见，也有称："衍圣公与学部荣尚书言，曲阜学堂须以经学为经，科学为纬，尚须至鄂与张宫保、梁廉访、黄提学商酌云。"（《衍圣公对于曲阜学堂之意见》，《大同报》第7卷第6期，1907年4月13日）综合两种有关衍圣公的意见信息，都涉及中国经史之学与外来科学。前者则尚涉及当时正在进行的新政（宪政）。

当时舆论传闻，曲阜学堂编写蒙小教科书，颁发全国各省。"闻政府议令鄂督张香帅将《孔子世家》编为教科读本，由曲阜学堂出版，颁发各省蒙小学堂，一体教授，以期各小学生，于蒙养时，即知孔子之尊，而不为海言所动。"《议编曲阜学堂教科书颁行蒙小各学》，《直隶教育杂志》1907年第1期，1907年3月14日）显示曲阜学堂与确定全国学堂教育宗旨之间的关系。

1月上旬　周馥接见提学使，谕饬学堂应注重国学。①

《北洋官报》以《谕饬学堂注重国学》记录此事："新任粤督周制军日前接见段学使时，谈及迩来各少年心醉欧风，故各学堂学科

----

①　据《周悫慎公自著年谱》，1906年9月12日（丙午年七月二十四），周馥在两江总督任上奉旨著调补两广总督。10月29日（丙午年九月十二）交卸两江总督篆。11月12日（丙午年九月二十六）抵达广州。1907年1月6日（丙午年十一月二十二）出省看东门外各学堂。（《周悫慎公自著年谱》卷下，民国《周悫慎公全集》本）则此事有较大可能发生于巡视各学堂同期或稍前。故酌定于1907年1月上旬。

多系偏重西学，最为缺憾。盖本国历史学说若无根柢，则西学如何纯粹，亦无用处。该司自后必须随时察核，无论官立私立、高等中等各学堂，倘于中文一道不甚著意者，饬令从速改良云。"（《谕饬学堂注重国学》，《北洋官报》第 1249 册，1907 年 1 月 13 日）

1 月　闽浙总督丁振铎颁发南洋华侨兴学文告，谕饬在学堂普通科学外，尤应注重国文国语，保存国粹，以挽革命破除离经叛道之说。文告称：

教育之道，首重秩序，国民特质，在保国粹。华商久处外洋，间有习为诳言，蔑视国学，妄认祖□，莫识行省。今既广设学堂，尤须厘订教课。于普通科学外，尤宜注重国文、国语，使人人知以本国学问培植其子弟，为海外华侨养成中国的国民资格。江左士人能操中原之语，东来算法本传借根之方，何堪国民数典忘祖，故兴学之科目宜求完备也。近岁海外倡乱党徒，提倡极端之社会主义，以革命为口头禅，以无政府为目的，高谈横睨，竞相炫惑，学界后生，若立志不定，难保不为其所煽诱。今既普立学堂，自应遵照奏定章程，研究纯正学术，以激发其忠君爱国之心，破除夫畔道离经之说，庶人心以正，而学术以宏，故兴学之宗旨，宜亟鉴定也。（《闽督颁发南洋华侨兴学文告》，《申报》，1907 年 1 月 14 日，第 2 张第 9 版）

2 月 2 日（丙午年十二月二十）　邓实分天下学术为君学、国学、群学三类。

邓实刊文述《顾亭林先生学说》之"风俗学"，分天下学术为三种："一曰君学，一曰国学，一曰群学。为君之学，其功在一人。为国之学，其功在一国。为群之学，其功在天下（群学，一曰社会学，即风俗学也）。先生之学，则为群者也。""风俗学"即是功在天下的群学。（邓实：《明末四先生学说·顾亭林先生学说》，《国粹学报》丙午年第13号，1907年2月2日）

2月5日（丙午年十二月二十三）　端方在江南高等学堂第一届毕业典礼上演说，谓今日学堂之弊不在无西学，而在于无真正之国学。

江南高等学堂开办已及四载，至丙午年腊月，届第一次毕业之期。经江督端方札饬提学司陈伯陶于1月21日（丙午十二月初八）起，逐日考验中西科学，至1月28日（十五）试毕。提学使复遵照学部新章考试毕业，内有口答一门。又于2月1日（十九）会同该堂校务长缪荃孙及中西各教习传考试诸生至前，质以中国经史数条及东西文会话史记等，须与连日考试卷程度相符，以定优劣。全部考毕，将各生积分表及课卷等呈请江督阅定，即于2月5日（丙午十二月二十三）发出榜示，于是日十点钟行毕业礼。毕业礼由江督端方会同学使缮就毕业证书发给各生。江督及陈伯陶学使、本堂监督、校务长均以次演说。

端方演说道：

> 今日教育家恒言，为根本教育计，须从小学入手，为急求应用之人才计，须从中学以上入手。吾国学制，多采日本，彼之初建大学也，其学生皆各州县贡进士，大都成年以上，已于其乡修国学者。今日学堂之弊，不在无皮傅之欧风，而在无真正之国学。盖一国之学风，必涵有一国之特质，国学者所以存

特质。夏尚忠，商尚质，周尚文，皆递嬗之特质。以三统赅万襐者也。曰尚者，无以加乎其上，而揭昭示者也。其纲纪事目散见于经传，其微言大义发于贤哲，而绵绵延延至今得以不绝者，胥于国学乎传之。诸生曩日率皆仞籍大黉蜚声上庠之秀，于国学盖有根柢，今又能入学研究，沐浴大师之经训，去专已守残之习，受各种科学，以增进知识。夫能明几何者，其人必精于研理，今日通病，大率察事甚肤者，好逞嚣激之论，致用无具者，徒作呻吟之语。诸生既有先入为主之国学，更得科学为辅，则即物穷理，审几观变于后先因果之间，必有因往知来之公例，国故朝章之内，必有温故知新之深识。当此预备宪政，悦故出新时代，几吾国历史之变迁，风俗习惯之沿革，人心道德之升降，何者宜保存，何者宜划除，何者宜变通，诸生今日虽未为世用，然以才识地位，信之知必异乎薄植浅流之所谭矣。(《江南高等学堂学生毕业名单》，《申报》，1907 年 2 月 17 日，第 2 张第 9 版)

2月22日（正月初十）　国学保存会藏书楼自去腊闭楼后重开。

国学保存会藏书楼自丙午年十二月二十（1907 年 2 月 2 日）停阅，度春后，于丁未年正月初十（1907 年 2 月 22 日）复开。添置书籍数百种，其中孤本抄本约数十种，每日上午八时起下午五时止，开楼阅书，每日券每张五分。(《阅书开楼》，《国粹学报》丁未年第 1 号，1907 年 3 月 4 日)

△　国学保存会创办推行之事共五科，分科办事，以维持长久。

国学保存会称："本会创办已成之事，共分五科，每科皆由会员中分任，经济庶务各专责成。共计《国粹学报》《国学教科书》《国粹丛书》《国粹丛编》《各省乡土教科书》。均各自担任经费编辑校勘发行等事务。其出入费用不与会中相连。至于各科撰述，按篇计酬，不与会费相混。庶业分则易成用，分则不费，以求持久，毋中蹶焉。"（《分科办事》，《国粹学报》丁未年第1号，1907年3月4日）

3月（正月中旬—二月上旬）　江西德化县令施谦发表告德化学界文，称在预备立宪时期，应以保存国学与服从国法、整顿学风诸端入手，补救自由无法纪之一病。

施谦新任德化知县，考察德化学界之后，作此告学界文。以为预备立宪，关键在于地方自治，地方自治关键在于开民智，而开民智尤不可不重民德，以避免开新的同时，流于只知有自由权利而不知守法立德义务之"浮"病。补救之法有四：保存国学、服从国法、整顿学风、讲求公理。其保存国学一目称：

> 盖一国有一国之学，即一国有一国之文。无学无文，焉得谓国。故国学兴，国亦因之以兴。国学亡，国亦因之以亡。昔俄灭波兰，禁波人不得用本国言语，今自忘其祖国。此凡读历史者，莫不引为殷鉴，扼腕而嗟也。然我国戊戌以前，视新学如仇敌，凡守旧者，皆拘泥陈迹，而未尝于他国之学术，一涉其樊。辛丑以来，视旧学如弁髦，凡维新者皆心醉欧风，而未尝于本国之学术，一厝其意，甚且变本加厉，数典先忘。往往于小学生徒，即授以东西文字，以为趋时之计，而中国文学，微特教者视为无足重轻，即学者亦多置诸高阁。此风流播全国，鼓吹而受其影响者，当以交通之地为尤甚。德化学界，萌

芽甫苗，全在培护根本，而后枝叶自华。使好尚歧趋，浸淫欧
化，则所学者皆无本之学，而于国学何补？于中国何功？且恐
一邑如此，一国皆然，则不出数十年，以地球上最可贵之文
学，一旦澌灭殆尽，千钧一发，岌岌可危。

以保存国学为根本，以服从国法为主义，以整顿学风为手段，
以讲求公理为号召。并总结道："凡此四端，虽陈义过狭，而于开
民智，进民德，造民格皆有无穷之关系。所谓地方自治者在此，预
备立宪者亦在此。岂得以个人小节而忽之乎？况我中国处过渡之时
代，而又当二十世纪欧美日本学术界之横风怒潮，奔腾不已。则学
界诸君，同舟共济，使无一定方针，以指挥而驾驭之，不将漂泊无
涯。"（《江西德化县施大令谦告学界文》，《申报》，1907 年 3 月 16 日、17 日，
第 2 版）

3 月 12 日（正月二十八）　寓言小说《双灵魂》开始在《申报》
连载，自称有唤醒国魂之意。

3 月 11 日，《申报》发布即将刊行寓言小说《双灵魂》的广告，
称前所附印的《栖霞女侠传》小说因已出版，故不复登，颇受阅报
者责言，深为愧歉。故"另撰一种，名《双灵魂》，离奇惝恍，虽
属庄生之寓言，而警梦觉迷，殊有唤醒国魂之意。定于明日附刊本
报，是书定当印全，决不蹈半途中止之覆辙"。（《申报》，1907 年 3 月
11 日，第 18 版）

3 月 12 日，《双灵魂》第一节在《申报》开始发表。（《双灵魂》，
《申报》，1907 年 3 月 12 日，第 17、18 版）

3 月 28 日，《双灵魂》第十七节刊行，其文有讨论灵魂升天之说，

称："灵魂既无原质，轻于轻气，其所以能在空气中者，为其包含于躯壳之内也。若脱离躯壳，入于空气，势必向上直行。如油之在水底，直向上浮，且并非有体积之物所能阻碍。"对此附注称："旧说人死则魂升于天，魄坠于地，西人不言魄，然由此而知旧说人死魂上升之不诬。国学失传，惜哉。"（《双灵魂》，《申报》，1907年3月28日，第18版）后一日，《双灵魂》第十八节又称："至于极聪敏人，其灵魂有善动性，又有速行性。意有所向，电即随之，电有所触，魂亦随之。若使其神志专一，其灵魂挟电气而行，力能贯铁石，无往而弗达也。"对此附注引申："《记》曰：惟至诚者能自尽其性，益能尽人之性，尽物之性。又曰：诚则形，形则著，著则明，明则动，动则变，变则化。皆即心理学，亦即催眠术之本原也。国学精妙，久已失传，惜哉。"（《双灵魂》，《申报》，1907年3月29日，第18版）

　　3月　国学保存会虽刊发《拟设国粹学堂启》，计划在本年春开办，后因经费无着，不能不停止。国粹学堂为国学保存会五大计划唯一没有成功实施者。

　　国学保存会以"讲习国学"为实现宗旨之主要办法，则国粹学堂之设，当是重要计划之一。上一年12月，国学保存会便刊发明春发行《国学讲义录》的广告，即是对应于国粹学堂每月开讲之事。然在本年1月份，国学保存会同人已感经费不足。1月5日，苏曼殊答刘三询国粹学堂事宜，转述刘师培言，谓"国粹学堂明春能否开办，现尚未决，因经济尚未筹定也"。随函寄上学堂简章一张。（苏曼殊：《与刘三书》，《苏曼殊集》，东方出版社，2008年，第205页）可见进展并不充分。

　　在本月，国学保存会仍在《国粹学报》登载了《拟设国粹学堂启》，谓：

中国自古以来，亡国之祸叠见，均国亡而学存。至于今日，则国未亡而学先亡。故近日国学之亡，较嬴秦蒙古之祸为尤酷。何则？以嬴秦之焚书，犹有伏生孔鲋之伦，抱遗经而弗堕；以蒙古之贱儒，犹有东发深宁数辈，维古学而弗亡。乃维今之人，不尚有旧，自外域之学输入，举世风靡，既见彼学足以致富强，遂诮国学而无用。而不知国之不强，在于无学，而不在有学；学之有用无用，在乎通大义，知今古，而不在乎新与旧之分。今后生小子，入学肄业，辄束书不观，日惟骛于功令利禄之途，卤莽灭裂，浅尝辄止，致士风日趋于浅陋，毋有好古博学，通今知时，而务为特立有用之学者。由今而降，更三数十年，其孤陋寡闻，视今更何如哉！嗟乎！户肆大秦之书，家习劫卢之字，宿儒抱经以行，博士倚席不讲，举凡三仓之雅诂，六艺之精言，九流之坠绪，彼嬴秦蒙古所不能亡者，竟亡于教育普兴之世，不亦大可哀邪！故国学之阨，未有甚于今日者也。夫国于天地，必有与立。学也者，政教礼俗之所出也。学亡则一国之政教礼俗均亡；政教礼俗均亡，则邦国不能独峙。试观波尔尼国文湮灭，而洼肖为墟；婆罗门旧典式微，而恒都他属。是则学亡之国，其国必亡，欲谋保国，必先保学。昔西欧肇迹，兆于古学复兴之年；日本振兴，基于国粹保存之论。前辙非遥，彰彰可睹。且非惟强国惟然也。当春秋之时，齐强鲁弱，而仲孙谓鲁未可取，犹秉周礼。是学存之国，强者可以益兴，弱者亦可以自保。今也弃国学若弁髦，非所谓自颠其本乎！况青年之辈，侈言爱国。夫所谓爱国者，以己国有可爱之实也，故怀旧之念既抒，保土之情斯切。若士不悦学，则是并己国可爱者而自弃之矣，虽托爱国空名，亦何益哉！夫中土之学，兴于三代之前，秦汉以还，大师魁儒，纂述尤盛，代有传人，人有传书，篇目并较然可按，今竟湮没不彰，销蚀湮轶。彼东西重译之国，其学士大夫，转以阐明中学为专门。因玄奘《西域记》，以考佛教之起源；因赵氏《诸蕃志》，以证中外之交通。而各国图书楼，竞贮汉文典籍。即日本新出各书报，于支那古学，亦递有发明。乃华夏之民，则数典忘祖，语及雅记故书，至并绝域之民而不若，夫亦可耻之甚矣。同人有鉴于此，故创立国学保存会于沪渎，并刊行学报丛书，建设藏书楼，以延国学一线之传。然君子之学，非仅自为而已也。学术之兴，有倡导之者，必有左右翼赞之者，乃能师师相续，庚〔赓〕续于无穷，而不为异说詟言所夺。昔颜习斋先生，施化漳南，以礼乐射御书数，分授弟子，旁及水火工虞之学。黄梨洲先生，主讲证人书院，首倡蕺山之学，并推论读经考史之方。承其学者，咸择其性之所近，以一艺自鸣，风声所树，挨芳承轨，矢音不衰。则化民成俗之功，必基于讲学。今拟师颜黄启迪后生之法，增益学科，设立国粹学堂，以教授国学。夫颜黄诸儒，生于俗学滋行之日，犹能奋发兴起，修述大业，以昌其学术。今距乾嘉道咸之儒，渊源濡染，近不越数十年，况思想日新，民智日瀹，凡国学微言奥义，均可藉皙种之学，参互考验，以观其会通，则施教易而收效远。从学之士，三载业成，各出其校中所肄习者，发挥光大，以化于其乡，学

风所被，凡薄海之民，均从事于实学，使学术文章，寖复乎古，
则二十世纪，为中国古学复兴时代，盖无难矣，岂不盛乎！
（《拟设国粹学堂启》，《国粹学报》丁未年第1号，1907年3月4日）

《拟设国粹学堂简章》谓："以保存国粹，阐明实学，养成通
才为宗旨。"学额分正、副额，"正额六十名，旁听生二十名作为
副额"。学科"略仿各国文科大学及优级师范之例，分科讲授，惟
以国学为主，另有学科预算表"。学龄要求"以年龄在二十二以下
十七以上，国文清通，国学有根底者为合格"。学期要求"半年为
一学期，六学期卒业。量程度之高下，发给毕业及修业文凭"。学
费则"正额生每学期收费四十元。学膳费及一切杂用在内。讲义由
学校给发，参考书籍可由藏书楼取阅。旁听生例不寄宿，每学期收
费二十五元"。学规"以整齐严肃为主，另有细章"。校舍位于上
海。（《拟设国粹学堂简章》，《国粹学报》丁未年第1号，1907年3月4日）国
粹学堂拟设学科，分为：经学、文字学、伦理学、心性学、哲学、
宗教学、政法学、实业学、社会学、史学、典制学、考古学、地舆
学、历数学、博物学、文章学、音乐学、图画学、书法学、译学、
武事学。共六学期，各学期各有功课。经学一科自一到六学期分别
讲授经学源流及其派别、汉儒经学、宋明经学、近儒经学、经学大
义、经学大义。文字学一科自一到六学期分别讲授文字源流及其派
别、字音学、偏旁字、训诂学、析字学、论理学。伦理学自一到六
学期分别讲授古代伦理学、汉唐伦理学、宋明伦理学、近儒伦理
学、伦理研究法、教育学。心性学自一到三学期分别讲授古代心性
学、中古心性学、近代心性学。哲学一科在第四、五学期授课，分

别为古代哲学、佛教哲学，宋明哲学、近儒哲学。宗教学在第六学期授课，讲授宗教派别。政法学一科在第一、二学期讲授，皆为历代政法史。实业学自第三学期开始授课，分别为历代实业学史、历代实业史、历代实业史、计学。社会学在第一到四学期授课，分别讲授古代社会状态、中古社会状态、近代社会状态、社会研究法。史学一科自第一到六学期分别讲授年代学、大事表、历代兴亡史，外患史，政体史，外交史，内乱史，史学研究法。典制学自第一到六学期分别讲授历代行政之机关、官制、法制、典礼、兵制田制、制度杂考。考古学一科自第一到六学期分别讲授钟鼎学、石刻学、金石学史、美术史、美术史、研究法。地舆学一科自第一到六学期分别讲授中国自然地理、人为地理，直隶山东山西河南陕甘，江苏两湖江西四川，闽浙两广云贵，东三省新疆及外藩，地理研究法。历数学一科自第一到六学期分别讲授历代算学之派别、九章，天元一法，四元各法，中西算学异同，历学，算法大义。博物学自第一到六学期分别讲授中国理科学史，中国植物，植物、动物，动物、矿物，矿物、古生物学，理科大义。文章学一科自第一到六学期分别讲授文学源流考、作文，文章派别考、作文，文章各体、作文，文章各体、作文，文章各体、作文，著书法。音乐学一科自第一到第六学期分别讲授单音唱歌用古诗歌、单音复音、复音读古乐府、古词曲古乐器、戏曲学律吕学、练习诗歌。图画学一科六学期分别讲授图画史毛笔画法实习、历代画家派别毛笔画法实习、毛笔及铅笔画法实习、铅笔、用器、绘影。书法学第一学期讲授书法派别，后四学期皆讲授古碑帖学实习。译学六学期分别讲授东文、东文、东文、拉丁文、希腊文、梵文。武事学前三学期讲授古柔术，自第四到六学期分别讲授古柔术古兵法、古兵法、外国操。（《拟国粹学堂学科预算表》，《国粹学报》丁未年第1号，1907年3月4日）此中学科大体即《国学保存会发行国学讲义广告》所对应学科。（《国粹学报》丙午年第11号，1906年12月5日）

在与刊发《拟设国粹学堂启》同一期的《国粹学报》内，另登有《国学讲义录暂停出版广告》，谓："本会本拟自今春筹办国粹学堂以讲习国学，择讲义之尤精者，刊为讲义录，先于去岁出售预约券，但自筹办以来，经费不集，无可藉手举办，学堂既不能开办，则讲义亦无从发刊。"（《国粹学报》丁未年第1号，1907年3月4日）最终，国学保存会五大计划之一的国粹学堂，成为唯一不能开办的项目。

4月2日（二月二十）《国粹学报》"社说"一栏刊发邓实《国学真论》，论中国只有君学，而无国学。国无学则国不立，故号召独立远大之学，以昌大国学。

先是，本年2月2日，邓实在《国粹学报》丙午年第13号刊发《明末四先生学说·顾亭林先生学说》之"风俗学"，即开始确立天下学术的分别："一曰君学，一曰国学，一曰群学。为君之学，其功在一人。为国之学，其功在一国。为群之学，其功在天下（群学，一曰社会学，即风俗学也）。先生之学，则为群者也。""风俗学"即是功在天下的群学。（邓实：《明末四先生学说·顾亭林先生学说》，《国粹学报》丙午年第13号，1907年2月2日）

此次"社说"，邓实论国学之真伪，即延用这一天下学术的分别，以为中国只有君学，而少国学，不可将国学混同于君学内。称：

吾中国之无国学也。夫国学者，别乎君学而言之。吾神州之学术，自秦汉以来，一君学之天下而已，无所谓国，无所谓一国之学。何也？知有君不知有国也。近人于政治之界说，既知国家与朝廷之分矣，而言学术，则不知有国学君学之辨，以故混国学于君学之内，以事君即为爱国，以功令利禄之学，即为国学，其乌知乎国学之自有其真哉。是故有真儒之学焉，有伪儒之学焉。真儒之学，只知有国，伪儒之学，只知有君。知有国则其所学者上上千载，洞流索源，考郡国之利病，哀民生之憔悴，发愤著书，以救万世，其言不为一时，其学不为一人，是谓真儒之学。若夫伪儒者，所读不过功令之书，所业不过利禄之术，苟以颂德歌功，缘饰经术以取媚时君，固宠图富贵而已。邓子曰：悲夫，吾中国国学之真之失，殆久矣乎。

总之，"自汉立五经博士而君学之统开，隋唐以制科取士而君学之统固，及至宋明，士之所读者功令之书，所学者功令之学。遥遥二千年神州之天下，一君学之天下而已"，"所谓国学者"鲜见。然"国无学则国不存，吾国绵绵延延以至于今者，实赖在周有伯夷，在秦有仲连，在汉有两生，在东汉有郑康成，而在晚明有黄梨洲、顾亭林、王船山、颜习斋、孙夏峰、李二曲诸先生之学为一线之系也"。国学之真即寄托于此。

而"今之学堂考试"，与"汉之博士""唐之诗赋""明之八比"，皆"一科举也"。"不尽去其富贵利禄、急功近名之见，而为独立远大之学。徒斥斥于朝廷之趋向以为转移，而曰我学也。乌得而昌国学之名而为国士哉？"期望今人可以树立独立远大之学，发挥真正的国学，昌大国学。（邓实：《国学真论》，《国粹学报》丁未年第2

号，1907年4月2日）

　　△　国学保存会《湖北江西乡土历史地理教科书》编成出版。

　　早在1906年11月，邓实报告国学保存会在五科之外另办之要事有二，一为编辑十八行省乡土历史地理格致小学教科书，一为编辑中国博物教科书，当时"方从事编辑，实力经营，务期成就"。（《开楼纪事》，《国粹学报》丙午年第10号，1906年11月6日）

　　至是日，出版了湖北、江西两省乡土历史地理教科书。其广告词交代了宗旨之梗概："本会所编乡土教科书出版以后，颇受海内教育家之称许，以为书之图画文字引证皆具有精神特色，最足以助长儿童爱乡土爱国之心，为效至巨。故公私学校采用至伙。今同人益勉力为此。其湖北江西二省，地居扬子江流域之中，交通最繁，学校林立，需此尤急。顷已编印完备出版焉。至其余各省，已在编辑中，不日当可告成。"（《已编成湖北江西乡土历史地理教科书出版》，《国粹学报》丁未年第2号，1907年4月2日）

　　4月12日（二月三十）　尚贤堂称课程分经济、英文、法文三科，尤重国粹。

　　尚贤堂在《申报》广告称："尚贤堂学校开办有年，监督为美士李佳白先生，课程分经济、英文、法文三科，尤重国粹。"（《尚贤堂学生月考案》，《申报》，1907年4月12日，第19版）

　　5月2日（三月二十）　国学保存会开办国光社印刷所。

　　广告交代创办缘起："本会搜罗遗籍，编辑教科书、学报，待刊之件至伙，非另行设一印刷局，则版次不克臻于绝顶精良，出版时有延迟之误，且外间取值过重，则经费所限，出书不多，至使珍帙宏编幽光久闷，同人每引为缺憾。今拟集股开办一国光社印刷所，除自印书籍报章外，另行代印，取价特别从廉，而改良印刷上之各种工艺，务蕲精美，以图美术之进步焉。"（《开办国光社印刷所》，《国粹学报》丁未年第3号，1907年5月2日）

5月31日（四月二十） 国学保存会募捐，以维持运行，并期待扩大规模。

国学保存会《募捐小言》称："本会及藏书楼除开办费外，常年经费每月需百余金，而添购书籍之费尚不在内。同人类多寒素，汲深绠短，深恐不克支持。所望海内外大夫君子，慷慨捐助，俾集众力而成此公益不朽之举。何幸如之！西国藏书楼皆有地方公款，吾国民德未兴，骤难语此。然近日国家主义渐渐发明，保存孤学，发扬国光，斯亦二三君子与有同责也。"（《募捐小言》，《国粹学报》丁未年第4号，1907年5月31日）

6月4日（四月二十四）《申报》谓舆论为政教之原，而中国自有日报多弊，其一即诋国学为无用，故郑重阐释宗旨，首要即保存国粹。

申报馆因迁至望平街一百六十三号，遂有《本馆迁居祝词》之作，谓"夫报馆者，舆论之母也。舆论者，政教之原也"。然"吾国互市以来，始有日报，相机而起，都数十户，究其流弊，良可唏息。忘本来之目的，争无谓之雄雌，城府既深，猜嫌日积"。其弊一为"略知异闻，诋国学为无用。好言激进，嗤和平为罪人，甚或为达官之机关，作外人之奴隶"。（《本馆迁居祝词》，《申报》，1907年6月4日，第2版）故于6月5日续阐宗旨，谓："一曰保存国粹也。夫学必师古，晦庵所以垂箴，鲁未可取仲孙以其知礼。经传所载，可为前规。中国三代以还，亡国之祸叠见，然祖龙斲鼎，而伏生孔

鲋，抱遗经于后时，蒙古窃苻，而东原深宁，传绝学于一线，虽玉
牒屡易，而学统常存。洎乎近时，迁变日亟，安息画革之字，泛滥
于中区，佉庐斜上之文，浸淫乎宙合。纤儿狷徒，后生小子，目不
观雅记，耳未闻故书，六经埋尘，三史挂壁，真宰挠夺，踵趾不
根……而乃弃本根为弁髦，奉彼学为创获，人笑其惊世骇俗，吾谓
其背本诬祖矣。近今以来，欧美人士，多究中学，借诸蕃之志，以
知中外之沟通，西域之编，而证佛教之缘起。然则在人者方抱残而
守缺，而在我者，乃弃本而求根，不其偾欤？且夫学也者，国之粹
也。学既不存，国于何有？是以波尔尼国文湮灭，而洼肖为墟。婆
罗门经典式微，而恒都他属。观之往辙，可为寒心。同人不才，乌
可以已。谨本愿力，发为文章。蒙霜杀物，贞桧之心愈坚。广宇回
荡，劲草之质不佻，于以扬国徽，绍绝学，阐三仓之雅诂，扇六籍
之婧芳。忧时君子，或有取焉。"（《本馆迁居祝词》，《申报》，1907年6
月5日，第2版）

　　6月20日（五月初十）　学部尚书荣庆拟请各督抚提学使设法
筹款，广购中国书籍，于外国名大学附近设中国藏书室，以免出洋
学生国文、国学毫无根柢。《申报》评议此事为中国官场之空言。

　　《申报》记："学部荣尚书因各学堂学生均以注重国文为要义，
而出洋留学各生，多于国文、国学毫无根柢，遂致徒染习气，无裨
实用。近与各堂宪商议，拟请各省督抚提学使设法筹款，广购中国
书籍，寄至东西各国，饬令留学监督，于有名大学附近，分设中国
藏书室，专备留学生随时浏览之用。"评论曰："阅吾报者，试以理
断之，此事固能有效否？是亦可见中国官场之多空言而不求实在
已。"（《日下近闻》，《申报》，1907年6月20日，第3版）

6月30日（五月二十）《国粹学报》"社说"栏刊发邓实《国学无用辨》，从君学与国学之分入手，以为国学者为一二在野君子忧时爱国之学，乃不得其用，非无用。若真能用国学，则中国将非今日之中国。

邓实此文，承《明末四先生学说》及《国学真论》而来，一脉相承，而旨趣更加明达。由《明末四先生学说》，区分天下学术为君学、国学、群学。由《国学真论》，区分今日所讲古学多非真正之国学，而为君学，故期待独立远大之学，以昌大国学。《国学无用辨》在上述二文基础之上，辨今日所谓古学无用，乃因所用古学皆君学，而非国学，如真能发挥在野诸君子所讲忧时爱国经世之学，则中国必非今日之中国。而最终汇集于明末诸先生之学，照应《明末四先生学说》一文，以为："使数君子之学，得以见施于时，则亭林乡治之说行，而神州早成地方自治之制；梨洲原君原臣之说昌，则专制之局早破；船山爱类辨族之说著，则民族独立之国久已建于东方矣。"因之，由《明末四先生学说》到《国学真论》再到《国学无用辨》之理路便清晰而调畅。

邓文称："学以为国用者也。有一国之学，即以自治其一国，而为一国之用。无学者非国，无用者亦非学也。今之忧世君子，睹神州之不振，悲中夏之沦亡，则疾首痛心于数千年之古学，以为学之无用而致于此也。"邓实以为"吾国之古学，固未尝用"，只是"历代所用者，仅君学"。如"其学犹未用也，而即嚣然以无用名之，而乌知乎其学之果无用也。是故无用者君学也，而非国学"。

君学与国学，前者"经历代帝王之尊崇，本其学说，颁为功令，而奉为治国之大经，经世之良谟者也。其学之行于天下，固已久矣"。后者"不过一二在野君子，闭户著书，忧时讲学，本其爱国之忧，而为是经生之业，抱残守缺，以俟后世而已。其学为帝王所不喜，而亦为举世所不知。"

并征诸学史，称：

自周之季，学失其官，诸子蜂起，各本其术以自鸣。老子之道术，庄子之齐物，墨子之兼爱，申韩之法制，孙吴之兵谋，荀子之名学，管子之经济，用其一皆可以有裨于当世。夫诸子之多为其术，以救人国之急，可谓勤矣。然而当代之君民能用其说者几何也！毋亦信仰其学而从之游者，皆其一派之弟子乎，其于全社会无与也。

秦政焚书，骊山一压，不特儒术六艺，从此缺略，而百家之学，亦荡然无存。国且无学，何有于用。汉兴，诸儒收拾灰烬，抱其遗经，亦惟相与伏处于荒墟蔓草之间，私相授受，讲诵不辍耳。其时为之议朝仪、定礼乐者，叔孙通诸生之伦，假儒术以媚人主，所用者君学而非国学也。汉武号尊儒术，然申公以力行对而疾免以归，辕固生年九十矣，以诸谀儒疾毁而亦罢归，则其所用者，公孙弘曲学阿世者耳，亦君学而非国学也。汉之末造，朝政昏浊，而党锢独行之士，风潇雨晦，不已鸡鸣。及其卒也，小人得以合围而猎，君子反以前禽而伤，则其时之君学盛行而国学之罢斥不用可知矣。

夫国学之与君学不两立者也，此盛则彼衰，此兴则彼仆。群阴昼闭，而微阳不现，黄钟毁弃，而瓦釜雷鸣。自唐代义疏之作，宋世科举之兴，明以八比取士，近世承之，其时君所乐用者，皆为君学之一面。故自宋至今，五六百年，国破家亡，外祸迭起，君臣屡易，坐令中区瓦解鱼烂而不可救者，皆君学之无用有以致之，而国学不任咎也。夫既知君学之无用矣，然而历代帝王，宁使亡国败家相随属，而卒不肯以国学易君学者，其故何哉？夫君学者，以人君之是非为是非者也，其言顺而易入，国学者，不以人君之是非为是非者也，其言逆而难从。古今好谀之君多，而从逆之君少，此君学所由盛而国学所由衰欤。

邓实以为，君学盛行，国学不振，"吾民亦与有过焉"。"吾闻泰西学者，创一学说，则全社会为之震动，而其终卒能倡造社会，左右政界。故孟德斯鸠、卢梭之学说出，遂成法国大革命，而全欧响应；斯密亚丹之学说出，而自由放任贸易主义以兴；达尔文、斯宾塞之学说出，而天演之公例大明。此其学不必赖时君之表扬也，而固已飚动云兴，足以转移一世之人心风俗而有余矣。返而观我国，则历代虽有一二巨儒，精研覃思，自成宗派，其学术非无统系之可言，而空山讲学，所与倡和者，惟其门徒及二三知己耳，而全社会不知尊仰，后人不闻表彰。故其学派遂日远而日微，即其遗书亦湮轶而不可见，不亦悲乎！"

并指出"明之季，国既亡矣，而北有夏峰、习斋，西有二曲，东南有亭林、梨洲、船山，皆思本所学以救故国，著书立说，哭告天下"，此真国学，"而天下之人不应"，"神州遂至陆沉"。若其学"得以见施于时"，"则亭林乡治之说行，而神州早成地方自治之制；梨洲原君原臣之说昌，则专制之局早破；船山爱类辨族之说著，则民族独立之国久已建于东方矣"。"是故数君子之学说而用，则其中国非如今日之中国可知也。"非其学无用。邓实进而以为："古人之学，有用之一时者焉，有用之万世者焉，有用之一人者焉，有用之一国者焉。用之一时一人者其效小，用之万世一国者其效大。"故号召真国学以救世。（邓实：《国学无用辨》，《国粹学报》丁未年第 5 号，1907 年 6 月 30 日）

7 月 9 日（五月二十九）　湖广总督张之洞奏请设立存古学堂，以存国粹，兼科学，息乱源。

早在光绪三十年，张之洞即已札设存古学堂，寄望能致力于中国经、史、词章之固有学问，挽救普通学堂旧学教育的缺失，同时尝试在新式学制下安置旧学，以使救时局与保书种可以兼顾。湖北存古学堂创办过程中，在全国引起较大反响，各地纷纷效仿，创立各式名目的容纳中国经史旧学的学堂，其间也多有宣称仿照湖北存古学堂办法开办而仅为书院应课之旧途径，大失原意。至是日，张之洞正式奏请设立存古学堂，进一步厘定存古学堂办法，以此为推广全国的典型，并与模仿湖北存古学堂而大失其意者明确区分。

张之洞此奏，寓有湖北存古学堂尝试推行的数年经验，涉及旨趣、缘起、办法诸大端。

此奏题已显现开办存古学堂之旨趣，所谓"湖北省城创立存古学堂，以存国粹，而息乱源"。从大义来说，超越于湖北一省，注意国文以存国粹，既符合东西洋各国之实践，又与《钦定学堂章程》精神相合。即所谓："今日环球万国学堂，皆最重国文一门，国文者，本国之文字语言，历古相传之书籍也。即间有时势变迁，不尽适用者，亦必存而传之，断不肯听其渐灭，至本国最为精美擅长之学术、技能、礼教、风尚，则尤为宝爱护持，名曰国粹，专以保存为主。凡此皆所以养其爱国之心思，乐群之情性，东西洋强国之本原实在于此，不可忽也。尝考《尚书》云，惟土物爱，厥心臧，聪听祖考之彝训。盖必知爱其土物，乃能爱其乡土，爱其本国。如此则为存心良善，方能听受祖考之教训，是知必爱国敬祖，其心乃为善。若反是，则为不善也。中国之圣经贤传，阐明道德，维持世教，开启神智，尊显乡邦，固应与日月齐光，尊奉传习。既列朝子史，事理博赅，各体词章，军国资用，亦皆文化之辅翼，宇宙之精华，岂可听其衰微，渐归泯灭。谨查光绪二十九年《钦定学堂章程》内《学务纲要》第十一条，即系重国文以存国粹。"

从湖北的切实经验与实际需求来说，学堂中国经史之学的师资欠缺，需要及早预备，以免将来不敷，此为奏折所述具体缘起。其称："自前两年回鄂以来，体察学堂情形，所有现派各学堂各监学及中文之经学、史学、算学、图学、中国地理、中国词章等各门教员，皆系臣在楚所设经心、两湖两书院中之都讲高材，分布各处。该生等中学素有根柢，人品向来端纯，深知宗法圣贤，兼以博览典籍，故此次分派各学堂职业，以及赶学速成师范，补习普通，派赴外洋游历，考察学务，均有可用之人。但通省学堂需人甚多，且京师调取以及各省索取络绎不绝，外出太多，已觉不敷应用。诚恐数年以后，经心、两湖旧学生年齿已长，或仕宦登朝，或有事外出，学堂建设日广，需用教员、管理员日众，旧日学生日稀，将何以取资应用？……倘高等以下各学堂之中学既微，中师已断，是所有国文之经史词章，无人能解，无人能教，然则将来所谓大学专门，岂非徒托空言。"

具体办法，即在现有经心书院基础上，改建为存古学堂，并建造书库，"多储中国旧学图书、金石、名人翰墨、前代礼器"。"专聘博通中学经、史、诸子、词章各门学问之师儒为教员，选取中学较优之生收入此堂肄业。"其中，"经学为一门，应于群经中认占一部。说文、尔雅学、音韵学亦附此门内。史学为一门，应于廿四史及《通鉴》《通考》中认占一部，本朝掌故即附此门内。词章为一门，金石学、书法学亦附此门内。以上或经或史，无论认习何门，皆须兼习词章一门。而词章之中，但专习一种即为合格，或散文，或骈文，或古诗、古赋皆可。兼习者听。博览为一门，凡习经、史、词章三门者，后四年皆须同习博览一门。"

尤其对于如何施教，课程具体学时的安排，因最能体现宗旨，事关学堂人才培养，言之最详，强调存古学堂以国文为主，以立专门学堂，补充"前奏各学堂章程，重在开发国民普通知识，故国文及中国旧学钟点不能过多"之偏。称："此项存古学堂，重在保存国粹，且养成传习中学之师，于普通各门止须习其要端，知其梗概。故普通实业各事，钟点亦不便过多，以免多占晷刻。两法互相补益，各有深意，不可偏废，不可相非。"

虽然存古学堂以国文为主，精研中学，然并非要回到书院，乃是新式学堂下安置中学，并培养中学书种，故同样要兼习科学，具备普通知识，以免泥古不识时务。同时预计存古学堂学生后续晋升的问题。其称："此项存古学堂肄业学生，以二百四十名为额，分为三班取录，以次入堂肄业。该堂一切课程、钟点，经臣殚心竭虑，筹计经年，并督同提学司及各司道，并各学堂良师通儒，往复商榷数十次，始克拟定大略。总期多致心力于中国经史、词章之学，庶国文永存不废，可资以补救各学堂之所不足。而又略兼科学，以开其普通知识，俾不致流为迂拘偏执，为谈新学者所诟病。此项人才，将来上之则升入通儒院，以供大用，次之则以备文学侍从之选，似亦盛世朝列中必不可阙之人员。"

奏折提出，存古学堂开办，保存国粹，可以确立中学之本体，维护纲纪，与历年兴学谕旨端正教育之源一致。称："伏读近年历次兴学谕旨，惟以端正趋向为教育之源。一则曰敦崇正学，造就通才。再则曰庠序学校，皆以明伦。圣训煌煌，无非以崇正黜邪为宗，以喜新忘本为戒。夫明伦必以忠孝为归，正学必以圣经贤传为本。崇正学，明人伦，舍此奚由。乃近来学堂新进之士，蔑先正而喜新奇，急功利而忘道谊，种种怪风恶俗，令人不忍睹闻。至有议请废罢四书五经者，有中小学堂并无读经、讲经功课者，甚至有师范学堂改订章程，声明不列读经专科者。人心如是，习尚如是，循是以往，各项学堂于经学一科，虽列其目，亦止视为具文，有名无实。至于论说文章，寻常简牍，类皆捐弃雅故，专用新词，驯至宋明以来之传记词章皆不能解，何论三代。此如籍谈自忘其祖，司城自贱其宗。正学既衰，人伦亦废。为国家计，则必有乱臣贼子之祸。为世道计，则不啻有洪水猛兽之忧。微臣区区保存国粹之苦心，或与世教不无裨益。"

最后，奏折提到湖北存古学堂开办的进度，称："该学堂工程现已完竣，于本年暑假后即行开学。该学堂章程现系创举，拟请试办半年后，如课程条目毫无窒碍，拟即请旨敕下学部核定，通行各省一律仿照办理，以延正学而固邦基。"拟以湖北为例，推行全国。同时提到："臣前见学部议覆湖南拟设景贤等学堂，河南拟设尊经学堂折内，有该抚等叠称仿照湖北存古学堂之语。臣查该两省学堂章程，似与向来书院考课相仿，与鄂省存古学堂之办法判然不同，

毫不相涉。湘豫两省系属误会。"（张之洞：《创立存古学堂折》，赵德鑫
主编：《张之洞全集》第 4 册，第 302—305 页）

此折内存古学堂除注重中学外，同时还需兼顾科学与普通知识，
以融合新旧。然而也有意见以为，中学专门，如无较长年限，中学必
不能通，又需兼习科学与普通知识，或造成中学与科学时限皆短，两
不深入之患。对此，张之洞与罗振玉有所讨论。据罗振玉回忆，是年
八月，张之洞与其在京师有一次长谈。张之洞见罗振玉，"因询以在
两湖时，奏设存古学堂，君意云何？"罗曰："中堂维持国学之苦心，
至为敬佩。惟国学浩博，毕生不能尽，今年限至短，复加科学，成效
恐不易期。"张首肯曰："此论极是。但不加科学，恐遭部驳。至年限
太短，成效必微，但究胜于并此无之耳。"罗乃推广张氏之意，"略谓
各省宜设国学馆一所，内分三部。一图书馆，二博物馆，三研究所。
因修学一事，宜多读书。而考古，则宜多见古器物。今关洛古物日
出，咸入市舶，亟宜购求，以供考究。至研究所，选国学有根柢者，
无论已仕未仕，及举贡生监，任其入所研究，不限以经史文学考古
门目，不拘年限，选海内耆宿为之长，以指导之，略如以前书院。诸
生有著作，由馆长移送当省提学司，申督抚送部。果系学术精深，征
部面试。其宿学久知名者，即不必招试，由部奏奖。如是则成效似较
可期"。张"闻之欣然曰，君此法良佳，当谋奏行"。（罗振玉：《雪堂自
传》，《古今月刊》第 3 期，1942 年 5 月）时张氏已自湖广内召，授体仁阁
大学士、军机大臣，管学部事务。

张之洞奏办存古学堂不久，即于 1907 年 8 月入值军机，兼管学
部，直至 1909 年 8 月。张之洞折内本即愿以湖北存古学堂为例，推
行全国各省。据陈衍所说："张广雅相国既设存古学堂于武昌，旋

管学部。衍议请推广各省，省设一区，所以存中国学问于万一。上
备大学文科经科学子之选，下储伦理国文史学舆地教授之材，所操
甚约，而收效甚大也。"（陈衍：《与唐春卿尚书论存古学堂书》，《石遗室
文集》卷8，陈步编：《陈石遗集》，福建人民出版社，2001年，第492页）张
之洞兼管学部，得以将兴办存古学堂的主张在各地更好地推行。此
时学部尚书荣庆整顿学务，亦推广存古学堂。据称："学部荣华卿
尚书，屡议整顿学务，刻拟通咨各省，先饬添设存古学堂以存国
粹，随时严查女学堂，以维风化。据是以观学部所谓整顿学务者，
其宗旨固可想见也。然则何不径复科举，又何不径废女学。"（《京事
小言》，《申报》，1907年9月6日，第3版）

　　按照张之洞《创立存古学堂折》"本年暑假后即行开学"的计
划，湖北存古学堂在旧历七月正式开学。是年8月21日，张之洞致
电缪荃孙，告知："武昌存古学堂即日开办，于本月二十日（8月28
日）以前开学。堂中请总教四人，协教四人，分教六人，皆须通儒
宿学，方称师资之任。"邀缪荃孙担任学堂总教。自发电到开学日，
仅数日之隔，故张氏特意称："如愿惠然，请即于日内命驾来鄂。"
（张之洞：《致江宁缪筱珊太史》，赵德馨主编：《张之洞全集》第11册，第365
页）然延聘教习并未如此顺利。

　　孙诒让仍是张之洞总教的首选。早在三年前湖北存古学堂创
建过程中，张之洞便极力邀请孙诒让出任学堂监督。此次正式奏设
存古学堂稍后，8月28日，张之洞便郑重电邀孙诒让出任总教。此
时正逢礼部奏派孙诒让充礼学馆总纂，"计必赴召"，张之洞先郑重
表明学堂宗旨与延聘之情，称："鄙人因世衰道微，正学将晦，特
于鄂省奏设存古学堂，延聘海内名儒以为师表。足下经术淹贯，著

书满家，实为当代通儒之冠，窃欲奉聘来鄂，为此堂总教，以惠士林。"又变通办法，提出"可否请半年留京，半年住鄂。如礼学馆总辑事繁，或携至鄂办理，或即以三个月住鄂固亦甚好"。且告以存古学堂中"尚有协教、分教各员，分任教课，劳剧之事，不以相烦，但望到堂时开导门径，宣示大义，为益已多。此为存绝学息邪说起见，务希鉴允。天下士林，皆受其赐矣"。详情则又请与孙诒让有旧的同籍湖北提学使黄绍箕函达。（张之洞：《致瑞安孙仲容主政》，赵德馨主编：《张之洞全集》第 11 册，第 367 页）孙诒让回电称："存古总教，本非衰庸所敢任，重承师谕，敬当勉遵。礼部闻已奏派，未便固辞。而温师范学校经手未竣，现觅人接办，计非冬初不能成行。闻觐光在即，朝野渴望司马，入都时容面请示。事关奏派，驻鄂一节，恐难自由，俟到京再决定。"（孙诒让：《复张相国电》，张宪文辑、温州市政协文史资料委员会编：《孙诒让遗文辑存》，第 137 页）虽稍留余地，实不异于已却之。致函黄绍箕则称："师意甚坚，度非口舌能争。而轻率遵命，又非鄙意所愿。似不如径以衰茶多病，不能远行辞之。实则年来意兴阑珊，凡百灰心，亦必不任鞭策，此乃实情，非设辞也。"或以"尊意另荐宋芸子任此，似胜鄙人万倍。又江苏知县林颐山，为黄元同高第，亦可备选，请酌之"。（孙诒让：《答黄仲弢书》，张宪文辑、温州市政协文史资料委员会编：《孙诒让遗文辑存》，第 139 页）据孙诒让之子分析孙诒让坚辞之要因在于："公鉴于朝局每下愈况，已抱消极态度，京、鄂两职，均无出就之意，但对广雅未便明言，故发电后，即有手札答黄仲弢先生，为存古推荐替人，以作脱身之计。"（《籀公年谱》，张宪文辑、温州市政协文史资料委员会编：《孙诒让遗文辑存》，第 139 页）学堂开学后不久，即有传闻，委派"候

补道宋育仁观察为总文学教员，以资表率"[1]。(《札委存古学堂文学教员》，《申报》，1907年9月10日，第12版）

张之洞甚至以"名誉教师"的形式，邀约一些名儒，而未必如愿。如敦请叶德辉出任"协总教"未果，度其或"不愿为皋比所困"而"久居鄂堂"，故请以"名誉教师"，"暂来一行"。又邀王先谦，思其"未必乐于远游"，故拟聘为"名誉总教"，只需"每年春秋佳日，随意来鄂一次与诸生讲论数日"。(引自郭书愚：《开放而不失其故：张之洞兴办湖北存古学堂的努力》，《社会科学研究》2014年第6期）二者皆未受聘。

或因得知入京消息，张之洞加快了奏办存古学堂的节奏，从奏办到学堂正式开学，时间极为紧凑，临时延聘教习，确实不易。以古人三顾茅庐之故事，三请二却一诺，方有定议。而且张之洞奏调入京，存古学堂后续如何，亦是一大疑问，故延聘教习在最初时期，并不顺利。如时人所考查，"值去秋阁督部堂张奉召晋京，急于开校，惟时工程甫竣，校中一应预备诸未齐全，膺聘各席教员，除本省官绅呼应较捷外，此则函电纷驰，奔命不及"。(《陈佩实考查湖北存古学堂禀折》，《广东教育官报》第15号，1911年7月）

9月1日（七月二十四），湖北存古学堂正式开学。据《北洋官报》消息，存古学堂开学时的教员管理员经张之洞札派，提调为提学使黄绍箕，教务长为候补道易顺鼎、知府王仁俊，庶务长为知府陈树屏，斋务长为训导杜宗预，监学为李文藻、萧延平，文案为知县桑宣，名誉教务长为编修缪荃孙、前淮扬道蒯光典、吏部主事叶

---

[1] 存古学堂开学前一天，张之洞招宴数人，缪荃孙、杨守敬、马贞榆等总教皆在内，宋育仁也是赴宴之人。(缪荃孙：《艺风老人日记》二，张廷银、朱玉麒主编：《缪荃孙全集·日记》2，南京：凤凰出版社，2014年，第459页）

德辉，各科总教为候补道宋育仁（文学总教）、杨守敬、马贞榆、杨敦甫、曹升彦（当是叔彦之讹，引者注），各科协教为汤金铸、黄燮森、王代功、吕承源、程道存、钱桂森。（《存古学堂教员管理员名单》，《北洋官报》第1491册，1907年9月22日）据学者考证，学堂正式开学时，仅有总教三人、协教五人、分教二人、体操教员一人到任。由于"一时暂难选得其人"，监督由张之洞兼任。（郭书愚：《开放而不失其故：张之洞兴办湖北存古学堂的努力》，《社会科学研究》2014年第6期）而后张之洞远在京城，梁鼎芬、黄仲弢又相继"以病请开缺"，当时以为"鄂中学务，以后未知何如"。（《马贞榆致曹元弼函》，崔燕南整理：《曹元弼友朋书札》，上海人民出版社，2018年，第80页）

　　总教为五人或三人，实际在鄂的总教，都会少于此数。张之洞延聘缪荃孙时，聘之为总教，不论其是否为总教或总教务长，"开学时到堂一次，未领薪水"的缪荃孙[①]（引文录自郭书愚：《开放而不失其故：张之洞兴办湖北存古学堂的努力》，《社会科学研究》2014年第6期），送别张之洞后，即于9月20日离鄂，自此与张之洞"不复见"。（缪荃孙：《艺风老人年谱》，张廷银、朱玉麒主编：《缪荃孙全集·杂著》，凤凰出版社，

　　[①]　缪荃孙自记9月18日（八月十一），离鄂之前两日，"学务处送束脩二百金"。（缪荃孙：《艺风老人日记》二，张廷银、朱玉麒主编：《缪荃孙全集·日记》2，第462页）

　　缪荃孙日记记录赴鄂的相关事宜。8月21日（七月十三）"晚接张南坡（原文如此，引者注）师、梁心海电报，招赴鄂"。8月24日（七月十六）起程赴鄂。8月27日（七月十九）"丑刻到。抱冰师派小轮来迎。……谒抱冰师，并拜梁心海、李少东。心海来长谈"。8月28日（七月二十）"抱冰师来谈二时许。饭后黄仲弢来"。8月31日（七月二十三）"抱冰师觞之公所，菜甚佳，子虞、硕甫、芸子、心吾、马贞榆（广东人）、心海、仲弢同席。学使言明早存古开学"。9月1日（七月二十四）"到学行礼"。9月20日（八月十三）离鄂。（缪荃孙：《艺风老人日记》二，张廷银、朱玉麒主编：《缪荃孙全集·日记》2，第457—462页）

2014年，第190页）并未参加学堂实际事务。曹元弼目力极弱，秋间携编纂经学诸书面见张之洞，送张之洞入京后不久即离鄂[①]。（马贞榆致曹元弼函，崔燕南整理：《曹元弼友朋书札》，第80页）宋育仁由孙诒让推荐，之前也有传闻担任文学总教，然其为随张之洞入京的随员之一，与张之洞一道离鄂入京，（《张中堂随员名单》，《申报》，1907年9月7日，第11版）又为礼学馆纂修员，当不大可能久居于存古学堂，后续确实也没有在存古学堂活动的信息。（《礼学馆延聘顾问官绅纂修人员名单》，《申报》，1907年10月25日，第4版）因此，开学时人员齐整，之后常居存古学堂者，大体只有久为张之洞幕客、执教两湖书院经年的东塾弟子马贞榆，被张之洞称为湖北人望的杨守敬及杨敦甫三人。

杨敦甫事迹不详，存古学堂第二班学生罗灿《关于存古学堂的回忆》中，并未有杨敦甫其人，至少在第二班时已不再任总教。（罗灿：《关于存古学堂的回忆》，《湖北文史资料》第8辑，第52页）杨守敬则自称："湖北存古学堂，虽奏充总教长，其实未办事也。"（杨守敬：《寄□吾》，杨先梅辑、刘信芳校注：《杨守敬题跋书信遗稿》，巴蜀书社，1996年，第225页）真正活跃的总教，只有马贞榆。[②]

---

① 曹元弼《上南皮张孝达相国书》称："今秋七月蒙电招，命为存古学堂总教。""八月初敬率学堂诸生，恭送旌旗。"（曹元弼：《复礼堂文集》卷9，民国六年刊本）

② 湖北存古学堂历年的教员与职员大体有以下诸人：纪钜维、张仲炘先后出任监督。蒯光典、缪荃孙任"名誉总教"。两任教务长分别为王仁俊、姚晋圻（兼任史学总教）。经学总教为曹元弼、马贞榆；史学总教为杨守敬。此外，学校还先后聘有经学协教王代功（王闿运子）、钱桂笙（仅校阅课卷）、黄燮森、连捷；经学分教李文藻、傅廷仪；史学分教傅守谦、左树瑛；史学教员周从煊、雷豫钊；词章教员陈德熏、龚镇湘、顾印愚、李元音（兼经学教员）；词章协教吕承源、黄福（兼经学协教）；词章分教金永森；舆地教员熊会贞、戴庆芳（兼外史教员）；庶务长陈树屏；斋务长兼史学并外国史教员杜宗预、王邵恂、李哲暹；监学萧延平、闵豸。（郭书愚：《开放而不失其故：张之洞兴办湖北存古学堂的努力》，《社会科学研究》2014年第6期）

　　存古学堂延聘总教与监督，为维持运行与保证宗旨的两大关键。总教勉强受聘，监督同样难得其人。张之洞心目中最得力的人选是梁鼎芬。作为晚清名儒陈澧的弟子，梁鼎芬既有清望，又与新旧各系学人关系融洽，一直以来，都是张之洞幕府中沟通学界的要角。得梁氏为监督，可以保证学堂的教习人选与日常运行。

　　1908 年 3 月 1 日（正月二十九），张之洞致电继任湖广总督的赵尔巽，称："存古学堂系奏明办理，关系紧要，区区最所关心，万不可令其废坠，必需主持得人，若留节庵监督此席，极为妥善。辞官而为师，于义未尝不可。每月致送薪水三百金，尊意如以为可，祈速与节庵商订为盼。望示覆。"（张之洞：《致武昌赵制台》，赵德馨主编：《张之洞全集》第 11 册，第 368 页）赵尔巽回复张电，称已敦请梁氏"监督存古，渠力辞"。同年旧历二月，陈夔龙接任湖广总督，仍力邀梁鼎芬出任存古学堂监督。张之洞则函电往来，力促此事。梁氏坚辞不就，推荐纪钜维为代。9 月 30 日（九月初六），梁鼎芬时在江宁，并拟启程回粤，张之洞电请江督端方"切实挽留"，力劝梁氏监督湖北存古学堂。张之洞并嘱江宁布政使樊增祥与端方"面商"此事，与梁氏"详谈"，尽力促成其事。同时，陈夔龙电端方，转致梁鼎芬，再次力邀就任存古监督。端方、樊增祥且分别电致梁鼎芬"劝驾"。端方还请樊氏电恳张之洞再次电促梁鼎芬"勉就存古"监督一职。梁鼎芬坚拒不应。如此，张之洞只能作罢，故于 10 月 21 日（九月二十七），电告陈夔龙、高凌霨、纪钜维，望纪氏尽快出任湖北存古学堂监督。翌月，纪氏正式到任。（录自郭书愚：《开放而不失其故：张之洞兴办湖北存古学堂的努力》，《社会科学研究》2014 年第 6 期）

　　虽然总教与监督得人非易，且并非张之洞心目中最得力的人选，然放诸外省，已极为不俗。1908年4月，奉广东提学使委派赴湖北考察学务的候补知县陈佩实（《粤省派员考察学务》，《申报》，1908年4月25日，第3张第3版），已经感叹："该学堂缔造数年，规画宏远，征聘教员多京外名宿，并悬募重金广揽硕儒，遥领讲席，尊为名誉教长。"（《陈佩实考查湖北存古学堂禀折》，《广东教育官报》第15号，1911年7月）与之相应的是，存古学堂耗资不菲，校舍规模宏大。尝短暂总督两湖的赵尔巽，即称之"体大用繁"（《督宪批眉州筹设预备存古学堂章程详请立案文》，《四川官报》光绪三十四年第18册，戊申年七月中旬，1908年8月中旬）。据陈佩实的考查报告，可以显现"体大用繁"处。

报告称："所支开办经费，以建筑精良，规模阔大，已达十余万金。胪列书籍，幸有现改师范学堂，原曰两湖书院内南北二书库，分拨其一，藉资挹注，得省开支。其常年经费，以庶务长前署武昌府陈守树屏丁忧离职，未获详询，据教务长兼教员候补府王守仁俊，交到职员薪水各册，月共支银一千三百三十两又七百七十九元，全年申合银数统支二万一千七百五十三两有奇，供膳杂支，尚不在内。以此类推，概可想见。又询据监学兼教员候选知县萧绅延平，谓诸生认习专经者，如正续《皇清经解》之类，每五人合给一部，治史则《御批通鉴》之类，每人合给一部。俾资点阅等语。是他校所目为参考之书未必尽能全备者，该堂胥发为教科之本，无不人手一编。此项书籍所需亦复不俭。学生程度果高，公家经济果裕，便于寒士起见，原可毋庸吝此区区。"（《陈佩实考查湖北存古学堂禀折》，《广东教育官报》第15号，1911年7月）

陈佩实所留意的充沛书籍，确实是张之洞所特别用心之处。张之洞奏办存古学堂折内，即提到要设置书库，"多储中国旧学图

书、金石、名人翰墨、前代礼器"。罗振玉的建议中也提到要设图
书馆、博物馆。之后，张之洞主持的学部，保存国粹，融合新旧的
举措中，也多涉及藏书楼。张之洞筹建书库，气象宏大，存古虽然
还未正式开学，已引起舆论关注。《申报》称："湖北存古学堂，专
为保存国粹而设。故其功课注重经史词章，现在建造书库，备极宏
阔，业已落成。闻鄂督张中堂又拨款十五万金，札委金庆欧太守往
苏浙一带采买古籍，存储其间，以供诸生浏览。盖苏浙凤号人文渊
数［薮］，乾嘉巨儒遗著之原刻本，犹有存焉者也。"（《湖北存古学堂
之杰构》，《申报》，1907 年 8 月 29 日，第 5 版）除陈佩实所了解到的之外，
"第一班由公家发给《十三经注疏》、前四史、《二十二子》《汉魏六
朝一百三家集》各一部及其他小部书籍"。到第二班（1910 年），相
应发给的书籍与伙食皆比第一班要差不少，可见经费已不如前。（罗
灿：《关于存古学堂的回忆》，《湖北文史资料》第 8 辑，第 56 页）

　　存古学堂设施，同样恢弘。操场"占地面二百方丈"，堂舍
"占地面二千三百一十六方丈"，含讲堂五间，自习室、寝室共楼房
三座计七十二间，礼堂两重，职员、教员、司事、仆役室共六十三
间，另配备有石经楼、储藏室、浴室、理发室、轿厅、会客所、接
待室、器械室、厨房、厕屋等共二十余间。屋宇阔大，留有余地。
之后，空闲的讲堂、自习室、寝室被暂时改为阅报室和调养室。因
此之故，该校经费支出远高于同期鄂省其他专门学堂。（郭书愚：《开
放而不失其故：张之洞兴办湖北存古学堂的努力》，《社会科学研究》2014 年
第 6 期）

　　从总教与监督人选，恢弘的设施与不惜工本，皆显示张之洞对
于存古学堂的用心极深。陈佩实考查后感触较多，称："夫设学堂

以待相当之学生也，设存古学堂而以经史及词章为主要课目，必其人于上项专科各有门径，假以岁年，可与浸浸而入于古。将来分布各校，转授师说，推衍宗派，国学种子，载播载获，永斯留传。而后方合此项学生资格，方不负阁督部堂张不惜巨资，特建此校之初意也。"

陈佩实虽然对于存古学堂教课未有悉心考查，因"以正月中旬抵鄂，开学已在下旬，教员学生尚未毕集，到者先行上课，诸生能否按照原章，分经分史从事丹黄，切实研究，实未可知。第视其教授方法，似乎仍与寻常学堂无异。学生之领受主要课程，亦与其领受辅助及补习课程无异。此足见各教长教员因材施教，黾勉维持之苦心。而各学生亦不求躐等，毫无虚骄之气，为可嘉也"。

陈氏对于张之洞苦心孤诣的理解，主要从张氏的奏折中读出："盖保全国粹，既东西洋强国之本原。温故知新，尤古今来育才之训典。值此功利时期，似各项学堂相较，更为切要。计及将来利害，则辅世翼教主张亦所宜先，诚所谓不可偏废，不可相非。阁督部堂张原奏一则曰西学之才智技能日新不已，中国之经史文字亘古不磨，新故相资，方为万全无弊。再则曰，总期多致心力于经史词章之学，庶国文永存不废，资补各学堂之不足，而又略兼科学，以开其普通知识，俾不致流为迂拘偏执，为谈新学者所诟病。岂惟法良意美，抑何语重心长耶。"（《粤省派员考察学务》，《申报》，1908年4月25日，第3张第3版）

存古学堂实际的施教与受教，未必符合张之洞的初意。即以关系教学宗旨最深的总教为例，已可见端倪。张之洞极力想以学堂的方式保存旧学，力图与之前的书院相区分，研治专门古学与熟悉科学普通知识相融合，既救新学之浮嚣，又去旧学之固陋，熔铸新旧学于一炉。然而，理想与现实的距离较远，最反映存古学堂学术理念与精神风貌的总教，恐仍然会以书院视存古学堂，以己为山长、学长之代名而已。即使以张之洞本人延聘总教之函电来看，既许总教偶尔到堂，又允可以长期不在堂，名誉与遥领皆属可行，显示张之洞本人或顾虑于师资难得，不能不有所折衷，其言语则略有迎合诸人山长之心理。

以此反顾张之洞最心仪的总教孙诒让，确实最符合张氏兼容新旧学说的理想。孙诒让确实是那个时代中，既对旧学钻研极深，又能迎接各种新学问，且深知以西学讨论中学之弊，而对于教育抱有极大热情者。孙氏"自出家塾，未尝师事人，而亦不敢抗颜为人师。……曩者曲园先生于旧学界负重望，贵国士大夫多著弟子籍，先生于诒让为父执，其拳拳垂爱，尤逾常人，然亦未尝奉手请业。盖以四部古籍具在，善学者能自得师"。以自身经历，主张"凡治古学，师今人不若师古人"。又深知"近者五洲强国竞争方烈，救灾拯溺，贵于开悟国民，讲习科学"，因此"平日在乡里未尝与少年学子论经、子古义，即儿辈入学校，亦惟督课以科学"。然在此新风下，同样深知"今之浅学，涉略经史，不能深通其义，则往往凿空皮附，侈谈理想，此于猎文惊俗，未尝不可，而乃摆弃考证，自命通人，悍然舍古训而别为奇妄之说，则有甚不可者。譬之某所有疑狱，其内情甚复杂，表面又绝离奇，使欧西大侦探家闭门而思之，虽毕世亦不能定其谳，而况数千年前之文字语言，数十代之典章事实哉！今之专以空想树新说者，皆闭门决疑狱之类也"。故以为，"百年以后，各国势力平均，必有投戈讲艺之一日。但使圣教

不灭，汉文常存，则经、史、子诸古籍，必有悉心研治之人"。（孙
诒让：《答日人馆森鸿书》，张宪文辑、温州市政协文史资料委员会编：《孙诒
让遗文辑存》，第158—159页）

　　作为存古学堂最为关键的两大经学总教，马贞榆与曹元弼，其
施教主旨，都偏重于挽救西学"浮杂"之弊，注重于旧学的维持纲
纪之一面。马贞榆于1908年1月21日（丁未十二月十八）致函曹
元弼，称："一别数年，今秋复晤大教，及编纂经学各书，获益无
量。"之后曹元弼即离鄂他游，马氏告知"存古学堂现虽上堂，其
中章程草创，正待吾兄明春早来商之。至要至要。现梁廉访、黄学
使皆以病请开缺，鄂中学务，以后未知何如，故愿吾兄早来商定之
也"。（《马贞榆致曹元弼函》，崔燕南整理：《曹元弼友朋书札》，第80页）显
示，教学的具体事务与章程方向，总教有极大便宜行事之权。同函
附有马贞榆同日致张锡恭信，称："今又忝为存古经学总教，其碌
碌如前耳，岂能有所振动乎。近见外间言论浮杂，讲西学者尤甚，
极欲得公及曹叔彦兄者数人出而维持天下之学务，而彦兄高卧不
出，兄又素以敦艮为怀，则中学其将绝矣乎。弟所以甚望吾兄之出
者，为此也。鄂中梁廉访、黄提学宪现皆欲请病开缺，鄂中学务，
以后更未可知也。存古学堂于张中堂所定章程外有所见，幸以教
我。"（《马贞榆致张锡恭函》，崔燕南整理：《曹元弼友朋书札》，第81页）语
中透露，其人或主持存古学堂实际学务之意。同时，马贞榆倾向于
去除讲西学者浮杂之弊，以维持中学。

　　马贞榆致曹元弼函，促高卧不出的曹元弼尽快来鄂，共同处
理存古学堂学务。稍后，曹元弼有信致张之洞，颇强调自己对于存
古学堂学务尽心负责之意："八月初三日夕，自汉皋返省，越三日，

见节庵廉访，鲜庵提学，商榷授经详细章程。"八月初三，即送张之洞入京之日，返回省城即商讨存古学务。又"元弼在堂，每与教授管理诸同人，慨论学术人心之弊，挽回补救之间不容发"，其间有离鄂，"时学生考录尚未齐，元弼无事省家兄福元于汴梁，及由汴梁返鄂，学生尚未上堂"。总之，"学堂中事，与马君季立相助为理，每日按时程功，窃取藏修息游之义，勿蹈进锐退速，百事俱废之覆辙"。（曹元弼：《上南皮张孝达相国书》，《复礼堂文集》卷9，民国六年刊本）曹元弼函署时光绪丁未十二月，与马贞榆函所述曹元弼秋间一晤即不再相见的事实相冲突。至少从马贞榆与曹元弼信函可知，存古学堂学务，当时主要由马贞榆与曹元弼二人"相助为理"。

曹元弼上张之洞书内，自承对于张之洞创立存古学堂苦心孤诣的理解，与马贞榆一致，偏于去除西学浮嚣之弊处。其函称："元弼谓公竭忠济国，虽在两湖，而所经画者，皆关系天下之大。今朝廷命公以福两湖者福天下，天下蒙福，而两湖在其中矣。""元弼在堂，每与教授管理诸同人，慨论学术人心之弊，挽回补救之间不容发，谓孔子删述六经，即伊尹太公救民水火之心。今日世变，开辟以来所未有。拯衰起废，拨乱御侮，莫急兴学。学正则人识君亲，家作忠孝，积诚生明，积明成强，人才多，国势昌。不正则藉寇兵，资盗粮，养虎贻患，召乱速亡，祸水滔天，烈火燎原，民莫得其死。湖北学堂所以甲于天下者，以我相国教泽涵濡，专久而美多，精研经史，被服仁义之士，以为之师，君子行事为可继也。今各省学堂风气，败坏已极，有纲沦法斁之忧。相国特立存古学堂以急救之，关系至重，吾辈同有以道觉民之任，人心邪正，圣教绝续，人才成败，民生休戚，任大责重，一念之惰，一说之偏，天下苍生，误于其手，不可不慎。人情不甚相远，各省学堂之坏，岂必皆学生之过，大抵教授管理之失其道耳。苟教者管理者爱学生如子弟，则学生自视师长如父兄，苟至诚恻怛，期之以圣贤，教之以忠孝，则彼亦自动其天良，精进学术，以忠臣孝子，济国安民，远大自期。断无因微嫌细故，斗嚣觊乱，及为诐淫邪遁诱惑之理。天下无不可教诲之人，至诚而不动者，未之有也。诸同人皆然之。时学生考录尚未齐，元弼无事，省家兄福元于汴梁，及由汴返鄂，学生尚未上堂。因月朔谒先圣，属诸生而语之曰：天下治乱视人才盛衰，人才盛衰视学术邪正。昔周之衰，乱臣贼子作，孔子定六艺、作《春秋》、制《孝经》，而君臣父子之道垂于万世，后之王者，据以拨乱反正，自汉以来，虽屡乱而卒能复治，三纲五常乃天生烝民所自有，由之则生，不由则死，由之则治，不由则乱。与天地俱起，与天地无终极，是之谓古今。中国所以弱者，由古学名存而实亡。西国礼俗虽异，而立国之本，未尝不得中国古道之一偏，得其偏犹富强，况得其全而实行之乎？今欲强中国，必自深明古学大义始，明古学大义而后知三纲五常，所以奠安万万生灵，而后能力学猛进，以纾君父之忧，济生民之命，而后能措正施行，有利无弊，易危为安，转弱为强，君民同庆，存古学堂之设，实相国谋国之至计，救时之苦心。"（曹元弼：《上南皮张孝达相国书》，《复礼堂文集》卷9，民国六年刊本）以存古学堂存中学，以中学维系三纲五常，成为两大总教的施教纲领。

在《上南皮张孝达相国书》中提到的《书张相国奏设湖北存古学堂折后》，概论历代经学演化，一部中国国学史，"守约"成一部经学维系纲常伦纪的历史。

其文开篇即交代大旨："南皮张相国奏立湖北存古学堂疏，所以维持圣道，拯救人心，培养师儒，教忠孝，遏逆乱者，意至深远。"文中解释存古之"古"，即与此旨一一相贯。称："国于天地，必有与天地俱起者，以生养保卫其国之人于永久不敝，仁义圣知，引伸扩充，保世滋大，虽历万变罔敢失坠，是之谓古。"存古，即存此古。"古存则道存，道存则国存，国存则民存，反是则道亡而人心死，国不可问，分崩散乱，他族吞之，男为人臣，女为人妾，我为鱼肉，人为刀俎。"道之核心，即是三纲五常。"上古圣人，先知先觉，先得人心之所同然，为之政，为之教，别人类于飞走，变草昧为文明，由是后圣法先圣，后王法先王，故上世法天，后圣法古，古即天也，故曰稽古同天，又曰天为古。此古之原始。昔伏羲氏继天而作象，法乾坤，别男女，以为夫妇，而父子定，推父子相爱之心，以同天下之心，合天下之力，俾贤者劳心，不贤者劳力，相生相养，备物致用。劳心者治人，劳力者食人，上下各永保其父子，而君臣定，父子定，则兄弟相友，君臣定，则朋友相任，合敬同爱，御灾捍患，利用安身，如是为吉，反是为凶。"至于存古与开新之关系，称："由古而新，乃新有用。与古为新，新乃无弊。盖新与古非有二理，譬诸草木，根本古也，枝叶新也。譬诸流水，源古也，委新也。形上为道，形下为器，古道也，新器也。非道不能用器。"并与《劝学篇》相比观，称"《劝学篇》内篇正人心，言存古也。外篇开风气，言日新也"。（《曹部郎元弼书张相国奏设存古学堂折后》，《吉林官报》第70—75期，1907年12月17日—1908年1月13日）在曹元弼的理解中，存古与开新虽然相应，却是相对的概念，存古学堂自然就限于保存古学，维系纲纪一面。科学普通知识与中国经史旧学的兼习，新旧相参，以去除旧学固陋一面，便不在照应之内。这并不符合张之洞的初意。

事实上，湖北存古学堂第一年所授课程，"各学生均习普通科学"，与张之洞设置存古之意至少在表现形式上是一致的。即是在马贞榆致信曹元弼，欲去除西学浮杂之弊，曹元弼本身即理解存古学堂仅为存古一面，而古便是"守约"一层，以维系三纲六纪为核心，经学、史学、词章皆需以此为中心展开。故在第二年，赵尔巽督湖广之时，以为第一年办法与张之洞原意不符，在曹元弼的主导下，改章授课，将全部学生分为三班，以经学、史学、词章为主课，任习一门。这一改章，虽然仍是遵照张之洞所设章程，然此一层转换，普通科学知识愈加边缘。（《存古学堂改章》，《申报》，1908年4月8日，第2张第3版；《存古学堂改章授课》，《北洋官报》第1696册，1908年4月23日）

存古学堂第二班学生罗灿，与第一班学生同堂上课，由其记述，大体可见存古风貌。有关入学考试，其回忆道：

> 我曾参加第二班入学考试，这一班的考试是由张仲炘主试。投考者有高等小学和预备中学毕业的优等生，以及由科甲出身之举、贡、廪、增、附生。年龄均在二十五岁以上。这一班的考试录取一百名左右。
>
> 这一考试，头场试题有两个：一是《拟刘子骏移让太常博士书》，一是《拟存古学堂藏书楼上梁文》。我是做的第一题。这个题目是试诸生在经学方面的学力的，是中国学术史上一个相当重要的事件。刘子骏就是刘歆，他继其父刘向校理西汉秘

阁群书，建议为《左氏春秋》《毛诗》《逸礼》《古文尚书》立学官。哀帝令与五经博士议论，诸博士不肯置对，因移书责让之。我们只能根据原书理由发表议论，不能有所出入也。存古学堂藏书楼系一座新建的高大楼房，聚集了两湖书院、经心书院以及所有湖北官书，并收藏了名人翰墨、金石和前代礼器，备师生阅读考查之用。这是当时湖北的第一个图书馆，所以就此命题。考这个题，是试诸生在词章方面的学力。

第二场是口试，由张仲炘亲自主试。大致是先就试卷上的文章挑出两句，让试生自己接着往下背诵，此外还就文外的事情相与试问。例如与我同时被试的一个试生，是以秀才资格投考的，张就问他多大年纪进学，他答十四岁，张很高兴地说："我也是十四岁进学的呀！"

至于上堂听课，其回忆道：

马贞榆讲《周礼》，编发有讲义。但是他每次上堂并不口讲，只将自己所编的讲义，用红毛笔点点圈圈而已。那时他大约年在七十岁以上，是有名的经学家陈丰［澧］的弟子。所讲《周礼》，考据详尽，间加己意，还受学生的欢迎。

……

黄福讲《仪礼》，多是照注疏逐字逐句讲解明晰，颇受学生欢迎。此外，关于"仪礼源流""仪礼名称""仪礼要义"和"古礼经大义"皆有考据和辨解。

……

傅廷义讲授《说文》，仅凭段氏所说逐字讲解，阐明字学，有益读经，亦受学生欢迎。

李×讲授《尚书》，初则口讲，学生们说这样讲大家都会。后来上堂不讲，学生们又说何必多此一举。最后又找一点参考，演一演黑板而已。

经学总教曹元弼双目失明，仅编讲义给众学习。

夏寿康代杨守敬教书法，仅发给《艺舟双楫》的翻印讲义，而不开口解说。有学生问夏师如何"执笔"才好，他答你怎么执就怎么好，大家哄堂一笑。

吕承源间一上课，讲讲史学泛论。

李哲暹讲"中国学术史"，仅见其凡例。兹录一条以见其概："一、是编拟以十干分为十编。甲编古代学术史，乙编经学史，丙编史学史，丁编子学史，戊编文学史，己编政治学史，庚编艺术学史，辛编术数学史，壬编佛学史，癸编经籍考。"

陈沣教词章，间为经学堂讲诗，并校发梁钟嵘《诗品》三卷和唐司空图《诗品》翻印原文。其讲解具体诗篇，颇能绘影绘声，精义入神，不过有些学生是听之无味的。

王×教体操每周一次，学生都是穿长袍下操，有的学生还穿上马褂。教员说穿长袍还可以，请以后不要穿马褂下操。

（罗灿：《关于存古学堂的回忆》，《湖北文史资料》第8辑，第52—56页）

湖北存古学堂正式奏办之后，又兼张之洞入阁兼掌学部，一时成为风气。当时以为应推行全国："如湖北奏设之存古学堂，法良意美，应请饬下各省督抚，参照湖北章程，于省会量力建置，但各省财力不同，或另筹简易办法，惟期保存国粹为第一义。"（《内阁曾议政务处奏覆周爰诹整顿学务折》,《申报》,1907 年 11 月 10 日,第 10 版）欲效仿而来鄂考查存古学堂者有："赣抚瑞中丞,以江西现须仿照鄂省办理存古学堂,特委童抱芳君来鄂调查一切章程,昨该员已乘轮抵鄂矣。"（《赣抚委员调查存古学堂章程》,《申报》,1908 年 2 月 17 日,第 2 张第 3 版）"粤督现拟在省城创办存古学堂,仿照湖北所定章程办理。日前特委学务公所普通课副长陈令佩实,至鄂调查一切,禀复核办。"（《派员调查存古学堂章程》,《申报》,1907 年 12 月 24 日,第 2 张第 3 版）甚至京城也有仿办之说："闻学部乔丞堂议于京师设立存古学堂一区,仿照湖北办法,召集举贡考职之落第者为一班,另招举贡生监为一班,一俟筹定巨款,即当开办,以为各省之模范。该丞堂其食古而化者乎。"（《京事小言》,《申报》,1907 年 9 月 12 日,第 4 版）另有捐巨款支持湖北存古学堂者："武昌县命妇胡金氏,现将故夫所遗家财二十万两,自愿报效公家,充作存古学堂经费暨武昌府江夏武昌等县善举公费。特由首府黄伯雨太守禀请藩司查例请奖。闻李方伯已据禀转详督院,拟以胡金氏承继之二孙,均奏奖各以道员候选。"（《报效巨款奖道员》,《申报》,1908 年 6 月 7 日,第 2 张第 4 版）

　　同时,时人讥评存古学堂泥古不化的言论,也不时出现。如《申报》记："湖北存古学堂各教员,皆系白发老儒。兹赵次帅以前任安庆府龚镇湘太守,年已七旬,学问优长,爰委充该堂协教。谑者谓该堂又来一寿星,可作香山大会矣。"（《添委存古学堂协教》,《申报》,1908 年 4 月 20 日,第 2 张第 3 版）存古学堂确实在很大程度上成为老儒安身之所。叶昌炽受邀总教江苏存古学堂,即顾虑到："分校难得,此分校不啻代总校,尤不易物色。即有其人,非三十金一月所可延致。而毛遂自荐者，更拒不胜拒。"（叶昌炽：《缘督庐日记钞》卷13，民国上海蝉隐庐石印本）存古开办后，毛遂自荐与他荐者纷至，成为安置老辈学人之所。后续发展，一定程度上如对存古学堂持支持立场的赵启霖所言，"风会趋新，后生厌故"，"学校虽逐渐推广，国粹反日就湮微"。（《本署司详请奏设存古学堂文（简章附）》，《四川教育官报》宣统二年第4期，1910年5月）张之洞在奏办存古学堂的奏折中，称湖南拟设景贤等学堂，河南拟设尊经学堂，两省学堂章程与向来书院考课相仿，与鄂省存古学堂之办法判然不同。但到1910年，学部派员查考各地教育，内中涉及专门教育一类，发现"湖北、江苏之存古学堂，意在保存数千年相传之文学，然未免仍沿书院之旧习。……此专门教育应行整理改良。"（《学部奏派员查学事竣大概情形折》，《学部官报》第127期，1910年7月27日）陷入之前力图相区分的对立境地。

7月29日（六月二十） 孙雄致函《国粹学报》社，刊于丁未年第六期。

孙雄函称：

> 走久阅《国粹学报》及《国粹丛编》，心醉手眓，莫名颂赞。频年客居津沽，滥竽学界，时于《国文讲义》内采辑贵报之说，参以己意，为诸生演述神州旧学，稍绵一线。恨以人事牵率，不获与公等握手畅论，一商旧学，神山海上，结想徒深。暑假期内，雨窗多暇，爰将拙编《学堂识小录》《国文讲义》《郑斋刍论》及《类稿》等检出一册，邮呈诸公钧诲。《类稿》后有诗数首，荒山樵唱，不足以登大雅之堂，倘蒙赐以斧削，

登之大报，尤所感泐。六艺九流，为国学之渊海，六艺涉经学范围，非国文所能包举，故别详之《九流略论》。纰缪滋多，均祈训正是幸。（《国粹学报》丁未年第 6 号，1907 年 7 月 29 日）

8 月 7 日（六月二十九）《申报》评议外务部尚书吕海寰改订外省官制之议。

《申报》称："日前外务部尚书吕海寰召见时，两宫垂询宪政事宜，尚书奏称筹议立宪政体改订外省官制，固宜参酌中外办理，亦不可扫尽列圣之成谟，以冀保全国粹云云。两宫闻奏甚为嘉纳，惟是国粹云者，乃可以列圣成谟包括之，而又欲以改订外省官制保全之，真之语妙天下，大约尚书此时但知仰承意旨为已足，其说之通不通，非所计矣。"（《京事小言》，《申报》，1907 年 8 月 7 日，第 3 版）

8 月 15 日（七月初七）　章太炎致函孙诒让，叹国故衰微，国粹陵夷，希望孙诒让可以维持学风。

函谓："荐岁以来，经术道息，视亭林、穆若之世，又若羲皇、燧人，国粹陵夷，虑禹域终不我属。……方今国故衰微，大雅不作，文武在人，实惟先生是赖。湘潭王氏辈华辞说经，绣其鞶帨，其学盖非为己；扶危继绝，非我天台、雁荡之大师，其谁与归。"（章太炎：《与孙诒让》，马勇编：《章太炎书信集》，第 187 页）

9 月 15 日（八月初八）　山西留日学生在东京创刊《晋乘》，以"发扬国粹、融化文明、提倡自治、奖励实业、收复路权、经营蒙盟"为主义。

《晋乘》由山西留日学生景定成、景耀月、谷思慎、荣炳、荣福桐等在日本东京创办，取名自《孟子·离娄》："晋之乘，楚之梼杌，鲁之春秋，一也。其事则齐桓、晋文，其文则史。"以"发扬国粹、融化文明、提倡自治、奖励实业、收复路权、经营蒙盟"为主义。仿各国杂志体例，"论著不分门类，但末附时评、文艺、附录数栏"。"杂志成立规则"虽说明定期出版，绝无延误，但因经费不敷，最终仅出三期，第一期用小字印刷，第二、三期用大字印刷，1908年6月5日第三期出版后便停刊。此刊"旨取通俗，文皆演为普通用语，但特别论著或函稿体仍不限"。杂志社位于东京神田区中猿乐町四番地。（《本杂志成立规则》，《晋乘》第1期，1907年9月15日）景定成之后问学于章太炎，为章氏东京国学讲习会学生。

1908年1月5日，《晋乘》在《四川》刊登广告，称："本社六大主义，一发扬国粹，二融化文明，三提倡自治，四奖励实业，五收复路权，六经营蒙盟。议论精实深邃，迥非浮夸皮附者所能企及。其中研究国语阐释古学者诸篇，尤为空前绝后之作。文艺一栏，更能涤旧革新，独树一帜。咸有裨益社会，不类无关之文，时世之作。宗旨光明，材料丰富，诚文明时代无双之骁将，杂志世界唯一之霸王也。第一号出版后，大受社会欢迎。识时之杰，有志之士，曷一览焉。"（《四川》第1号"广告"，1908年1月5日）

9月17日（八月初十）《广益丛报》记者发表《保存国粹说》，主张"进行"以替"保存"之说，即将国学与东西洋学说考订证实，合一炉而冶之。

文谓：

> 欧化东渐，国学凌夷。天行人事，交逼而趋于进行之一途，而醉心欧学者，又吐弃我数千年之国学，而糟粕之，刍狗之，

以为腐败不可恢复修起之物，直欲取我国数千辈诸子百家，所呕心构思之文字学说，一笔抹之曰无用之学。不知物经用而不足取，斯为无用，若未经用，或用之未得其法，而即加以无用之名，则是弃其学而已。即如以我国言之，谓之衰弱则可，谓之无用则不可。盖尚未有人善用我国也。今以我国衰弱之故，而即归咎于国学，是岂国学之咎哉。咎在于讲求国学，而国学之外不知讲求，而粗衷少虑者，遂嚣然日倡其新说，而以国学为不足爱惜之物，于是有排群议而倡保存国粹之说出焉。

　　夫曰保存，则是保守之谓，非进行之谓也。然取今日之势，非进行不足以保存其国粹。盖逝者如斯，不舍昼夜，出水入水，已非故流。今欲将其国粹而保存之，非发挥光大阐发而磨砻之，去其糟粕，采其精粹，扬其枝叶，存其本根，更取东西洋之学说，而为之考证商榷之，非仍取其笺注考据之学，一字之误，动劳数千万言之注释，一辞之谬，引百说以强为之附会，而遂以为保存也。盖天行有日进之机，则人事无守株之地。我国国学，在春秋战国之世，最为昌明，至今不能愈益光盛者，恐亦由于主保存而不主进行之一原因乎。盖礼义以愈证而愈明，见闻以愈推而愈广，若仅一知半解，而抱以先入者为之主，遂欲吐弃众说，而仅保存其少数之知识，而不求益进，如是则一人之知识，必拙于众人，一国之智识，必拙于余国，此必然之理也。是以欲保存其国粹，莫若进行。孔子之圣，孔子不生而圣者也，访乐苌宏，闻礼老聃，不自满足，是以多闻而成博达。故曰泰山不让土壤，故能成其大，河海不择细流，故能成其深。今若以我国所有之国学，而遂足以自豪，岂非如河伯之自喜，其不见笑大方之家者几希。即以文字与学理两端言之，夫文所以载道，今仅载吾国固有之道，而不将泰西之道捆束而载之于一车，其亦奈所载之不广何。我国诸家之说，与泰西哲学合辙者甚多，即近似者亦属不少，若借泰西之学说，为之考订证实，合一炉而共冶之，则非特国粹可保，而并获其攻错之利，此即进行以为保存之说也。吁，今之言保存者，持旧说，高崖岸，牢不可破，不肯降心稍为接纳。而谈新学者，又若风行草偃，非特绝无挽回补救国学之心，且将欲尽扫之而后快。于是新学旧学，遂分途而莫能合一，而返为进化之一阻碍。（《保存国粹说》，《广益丛报》第5年第18期，1907年9月17日）

9月27日（八月二十）　国学保存会征求内地博物物产与美术品。

1月4日，《国粹学报》已申明，拟在农历明年（丁未年）增广博物、美术两大门类。（《国粹学报增广门类》，《国粹学报》丙午年第12号，1907年1月4日）

4月2日，国学保存会登报发布征集简章："一、如有将所征之品寄交本会，本会即将原品贮于藏书楼博物美术室中，并登报致谢。复量品之贵贱，赠以酬金。一、如有将原有品物绘图列说及列调查表寄本会者，本会即以《国粹学报》一份奉酬。"（《征求内地博物物产及美术品书目志简章》，《国粹学报》丁未年第2号，1907年4月2日）

是日，发布征集函。交代征集博物与美术品之缘起、旨趣。函称：

　　一国之立，罔不自有其美粹，而自保存之，以为文明之观耀。欧美各国，上自皇家，下迄草野，广在通都，僻如乡壤，咸有博物馆储藏品物以供众览。其搜集之大别有二：一为天然品，凡动植矿物，成于天然者是也。一为美术品，如书画、雕刻、缋绣、织练、漆塑、陶瓷，成于人工者是也。而美术品中尚有金石、车服、礼器之属，归于历史类者。其保护之大法，凡兵燹时他国人不得毁坏，其毁坏者可责赔偿，著为万国公法。故其馆历时至久，聚物至伙。吾国地大物博，开化最早，其美术至精至博。今欧美人每有搜罗中国美术品，著成西文之书，以归耀其自国者。惜历代无一公共储藏之所，或秘于一姓，或私于一家，一经兵燹，则破坏散失，视同瓦砾，至可伤矣。同人既立国学保存会于沪上，会中建设藏书楼博物美术室成立年余，或借或购，仅备百一。时于《国粹学报》中电摄镂铜，以公于世，惟征求未广，缺漏尤多，伏愿大雅君子收藏故家，出其所珍，与众共宝。庶几中原文物，长为国光。

　　其条例较4月2日更详："一、凡本会物品有捐赠寄存二例。寄存者，可于半年后取还。一、原物有过于贵重不能割爱者，可用照相器摄影，将照片寄下，如乡僻无照相店者，可将原物寄下，以便照出即为寄还。一、该品如可入铜版者，本会即为摄影入铜，本人如欲多印若干张者，示知，当为代印奉赠。一、所征之品，以有关气节足以动人感情者，本会尤乐得而表彰之。凡海内爱国君子，欲表扬其先人往哲者，不可失此机会。"（《国学保存会敬征博物美术品启》，《国粹学报》丁未年第8号，1907年9月27日）

9月　湖南邵阳县举人李森云禀请提学司将爱莲师范学堂改办法政，以保国粹。湖南提学使吴庆坻斥之不知法政与国粹。

《申报》记湖南省邵阳县举人李森云等日前禀提学司请将该县爱莲师范学堂改办法政，其有"以保国粹等语"，被湖南提学使吴庆坻斥该举人等并不知法政为何种学问，乃竟谓之为国粹，殊堪怪诧。（《批斥不谙学堂名义之禀词》，《申报》，1907年9月24日，第12版）

△　吴仲彭出关兴学，赵尔丰赠序一首，期望光大国学，光大国势。

赵尔丰时为署理四川总督，兼任川滇边务大臣，对于边务多有谋划，拟兴学开化边民，扩张国势。吴仲彭出关兴学，即是举措之一。值吴氏出关之际，赵尔丰赠序为祝，并交代前因后果。序言：

> 更化之术，兴学为先，良以国学所及，一国之势力范围系之。英领印度，俄灭波兰，莫不自墟其彼国之文字，而输以我国之文字始。矧吾中土禹汤文武周公孔子之教，诗书之泽，湔其地而牖其天，其转移能力尤远且大。特是近今兴学，固难其人。兴学于未经开化之边徼，愈难其人。天荒而莫破，地远而苦寒。奇才异能，卓荦雄俊之俦，辄望而却步。余方四顾踌躇，慨焉深惧。乃吴主政蜀尤独毅然请往，此真豪杰之士哉，其识力固超出寻常万万也。蜀尤者，籍东川井研，以癸卯贡士，授度支部曹。蜀人简师范，求为一邦矜式。留之家，弗令入都。成都创高等学校，主张于胡太史，而蜀尤之赞成半焉。都人士以是多之。蜀尤不自居，且谓内地设学易，关外兴学

难，因以巴里劝学为己任。彼其胸中固具开辟巨手，恒欲凿混沌之窍而灌以文明也，非一日矣。余喜过望，亟以学务特权授之。丁未秋，将西赴康，学土〔士〕大夫竞贶以文。余浮湛籍领，苦不能文，无以赠。虽然，蜀尤之赴康，蜀尤自任之。余延之也，蜀尤之往设学代余也。余以权川节未即赴边，蜀尤先之，而吾无以豫之，又奚可哉。夫吾国国学所在，吾国国势所在也。翼其国，翼其学，吾国国学光大，吾国国旗光大。余所属望于蜀尤者奢，蜀尤之蘄向亦綦远矣，行矣。蜀尤努力图之，吾将蹑其后。（《送蜀尤主政出关兴学序》,《四川教育官报》光绪三十三年第9期，1907年9月）

△　《申报》载《监察御史贵秀条陈化除满汉畛域折》，其一为"各学堂添习满文一科"，强调此为"保国粹而跻同风。"（《申报》,1907年9月24日，第11版）

10月　候选道陶骏保等联名具禀江督，拟创设国乐传习所，以保国粹而挽颓风。

陶骏保等"因古乐沦亡，拟创设国乐传习所，所以保国粹而挽颓风"，并呈请在案。其章程办法，与候选训导茅恒公同厘订，所有开办经费，均由发起人及赞成员捐助。惟常年经费，非筹有的款，不足以持永久。故向江督请款，并请借地开办。其言："查省垣思益学堂每月支款六百两，养正学堂及第一女学每月各支款三百两，均由宪台拨公款辅助。国乐传习所事同一律，拟请照养正学堂及第一女学例每月拨款三百两，以资补助。至该所应设总理一员，查有梅道光远于教育上素具热心，拟请派为总理。候选训导茅恒于古乐源流研究有素，拟请派为总教习。其余人员均由职道等公同延聘。"开办之地，"查有武庙，地方房屋宽展，空气新鲜，且与市尘远隔，拟暂就该处开办。恳饬江宁府借用，以便择期开学"。

国乐传习所章程，包含五条。其一为宗旨。"以研究国乐，厘正音律为宗旨。"其二为地址。"拟暂就武庙内开办，俟公园落成时，再行移设。"其三为课目。应用课目有："甲古乐源流；乙韵学；丙大成乐章；丁南北曲（择其稍合于教科之用者）；戊琴歌（均用本国工尺）。"其四为乐器。"我国乐器种类极多，本所均次第仿造，并酌购西国乐器，以资参考。"其五为学额。"暂收学员四十人，俟设立公园内时，再行酌增学额，或添收女学生。"以及教员。"一本所总教习一员，助教三四员。二如有深通音律，愿为本所义务教员者，本所同人均欢迎之。"（《禀陈创设国乐传习所办法》，《申报》，1907年10月8日，第12版）

△　姚光致函高君平讨论研究国学之先后及办法。

函称：

　　来书问及研究国学，何所先事。夫研究国学，固我心所着意。然离群索居，独学无友，加之横流满地，正学一线，举世风靡，不尚有旧，欲求三二同志，共相研究，效教相长，而不可得。是以欲研究国学，而若未得其门而入也。惟鄙意以为今日之世，学术繁矣。故研究国学，宜先通大义，不求甚解也。而国学之中，当先研究者，为周秦诸子。盖周末之世，思想无束缚，言论可自由。故诸说蜂起，后世一切学术，莫不发生于此时。故诸子者，神州国粹之渊薮也。而读诸子者，宜先通其流派。知其宗旨，而后可以从事。若专讲训诂文辞，则是舍本逐末，俗儒末学之所为，君子不取也。自秦以降，天子定于一尊，而后子学衰矣。子学衰而天下学术亦衰矣。然可读之书，亦不少也。如黄梨洲先生之《宋元明学案》，能集一代学术之大成，亦研究国学者所不可不读之书也。总之欲研究国学，必先通四千年学术变迁之大势，而后可以互相发明，贯古今于一室，乃为有用之学耳。（姚昆群、昆田、昆遗编：《姚光全集》，社会科学文献出版社，2007 年，第 275—276 页）

11 月 5 日，姚光又作《与高君平书》谓："弟因汉学破碎，一字一义累数千言，故曰读书宜通大义，可不求甚解，非欲尽弃文字之学而不讲。然近代学风不汉学，即宋学矣。至于宋学，空谈义理，亦未见其尽当也。故今之学者，莫如于汉宋二学派之间，别立一学派，乃为有当耳。"（姚昆群、昆田、昆遗编：《姚光全集》，第 276 页）

10 月 21 日（九月十五） 常镇道荣星庄观察与各学堂监督筹议学堂改良办法，宗旨在于注重经学国文，拟将各科课程钟点减少，以保存国粹。

此时，因张之洞与学部提倡，存古学堂之风盛行，在学堂中添设或增加国文等中国经史词章之学的比重，成为时髦。《申报》即记："常镇道荣星庄观察日昨传各学堂监督教习等至学务公所，筹议改良办法，其宗旨系注重国文经义礼记等学，拟将各科课程钟点略为减少，以期保存国粹。"为保国文等学，而减少科学等课程时间。（《镇道筹议改良学务》，《申报》，1907 年 10 月 22 日，第 12 版）

10 月 江西南康府拟将白鹿洞书院改建为存古学堂。

　　此议起于南康府太守王以愍。据《申报》记："南康府旧有白
鹿洞书院一所，年久颓败，王太守有意筹修，拟援湖北存古学堂办
法，以保国粹。"赣抚批示："查白鹿洞书院，向为士子肄习经古之
地，自停科举以后，仅留月课考试，策论诸生，并不住院，屋宇已
渐失修，其岁费亦为他处兴学所需挪拨殆半。该守拟筹款修复，照
湖北存古学堂办法改设学堂，藉先贤讲学之区为国粹保存之计，陈
义正大，事属可行。惟本省已设之专门普通各学堂，比因财政困
难，未能完全组织，筹款不易，可见一斑。今鹿洞既设学堂，规制
必阔，需款更巨，恐岁费四千金，未必敷用。若因陋就简，转失昌
明正学，造就多士之初心。至所称邻省协助奏拨内帑两层办法，究
竟有无把握，亦难预料。所拟援照湖北存古学堂办理之处，仰提学
司派员赴鄂详细考察办法，章程由司通盘筹划，详候核夺。"（《援案
改办存古学堂》,《申报》, 1907 年 10 月 2 日，第 12 版）

　　所谓邻省援助，即求助于宁省，最终亦无果。据《申报》："南
康府王太守以愍，现拟将白鹿洞书院改作存古学堂，禀请江督核
示。当奉端午帅批示云，以先贤讲学之区，为保全国粹之地，以古
学防新进之流弊，以学堂洗书院之陋习，温故知新，舍短取长，具
有卓识。一切程度科条，悉仿湖北办法，尤见虚心。现在宁省正筹
设南洋大学法政学堂，财政竭蹶，深愧无力筹助。该守热心教育，
必能力图厥成，殊深企望。"（《禀请书院改作学堂》,《申报》, 1907 年 10
月 25 日，第 11 版）

12 月 21 日（十一月十七） 孙宝瑄将存古学堂视为国学学校。

　　孙宝瑄："《日报》载，度支部将实行印花税，江督端请开国学
学校，皆新闻也。"（《孙宝瑄日记》, 第 1195 页）

12月25日（十一月二十一）　南洋华侨控诉周爰诹、黄运藩一毁女学一复科举，《申报》记之。

先是，9月间，周爰诹上奏停办女学与停送女学生出洋。其奏称："近时各处设立女学堂，渐染外洋风气，深弊已不胜言。复闻各省颇有资遣女子出洋留学之事，报章载两江督臣端方现考试出洋学生并招致女学生三十余人。臣实惑焉。查浙江学堂女教员秋瑾，据浙江抚臣奏，方以谋逆伏诛，各报章叙述情形颇称其冤，要因留学东洋，交结男友，不守中国女教，致为人所指目，必系实情。若再多遣女学生出洋，习惯男女平等结婚自由诸谬说，散布内地，日以蔓衍，阴阳之道乖，婚姻之礼废，十年以后必有神州陆沉之祸。"对于女学颇多批评，奏"应请旨严饬学部暨各省督抚不准再遣女学生出洋，其已遣者，即速撤回，已设之女学堂，学生年龄不得过十二岁，未设之处不准再设。明示礼义之防"。(《周爰诹阻挠女学原片》，《申报》，1907年9月15日，第3版) 湖南中书黄运藩则呈请都察院代奏复科举。称："自古以来，拔取人才，以科举得人为最盛。现在科举一停，天下士人失望日久，恐生乱端。恳请按照专门各项科举，令该生自认何科分门考试，而仍以经义为主，援照科场定章，录取后给予进士举人等项出身，以期广收实学而开士人取进之路。实与各学堂并行不悖。"(《黄中书请复科举之措词》，《申报》，1907年9月7日，第3版)

南洋华侨因此严讨周、黄二人，以为有十大罪。其罪九称："秦汉后，尼山正统不绝如缕。自学堂大开，学术思想渐以发达，今以一周一黄，妄肆狂蛊，英雄气短，志士心寒，国教国学，倏得复失，离经叛道，咎谁与归。"(《南洋华侨请讨周、黄十大罪》，《申报》，

1907年12月25日，第1张第4、5版）

12月30日（十一月二十六） 国学保存会事务所迁址。

国学保存会事务所及藏书楼原设美界爱而近路，因嫌其偏远，阅书者不便，故于是日迁至四马路老巡捕房东惠福里口辰字二十四号洋房。（《迁移广告》，《国粹学报》丁未年第11号，1907年12月30日）

是年冬 朱士焕视学泰郡及曲阜等地学堂，于视学泰郡时留学约数则，其一谓存学，以为举国而信仰国学，则学存。

朱士焕视学泰郡时，"留学约数则，榜之讲堂"，其一曰尊孔，又其一曰存学。称：

> 学有纵亦有横。比之兵事，横为攻，纵为守，攻则力奋，守则志固。必奋且固，始能图存。盖国之有学，乃一国政教之攸系存亡之攸关也。举国而信仰国学，则学存。虽人民土地失，必有不亡者在。举国而轻蔑国学，则学亡。虽人民土地无恙，必无存在之理。故灭人国必自废其国文始，而爱人国者，必自爱其国学始。国学顾不重哉？吾国学术创始于黄帝，集成于周孔，历数千年来教人之具惟存载籍数种，其要者曰经曰史而已。愚谓通鉴二十四史固史也，诸经亦出于史。《易》卜筮之史也，以太卜掌之。《书》记言之史也，以外史掌之。《春秋》记事之史也，以鲁史掌之。《诗》辖轩之史也，以太师掌之。《礼》律令之史也，以宗伯掌之。典守属之史家，师傅系之儒家，经经纬史，历久益章，皆为吾国独具之精神，而历古相传之道皆在书。治其书，所以求其道也。愿师以是教，士以是习，勿使徒读其书，即或天下废书，存之在我。通数书得数

书之益，通一书得一书之益。虽不必专门名家，濡染日深，复何有离经畔道之患邪？（周云编：《朱徵君年谱》，民国铅印本）

是年　顾颉刚开始接触《国粹学报》。

是年顾颉刚开始"读《国粹学报》，请父亲买回两册，看不释手。自此成为经常读物，阅至辛亥革命。此学报中，邓实、黄节等人以'保种、爱国、存学'为宗旨，借了国粹一名宣传革命，洗涤了《新民丛报》给我的保皇思想"。（顾颉刚：《我在辛亥革命时期的观感》，顾潮编著：《顾颉刚年谱》，中华书局，2011年，第20页）

△　南械（张继良？）筹创《佚丛》，收集汇刊散佚古籍，"传古人之精神，亦以寄吾人之精神"。志在保存国粹，维持中国精神，并望由故出新。

《佚丛序》述其旨趣：

凡物之生，日新为之，而不有其故，亦必无其新。一日之营养，所滋生之质占几何，决不能立命之成一新体，而谓昨日以前之旧干为无用也。又非如抟土造人，意匠所至，可悉毁其种种之模型，而别铸一新型也。彼号称学术渊薮之欧美强国，事事不苟安，于其故，善能取他人之长，以为我用。故新理新法，日出不穷。而于古人图书制作，网罗搜讨，好之也乃弥，挚斯其国之独立精神，与人民之爱国心，深固盛大而不可摇者，盖有由矣。至转而灭人家国也，则并取其语言文字而灭之，使汩焉无复有所维系，神离其舍，而徒躯壳，乃惟我所欲。嘻，国学之关系如此。

　　吾曩以壬寅走京师，当丧乱之后，士大夫若梦初醒，汲汲谈新学，倡学堂，窃喜墨守之习之由是而化也。入琉璃厂书肆，向者古籍菁英之所萃，则散亡零落，大非旧观，闻悉为联军搜括去，日本人取之尤多。而我国人漠然无恤焉。以为是陈年故纸，今而后固不适于用者也。心又悲之。迨乙巳返里，幽忧索居。南中开通早，士多习于舍己从人之便利，日为卤莽浮剽之词，填塞耳目，而欲求一国初以前之书于市肆，几几不可得。比来海上，风会所至，乃益灿然。至叩其新体新型之所以回复我精神，发皇我爱国心者何在，往往匿笑不欲言。忧悴之士，既倡国粹保存之说，翘于众而呼号之，然而应之者卒鲜。

　　呜呼，数年之间，扶东则倒西，变迁之故，乃至于此。吾闻俄人之于□□□□□语俄文，日本之于台湾，强人用日语日文，人之欲梏亡我精神，盖靡弗至，顾□□□□□强之。而将自汨其灵台，以为人役。南械之重悲之，而不知所以救之，于是乎有□□□□□。夫非泥欲古自是，而阻我之进取也。亦非谓我国之学之文如斯而已也。南械子□□□□家无故籍，自庚申兵燹楹书早毁。十余年来，稍稍购取，又从戚友借钞所得积帙既不多，以其为今世之所不适用，后世殆莫从而求之，将取次付之刊。不拘体，不分类，不限时，于以传古人之精神，亦以寄吾之精神已尔，不复执人人而强聒也。归熙甫曰：士孰不有所为，若仰以追思千载之前，而俯以望未来之后世，是可慨也。是亦可以知吾佚丛之旨矣。（南械：《佚丛序》，《政艺通报》丁未17号，录自《四川教育官报》光绪三十四年第2期，1908年3月）

△　章太炎撰成《告宰官白衣书》。

其书称："儒书四部，既有典常。今者汉宋学人，零落殆尽。《墨经》《庄论》，句义尚疏，浮夸苏轼之论锋，剪截端临之《通考》，外强内荏，自谓通材，犹不可数数得也。上及翰苑，问学尤粗。高者侈记诵之奢，下者骛浮华之作。往昔次风、伯元诸子，学非绝人，今且不可得一。乃至新学诸生，益为肤受。国粹已失，外学未通；偶涉波涛，便谈法政；不分五谷，遽说农商。及其含毫作奏，文句不娴，侏离难断。夫万方学者，未有不达邦文；此土高材，宛尔昧于句度。温故知新已难，而知德者鲜矣。"（章太炎：《告宰官白衣书》，马勇编：《章太炎书信集》，第 174 页）

△　同盟会成员景定成在山西发起成立复古社。

同盟会成员景定成（字梅九）等山西人成立复古社，申明同人"悯国粹之陵夷、古典之不振，组为此社，广延同志，专研究古学，以与新学相融合"。（《复古社广告》，《晋乘》第 3 期）

△　陈衍《题日本岛田彦桢皕宋楼源流考并购获本末后》，感慨"图新舍旧醉欧化，国粹弃掷委蒿蓬"。

诗称："亡弓人得何必楚，吾道东去原大公。何庸沾沾矜得饼，有如无力欺老翁。夏父不足盱有余，逼人几欲动火攻。神州兹事几厄运，岂独一炬嗟湘东。连舻宗器一朝尽，窥江胡马常倥偬。比来筏材足浮海，阳襄联翩辞謦宗。国家揆文本有道，万流并育宜冲融。图新舍旧醉欧化，国粹弃掷委蒿蓬。"（陈衍：《石遗室诗集》卷 4，陈步编：《陈石遗集》，第 142 页）

△　赵启霖上奏请将顾炎武、黄宗羲、王夫之三大儒从祀孔庙。

奏题"请将国初大儒从祀孔庙以光道学而崇国粹恭折"，称：

"时世迁变而日新，圣道昭垂而不敝，自中外交通，学说纷杂，后生昧于别择，或至轻诋国学，自忘根本。欣逢皇太后、皇上崇儒重道，千载一时，升孔庙为大祀，且建曲阜学堂以树圭臬，风声所被，海内咸凛然于圣教之尊，其关系世道人心至远且大矣。"（赵殿编：《瀞园年谱》，民国抄本）

△　昌明公司再版齐藤秀三郎著《正则英文教科书（第一编）》（1903年初版，1907年第9版），内附广告，广告语多以外学与国学相融合作为提倡。

其一宣传《简易英文法教科书》《生徒会话》（待出）及王振东著《英语学生会话》、英学会编《英文初级教科书》（已出）。其广告语略谓："国何以强，曰人人知爱国则强，闭户以处，国文以外旁行斜上之书未一寓目，询以世界大势，茫然如捉风，既无比较，安资观感？欲求教育之勃兴，文化之增长，犹却行面求前也。留东同人有感于此，爰集研究英学同志创立学会，专以编辑英学教科书为帜，志将一洗中国近代印度读本奴隶教育之流毒，而灌输以欧美国民教育之膏泽，务使我国民处处触发爱国之念，蠲除旷野不道之排外，广探宇内之文化，以补益祖国之缺陷，而又不致稍窥门径，略谙口语尺牍等，即效奔走于外人，馈粥萦心，鄙弃国学如土芥。区区微衷，实在于此。"介绍"本书特质"在于"提倡爱国，无略谙外文鄙弃国学之弊"。方式在于"灌输欧美文化用为教科，可使生徒知各种学问之途径"。目标在于"于政治法律等项名词广为搜罗，务使人权观念普遍于全国，一扫印度读本奴隶教育之毒风"。

其一为陆军图书编辑社出版广告，包括《野外演习必携》《兵学提要》两种。广告语略谓："本社为东西陆军在留诸君所组织，现编辑告竣者，已有数十种。主持编辑者，皆韬略宏深，国学美粹。诸巨子现或实习行间，或讲肄大学，以课暇从事译著，期于祖国军事界有所匡救补益。别有专章登报，不多述。现出二种，内外各书坊均有寄售。"（附录于齐藤秀三郎：《正则英文教科书（第一编）》书末，昌明公司1907年第9版）

1908年（清光绪三十四年 戊申）

1月13日（丁未年十二月初十） 时人刊行《陶铸国民以储材说》，呼应张之洞奏定存古学堂之举，注重提倡宗风，保存国粹。

此文远承张之洞《劝学篇》中体西用之说，近应张之洞存古学堂之设，强调保存国粹，振兴正学，以之为本，以为科学之用的基础。教育以陶铸国民，以中国德育为先，以确保在西学之风下，所陶铸的是忠于清政府的中国国民。

其文称：

> 正学既衰，人伦亦废，有世道人心之感者，殆不胜乱臣贼子之忧。以彼自命为国民，诩诩然一入学堂，号召友朋，声价十倍。果若此，即习为专门名家，将自解为何国之民，并自信为身居何等也。苟教育者切实先之以德育，端本善则，然后徐徐以礼育、智育次第施行，不于形式上虚事铺张，惟以精神始终贯注。明示以莘莘学子，既自命为国民，衡诸身价，自不得以乡曲细民相提并论。若非偾事，更不得以无行莠民，横加玷辱。所恃以表率斯民者，只冀提倡宗风，保存国粹，积日累

月，驯至于无所不知、无所不能而后已。至于一名一物，皆古
昔圣贤手订之书，特我国失传。值此中外交通，急当筹抵制之
策。彼族窃我绪余，挟一技以鸣于世，所在恒有。我录其长而
弃其短，是亦礼失求野之意。正不得谬托师承，相率误会也。

　　总之教学相长，先体而后用，由本以及末，为环球不易之
理。若遗体而趋用，舍本而图末，无本之木，无源之水，吾未
见其可大可久也。矧国家需材孔亟，将焉用此浮夸虚骄为乎。
是以南皮相国，厘订章程，再三致意。凡以补救时艰，为陶铸
国民计，至深且远。奏定存古学堂，行已数月，吾知生徒蒸蒸
日上，胥不外大匠之门，处为纯儒，出为硕辅，宜乎入参枢
密，兼掌学部铨衡。今而后英髦辈出，举所谓政治、法律、理
财、外交之人才，商矿、农工、声光、动植之实业，将于此储
以待用。他日大用大效，小用小效，宜无不感激驰驱焉。安得
各省贤明大吏，踵而行之，俾共收指臂之助，免终为将伯之呼
哉。吾故曰陶铸国民，以储材也。（《陶铸国民以储材说》，《广益丛
报》第5年第32号，总第160号，1908年1月13日）

1月14日（丁未年十二月十一）　孙宝瑄对国学保存会编辑之
《国粹丛编》发表意见，批评新学子以干犯忌讳的禁书为国粹。

　　孙宝瑄记："闻伙友邢君勉之手书一册，名《国粹丛编》，所搜
集多禁书及不常见者，如李卓吾《焚书》，张苍水、吕用晦、戴褐
夫诸人遗集，盖迩日为言论思想开放时代，之数人者皆干犯忌讳、
放言孽祸一流，故新学子喜读其著作，遂据是以为国粹也。虽然，
所见抑亦小矣。"（《孙宝瑄日记》，第1204页）

1月15日（丁未年十二月十二） 舆论风传张之洞有拟设国学院之计划。

张之洞奏设湖北存古学堂，并以之为各省典型，随即入京兼掌学部，更是力推存古学堂之制，不仅各省效仿，存古之风在京城同样盛行。随后舆论即风传，张之洞将在京城仿存古学堂开设国学院。《国学院之将开设》谓："管理学部张中堂此次提倡择地于京师国子监西边左近开设国学院，以保存国粹而造就人材。闻其内容仿照湖北存古学堂云。"（《顺天时报》第1773号第7版，1908年1月15日）1月25日，又记："北京添设国学院及分科大学。兹学部已订拟章程，约于明年二三月即可举办，现张相国议于分科大学多聘东西洋各文明国专门教习，虽费用较多，然为造就人才起见，断难节减，现已电咨东西洋各出使大臣留心聘访保荐来华，又闻所有国学院章程均系张相国亲自拟订云。"（《拟设国学院之计划》，《顺天时报》第1782号第7版，1908年1月25日）之后，《大公报》《中外日报》《四川教育官报》《吉林教育官报》《并州官报》等报以《拟设国学院之计划》《决定设立国学院》等名目转述此事。

后续舆论又有关注，而终未见落实。4月，《四川教育官报》又采《中外日报》消息，称："北京添设国学院及各科大学，已由学部订拟章程，约于二三月即可举办，日前张相国议于分科大学多聘东西洋各国专门教习，虽费用较多，然为造就人才起见，断难节减，现已电咨东西洋各出使大臣留心聘访保荐来华，又闻所有国学院章程均系张相国亲自拟订。"（《拟设国学院之计划》，《四川教育官报》光绪三十四年第3期，1908年4月）12月24日，舆论又记《张相国注意国学院》，谓："政府拟设国学院，预储人才。张相国对于此事异常注意，兹拟于明春由相国手订章程，会同学部尚书具折入奏，俟奉旨后即于京师择地开办云。"（《大公报》第2316号第4版，1908年12月24日）

2月7日（正月初六） 尚贤堂增立国粹专科。

美国传教士李佳白创办之尚贤堂，今年特立国粹专科，敦聘前山东学政姚菊坡太史为教务长。（《尚贤堂之扩充》，《申报》，1908年2月7日，第3张第3版）遂于3月7日下午三点钟在法界石牌楼后演讲，任人往听，不备入场券。（《尚贤堂定期演讲》，《申报》，1908年3月7日，第3张第3版）

2月 《国粹学报》举行三周年庆典。国学保存会同人及友好，纷纷撰文祝贺。祝文既辨国学之朝野宗旨不同，又重谈保存国粹与兼收西学之不背。

先是，《国粹学报》于1907年11月25日预告《国粹学报》将举行第三周年大祝典。其辞称："《国粹学报》自出版至今已满三载，明年正月举行第三周年大祝典，并于戊申第一号报内附刊纪念册，增广篇幅，比常加倍有余。内插入画像、墨迹、金石、彝器、唐宋元明名人书画、古代雕刻、绣缋织练、陶瓷、漆塑各种美术品，并博物图画，不下五十张，皆属神州至宝，精美无匹。又征求海内耆宿硕儒，赠以题词、赠序及其平昔著作，汇刊册端，以作纪念。精光正气，出版在迩，当亦吾党爱国好学之君子所乐闻也。"（《国粹学报举行第三周年大祝典》，《国粹学报》丁未年第10号，1907年11月25日）

国粹学报举行第三周年大祝典的消息流传后，海内学人名家与国学保存会同人纷纷祝辞祝画。发来祝辞者有：张謇、孙诒让、陈三立、夏敬观、魏爔、章□□（匿名）、汪德渊、黄节、刘师培、吴涑、李世由、汪国垣、刘三、潘复、王锡祺、徐鋆、秦琴。祝画者有梁葰、苏世昌、蔡有守。（《国粹学报戊申第一号大祝典目录》，《国粹学报》戊申年第1号，1908年2月21日）本月的《国粹学报》正值创办三周年，即举汉代瓦当"千秋万岁"为封面，题"第三周年大祝典"。各家祝辞与祝画皆登载于是期《国粹学报》。

祝辞多申说、赞同《国粹学报》宗旨，兼述己意。刘师培作为杂志主笔，祝辞力辨中西体用分合之说，称："或谓中邦之籍，学与用分，西土之书，学与用合，惟贵实而贱虚，故用夷以变夏，不知罗甸遗文，法郎歌曲，或为绝域之佚言，或为文人之戏笔，犹复钦为绝学，被之序庠，而六书故谊，四始遗音，均为考古所资，转等弁髦之弃，用学合一，果安在耶？"批评国人"惟强是从"的习性，致"校理旧文，亦必比堪西籍，义与彼合，学虽绌而亦优，道与彼歧，谊虽长而亦短，故理财策进，始崇管子之书，格物说兴，乃尚墨家之学。甚至竺乾秘编，耻穷源于身毒，良知俗说，转问学于扶桑，饰殊途同归之词，作弋誉梯荣之助，学术衰替，职此之由"。主张从中国自身出发，追求独立坚毅的学风，号召"兴起不待夫文王"，以为"国学不堕，其在斯乎"。（《国粹学报》戊申年第1号，1908年2月21日）

吴涑《祝辞》称："少年英俊，往往吐弃古初，歆次新理，吾不敢谓不世之人才不出其中也，而国学殆几乎熄焉。"以为"利绌害赢，犇奏补苴，有限人才，已遭戕贼，譬之留一粒种子落大地中，日暄雨润，则句萌条达，可以荫庇千牛，必践履之，莁锄之，生机几何，势不至无遗子不止，此抱残守缺之士，怒焉忧惧，而醉心欧美，涉猎科学者，所由高观阔步侈然自足者也"。赞同《国粹学报》社"眷系国学，慎重保存，所由导来哲之先路，为昔贤之后盾者也"。提倡"我国文化，自羲皇肇造以来，有卦画而后有书契，有书契而后有经典，有经典而后有诸子百家，风骚词赋，时更世变，踵事增华，莫能殚究，凡著成一家之言，皆为国学，即不容不保而使存"。（《国粹学报》戊申年第 1 号，1908 年 2 月 21 日）

　　李世由《祝辞》称："神州学术，关系世运，世有隆替，学无废绝，虽遭秦之焚，五胡之乱，元之篡，明以来帖括之流毒，卒赖老师宿儒，抱残守缺，开示来学，吾人生当晚近，犹得诵习遗经，寻绎古谊，均受历代师儒之赐，必人人心历代师儒保存圣学之心，方无负历代师儒，并无负我先圣孔子"，以为此即"诸同志创设《国粹学报》之微意"。揭示学报有二义，"一于古学无囿守宗派之见"。以为"古学之盛，首推周秦，是时诸子并兴，各有创获，虽以孔子博学，犹问礼老聃，访乐师襄，收互证参观之益，自汉武罢黜百家，儒定一尊，则古学之涂隘，自宋儒立名道学，举世风靡，则儒学之真晦，嗣是胶执训故者附于汉，空谭心性者附于宋，浸淫沉溺，贻祸至今，转咎国学无用，不知伪学之误人久矣"。赞同学报"学不名宗，文毋持派，总以阐道蕴赅世用为归，故辨名物而不邻琐碎，释性理而力戒迂墟，旁逮九流百家，苟有诠明，靡不采撷，举昔汉宋之帜，程朱陆王之门户，暨兹援附阳湖桐城家法者，均可返求实际，毋剿肤词"。"一于欧学无新旧抵牾之虑。世衰道微，欧化灌注，自宜挹彼菁英，补我缺乏。"（《国粹学报》戊申年第 1 号，1908 年 2 月 21 日）

　　章太炎《祝辞》与刘师培有所呼应，主张学贵自主，"中国制法自己，儒、墨、道、名尚已，……自弃其重，而倚于人，君子耻之，焉始反本以言国粹"。称：

　　余为侏张，独奇軱与众异，盖传记之成事，文言之本剽，虽其潘澜戋余，不敢弃也。然当精意自得，没身而已，务侈而高，诵数九能之士，文眃其外者，吾疾之。及夫学术所至，不简择则害愈况，横政横民，虽新学阶之哉，始自曹司游士，取则于吾先正，适其胸府，视新学与之合，弥以自坚，莠言浸昌，旨风卷舒，学童漂焉亦视是为取舍。是故豪强自治，本于宁人，学校哗时，本于太冲，藩镇乱法，本于而农，工商兼并，本于慎修，委身给役，本于易直，喻利轻义，本于东原。政事之乱，自三逸民，民俗之弊，自三大儒。此六君子者，穷知尽虑，以明其旨，本以求治，岂遽以诬民哉？诸妄闻人撅其一端，内契于愚心，外合于殊国，持之有故，倡和益众。新学小生，未知臧否，块然出入于其齐汩，所在波靡，学成而反，又昌大之，名曰新学，其实受斡于成说也。不理六君子之用心，而以其合者取宠，世受其弊，非独新学，亦国粹之咎已。若夫尊奖廉耻，创惩贪墨，是宁人所长也。均田废钱，贫富不觷，是太冲所长也。种族自卫，无滋蛮貉，是而农所长也。明察庶物，眇合律度，是慎修所长也。卷勇奘驵，独立不惧，是易直所长也。损上益下，不以理夺，是东原所长也。此皆便于齐民，而公府百司，驰说之士，恶其害己，故庋阁而弗道。吾党之士言国粹者，不撅其实，而取下体，终于阿附横民。《七略》有云：杂家者流，盖出于议官。知国体之有此，见王治之无不贯。然则讲学以待问者，待为议官而已矣。君子道费则身隐，学以求是，不以致用，用以亲民，不以干禄。高者宜为陈仲、管宁，次虽为雷次宗、周续之，未害也。六君子之徒，宜有所裁抑云尔。抑今之学者，非碎与朴是忧，忧其夸以言治也，忧其丽以之淫也，忧其琦傀以近谶也，忧其鉏杂以乱实也，忧其缴绕以诬古也。磨之鑢之，抒之浚之，扶其已微，攻其所傫，余以是祝贤人君子。（《国粹学报》戊申年第1号，1908年2月21日）

张謇《国粹保存会第三年祝典征诗》谓："秦火光中有伏生，遗经收拾汉承明。谁能战栗绵周社，尚藉哀弦慰鲁城。世变九州三古绝，国魂千劫一丝轻。维持自系吾曹事，辛苦丛残已得名。"（张謇：《张季子诗录》卷10，民国三年本）

陈三立《国粹学报毕三年纪念征题》谓："糠秕扬万古，神血凝三年。作者有忧患，传之宁偶然。辉光天在抱，钩索月窥椽。观海难为水，斯文与导川。"（陈三立：《散原精舍诗》卷下，清宣统上海商务印书馆本）

邓实作为主办者，撰文叙此祝典。时值存古学堂在张之洞的大力推动下，风行各省，官方保存国粹，以维持纲纪，与在野一方发扬国光，陶铸国民性，宣传国家思想的保存国粹针锋相对。邓实似有鉴于此，在前一年明确区分国学与君学之不同后，又于《国粹学报第三周年祝典叙》述学在朝与在野之分，谓："国学保存会之设，不过一二下士，伏处荒江，寂寞自守，不与闻政治，非敢自居于讲学，褒贬人物，裁量执政，如东汉晚明士夫之所为。然月有讲习，文字遂多，故有《国粹学报》之锓，孜孜矻矻，于兹三载。"并论学之朝、野之分，称：

天下学术之变，亦亟矣。有在朝之学焉，有在野之学焉。

伊古以来，士君子生值衰时，开门结社，讲学著书，皆其不得已之所志，而正学不亡，终以拨乱世而反之治，故历代国亡而天下不亡者，皆赖在下之有学以救之。至于下无学，贼民兴，而后天下始真亡矣。自周失其官，学乃在野。孔子忧学之不讲，聚徒三千，弟子身通六艺者七十二人，又分教于其国，而老墨名法各家，均以其道自鸣，其弟子多者千人，少或数百，故在周末，天子无学，而列国有学，王朝无学，而草野有学。秦人灭学，鲁中诸儒，讲诵不辍，伏生以九十老，壁藏《尚书》，教于齐鲁，申公言《诗》于鲁，辕固生于齐，韩生于燕，胡毋生授《春秋》于齐，董仲舒于赵，弟子皆多至百余人，抱其遗经，互相传授，故秦亡而在朝无学，在野有学。呜呼，及至东汉，则不特上之无学，即下亦无学矣，党锢之祸，起于延熹九年，迄于中平元年，十余年间，斩艾罗织，清流为尽，不惜举在朝在野之正人君子，一举而空之，而黄巾贼三十六万，乃同日而起。宋立元祐党人碑，凡百二十人，州县立石，贬窜死徙，禁及父兄子弟，读徂徕圣德之诗，可为流涕，而金人之祸，遂与君臣同狩，夷狄内乱。明东林讲学，气节至盛，自逆珰煽毒，指为邪党，熹思两朝，诛戮放逐无虚日，榜党人姓名于天下，凡三百余人，士类一空，而流贼大呼，明社以屋。故方其盛也，贤人君子，多在于朝，其衰也，贤人君子，尚犹在朝，及其亡也，并举在野之贤人君子而俱尽之，而后天地晦盲，仁义充塞，神州乃以陆沉，此则不独亡其国，而至于亡天下者也。（顾亭林曰异姓改号谓亡国，率兽食人人将相食谓亡天下）是故今日者，非亡国之可惧，而亡天下之尤可惧。太学之制，自汉氏劝于利禄，唐以明经，宋以科举，明以八比，在朝之学，既无可言，而草野士夫，近百年来，其风又好利而鲜名节，富贵利禄之所在，遂足奔走一世之人材而有余，士之拥皋皮而为人师者，方日炫其取富贵之术以教其弟子，曰学在是足矣。若夫经史之大，诸子百家之博，苟其无资于取富贵，则曰可以无学。故自古师儒之法，专门名家，代有其人者，迄今几无复存。学风之坏，士气之卑，求如汉之党锢，宋之元祐，明之东林复社，特立独行、大节义烈之徒，挽近岂尚有其人哉。诗曰譬彼舟流，不知所届，吾惧夫大义不明，他日祸患之来，将必有觍颜事仇而不以为甚耻者。呜呼，是亦学术之隐忧已。（《国粹学报》戊申年第 1 号，1908 年 2 月 21 日）

邓实于 2 月 16 日的《政艺通报》第七年题记，称："著者之从事《政艺通报》……有所论列，每于吾国历代所以致乱之繇，与夫近百年欧美盛兴之故，再三申而明之。其大旨则欲扶植民权，以排斥专制，为变政之根本。所著有《原政》一、《政治通论》内篇十一外篇九、《著议》三、《治言》二、《智书》三、《政治学述》一、《政治小言》二、《自治论》五、《十九世纪末世界之政治论》一，凡三十八篇，皆痛口焦思忧患之所为作也。"反对专制，扶植民权，与《国粹学报》发扬区别于君学的国学之意，一脉相通。（邓实：《第七年政艺通报题记》，《政艺通报》第七卷第 1 期，1908 年 2 月 16 日）

　　△　《国粹学报》发布国学保存会名下《国粹丛编》《国粹学报》《政艺通报》书报目录，正式将《政艺通报》纳入国学保存会下。

《国粹学报》此期发布特别"注意"，称："本社集合通才博学之士，编辑撰述报章书籍，以融合欧化、保存国粹为主，自壬寅发行《政艺通报》，输入欧化，用以知今，自乙巳发行《国粹学报》，发挥国学，用以知古。二报包罗古今，皆所以造成有用之学。复编辑《国学教科书》，各省《乡土教科书》以普遍国学，感发人之爱国心。刊刻《国粹丛书》《国粹丛编》《神州国光集》，以表扬国光。"（《国学保存会〈国粹丛编〉〈国粹学报〉〈政艺通报〉书报目录》，《国粹学报》戊申年第1号，1908年2月21日）

△　国学保存会发布《神州国光集》发刊广告。

其辞称：

　　神州开化最早，以优美之民族，夙工美术，专门名家，代有传人，其妙品精工，久腾耀海宇。故欧美考古名家，莫不以搜罗东方美术品，庋藏宝贵，视同瑰宝。著书纪载，称诵不衰。吾国自唐宋迄今，金石书画，名迹宝光，亦多为收藏家所珍秘。然真迹流传，世愈久则愈少，物愈少则愈珍，非大有力者，不能有。寒家白丁，且欲求一饱眼福，而不可得。故虽有珍品在世，亦仅供一二达官贵人所把玩，而缄之玉箧，锢之深斋。兵火偶经，便尔烟灭。其随瓦砾以俱烬者，不知凡几矣。夫以古代至可宝贵之物，而不能使之传之久远，共之众人，致可憾也。本会思得良法，特访求海内各收藏家珍本，或借或购，用日本最新玻璃版法，精摄影印，尺度宽至纵横一尺有余，务在丝毫逼真，以与海内共赏。所收分书画、金石二门，皆以原本真迹摄影。鉴别至精，务求有名人题跋、考据及名家收藏赏鉴印章，丝毫无可疑者，始行收入。两月出一册，册三十页，二月中当可出版。庶几海内尤物，人人得而共宝之。于以提倡美术，表扬国光，使国人群知吾国所可爱之宝，而感发其精神意气，以竞胜寰区，岂不懿欤？近世世界愈进化，则世人愈知宝爱古物，欧美考古之学方日兴月盛，吾国立国至久，岂可反后他人。凡在同志，当必以斯举为然也。（《发刊神州国光集》，《国粹学报》戊申年第1号，1908年2月21日）

3月3日（二月初一）　吉林实业学堂教员黎敬夫刊行学堂《经学讲义》，其《绪言》发挥讲义大义，以六经为国学首，存国学以医国魂，志在维持君臣父子纲纪，针对科学扫弃一切旧学之荒病。

吉林农工商局附设实业学堂，以实业科为主的情况下，注重普通知识。（《吉林农工商局附设实业学堂简章》，《吉林官报》1907年第11期）黎敬夫为吉林实业学堂教员，《经学讲义》为实业学堂课程讲义。其《绪言》发挥讲义的宗旨，志在发挥国学，维持纲纪。称：

纵览古昔研经学派，所谓病拘、病杂、病悍、病党、病肆、病琐者，洞其症结，不过汉宋两家，互投攻伐之剂。一持根柢，一挟精微，皆调和可医之疾也。至若病荒，则此中空洞无物，直无疾之可医矣。虽然，国学者，国魂之所存也。欲医国魂，当存国学。欲存国学，当首六经。故学务纲要，特立中小学堂，宜注重读经以存圣教一纲。而释其义曰：外国学堂，有宗教一门，中国之经书，即中国之宗教，若学堂不读经书，则是尧舜禹汤文武孔孟之道，所谓三纲五常者，行将废绝，中国不国矣。

并辨治经读经之原则与法度。称：

> 经生家言，汗牛充栋。穷年莫殚，毕世莫究。抑且愈解愈滞，转使后学望洋兴叹，莫识津梁。少年聪颖之士，又或病于空疏罔据，窃西学之皮毛，以炫耀当世。而处今日世变之极，若犹袭孔郑程朱之旧，字比而句读之，博而丑，碎而罔要，尊经实所以废经也。然则读经之法，顾安在哉。曰节其与世道人心之最有关系者，而阐明其大义已耳。变自来笺疏之面目，以精锐之别择力，排比而演绎之，都为讲义。与诸生分课递述，庶几钩玄提要。六经大义，湛然于心。昔贾逵条奏《左传》三十余事，其尤深切著明者，皆君臣之大义，父子之纪纲。爰述经义，而首表《春秋》，窃有取于斯也。若夫深造远大，蔚为通儒，进而求之，有余师矣。（黎敬夫：《经学讲义·绪言》，《吉林教育官报》第 2 期，1908 年 3 月 3 日）

3 月 10 日（二月初八） 时人引欧美政党说，论中国维新守旧两派非政党，讥评维新守旧两派目的皆在获得政府欢心赢得私利，与人民幸福无关。

其言称："历观欧美文明之国，莫不有两种以上之政党。其目的异，其手段异，而其欲行本党之手段，欲达本党之目的，以增进一国人民之幸福与势力，则各党均同。""必有形体上之组织，有办事所，有议会，有出版物，而后其政党之机关乃完备。"返观中国，"今之所谓守旧维新者，无一于此。只可谓为人民所持之意见，万不能牵合欧西之名称，而即认为政党者也。且所谓守旧者，不过熟读几句陈烂之四书五经，便自托于保存国粹。所谓维新者，不过略能运用泰东西之新名词，便自诩为输入欧化。而究其目的，则以功名衣食为重。问其手段，则以运动官场为言。"（《论中国之政党》，《申报》，1908年3月10日，第2版）

3月24日（二月二十二）　恽毓鼎记："年来公私冗杂，记性日损，不能如从前之博览。唯思专看《明史》，以致用为经世之学；专心古文，以保国粹。其余皆置之。"（史晓风整理：《恽毓鼎澄斋日记》，浙江古籍出版社，2004年，第374页）

4月4日（三月初四）　应董修武、钱玄同、龚宝铨等人之请，章太炎在东京开国学讲习会。

章太炎东渡日本后，加入同盟会，初次公开讲演，即宣言以语言文字、历史制度等国粹激发中国人之爱国心，以此凝聚人心，激励革命。故本身对于国学讲习，即甚为留意。早在1906年秋，尊"礼闻来学，不闻往教"之意，由章士钊作为发起人，"拟创设一国学讲习会，请先生临席宣讲，取为师资"。计划宣讲者有以下大端："一、中国语言文字制作之原；一、典章制度所以设施之旨趣；一、古来人物事迹之可为法式者。"佛学亦"临讲之目，此亦要点"。（国学讲习会发起人：《国学讲习会序》，《民报》第7号，1906年9月5日）国学讲习会原计划近似于国学学校，分为预科、本科。"预科讲文法、作文、历史，本科讲文史学、制度学、宋明理学、内典学。"（宋教仁：《宋教仁日记》，第234页）后又有国学振起社之创办。国学讲习会与国学振起社，本拟讲学后将讲义汇集出版，最终仅出版讲义数种，并无讲学活动的痕迹。其行事与结果皆与国学保存会拟创办国粹学堂而最终未果，仅出版发行国学讲义近似。故留日学生敬邀讲学，本符合国学讲习会"讲习"之意，章太炎表示首肯。[1]

此次重新发起太炎东京国学讲习会，四川籍学生着手最早，浙江籍学生继之于后。此次国学讲习会，开设地点数次变迁，历时又较长，听讲学生有中途畏难或因他故退出者，有中途插班进入者，有讲学时间冲突而另请别设者。因此，各人回忆，各据本人经历，又或多有将本人经历视作整体的国学讲习经历，或时间颠倒，或地点误植，致使后人误以为浙江籍太炎门生为此次国学讲习会重兴之发起人，以及不识国学讲习会的讲学场所与先后关系。然事实上，章氏与弟子们的追忆中，并无一人明确说明国学讲习会由谁发起。

章氏弟子中，听受章氏国学讲习会讲课较早者，或早于乃师章氏先逝，未留下追忆，如川籍的董修武、浙籍的龚宝铨（1906年婿章氏女），一者逝于1915年，一者逝于1922年。或未对讲习会有所追忆，或所忆极略，如钱玄同、朱希祖。有所追忆者，又多非最初的参与者，不明就里。这也是导致后世误解各人追忆，以讹传讹的原因。

---

[1]　章太炎此次开讲，从钱玄同的角度看，甚为不易。钱记道：学世界语"水曜日时间与国学讲习会又有冲突，因至神田董修武处商议。伊言此水曜日只可照旧，后当再与同人酌之。未知能改期否，若必不能，则吾决计上国学班，赖エス班矣。盖此次请太炎讲小学、文学，大非易事，以后难再，真是时哉不可失。二者比较，エス究非难得之事。"（杨天石主编：《钱玄同日记》第1册，第125页）又因从1906年9月东京国学讲习会成立后不久，钱玄同便已结识章太炎，如今日有此难得之叹，则章太炎此前是否有过此类国学讲习活动，殊未可知。

　　对于此次国学讲习会，章太炎本人有所追忆，仅提到能受其小学的钱玄同、黄侃与汪东，未及四川籍学生。1933 年，章太炎追忆："三十后有著书之意，会梁卓如要共革命，乃疏书卷。及亡命东瀛，行箧惟《古经解汇函》《小学汇函》二书，客居寥寂，日披大徐《说文》，久之，觉段、桂、王、朱，见俱未谛。适钱夏、黄侃、汪东辈相聚问学，遂成《小学答问》一卷。"（诸祖耿：《记本师章公自述 治学之功夫及志向》，陈平原、杜玲玲编：《追忆章太炎》，中国广播电视出版社，1997 年，第 83 页）未涉及发起细节。

　　弟子回忆中，周作人虽提到发起人，称："往民报社听讲，听章太炎先生讲《说文》，是一九〇八至九年的事，大约继续了有一年多的光景。这事是由龚未生发起的。太炎当时在东京一面主持同盟会的机关报《民报》，一面办国学讲习会，借神田地方的大成中学讲堂定期讲学，在留学界很有影响。鲁迅与许季茀和龚未生谈起，想听章先生讲书，怕大班太杂沓，未生去对太炎说了，请他可否于星期日午前在民报社另开一班，他便答应了。"（周作人：《民报社听讲》，陈平原、杜玲玲编：《追忆章太炎》，第 264 页）但联系上下文，此"发起"为发起民报社的小班国学讲习会。任鸿隽的回忆，则只提到由一班热心国学的留学生组织发起。称："一九〇八年我到日本东京留学，太炎先生已在前二年从上海租界出狱后，由民报社邀约到东京主持《民报》编辑了。当时有一班热心国学的留学生便趁此时机组织了一个国学讲习会，请先生开讲国学。我记得第一次讲是在东京神田区大成中学借了一个讲堂开始的。听讲的人以浙人、川人为多。"（任鸿隽：《记章太炎先生》，陈平原、杜玲玲编：《追忆章太炎》，第 267 页）作为川籍学生，由其语意，任鸿隽显然并未参与组织发起。任、周二人，对于国学讲习会最初的了解，都是起于神田大成中学的国学讲习会，都是在国学讲习会发起之后加入听课的行列，故不明开办细节。

《钱玄同日记》的面世，最终揭开这一谜团。据钱氏日记记载，是年3月22日上午，钱"与味生至太炎处。意欲请太炎来讲国学（先讲小学）"。章太炎表示首肯。然因章太炎提到，"近日有蜀人亦请其教"，故谓"当与蜀人接洽"后再定。（杨天石主编：《钱玄同日记》第1册，第123页）则显然，龚宝铨与钱玄同，确实是浙江籍学生中最早请章太炎重兴国学讲习会者。但川籍学生，邀请更早。其中所说"蜀人"，当以董修武为首。后章太炎因费用问题拟换址讲国学，在4月9日致信钱玄同时，即提到"望将此情转商董特生君为要"。（章太炎：《与钱玄同》，马勇编：《章太炎书信集》，第102页）可见钱玄同与董修武，各为浙籍与川籍留学生参与国学讲习会的代表。

3月24日，章氏已与蜀人接洽妥当，章太炎且令川人看段注《说文》，以为预备，则计划似以小学为先。3月25日午后，钱玄同"至太炎处"，得知章氏教人先看段注，故"与太炎讲及最好编讲义，用誊写板印之，太炎似首肯。太炎言程度较高者可看段注，次即看《系传》，一无所知者止可看《文字蒙求》矣"。（杨天石主编：《钱玄同日记》第1册，第123页）3月28日，最终确定了国学讲习会开办的场地与时间，由川籍学生拟定："四川人业已拟定场所：帝国教育会。日期：水、土曜（即周三、周六）。时间：二时至四时。先讲小学，继文学。此事告成，欢忻无量。"最初参与听受章氏国学讲习会的浙江人仅五人："1.余（钱玄同）；2.逖（朱希祖）；3.大

（朱宗莱）[①]；4. 复生（沈复生）；5. 未生（龚宝铨）。"（杨天石主编：《钱玄同日记》第 1 册，第 124 页）

4 月 4 日午后，国学讲习会[②]开会于清风亭，太炎应弟子请讲述《说文》。钱玄同记讲学内容为："古音旁转、对转诸端。"（杨天石主编：《钱玄同日记》第 1 册，第 125 页）朱希祖记讲学内容为："章先生讲段注《说文》，先讲《六书音韵表》，为立古合音之旁转、对转、双声诸例。"（朱希祖：《朱希祖日记》上册，中华书局，2012 年，第 60 页）同时，"商议定为以后礼拜三、六两日开会于帝国教育会，一星期共五小时"。周三为午后三至五时，周六为午后二至五时。（杨天石主编：《钱玄同日记》第 1 册，第 125 页）

4 月 8 日，是日为星期三，章太炎正式在帝国教育会开讲。钱玄同记："午后至教育会，今日系讲《说文序》。言下次须教部首云。"（杨天石主编：《钱玄同日记》第 1 册，第 125 页）朱希祖记："下午，至帝国教育会聆章先生讲《说文序》。先生之讲转注、假借与许稍异，因举例数条。"（朱希祖：《朱希祖日记》上册，第 61 页）

因帝国教育会租费太贵，章太炎拟换址讲国学。4 月 9 日，章太炎致信钱玄同谓："讲习会设在帝国教育会中，闻每月需费二十五元，此难为继。弟近已租宅小石川大冢町五十番地（风景最佳，如在园林中），书籍行囊，业已迁入（陶望潮亦居此）。楼上席十一张，不如就此讲习。会友既省费二十余元，而弟亦免奔走，最为便

---

① "大"为朱宗莱。参见桑兵：《留日浙籍学生与近代中国》，《西北大学学报（哲学社会科学版）》第 48 卷第 3 期，2018 年 5 月。

② 钱玄同亦称之为"国学振起社班"。4 月 10 日，钱玄同记："因思每周礼拜三世界语及国学振起社班冲突，二者既不可得兼，则吾宁舍エス而取国学，故今日函汪公权与刘申叔，言不去读矣。"（杨天石主编：《钱玄同日记》第 1 册，第 126 页）

利。望将此情转商董特生君为要。"（章太炎：《与钱玄同》，马勇编：《章太炎书信集》，第102页）钱玄同记此事，谓："得太炎信，言帝国教育场所太贵，每月需价二十五円，而太炎现迁大塚町之屋，楼上有十一叠之屋，可供讲习之用，地方风景最佳，有如园林，大喜。因函告董特生。"（杨天石主编：《钱玄同日记》第1册，第126页）

4月10日晚，董修武函告钱玄同："已租定神田大成中学校屋，每月赁金十（元）云，则太炎处一时只好作为罢论。况闻太炎迄因无钱，亦未迁往该处云，则固不妨，姑缓也。"（杨天石主编：《钱玄同日记》第1册，第126页）

4月11日，是日为星期六。确定移址至大成中学校，并于此日第一次在大成中学校开讲。钱玄同记："午后至太炎处，告以已定大成中学校事。旋董君来，与同至大成。今日自二至五点共教三点。教部首始一终桀（五篇止），始知部首诸字，今不用者往往即为某俗字之正体。"（杨天石主编：《钱玄同日记》第1册，第126页）朱希祖记："下午至神田大成中学聆讲《说文》，讲至五篇部首完。"（《朱希祖日记》上册，第62页）

4月15日，是日为星期三。国学讲习会午后讲于大成中学校。钱玄同记："今日仍讲部首，始木终象（六至九）"。（杨天石主编：《钱玄同日记》第1册，第127页）朱希祖亦记："聆讲《说文》自木部至'象'部之部首。"（朱希祖：《朱希祖日记》上册，第63页）

自此之后，至7月初。章太炎每逢周三、周六的午后，如约在神田大成中学校讲学，所讲皆《说文》，自4月18日讲完部首，之后按部讲授，讲至7月1日，讲到水部，已讲《说文》过半。（杨天石主编：《钱玄同日记》第1册，第127—134页；《朱希祖：朱希祖日记》上

册，第 64—76 页）

△《申报》登载革命党人郑先声供词，称孙中山在爪哇开设学堂，内用国学会讲义。

郑先声于 1906 年被捕。自是日，《申报》登载据说是江宁府太守许星璧审讯郑先声所获供词。其词内称："孙汶先赴爪哇运动商会以为基础。爪哇本康梁势力范围，及孙至爪哇，以能操英语，又因乾隆时荷兰杀中国侨寓之民，当时中国以系化外顽民，不隶版图，置之不理。孙汶籍此演说，鼓动人心，附从者众。故孙势现胜于康梁。开有学堂二十三处，其堂内用国学会讲义及有《民报》者，即是孙汶所组织的。有《新民丛报》者，即是康梁所组织。"（《督批会匪供词》，《申报》，1908 年 4 月 4 日，第 1 张第 4 版）

4 月 15 日（三月十五） 朱希祖阅《国粹学报》。

朱希祖记："傍晚，于《国粹学报》第三周年报中得瞻王念孙先生遗像，先生之《广雅疏证》《读书杂志》鸿博绝伦，希祖携行至东，最所喜读，今得瞻遗像，不啻亲承训诲也。"（朱希祖：《朱希祖日记》上册，第 63 页）

4 月 20 日（三月二十） 时人评存古学堂等保存国粹之举，有失国学保存会等初创保存国粹说之意。

评论称："自西学输入中国，而保存国粹之说以起。有志之士，创设国粹保存会，盖有苦心存焉者也。不谓潮流所激，风气大开，兹略举新闻数端于左。"

其一，谓"保存文国粹"，称："鄂省存古学堂之设，已阅数年。所聘教习，大都老耄之儒。近闻又聘得某协教，须眉皓白，叩其年岁，在汉伏生之上，与绛县老人相亚。盖不如此，不合存古之义也。"

其二，谓"保存武国粹"。称："鄂省张统制，以新军均习东西洋操法，中国武技，恐将从此失传。爰仿存古学堂意，建设武技保存队，挑选精壮士五百名，肄习弓箭、刀剑、拳棒等武技，置教练长四人。日本近来于柔术、击剑等武艺，非特军人习练之，即中学以上及师范各学校均列为专科，然于新操法颇致精焉。今中国于新武学尚未研求，而亟亟以旧武技是保，是特顽固而已。或曰该队教师亦宜聘请年老之人，方合存古之意。则亦太谑矣。"

其三，谓"保存女国粹"。称："某省某绅士之夫人，以近来女子均喜天足，恐将来缠足之风从此歇绝。爰与族中约，凡同族之女子，均须缠足，定有画一之格式，不及格者罚其母。斯岂非保存女国粹之一说欤？"（《保存国粹之潮流》，《申报》，1908年4月20日，第2张第4版）

4月21日（三月二十一） 何震致书吴稚晖，揭发章太炎与端方的关系，又言及章太炎逢迎张之洞的国学谓："又去年九月上张之洞书，与伸旧谊，逢迎其国学，末言若助以巨金，则彼于政治问题，不复闻问，并谢辞《民报》编辑。"（万仕国：《刘师培年谱》，广陵书局，2003年，第153页）

4月25日（三月二十五） 章太炎发表《印度人之论国粹》，称释迦氏论民族独立先以研求国粹为主，国粹以历史为主。

章太炎东渡日本后，持发扬国粹提倡佛教来激发爱国性与牺牲精神之志，以此激扬革命，力求获得民族独立。与众多同人或热心效仿欧洲，或倾心追慕日本不同，章太炎当时倾向于联合印度，不仅可以互为屏障，同时又与章太炎夙志相符。章太炎的理想中，印度文化，与中国文化相通相补，兼具国粹与佛性，又重平等大同，与欧洲、日本之虽重国粹但持国家主义多外侵者迥异，故有联合印度之论。

与《印度人之论国粹》同一期，章太炎发表《支那印度联合之法》，提出："民间于印度人，宜念往日旧好，互相扶持，非独人道宜然，居今日而欲维持汉土，亦不得不藉印度为西方屏蔽，以遏西人南下之道。支那印度既独立，相与为神圣同盟，而后亚洲殆少事矣。联合之道，宜以两国文化相互灌输。昔内典既由中国译成，唐时复译《老子》为梵文以达印度。然历史事迹，地域广轮，邈焉弗能通晓，今则当以此为先路。至于语言文字，互有障碍，亦宜略有讲习。"（章太炎：《支那印度联合之法》，《民报》第20号，1908年4月25日）联合之法的基础，即是文化相互灌输，文化相互灌输则从历史事迹的了解与语言文字的讲习开始。《印度人之论国粹》既是与印度文化相通之说，又可进一步印证章氏本人提倡国粹之举。

章太炎国粹说中，国粹之核心，在于历史与语言文字，此为一国所独有，一国精神所寄之处。稍后，在《民报》被封停顿时期，章太炎在答人问时，即说报停之后，主要在"讲学"，所讲为"中国之小学及历史，此二者，中国独有之学，非共同之学"。（章太炎：《太炎最近文录》，引自汤志钧编：《章太炎年谱长编》增订本上册，第171页）章氏此文，即从此意出发。

文谓：

释迦氏论民族独立，先以研求国粹为主，国粹以历史为主。自余学术，皆普通之技，惟国粹则为特别。譬如人有里籍，与其祖父姓名，他人不知，无害为明哲，己不知，则非至童昏莫属也。国所以立，在民族之自觉心，有是心，所以异于动物。余固致命于国粹者，闻释迦氏言，知梵、汉之情不异，窃沾沾自欣幸，常以语人。

有难者曰：国粹非一切可以为法，残贼作奸之事，具在史书国典，志之无益，徒蹂践人道耳。欧洲诸达者，愤政府之祸民，或以遮拨国粹为事，今其说亦渐及东方，何子之自囿也？应之曰：义有是非，取是舍非者，主观之分；事有细大，举大而不遗细者，客观之分。国粹诚未必皆是，抑其记载故言，情状具在，舍是非而征事迹，此于人道损益何与？故老聃以礼为忠信之薄，而周室典章，犹殚精以治之；葛洪以经籍为相矜之簿领，而汉、晋掌故乃毕力以搜之。诚知主观、客观，部伍有异，故并行而不相灭也。胡貉之子，生而同声，辟旋动作，初非有异，以其行事不同，而国粹亦因以为别，泯绝分际，势固不能。且人类所以殊于鸟兽者，惟其能识往事，有过去之念耳。国粹尽亡，不知百年以前事，人与犬马当何异哉？人无自觉，即为他人陵轹，无以自生；民族无自觉，即为他民族陵轹，无以自存。然则抨弹国粹者，正使人为异种役耳。

吾尝以为洞通欧语，不如求禹域之殊言。经行大地，不如省九州之风土。搜求外史，不如考迁、固之遗文。求之学术，所涉既广，必擵落无所就，孰若迫在区中，为能得其纤悉。求之民德，邦人诸友，等是周亲，相见道故，发怀旧之蓄念，于以辑和民族，攘斥羯胡，其庸多矣。此盖就事言之也，至于行义是非，虑有异职。虽然，纯德琦行之士，无国无之，而苦行艰贞，隐沦独善者，固中国所长也。若夫施之政治，行之社会，重农轻商之说，怀远御寇之方，多主均平，不使过直，吾国所以胜于白人者，固已多矣。印度人于大地最为恺悌子谅，至今食不过炙卵，而肉羹则绝焉。其俗，盖事事可为师法。独往昔有四姓阶级之分，近世有嫠妇就焚之俗，当拔除耳。其他咒印巫术，神怪万端，学术既明，亦易于息灭也。谁谓释迦氏说为自囿乎？

夫欧洲与日本，求事于其国粹，民族既完，亦可以少弛矣。求义于其国粹，非侵略人，则以人为舆台羣豕也。故发愤者欲事事拨去。盖矫弊匡谬之辞，有不得不尔者，此非所论于支那、印度也。盗贼自毁其跖、蹻之书，于义甚善，欲使良家亦尔，不太诬乎？（章太炎：《印度人之论国粹》，《民报》第20号，1908年4月25日）

4月　署名"反"的作者，在《新世纪》发表《国粹之处分》一文。

作者称："近数年来，中国之号称识者，动则称国粹。环海内外，新刊之报章书籍，或曰保存国粹，或曰发挥国粹，甚者则曰国粹之不讲，则中国其真不可救药。"以为非"好现象"，"是受历史之毒"。中国之历史绵延四千余载，不无"国之精华"，"言形上之学，若周秦之学术，两汉之政治，宋明之理学，皆可超越一世，极历史之伟观，较诸希腊罗马，未或下也"。言"物质文明之发明，若指南针、经纬度、锦、印刷器、火药、磁器等，则大裨于全世界之文明，虽在今日，西人犹多艳羡之者，以言为中国之国粹，是诚无愧"。然以进化为衡量，"其补助于社会文明之功，已属为过去之陈迹"。

　　故作者以为处分"国粹"之办法，在于"陈诸博物馆"，为"保守之上策，亦尊重祖先之大道也"。如此处分，有其优处，其一，"三五学者，既得考古之道，又可借此以观进化之往迹"。其二，"若热心改革者，知平民之难化，借古所已有而今亡者，以引导鼓舞之，则其苦心之处，尚在崇仰之列"。如果"是古而非今，尊己而卑他，标异于人，而以助国界之愈严明"，则使人群日退化，为"祸群之罪"。

　　作者认为"科学超于国界，良知贯于万民，固无分于东西，更无区于黄白种也"。不应专标"国粹"，以异为务。故称："中国文化进退之如何，当视国粹之受若何之处分。"（《新世纪》第44期，1908年4月）

　　4月28日（三月二十八）　两江总督端方上奏请赏给严复进士出身，折中以严复为榜样，称必能治国学然后能收西学之效，而无西学自由说之弊。

　　折称："严复学术精深，文章尔雅，所译西国政教各书，如斯宾塞尔、赫胥黎之哲理学，孟德斯鸠之法理学，斯密亚丹之计学，穆勒、约翰之名学，类皆精审淹赅，有裨实用。近人误认自由之说，恣肆泛滥，荡然不得其义之所归。该员独晓然于群己之分，谓义在求其在我，不为古人所欺，不为权势所屈，节廉忠孝，皆根此生，实足截断众流，独标真谛。其译《群学肄言》，谓其饬戒学者，以正心诚意之不易深切著明，而于建白措注之间为之穷事，变拯末流，使功名之徒俯焉知格物致知之不容已，尤为有见于西学之本原合乎经传之古谊。比年译学大兴，新书日出，要必能治国学之人，始能收翕受外学之效。其或素无根柢，何能转译东文，不特满纸新

名，文难行远，抑且多生歧义，弊害潜滋。该员能读西书，又通汉
诂，凡所译著，博大精深，使学者知新理之无穷，而益觉旧学之
可贵。洵属博通中外，无愧儒修。"故请赏给进士出身。(《两江总
督端方奏选用道严复请赏给进士出身》，《政治官报》第181号，1908年4月
30日)

5月6日（四月初七）《中国人物图书杂志》发布发刊简章，
以保存国粹，振起国学为任。

其文交代宗旨道：

> 粤自人文肇兴，东方震旦开化最先，迩者欧化东渐，于
> 学识上又别开一生面。骛新忘故之士，视中土学说若尘羹土
> 饭矣。然而蕴有四千余年之文化，哲学蔚起，人物辈兴，国
> 粹所存，岂无有足以不朽者在乎？有识之士，惧国学之不振，
> 悼斯文之将丧，恒相与怒焉忧之。不揣谫陋，誓发宏愿，意
> 欲博采旁搜，肩守缺抱残之任。海内士夫如藏有先辈遗稿，
> 未经刊刻，及近人大箸，欲以寿世者，无论鸿篇巨制，断简
> 零章，均祈惠赐刊登，勿吝珠玉。至有遗编已佚，文无可征，
> 或其人并无著作，而生平一言一行，足以昭示来兹，下至一
> 技一艺之确有可传者，亦乞将图象行略等邮示。若夫书画流
> 传，寸缣尺楮，俱足见前贤精气所存，亦在所甄录之列。如
> 系家藏秘本，不欲轻易示人，亦可照式钩录，本社当仿日本
> 北村三郎（世界百杰）书例汇刻成编。首列画象，随将其人
> 事迹及撰箸书画等插入，命曰《人物杂志》。其欲刊全书者，
> 别出为丛书部，用以传播寰区，昭垂不朽。庶几发祖国之光

辉，人文丕焕，集中邦之文献，坠绪勿湮，岂不懿欤。爰缀绪言，纂订条例，用以质诸海内宏达君子。

附刊例七条:

一、本编搜集海内伟著，定期截收，当即校正付刊。凡入选者，一概不取刊刻之资，只须先缴预约费若干。俟出版时，敬赠本人刊入之杂志一期，并可照定价减成购书，只取工料之资，较寻常特别便宜。

一、本编分政法家、教育家、哲学家、文章家、兵法家、实业家、书画家、美术家、医学家、小说家、释老家、女学家，凡九流百家，靡不搜录。

一、搜拾丛残，昔人比之掩骼埋胔，其言可谓痛切。如有前民遗著，殉后付托无人，好善君子，能代为搜辑，俾无遗珠之憾，功德实非浅鲜。

一、名家藏稿，无力付梓。寒素之士，同具斯慨。兹编一出，则缺憾可弥。惟僻壤穷乡，搜罗难遍，同志之士，或广为传播，以此预约之本，持赠同侪，或代为分派，酬赠辛资，藉广搜辑，不胜跂望。

一、古寺名刹，藏有先贤手泽，及高僧遗墨者，均祈勿吝珍秘，惠赐刊登。本社当将收藏之人，及寄刊者之姓名，刊附简末，以志厚谊，并垂不朽。

一、摹示图像，均用半体，不得超本编范围，或摹写或即将照片粘入均可。

一、刊刻之资。本社另集巨款支用，惟搜采之力，全仗代派诸君，广为传布。故预约之费，半为代派人酬劳，盖不如此，不足以宏搜采。(《中国人物图书杂志发刊简章》,《申报》,1908年5月6日，第26版）

5月14日（四月十五）《大公报》刊发论说《保存国粹说》。

文谓:"国粹，新名词也。保存国粹，新术语也。此名词，此术语，年来洋洋盈耳。然不出自新少年之口，而出自号称识时务之缙绅先生之口，而缙绅先生每以此名词此术语，钳塞一般新少年之口。新少年坐是亦色为之变，舌为之结，而弗敢置辩。咄咄，国粹何物，保存国粹何事？问之新少年，固茫然不解。问之缙绅先生，又似守秘密主义，珍惜爱护而不肯明白宣示，岂不异哉，岂不异哉。"（英敛之:《保存国粹说》,《大公报》第2093号第2版，1908年5月14日）

5月　浦东中学校一年级生姚元禄撰文《保存国粹论》。

文称:"国粹者，国之菁华也。一国有一国之国粹，而为国民者，皆有保存之之责。国粹之尤，首在文字，顾一孔之儒，务为扬中而抑西，吾甚病之。然我国近今之民，大率不研究本国之文字，而先揣摹他国文字，顾他国文字，非不可揣摹，病在不将本国文字融会而一贯之，徒驰心于蟹形鸟迹之文。"（《浦东中学杂志》第1期，1908年11月）

此文于1911年在《广益杂志》第7期以"忠昭"之名再次发表。

6月1日（五月初三）　时人发表《运动说》，讽刺学界。以

"白发老儒"运动国粹学堂、存古学堂讲席为"下级运动"。

其文称：

> 其将官未官而仿官界之运动者，为学界。学界第一方针，在运动出洋。又欲不名一钱，而得最优之出身，则运动官费。官费势不能普及，不得不自费，则运动咨送。然就学时间恶其太长，则运动速成。然无论速成、非速成，概不能不学而成，又不可无成而归，则运动毕业。外人既利用毕业文凭与留学界作卖买，其伪毕业者，恐一试而发其覆，则运动延试。此为学界上级之运动。以外则有不新不旧者，借绅士资格，垄断学堂之权利，则运动监督。窃新名词，饰旧学派，自谓热心教育，则运动教习。不士不农、不商不工、不僧不道、不文不武之杂流品，冒学界商标，丐一月数金之薪水，则运动速成师范。白发老儒，桑榆暮景，既永弃于新界，乃更张其旧帜，则运动国粹学堂、存古学堂。此谓学界下级之运动。（《申报》，1908年6月1日，第1张第4版）

6月21日（五月二十三）　江苏巡抚陈启泰会同两江总督端方奏仿设存古学堂。

江苏存古学堂发议于1908年年初。1908年1月初，苏省游学预备科时届毕业，"经毛提学考试后，校阅各生试卷，类皆偏重西法，废弃中学，因此概不给凭"。（《谕饬预科毕业生研究中文》，《申报》，1908年1月7日，第2张第4版）随后，游学预备科停办。元和县训导孙德谦随即禀请以游学预备科旧有经费改办存古学堂。而江苏高等学堂监督蒋炳章则为使高等学堂经费充裕、学科完全起见，谓宜将经费校舍归并高等。因此引起争议。(《江督复江苏教育总会函（为苏省游学预备科改办存古学堂事）》,《申报》,1908 年 2 月 22 日，第 3 张第 2 版) 孙德谦即称:"谦于存古以一人发起，当时一二无识肆意抵排，并身当其冲。"(孙德谦:《致曹元弼》，复旦大学图书馆藏《复礼堂朋旧书牍录存》，引自许超杰、王园园:《孙德谦致曹元弼书札七通考释》,《文献》2017 年第 2 期)

　　江苏教育总会同人讨论，赞同蒋炳章议案，意在高等学堂。江苏巡抚陈启泰在致江苏教育总会函时，虽称:"于存古、高等两校，有兼筹无偏废，高等之不完备，允为另行设措，宾兴公款，仍留为推广公立学校之需，并无拨补存古之说。"而一省财力有限，在江苏教育会看来，存古学堂的开办，势必影响高等学堂经费充裕与学科完全。因此江苏教育会去函力争:"具佩敬教劝学斟古酌今之主意，提倡国粹，不废欧化，南皮嗣响，其在兹乎。至来书所论日本维新，仍郑重本国文字，因推究于中学废坠之患，此即本会改建南菁文科高等之初意也。夫各国教育，无不以本国文字为主位，固不第日本为然。文字者，一切道德政治精神之所寄也。近今灭国新法，尤务使其势力范围所及，悉用己国之语言文字，而不容奴隶于我者，有南冠故国之思。故或谓文字亦足以灭人国，此国粹之说所由来也。顾我国之所谓文，古有六艺，而今只一艺，何也? 孔子教人孝弟亲仁，复以余力学文，文者原兼礼乐射御书数而言，当时七十之徒就其所学，苟身通一艺，即足以成名，造就之途广，故济变之才多。自汉唐以降，而文乃专属于书，斤斤于考据词章，皓首穷之而不能尽。迨以帖括取士，复疲其精神于八股，有以考据词章鸣者，则已为文中之尤，此文之所以愈衰，人才亦所以愈弱。又不幸与列强相遇于盘错之地，人有百能，而己无一焉，此非天生我中国人才伎独绌，数千年来古今得失之林，灼然可睹也。南菁之议，自去冬迄今，本会屡有条议，亦既蒙学部及本省长官之采纳，自前抚帅委苏学使往勘，忽忽四五月，殆无一字见复。夫南菁为公立性质，且就现有基础为由复箦，似有兼筹无偏废意，必先其所急，因感于大帅提倡雅意，连类缕陈管见，如此幸乞卓裁。即颂勋安。"（《江苏教育总会复苏抚函（为保存国粹事）》，《申报》，1908年1月22日，第1张第5版）力持先以高等学堂为急。

"南菁之议"，即将南菁高等学堂改为文科高等学校。江苏教育总会虽以南菁高等学堂改为文科高等学校为先务，故反对存古学堂之设，然并不排斥以国文为重，在注意科学的同时保存国粹。张謇尝于光绪三十二年（1906）冬代表江苏教育总会致函江督、苏抚、提学使，详细交代南菁改章的缘起与宗旨："先是，阅邸抄，部臣有拟于南省设分科大学校之风说。适九月间江苏教育总会开会于海上，同人讨论，谓南菁性质本与文科为近，且近来新学大昌，非中学稍有根抵［柢］，亦必无以为吸受之具，若坐视荒废，十数年后恐此等教习，亦将如晨星硕果，有斯文将坠之惧，不如将南菁改为文科高等学校，其工农医法理各科，则分设宁苏沪等处，因地择人，而支配之。""并拟请缪绅荃孙主持校务，而辅之以马绅良，担任教科，庶于校务大有裨益。"（《江苏教育总会拟请将南菁高等学堂改为文科高等学校上督抚帅及提学使书》，《申报》，1906年12月30日，第4版）可见宗旨正在注意中学。

同时，江苏教育总会致函两江总督端方寻求支持。端方复函，称："详览来牍，具见教育方针能得其准。"似支持其说，而仍留余地。其称："今日之学堂，办理尚未完全，人才致难成就，此中关系至为紧要。苏省高等学堂既有基础，于全省学子高等学业所关尤重，不及此时增筹经费，使学科仪器概臻完备，将来毕业程度必不能齐，升入京师大学者必致寥寥。蒋编修谓影响及于全省学界者甚巨，所见远到，敬佩无量。"此为对于高等学堂的说法。其又称："至存古学堂，为保存国粹之至计，权舆于鄂，天下向风，斯事体大，未易学步。南皮相国奏立存古折内，断断以异于湘豫之景贤尊经诸堂为言者，其意可以想见。盖有南皮相国之精心擘画，网罗天下邃古之儒，为之讲师，故规模宏远，致极其盛，与泛言保存国粹者迥乎不同，亦绝非以抱缺守残为贵，蒋编修所见，不无少差。惟欲率尔仿办，其势不能得如许名师，安望其有实效，恐于南皮相国创办存古之意亦大相径庭。"对于在苏省开办存古学堂有所保留。然其又称："总之，苏州游学豫备科一款，或以之开办存古，或以之扩充高等，皆当务实而不务名，而财力有限，尤当审时度势，先其所急。鄙人就教育方针聊贡所见如此，至苏省财力究竟如何，无从悬揣，此时两校能否并举，抑或专就现有之高等极力扩充，俾底于完全，以宏其造就，应由贵会函商伯帅权衡缓急，主持其事，庶臻妥洽，有裨教育前途为不浅矣。"（《江督复江苏教育总会函（为苏省游学预备科改办存古学堂事）》，《申报》，1908 年 2 月 22 日，第 3 张第 2 版）最终仍待江苏巡抚陈启泰裁决。

事实上，苏抚陈启泰主意早定。是年 2 月 17 日叶昌炽记，是日"得曹叔彦一函，述朱竹石方伯之命，存古学堂将以不佞为总教，其宗旨在正人心，尊经学，扶植伦常，挽回风俗"。2 月 24 日叶昌炽又记："朱方伯送到照会一角，其大旨以苏省游学预备科改设存古学堂，所有各门总校亟应预为延订，夙仰贵绅博览古今，考订精确，应即延为历史、地理总校，每年薪水洋千二百元。自延分校一员，月薪三十两，均由善后局按月致送。"（叶昌炽：《缘督庐日记钞》卷13，民国上海蟬隐庐石印本）实际上，与江苏教育总会来往讨论时，苏抚已议定。

然苏抚意或已定，而江苏教育总会诸君却仍坚持己见，力争南菁学堂之设。叶昌炽总教一席的出处争议，即见一斑。

苏省存古学堂计划中总教习有经、史、词章三席。由之后的仿设存古学堂折可知，三席最终分归曹元弼、叶昌炽与王仁俊。三席中王仁俊一席最晚确定。据6月17日的《申报》记："苏垣存古学堂考试开办各节，迭纪本报，惟总教一席，非得品学兼优之员，断难胜任。故一时尚未聘定。兹闻陈伯帅查有湖北试用知府王仁俊太守，品端学粹，博通今古，堪胜该堂总教之任。惟太守现为鄂省存古学堂教长，刻已商准鄂督陈小帅见让，并免其扣资□面已附片奏调矣。"（《奏调存古学堂总教》，《申报》，1908年6月17日，第2张第3版）且王仁俊湖北事务不能脱身，并不能安于其位。叶昌炽尝致函曹元弼，询问"鄂中有回信否？扞公（即王仁俊，引者注）心精力果，若失此好帮手，可惜"。（《叶昌炽致曹元弼函》，崔燕南整理：《曹元弼友朋书札》，第207页）王仁俊虽受聘，却未到堂。孙德谦致函曹元弼称："且王扞翁秉铎，一年未作一事，而千金之巨，遽然受之无愧。"（《孙德谦致曹元弼函》，崔燕南整理：《曹元弼友朋书札》，第293页）之后即辞去讲席，由邹福保相代。据报，"苏垣存古学堂词章总教王太守仁俊前因在鄂差务殷繁，势难兼顾，早经辞退，请即另聘，各情兹悉。该校朱监督以邹绅福保旧学素深，堪膺斯席，日前特照会邹绅聘为词章总教，以维学务"。(《存古学堂聘定词章总教》,《申报》, 1909年2月 13日, 第2张第4版) 而曹元弼一席确定最早。由曹元弼出面邀约叶昌炽, 更可见在存古学堂创设过程中, 曹元弼介入应当不浅。惟叶昌炽一席的辞就, 尚在存古学堂创设而格局实不完全明朗之时。

熟于人事的叶昌炽, 在2月17日接读曹元弼转述苏省存古学堂总理朱之榛存古总教一席之信函时, 即警惕: "自维晚节颓唐, 修名不立, 记问荒落, 犹其次也。忝颜皋比, 谤立至矣。" 又兼数日后即得照会, "叔彦函来介绍后, 尚未答, 何遽行强迫主义。提学使不为, 而为校长乎?" 故2月26日 "寄叔彦书, 却聘, 并缴中丞照会一角"。(叶昌炽:《缘督庐日记钞》卷13, 民国上海蟬隐庐石印本;《叶昌炽致曹元弼函》, 崔燕南整理:《曹元弼友朋书札》, 第199页)

3月17日, 叶昌炽又接曹元弼函, 谈及存古学堂, "系维致当途之意, 一月到堂两次, 宣讲大义, 课程阅卷, 皆以分校代理, 如书院山长之例。体谅至此, 势难拒绝。但分校难得, 此分校不啻代总校, 尤不易物色。即有其人, 非三十金一月, 所可延致。而毛遂自荐者, 更拒不胜拒, 真进退维谷"。(叶昌炽:《缘督庐日记钞》卷13, 民国上海蟬隐庐石印本) 势难拒绝之说, 即心意初定。因此, 于3月19日复函曹元弼, "展诵惠函, 敬悉种切。谫陋如弟, 乃蒙中丞、方伯体恤至此, 惭感何极。即日进城, 当诣尊斋面谈"。(《叶昌炽致曹元弼函》, 崔燕南整理:《曹元弼友朋书札》, 第200页)

叶昌炽亲访曹元弼之事, 被江苏教育总会诸人得知, 欲阻其事。3月26日, 叶昌炽访曹元弼后, 得孙宗弼函, 读后 "茹鲠在喉, 欲吐不吐, 盖讽存古之轻出也。不佞何尝愿出哉, 横来干涉, 大惑不解"。孙宗弼来函即牵涉存古与南菁之争。3月27日, 孙宗弼 "自城来留午餐",叶昌炽"诘其前函宗旨"。叶昌炽自此明白孙前函未发之意:"则以不佞出应存古之聘,学界大哗,将有鸣鼓之攻。并言保粹之事,尚有什伯重要于此者,盍不改图以慰众望。"叶"诘以何事?"孙"则以藏书楼对"。叶"诘以何人主持?从何筹款?"自叶昌炽看来,"画饼充饥,徒托空谈而已"。孙"又出示蒋季和、吴讷士公函,与朱廉访反对"。叶昌炽故而知孙宗弼不过中介而已,"来为绍介,不过偃师之俑人耳"。叶"即以叔彦函示之,又告以若为薪水计,归田之后,早已迫不暇择,何待今日"。对蒋、吴与朱之争议,经由孙宗弼而施于己身,不免动怒。叶"即作叔彦函。既思盛怒作函,易于失词,留未发"。3月30日"改定叔彦函",31日"晨付航"。(叶昌炽:《缘督庐日记钞》卷13,民国上海蟫隐庐石印本)

叶氏致曹氏函可与日记比观,其函称:"存古一席,承公不弃,引为同志。又承中丞、方伯虚衷延揽,体恤至此,更有何说。但学界啧有烦言,别后弟归舟抵岸,即得某君函,微文讽示。及星期到舍,宣布诸公之意,言此举必无成,此席不当就,并言尚可解散否,保粹之事,尚有什伯重要于此者,盍舍此易图,以慰众望。诘以何事,亦徒托空谈,不足道也。弟当即告以若为薪水计,则归田之后,早已迫不暇择,何待今日。公等皆新学家,西来学说,去就有自主之权,非他人所能干涉。然言虽拒之,其意在下走离此一席,为釜底抽薪之计,灼然可知。弟不难立缴两牍,但自创议到今,一切情形均未悉,亦未便轻率从事。保粹为应办之事,中丞、方伯主持于上,何以反对者披昌至此。据云此事皆朱方伯一人为政,学会尚未认可。然则当道办学,必得学会之认可乎?弟皆所未喻。某君谨愿士,其来不过为傀儡,提掇线索者实繁有徒,其姓名公自知之，无待弟之赘述也。此辈少年盛气，既有反对之意，弟残年多病，实无精力与之挑战。"且称："既属同舟，利害毁誉皆共之，不敢不以奉闻，惟公图之。"将孙宗弼及江苏教育总会来函一并交给曹元弼。(《叶昌炽致曹元弼函》，崔燕南整理：《曹元弼友朋书札》，第199—200页)

4月3日，叶昌炽"得叔彦函"，曹元弼"力言存古干城，圣道必能成立。群鸥仰视而吓，可无置怀"。而叶"避人空谷，一切观空，彼此一是非，其实均不愿与闻也"。4月6日，邹福保又来函劝叶昌炽就聘存古一席，叶感慨："诸君或推之或挽之，吾谁适从。"(叶昌炽：《缘督庐日记钞》卷13，民国上海蟫隐庐石印本)而实已定去就。

随即，存古学堂为招考与开课，展开工作。存古学堂具体事务，由布政使朱之榛负责，为学堂总理。4月21日的《申报》即获得消息，"苏省议设存古学堂，前经朱竹石廉访在署藩司任内议定章程，即就学古堂旧址改建。"学古堂即游学预备科所用校址。"现经抚宪派委朱竹石方伯为该堂总理，出示招考。凡系本省举贡及廪增各生，均于三月二十七日以前来苏听候考试，照章录取，入堂肄业。一面派委候补直隶州州判雷舫充当该堂斋务长，并已饬匠将学古堂旧址赶紧修葺以便择日开办。"(《苏省存古学堂开办情形》，《申报》，1908年4月21日，第2张第3版)则至少在4月21日前，已拟定章程，经苏抚审核。

苏省存古学堂章程由布政使朱之榛及提学使毛庆蕃拟定，规定：

一宗旨。现苏省拟照湖北张中堂奏设之存古学堂办法，设立江苏存古学堂，以保存国粹，成就通儒。俾此后中学师资，可有取求之地，而少年寒畯，亦不致为废弃之材。办理正不容稍缓。

二学科。分修身、经学、国文、历史、地理、算学六门。

三名额。内班六十名，外班一百二十名（今定取四十名）。内班住宿堂中，每月膳资四元，由堂发给（今定月发银五两，膳资笔墨各费在内）。外班不住宿，亦无膳资。

四资格。学生不拘年龄，惟须在二十岁以上，中文素有根柢者为合格。尽举、贡、廪、增、附贡考选。若监生、童生，非中文迥越寻常者，不得收录。此外犯有嗜好，品行不端者，即考取，亦得随时屏斥。

五教员。堂中延经学、修身教员一人，国文教员一人，历史、地理教员一人（以上三员皆总教，各门皆延分教一人）。算学教员一人。教员皆兼管理学生，以期品学并勖。至庶务会计，则另设员司之。

六规则。一律照奏定章程学堂管理通则办理，礼仪宜整肃，衣冠宜质朴，出入有节，讲授皆在讲堂，问答写于黑板，课程钟点有定，会食见客有章，总期养成完全品学兼优之资格。（《外省新闻·存古设学》，《四川官报》第15册，戊申六月中旬）

章程确定，招生与开课，即排上日程。苏省存古学堂第一次招生考试原定于4月27日（三月二十七）（《苏省存古学堂开办情形》，《申报》，1908年4月21日，第2张第3版），因开办时间尚新，外县及乡镇报名者少，改期于5月14日（四月十五）。（《存古学堂改期考试》，《申报》，

1908 年 4 月 28 日，第 2 张第 3 版）此次招生考试，"报名投考者约有三百人"，苏抚陈启泰"亲诣贡院，扃门考试"。（《存古学堂定期考试》，《申报》，1908 年 5 月 13 日，第 2 张第 4 版）此次存古学堂招生考试，"题目共分三类。一词章、一性理、一论说。词章首题，拟江苏仿设存古学堂疏。次题，'位卑而言高，罪也。立乎人之本朝而道不行，耻也'义。现已揭晓，共取内科四十名，外科六十名。其中录取词章者内科中八名，外科中十二名。示期二十一日，仍在贡院覆试"。（《补志存古学堂考试题目》，《申报》，1908 年 5 月 21 日，第 2 张第 3、4 版）5 月 20 日（四月二十）复试。"是日考试学生，首题拟刘子骏让太常博士书，次题礼禁乱之所由生论。"（《存古学堂复试题目》，《申报》，1908 年 5 月 23 日，第 2 张第 3 版）最终，复试成绩于 5 月 22 日（四月二十三）揭晓，取内课王锡辰等三十名，外课徐棣华等三十四名。并定于 5 月 24 日（四月二十五）谒圣上课。（《存古学堂定期开学》，《申报》，1908 年 5 月 25 日，第 2 张第 3 版；《存古学堂复试全案》，《申报》，1908 年 5 月 26 日，第 2 张第 3 版）

　　存古学堂开课时间，与叶昌炽的行程有关。5 月 21 日，开课前三日，叶昌炽雇舟进城。5 月 22 日，"午后赴存古学堂，与叔彦会商校事。第一次到堂也。其地与沧浪亭对宇，即从前学古堂旧址，颇有园池之胜。应太守季中名德闳，先出见。应敏斋方伯之子也。又见算学总校陈思九志坚，亦旧识。绥成以《通鉴辑览》为陋，服膺马氏《绎史》，欲定为课本。又递及《尚史》《路史》。不禁错愕。罗泌荒诞，近小说家，《绎史》虽好书，所纪皆上古事，其体裁亦为纪事本末类，不可以代《辑览》。读史先求通历史大略，《三通鉴》卷帙烦夥，不能不择一节本，节本之中，与其用凤洲《纲鉴易知录》，尚不如《辑览》之为善也。聚谈至黄昏始散"。据叶昌炽今

日所记，沈绥成当是其史学分校。孙德谦为协校。陈思九为算学总校。（叶昌炽：《缘督庐日记钞》卷13，民国上海蟫隐庐石印本）

由叶昌炽所记，大体可以了解存古学堂史学一门的课程。6月4日，叶昌炽记拟史学讲义事，称："存古学堂讲义，昨日先革创义例。刘子玄所举六家提要、史部十五类，可各作一首。又可仿《史通》之例，以两字为题，约得二十目。《史通》所言者，作史之法。不佞所言者，读史之法。每一篇成，举示学者。合之即成为一书。今日先作第一首，曰流别。"拟定了存古学堂史学讲义的大纲与要目。6月8日，作"史学讲义第二首，曰条例"。（叶昌炽：《缘督庐日记钞》卷13，民国上海蟫隐庐石印本）

苏省存古学堂分内外二班，内外班规制颇有差异，开课之后，内外班学生有进出。据称，内班生留膳住堂，无事不能出外。外班生早至暮归，学规亦颇松懈。且有内班生因学规太严而主动转为外班生者，外班生之杰出者因此升入内班。（《存古学生之自由》，《申报》，1908年5月31日，第2张第3版）由此可见苏省存古学堂开课后之一斑。

存古学堂开课后，官书局随即归并至存古学堂。据称："苏省前有官书局，专印各项书籍，兼刻各衙门章程公牍等项。嗣因裁并局所，改名官书坊，归善后局节制。未几陆观察创办机器印刷局，所有书籍文册均归印刷局办理，该坊如同虚设。现经善后总局司道以该官书坊所存书籍板片及印刷器具等项日久不用，必多朽坏，现在苏城设立存古学堂，开办伊始，一切书籍尚未备齐，自应即将该坊所存一应书籍及印刷器具等项全行归存古学堂管理，以便在堂诸生阅看。即印刷器具亦可为印刷课本等项之用。业已详明抚宪饬遵矣。"（《官书局归并存古学堂》，《申报》，1908年6月6日，第2张第3版）

自此，由发议到开课，仅半年不到，苏省存古学堂逐渐运作起来。6 月 21 日，苏抚陈启泰会同江督端方上奏仿设存古学堂。奏折称：

> 会时多故，朝廷悯儒术之不昌，惩书院举业之猥陋，概予停罢，改办学堂，参用东西各国科学，毅然与天下更新，而《钦定学堂章程》仍以重国文存国粹为纲要，固已本末兼权，体用大备矣。国朝文教昌明，宏儒辈出，盛于东南，萃于江苏，如顾炎武、惠栋、钱大昕、阮元、王念孙、段玉裁、洪亮吉、毕沅等，皆治经史词章之学之尤者。家学师传，流风未沫。新学灌输以来，此邦硕彦，类能率作兴事，取精用宏，亦由中学素知体要，故能发挥旁通，觥觥称盛。各属所办之学堂随时增益，亦复日异月新，惟课程注重普通，自于国文晷刻稍促。风会所趋，人心厌故，后生小子于中国文字率多疏略，甚或试在优等而一经未能成诵，全史从未寓目，词章不知体裁，辄用新词自喜，文义格塞，字体讹谬，驯至年满卒业，转相授受，势必译西书莫究其义，述科学莫畅其词，不及十年，将求一能授国文之教员而亦不可得。及今图之，犹未为晚。查大学士臣张之洞前在督鄂任内奏办存古学堂，分经、史、词章为三门，兼习算学、地图，旁涉外国历史、博物、理化、外国政治、法律、理财、警察、监狱、农、林、渔、牧、工商各项实业等学，大意多致力于经史词章，庶国文永存不废，以补救各学堂之所不足，而又兼及科学，以开其普通知识，俾不致流为迂拘偏执。定章甚善，前事可师。苏省旧有学古堂，由原任

藩司黄彭年创立，嗣于前抚臣陆元鼎任内，借用校址设游学预备科，现已卒业停办。臣愚以为道未坠地，识大识小，端赖传人。当兹绝续之交，维持断不容缓，爰即会商司道及本地儒绅，就学古堂旧校以因为创仿设存古学堂，礼聘分部郎中曹元弼、翰林院侍讲叶昌炽，咨调湖北试用知府前翰林院庶吉士王仁俊为经、史、词章三门总教习，兼延淹通中学暨专精舆算各科学之师儒，分任各门教授。通饬各属选求文理素优之生徒，备文申送，或衡其著作，或加以甄录，暂定头班生内课住堂六十名，外课附学四十名，业于本年四月二十五日开学。其讲授答问、出入修息、冠服餐饭诸规则，均遵照学部颁定学堂章程。（《四川官报》第21册，戊申八月中旬）

江苏存古学堂规模远小于湖北存古学堂，学习年限先定三年，如有深造志向，再学四年，实际年限大减，经费便相对节省。苏抚所谓与高等学堂兼筹大体落实于此。然奏折所称"头班生内课住堂六十名，外课附学四十名"，已比实际招收的内班三十名多一倍、外班三十四名多近十名。则或因在正式招考之外，又有咨送者，而存古学堂计划招生名额亦逐渐增大。据《申报》6月29日消息，"苏州存古学堂内班生六十人，住堂肄业，其外班生一百二十人，以经费不敷，暂令走课"。人数又有所增加。（《存古学堂扩充经费》,《申报》,1908年6月29日，第2张第3版）事实上此规模仍未达存古学堂计划。报章上屡见催送学生的新闻。如7月6日《申报》即记："苏抚陈伯帅，前饬各州县选送学生，拨补苏州存古学堂学额，曾志前报。兹因各州县延不选送，复于前日通饬严催。"（《催送存古学堂学

生》，《申报》，1908 年 7 月 6 日，第 3 张第 2 版）

　　人数相比之前增加，经费也当相应增加。据报，"现毛提学与陈中丞会商，饬由牙厘局每月提洋五百元，以充该学堂经费"。（《存古学堂扩充经费》，《申报》，1908 年 6 月 29 日，第 2 张第 3 版）牙厘局提调因而兼职存古学堂庶务长。据报，"巡防营务处提调童米荪太守宝善，现奉上宪札委牙厘局提调兼存古学堂庶务长，已于廿四日谢委到差"。（《厘局提调兼办学务》，《申报》，1908 年 8 月 22 日，第 2 张第 3 版）经费落实之后，规制有所调整，"已定期暑假后，外班生亦准一律宿堂，惟分内外二课而已"。（《存古学堂扩充经费》，《申报》，1908 年 6 月 29 日，第 2 张第 3 版）

　　存古学堂第二期招生考试，随后于 8 月 24 日进行。苏抚陈启泰亲临考场。（《苏抚示期考试存古学堂学生》，《申报》，1908 年 8 月 23 日，第 2 张第 3 版；《考试存古学堂学生》，《申报》，1908 年 8 月 26 日，第 2 张第 4 版）此次招考未招满学生，可见时人对于存古学堂未必热情高涨。《申报》记："苏省毛提学，以存古学堂暑假后缺额四十名，札饬各属，分别申送，禀请苏抚考试补遗等情，曾志前报。兹已揭晓，计取内课宋犟等二十四名，外课汪镜澄等四名客籍，内课陈诗等四名，一体入堂肄业。尚少学额六名，俟有高材生再行传补。"（《苏省学务汇志》，《申报》，1908 年 9 月 21 日，第 2 张第 3 版）

　　苏省存古学堂的开办，引起省内其他地区仿照开办之风，而颇失其意者。"常州府王太守步瀛，以各学堂于星期考验，须试经史以保国粹等情，禀请江督通饬兴办。当奉端午帅批示，略谓，查《奏定学堂章程·学务纲要》中小学堂宜注重读经，以存圣教，学堂不得废弃中国文辞，以便读古来经籍。两条指陈明切，于保存国

粹主义最为注重。又初级师范考录入学章，考取初级师范学生，专
以中国文理优通为主。又中学堂计年入学章，此时创办中学应即变
通，准十五岁以上十八岁以下文理明顺，略知初级普通学者，亦得
入学。是入初级师范及中学者，必文理通顺，方为合格，否则系开
学之时，不能照章办理，强取足额，乃有此弊。据禀，该府中学堂
师范生，文理稍有可观，中学各生，佳者甚少等情，应由该府会同
该堂监督，详予甄别。如实系不堪造就者，即行汰除。功力薄弱各
生，则由监督教习饬令于自习钟点自行补习，方为正办。该守辄商
同监督命题考试策论，是于奏定章程尚未详译，致有此等似是而非
之举动。且捐给膏红，及于星期考试两层，尤属纰缪。查章程内赏
罚规条章，仅有语言奖励、名誉奖励、实物奖励之项。书院未裁以
前，乃有膏火花红等名目。现在专办学堂，忽沿旧习，学生之明白
事理者，或不为所动，其见小嗜利之徒，势必于本堂讲授各科学虚
行故事，专心壹志，以争一日之长，尚复成何事体。星期放假，列
入管理通则，系为学生休息起见，如果滋生事端，则是该管理员于
平时疏于训戒，漫无约束所致，责有攸归。该守欲借考课以羁縻
之，试问每日五点钟后七点钟前，为学生游息时刻，亦可随意出
入，又将何以处之。至援引苏省存古学堂一节，不知存古办法，系
为造就将来国文史地各科学教员而设，该守所称之中学生师范生，
均属普通阶级，迥不相同，何得借端比附。所请通饬各属之处，万
难准行。"（《常府禀请星期考试经史被驳》，《申报》，1908年6月23日，第2
张第3、4版）端方批文，强调普通学堂应以科学为主，存古学堂系为
将来造就国文、史地、科学教员而设，有其特别之目的，当时随存
古学堂风气，多援引以为各自目的下的说辞，与存古初义不符。

苏省存古学堂经苏抚、提学使大力推动，甚至有借风引利的举动，更是大失其意。据称："苏属吴江县同里镇有董事叶嘉棣、王世焕等，拟将该镇米捐及同裕典捐，仿照省垣存古学堂章程，开办同川存古小学堂及经史传习所等情，具呈学辕。经毛提学批，去查阅所禀章程，种种不合，并有诸多情弊，揣度情形，无非巧立名目，借以渔利。且访闻该董平日声名甚劣，所办之东区半日学堂，每年开支至五百千之多，殊属骇人听闻。现复利令智昏，贪婪无厌，本应斥退，姑念东区半日学堂业已归并正则民立小学堂，从宽办理。勒令将盈余米捐如数缴出，倘所禀拟将典捐米捐办存古学堂及经史传习所未经批准，竟敢先行开办，应即由县封闭。"（《毛提学饬封仿办存古学堂》，《申报》，1908 年 10 月 7 日，第 2 张第 3 版）

6 月 24 日（五月二十六）《申报》批评于式枚反对立宪的言论，称其既无新学，又对国学茫然。

《申报》称："异哉，以预备立宪之时代，而竟有不达时变，不识利害，不知职守之考察宪政大臣如于式枚者。于于抵德后第一次之折奏，原文虽未窥全豹，即据其原奏中所节录之数语观之，则其谬已不胜指摘。于之为人，素无本报评论之价值。惟其现时既膺考察宪政之命，而其陈奏实为反对立宪之书，则有碍于立宪前途甚大。"故"不得不发其谬点而纠正之"。其中论道："于于新学既无所知，而于国学又茫然罔觉，一入德境，即满口曰东西各国无此政体，不识所谓政体者何政体也，更未知其作何解释矣。"（《论于式枚奏陈立宪方略》，《申报》，1908 年 6 月 24 日，第 1 张第 3、4 版）

7 月 11 日（六月十三）　章太炎应周树人、许寿裳等人之请，在《民报》社寓所另设国学讲习会一班，开讲国学。同时，仍在大成中学校开讲。

先是，"鲁迅与许季茀和龚未生谈起，想听章先生讲书，怕大班太杂沓，未生去对太炎说了，请他可否于星期日午前在民报社另开一班，他便答应了"。[①]（周作人：《民报社听讲》，陈平原、杜玲玲编《追忆章太炎》，第264页）此事至迟至7月2日已经确定。钱玄同记：许、周"要趁暑假在《民报》社另班开讲听讲。余与龚、逖二人拟再去听"。（杨天石主编：《钱玄同日记》第1册，第134页）

章太炎遂在牛込区二丁目八番地《民报》社寓所另设一讲席。此讲席自7月11日开讲，一般每周两次，开讲时间多为早上八时至正午，亦有下午者。听讲者皆为江浙籍学生。朱希祖记："八时起，至太炎先生处听讲音韵之学，同学者七人。"（朱希祖：《朱希祖日记》上册，第77页）周作人与许寿裳则记为八人，为朱希祖、钱玄同、周树人、许寿裳、朱宗莱、周作人、钱家治、龚宝铨。（许寿裳：《亡友鲁迅印象记》，陈平原、杜玲玲编：《追忆章太炎》，第261页；周作人：《民报社听讲》，陈平原、杜玲玲编：《追忆章太炎》，第264页）

此讲席与大成中学校所讲次序略有异，从音韵之学讲起。内容据朱希祖记："先讲三十六字母及二十二部古音大略。先生云：音韵之繁简递嬗，其现象颇背于进化之理，古音大略有二十二部，至

[①] 据许寿裳回忆："章先生出狱以后，东渡日本，一面为《民报》撰文，一面为青年讲学，其讲学之地，是在大成中学里一间教室。我和鲁迅极愿往听，而苦与学课时间相冲突，因托龚未生（名宝铨）转达，希望另设一班，蒙先生慨然允许。地址就在先生的寓所。"（许寿裳：《亡友鲁迅印象记》，引自陈平原、杜玲玲编：《追忆章太炎》，第259—260页）许氏回忆有误，此时恰逢假期，学课时间应无冲突。具体辨析，可以参考周振鹤：《鲁迅听章太炎课事征实》，《东方早报·上海书评》，2014年9月7日。

汉则仅有六七部，至隋唐则忽多至二百六十部，唐以后，变为百七部，至今韵亦如之，而方音仅与古音相类，不过二十余部。又北方纽正，南方韵正，汉口等处则当十八省之中枢，故其纽韵皆正。"（朱希祖：《朱希祖日记》上册，第77页）

《民报》社讲演国学，其中音韵连续讲演五次。7月14日，朱希祖记："八时，至太炎先生寓聆讲江氏《四声切韵表》，谓江氏分等多不可解，误处甚多，分等之法，宜限于同韵中之音有大小者分之。"（朱希祖：《朱希祖日记》上册，第78页）7月17日，朱希祖记："上午，至太炎先生寓聆讲音韵之学，所讲为钱竹汀《舌音类隔之说不可信》，说章氏《古音损益说》《古娘日二纽归于泥纽说》《古双声说》。"（朱希祖：《朱希祖日记》上册，第78页）7月21日，朱希祖记："上午，至余杭先生寓聆讲音韵及《新方言·释词》一篇。"（朱希祖：《朱希祖日记》上册，第79页）7月24日朱希祖缺记，当另有一次讲音韵。根据钱玄同日记小本的怀中日记，分别记有7月11、14、17、21、24日，内容即一、二、三、四、五，对应于朱希祖日记，应是记章太炎讲音韵。（参见周振鹤：《鲁迅听章太炎课事征实》，《东方早报·上海书评》，2014年9月7日）

《民报》社讲演国学自7月28日讲毕音韵学，开始讲《说文》。7月28日，朱希祖记："上午，至太炎先生寓重上《说文》，自一部讲起。"（朱希祖：《朱希祖日记》上册，第80页）至9月11日，"因各人校课（学校已开）多有冲突，故今日停上《说文》课，容再议之"。（杨天石主编：《钱玄同日记》第1册，第140页）《民报》社讲学并未终止，9月27日，《民报》社课续上。朱希祖记："上午至《民报》社聆讲《说文》。"（朱希祖：《朱希祖日记》上册，第83页）

《民报》社的国学讲演陆续进行，至晚至1909年1月20日，章太炎在《民报》社的国学讲演已移址新居进行。章太炎函称："今已谢公社事，专务厉学，徙居小日向台町二丁目二十六番，署门曰'国学讲习会'，杂宾不至，从游者皆素心人。……小学故训萌芽才二百年，专精者，菲若金坛段氏，高邮王氏，栖霞郝氏，其以披析坟典。"（章太炎：《与钟正楙》，马勇编：《章太炎书信集》，第250页）之后，章太炎讲述内容有《汉书》《文心雕龙》《毛诗》《文史通义》。新加入的听受者则有马裕藻、沈兼士、黄侃、张传琨等人。（杨天石主编：《钱玄同日记》，第146—156页）至1909年4月，此次国学讲学逐渐停止。仅有弟子陆续问学一直延续。

《民报》社寓所上课时师生的情形，可以以周作人、许寿裳的回忆来略为说明：

> 一间八席的房子，当中放了一张矮桌子，先生坐在一面，学生围着三面听，用的书是《说文解字》，一个字一个字的讲下去，有的沿用旧说，有的发挥新义，干燥的材料却运用说来，很有趣味。太炎对于阔人要发脾气，可是对青年学生却是很好，随便谈笑，同家人朋友一般，夏天盘膝坐在席上，光着膀子，只穿一件长背心，留着一点泥鳅胡须，笑嘻嘻的讲书，庄谐杂出，看去好像是一尊庙里哈喇菩萨。中国文字中本来有些素朴的说法，太炎也便笑嘻嘻的加以申明，特别是卷八尸部中"尼"字，据说原意训昵，即后世的昵字，而许叔重的"从后近之也"的话很有点怪里怪气，这里也就不能说得更好，而且又拉扯上孔夫子的"尼丘"来说，所以更显得不大雅驯了。

《说文解字》讲完以后，似乎还讲过《庄子》，不过这不大记得了，大概我只听讲《说文》，以后就没有去吧。这《庄子》的讲义后来有一部分整理成书，便是《齐物论释》，乃是运用他广博的佛学知识来加以说明的，属于佛教的圆通部门，虽然是很可佩服，不过对于个人没有多少兴趣，所以对于没有听这《庄子》讲义并不觉得有什么懊悔，实在倒还是这中国文字学的知识，给予我不少的益处，是我所十分感谢的。（周作人：《民报社听讲》，陈平原、杜玲玲编：《追忆章太炎》，第264—265页）

许寿裳记："每星期日清晨，步至牛込区新小川町二丁目八番地先师寓所，在一间陋室之内，师生席地而坐，环一小几。先师讲段氏《说文解字注》，郝氏《尔雅义疏》等，精力过人，逐字讲解，滔滔不绝，或则阐明语原，或则推见本字，或则旁证以各处方言，以故新谊创见，层出不穷。即有时随便谈天，亦复诙谐间作，妙语解颐。自八时至正午，历四小时毫无休息，真所谓'默而识之，学而不厌，诲人不倦'。其《新方言》及《小学答问》二书，皆于此时著成，即其体大思精之《文始》，初稿亦权舆于此。"（许寿裳：《追忆先师章太炎先生》，陈平原、杜玲玲编：《追忆章太炎》，第57—58页）"听讲时，以逷先笔记为最勤。谈天时以玄同说话为最多，而且在席上爬来爬去。所以鲁迅给玄同的绰号曰'爬来爬去'。鲁迅听讲，极少发言，只有一次，因为章先生问及文学的定义如何，鲁迅答道：'文学和学说不同，学说所以启人思，文学所以增人感。'先生听了说：'这样分法虽较胜于前人，然仍有不当。郭璞的《江赋》，木华的《海赋》，何尝能动人哀乐呢。'鲁迅默然不服，退而和我说：

'先生诠释文学，范围过于宽泛，把有句读的和无句读的悉数归入文学。其实文字与文学固当有分别的，《江赋》《海赋》之类，辞虽奥博，而其文学价值就很难说。'这可见鲁迅治学'爱吾师尤爱真理'的态度！"（许寿裳：《亡友鲁迅印象记》，陈平原、杜玲玲编：《追忆章太炎》，第261—262页）

《民报》社寓所讲习会开讲的同时，大成中学校国学讲演仍在进行。至7月25日讲完《说文》，朱希祖记："下午，至大成中学校聆讲《说文》，至亥部完毕。"（朱希祖：《朱希祖日记》上册，第80页）《说文》完毕后，章太炎在大成开讲音韵学。朱希祖记，7月29日"午后，至大成学校聆讲音韵（钱大昕《问答》二篇）"。（朱希祖：《朱希祖日记》上册，第80页）。

大成中学校讲演，自8月1日起，时间改为每星期四上午。钱玄同记："自今日始，大成课改上午，每星期四上，冀避下午之酷热也。"（杨天石主编：《钱玄同日记》第1册，第134页）已由原先的一周两次，改为一周一次。自8月1日起，讲毕音韵学，开始讲《庄子》。8月1日，朱希祖记："上午，至大成学校聆讲音韵。"（朱希祖：《朱希祖日记》上册，第81页）朱希祖似未听完全程，日记为补记。钱玄同记录更详尽，除音韵"今日讲王氏廿一部说"外，又讲"《庄子·逍[遥游]》至《人间世》毕"。（杨天石主编：《钱玄同日记》第1册，第134页）故朱希祖以为，8月5日"讲《庄子》第一次"。（朱希祖：《朱希祖日记》上册，第81页）而事实上，"因炎师来迟，学生均去，不克上"。（杨天石主编：《钱玄同日记》第1册，第135页）《庄子》共讲六次，自8月1日至8月22日讲完。8月8日讲《人间世》至《应帝王》。8月12日讲《骈拇》至《天运》。8月15日讲《刻意》至《知北游》。8月19日讲《庚桑楚》至《寓言》。8月22日讲毕。（杨天石主编：《钱玄同日记》第1册，第134—137页；朱希祖：《朱希祖日记》上册，第81页）

《庄子》之后，章太炎在大成讲演《楚辞》，从8月26日开始讲《九歌》，历29日讲《天问》《九章》，9月2日讲《远游》《卜居》《渔父》《九辩》《招魂》《大招》《惜誓》《招隐士》《七谏》，9月5日讲《哀时命》《九怀》《九叹》《九思》，讲《楚辞》四次，讲毕。（杨天石主编：《钱玄同日记》第1册，第138—139页；朱希祖：《朱希祖日记》上册，第82页）9月9日，开始上《尔雅义疏》，朱希祖记："午后，第一次上《尔雅义疏》，在大成学校。"（朱希祖：《朱希祖日记》上册，第82页）9月12日、9月23日、9月26日、10月21日讲《尔雅义疏》，至10月28日讲毕。其间，9月12日插讲历史研究法，9月23日插讲新制《说文》部首韵语。（朱希祖：《朱希祖日记》上册，第82—84页；杨天石主编：《钱玄同日记》第1册，第139—141页）10月31日，开始讲《广雅疏证》。（朱希祖：《朱希祖日记》上册，第84页）

据任鸿隽回忆，大成中学校"听讲的人以浙人、川人为多，浙人中有沈士远、兼士兄弟，马裕藻、马叔平、朱希祖、钱玄同、龚味生等；川人中有曾通一、童显汉、陈嗣煌、邓胥功、钟正楙、贺孝齐、李雨田及我与我的兄弟任鸿年等。还有晋人景耀月、景定成，陕人康宝忠，这些人大概是每讲必到的，所以还记得。此外还有偶然来去的，也不在少数。"（任鸿隽：《记章太炎先生》，陈平原、杜玲玲编：《追忆章太炎》，第267—268页）自9月份，钱玄同因章太炎《新方言》刊刻的印法，与董修武意见不合，逐渐不再去大成中学校听讲。大成中学校讲学也逐渐于11月停顿。

　　章太炎尝于致《国粹学报》社函内称："弟近所与学子讨论者，以音韵训诂为基，以周秦诸子为极，外亦兼讲释典，盖学问以语言为本质，故音韵训诂其管籥也，以真理为归宿，故周秦诸子其堂奥也。经学繁博，非闭门十年难与斠理，其门径虽可略说，而致力存乎其人，非口说之所能就，故且渐置弗讲。音韵诸子自谓至精，然音韵亦有数家异论，非先览顾江戴孔诸家之说，亦但知其精审，不知精审之在何处也。诸子幸少异说（元明以来亦有异论，然已无足重轻，近世则惟有训诂，未有明其义理者，故异说最少），而我所发明者，又非汉学专门之业，使魏晋诸贤尚在，可与对谈，今与学子言此，虽复踊跃欢喜，然亦未知其异人者在何处也。"（《通讯》，《国粹学报》己酉年第10号，1909年11月2日）已感到听受诸人对于自己所讲国学，未必真能得其真谛。

　　黄侃尝论及章太炎此次讲学，称："其授人以国学也，以谓国不幸衰亡，学术不绝，民犹有所观感，庶几收硕果之效，有复阳之望。故勤勤恳恳，不惮其劳，弟子至数百人。可谓独立不惧，暗然日章，自顾君以来，鲜其伦类者矣。"（黄侃：《太炎先生行事记》，陈平原、杜玲玲编：《追忆章太炎》，第21页）关注处，同样从整体而言，不一定在于学术得真传。然弟子至数百人，使得太炎门生成为近代教育界与学术界一支重要力量。此次国学讲习会的开讲，原由川籍学生主持，浙籍学生最初仅五人与听，主要也在神田大成中学校授课，《民报》社寓所仅为少数学生听讲的小班，然因听受者的基础不同，听受的专一性亦不同，导致浙籍学生较川籍学生更为出色。另外按照周作人的说法："那时太炎的学生一部分到了杭州，在沈衡山领导下做两级师范的教员，随后又做教育司（后来改称教育厅）的司员，一部分在北京当教员，后来汇合起来，成为各大学的中国文字学教学的源泉，至今很有势力，此外国语注音字母的建立，也是与太炎有很大的关系的。所以我以为章太炎先生对于中国的贡献，还是以文字音韵学的成绩为最大，超过一切之上的。"（周作人：《民报社听讲》，陈平原、杜玲玲编：《追忆章太炎》，第265页）浙籍学生力量较为汇聚，使得浙籍易于成为关注的重心。然门生众多，必定良莠不齐，声势显赫，不一定学问优异。何人能入弟子簿，成为日后一大争议。

7月15日（六月十七）　山西道监察御史上奏请仿照湖北存古学堂、江苏存古学堂之例，遍设存古学堂于全国。

先是，张之洞在湖北创设存古学堂，已引起较大影响，当时各地多有效仿兴办者。1907年，创办数年后，张之洞在湖广总督任内正式奏设存古学堂，并在折内建议各省仿办，推行全国。奏上后，随即入都兼掌学部，以学部之力，推动各省仿设存古学堂，形成官方保存国粹，融合新旧之风气。是年6月，江苏巡抚陈启泰会同两江总督端方奏设苏省存古学堂，并快速推动，存古学堂之风更盛。当时并有舆论风传，张之洞拟在京城设立存古学堂，将国子监改设为国学院。

至是，7月5日，山西道监察御史李浚受召面见慈禧太后，问以"学堂经学"，以为"诚致治之大原，亦保邦之要务也"。故于是日上奏，请仿照湖北存古学堂之例，遍设存古学堂于全国，以维持纲纪，注重经学，保存国粹。其奏称："窃以列强环峙，智巧日新，彼此相形，自应取彼之长，补我之短。然彼之所长，器数艺能，治天下之所用，非用以治天下者也。治天下者，君臣之义，父子之伦，舍经学其奚以焉。童子束发授书，背诵温习，久而且专，犹复不能记忆。今学堂读经，止有数刻，即就中材而论，其能深造自得也，岂易言欤。现当科举既停，觥觥经生，并无专席，倘异日流风歇绝，传授无人，尚复成何事体。大学士臣张之洞，前在鄂督任内，奏立存古学堂，保存国粹。臣以为存国粹，即所以束人心，束人心即所以维世教。江苏抚臣陈启泰，踵而行之矣。该二省既已如此，他省何独阙如。况京师为首善之地，太学为贤士所关，造士之方，尤宜大备。拟请饬下学部、各直省督抚，于国子监地方及各直省省城，一体设立存古学堂，以为倡始。所有学堂课程毕业年限，以及一切详细事宜，悉照湖北江苏两省奏定章程参酌办理。庶风声所树，经正民兴，用副朝廷易俗移风之至意。"（《李御史奏请遍设存古学堂》，《申报》，1908 年 7 月 25 日，第 1 张第 5 版）

是月 高凤谦《论保存国粹》，称保存国学有积极、消极二主义，开存古学堂为积极义，禁绝新名词为消极义。对此二义皆不取，而以建设图书馆为唯一保存国粹之主义。

文称："今之言保存国粹者，大抵有积极、消极二主义。其持消极主义者，曰禁用新名词，以绝莠言也；其持积极主义者，曰设立存古学堂，以保旧学也。"

其论禁用新名词，以为新名词大抵出自翻译，多有扞格不通者，然"一切屏弃不用"则甚难。原因在于世界变迁，事物孳乳益多，"后起之事物，既为古之所无"，新名词不得不起。尤其是"新旧二字，本对待之词"，如"十三经字数不过五千余，至许氏《说文》则九千余，流衍以及本朝之《康熙字典》，竟增至四万余"，则新增名词不乏。而"世界交通，文明互换，外来之事物，苟有益于我国者，既不能拒绝之，而独计较于区区之名词，无乃失本末轻重之分乎"。而且，"谋教育之普及，不能不设学堂，设学堂不能不教科学，教科学不能不用新名词。由此言之，持消极主义以保存国粹，其无丝毫之效果，固不待再计矣。又况国粹，新名词也，新名词，亦新名词也，反唇相稽，未有不哑然失笑者矣"。

再论开设存古学堂以保存国粹。以为存古学堂"科目大抵以经史词章为主"。"以经学言之，兼治群经，则学生力有不及，专治一经，则讲堂必多，教员必众，经费又复甚钜，恐非一省之力所能及。且学堂之期限不过数年，每日上课，不过数时，由教员讲授乎，既已不胜其繁。令学生自行点阅乎，则不如听其闭户潜修。"如"存古之功课，但求其粗者，则旧学有根柢之学生，既已优为之，无所用教授也。若必责以精深，则竭毕生之精力，果有成就与否，尚在不可知之数，断非数年之期限，数时之研究，遂足以尽之"。故以为积极主义之成效不可期。且以为"存古二字，不成名词"。所谓存，"存而不论而已"，"得非学堂所宜有事者乎"。

两者皆不可取，乃进而提出新的主义：

　　吾非谓国粹之不可保存，不必保存也，特保存要有其道耳。保存国粹之道，奈何？曰：建设图书馆，为保存国粹之惟一主义，是矣。今者新学初萌，旧学渐废，通都大邑之书肆，欲求经史，往往不可遽得，诚大可寒心。为今之计，苟不设立图书馆，则旧学之书，可立待其尽也。图书馆之设，规模务宏，版本务精，固矣。然必京师或省会之力，始足兴办，而不能普及于全国也。求普及之道，宜于各州县先设一小图书馆。开办之初，以二三千金为率（此系约计之数，余拟编《最小图书馆书目表》，匆匆未就），但求经史子集之最要者。略具规模，年更筹四五百金，为添购图书及管理之经费。如此则无论如何瘠苦之地方，其力皆能及之。其房屋可假公共地方用之，或附设于学堂之中，尤为省费。俟城镇乡自治既已成立，则更令每镇每乡各设其一，如此则普通应用之书，无地无之。其附近之秀民有志向学者，就馆中翻阅，所裨甚大。夫以区区二三千金之图书，即尽读之，原不足以称淹博，然为普及计，则范围不能不狭。况有力之州县镇乡，固不限以此数也。其京师省会之图书馆，规模既大，经费既充，延聘二三通儒，以主其事，俾阅书之人，得以就正。较之存古学堂，区区为数十百人计者，相去不可以道里也。或并设月课以奖励稽古之士，更拔其尤者，使任编辑（如阮氏《经籍籑诂》之类），以便后学，收效当更宏也。抑吾更有言者，图书馆之设，固以收藏旧学之书为主，而新学各书，亦不可不备，使人得就其性之所近者求之。然则是举也，谓之保存国粹也可，谓之推广新学也亦可。

（《教育杂志》1909年第7期，1909年7月）

△　河南长葛县令自称捐廉兴办藏书楼，保存国学与西学，新旧学兼容，以期欧化国粹相辅为用。

《河南长葛县令潘守廉上孔学司禀》称：

　　窃维学术者一国之公器，文字者人类之精神。我神洲大陆开化最先，古圣先贤之经传，诸子百家之著述，文明灿烂，数千余年，诚历史之光荣也。尝考乾隆朝江浙各省，蒙敕建文澜文汇诸阁，以储文渊副本，昭示学人，为古今未有之盛举。自洪杨兵燹之余，遂致荡然。而海内藏书之风，亦渐即凌替矣。晚近西学输入，艺术庞杂，少年后进，骛其新奇，顿妄本旨。诗书未尝毕业，动辄疑谤古人，史汉不曾寓目，乃言中国无史，此其学无根底，无怪其然。深识之士，所以不忧新学之不发达，而忧旧学之将丧失也。欧美诸邦，视国学极重，都会之区，皆建设藏书楼，新旧图书，搜罗繁富，故其学术，日新月异，互有发明。比者闻学部亦将建议及此，而江皖各省继之。诚以明学术所以正人心，保国粹即以奠邦本也。卑职身任地方，有提倡风气之责，前者禀呈设立阅报所，并拟筹办图书馆数楹，以期欧化国粹，相辅为用。……所有开办常支经费，只好仍由卑职捐廉藉资提倡。至新旧图书，急切未能备购。卑职随任携有书籍廿余箧，约计经部四千卷，史部八千卷，子部三千卷，集部万余卷，新籍图本五百余种。先为发出，借供众览。……俾阅者俱知国学之宝贵，而爱国之心将亦油然生焉。

（《四川教育官报》光绪三十四年第6期，1908年7月）

7月30日（七月初三）《申报》录《泰晤士报》中国华侨兴学事，称之为海外华侨注重国学。

《申报》云："《泰晤士报》云，旧金山有中国公司六家，及商民多人，现拟设立学堂一所，教授中国语言文字，以为子弟就学之基。视学员梁君曾寓开列福利亚数星期，颇嘉赞此议。当旧金山被火之前，曾有学校一所，今所建之校，拟格外扩充。"并以海外华

侨注重国学标目。(《西报译要》,《申报》, 1908年7月30日, 第2张第2版)

8月8日（七月十二） 东三省总督徐世昌署黑龙江巡抚周树模
奏请在黑龙江省建立图书馆, 广蓄经史子集与东西各国图书, 以期
并读东西之书, 使学理昌明, 国粹得以保存, 人才辈出。

奏称:

窃维时局日新, 政学递变, 非博通古今之故, 则用有所
穷, 非并读东西之书, 则才难应变。近日欧美各邦, 竞尚文
化, 一国之内, 藏书楼多至百数十所, 卷帙宏富, 建筑精良,
于以尽图籍之大观, 资学人之参考, 洵盛事也。江省僻处边
隅, 罕沾文教, 城市之间, 书坊绝少, 村塾之子,《论》《孟》
不知。近日学务甫有萌芽, 鼓箧之士, 略见海外译书, 学堂课
本, 经史巨册, 无可寻求。若不设法提阐学风, 购求古籍, 即
使学堂渐立, 教课各程, 诚虑笃守方隅, 稍识粗浅之新书, 不
闻精深之国学, 根柢不固, 智识不完, 其影响于风俗政治者,
所关甚巨。伏查学部奏定各省学务官制内, 称图书馆亟须筹
设。江省原有之图书馆, 向仅租屋数椽, 市尘湫隘, 册籍不
全, 非择地另修, 无以广储藏而资披览。现于省城西关外勘
得原有古庙基址, 拟改建图书馆一区。形式略求宽敞, 并添修
藏书楼、检发室、阅览室, 以期完备。一面派员广购经史子集
各种, 并东西各国图书, 暨译印各精本。其在京各衙门及各省
官书局刻印各书, 拟咨由各处寄送, 以饷边区。并由臣等派委
专员管辖, 分别收储, 详定规则, 听人入馆观览。所冀积轴填
委, 学理昌明, 国粹藉之保存, 人才因而辈出, 似于补助教

育，启发民智不无裨益。（《东三省总督徐世昌署黑龙江巡抚周树模奏江省拟建图书馆折》，《政治官报》第284号，1908年8月11日）

9月5日（八月初十）① 裁缺司业荫桓上奏请整顿学务，奏请将京外学堂按十分之二三立为国粹学堂。

自张之洞兼掌学部后，力推存古学堂，闻风而起者多有，揣摩风气而迎上者更不乏人。先有御史上奏请将存古学堂遍设全国，至是更有不仅要遍设全国，而且要将京外学堂按十分之二三立为国粹学堂，远甚于陈衍建议"请推广各省，省设一区，所以存中国学问于万一"。（陈衍：《与唐春卿尚书论存古学堂书》，《石遗室文集》卷8，陈步编：《陈石遗集》，第492页）超越了张之洞创建存古学堂的本意。

其于整顿学务方面，奏称："宜立国粹学堂，以固根柢也。厌故喜新者，人之恒情。急则治标者，时之所迫。现在京外学堂林立，无不知以中学为本，以西学为辅矣。而少年英俊往往扬之高华则有余，按之沈实则不足，沿袭日久，必至新学竞尚，旧学荒芜，枝叶未荣，本实先拨。不如于京外学堂各按十分之二三立为国粹学堂，使其专心中学，如经史子集以及我国掌故，尤致力于性理一门，每日工课按十之二三兼习外国史与约章与语言文字，以广其耳目，破其拘墟。带习中国技艺，各国战法，以强其躯干，壮其志气。卒业年限与出身规则均与各学一律，庶一发可引千钧，而圣学于以不替。"

文武相对，又奏称："宜立国粹武备学堂，以资臂助也。今日

———————

① 《政治官报》记谕旨，八月初十"本日裁缺司业荫桓上奏请速筹海军兼整顿学务折"。（《政治官报》第310号，1908年9月6日）

之天下，尚武之天下也。枪炮之用，水陆之陈，尚矣。顾闻之曾经战陈者，枪炮最利于远战，近则不甚相宜。倘值短兵相接，是必有余勇可贾，以助其后。考之中国枪法刀法，及一切佳兵绝技，神其用者，皆可补枪炮之所不及者。若既精习枪炮水陆战法，又兼熟于中国技艺，则武事可称完璧。宜于中外各学堂按十分之二三，立为国粹武备学堂，精聘中国武学之绝技，兼聘通习中外语言文字与天文地理战法者，延为教习。选中国自八岁以上之幼童入校习学，每日多定钟点，精学技艺，其余钟点带习中外语言文字天文地理战法，定为十年卒业。卒业之后，出身或与学堂一律，或由朝廷选其才品堪胜某任者，量材录用，或仍令归入武备学堂与海军学堂，择其性情相近者，分习水陆之战。如是则武学之精粹，既可不失，而尚武之精神，亦愈加淬励矣。"

与此相应的是，同时奏请学堂应立札记以敦实践，学堂宜广购性理书，以资宣讲，正人心，端学术。（《裁缺司业荫桓奏请速筹海军兼整顿学务折》，《申报》，1908年9月18日，第2张第2版）是年4月，《申报》已登载一文，讥讽既有文国粹——存古学堂，又有武国粹，女国粹，可为预言，足见当时风气。（《保存国粹之潮流》，《申报》，1908年4月20日，第2张第4版）

9月20日（八月二十五）　寓言小说《新三笑》讽喻废科举之后仍有存古学堂这一出路，又戏称出洋即可一洗顽固旧气。

存古学堂风气大行，本为培养书种，维持时局，兼顾科学与中国固有学问。本意未必落实，却不无人将此误视为科举代途，而成为利禄所趋。引起时人撰文讥讽。此寓言小说写道："枝山笑道，科举既经废去，也就罢了，难道为我二人叫他们再复不成。伯虎

道，这也大势所趋，非但办不到，并且万无是理。所可怜者，我数
十年萤窗雪案一旦全功尽弃，未免……伯虎说到此间，两眼一红，
眼泪几乎汩汩的堕下。枝山笑道，好端端亏你哭得出来。你不过，
抛了几本高头讲章、几卷管世铭稿，有什么雪案萤窗。所可惜者，
倒是你的一部大题彬蔚，板子甚好。伯虎又揉揉眼睛道，大题彬蔚
果然可惜的，但是管世铭稿倒有出头之日，不必可惜。现在某省提
学司，开个存古学堂，课本拟用管世铭稿，以为保存国粹地步，这
也是一发千钧之寄了。枝山道，这不是我科举中的特色。你也不要
没有良心，科举之中，你也小小的功名，已经盗窃而得了，这也是
算你的狗运。伯虎道，这些功名，干得甚事。现在真是青云路绝，
梯天无期的了。枝山又冷笑道，你真是一桩蠢物。我有一句说话问
你，现在是什么时代？伯虎想了一想，答道我也不知什么时代。不
过听见人人说过渡时代，过渡时代。枝山道，这是你已经知道了。
我尚有一句说话问你，过渡时代是什么解。伯虎道，这何难解。过
渡时代者，不过由旧社会而过渡到新社会的解释。现在旧的未尽
去，新的未尽来，这就叫过渡的时代。枝山道，呸，你连一个渡字
也不曾解释得明白。从前要功名，必须考试。现在要功名，必须过
渡。所以到东洋去的人，有几个朋友访他，必问道何日东渡。到西
洋去的人，有几个朋友访他，亦必问道何日西渡。你若要功名，要
富贵，必须东西两渡。你好好的听着，还有一桩最妙的事情，无论
什么样顽固的旧人，一渡过去，那些旧气就顿时销尽。"（《新三笑》，
《申报》，1908 年 9 月 20 日，第 2 张第 4 版）

　　△　时人论舜水学派，以证攘夷非闭关，纯良国粹不可弃。

　　其文称：

　　日本与吾国之维新，皆取法欧洲，而日本收效偏速，于是吾国求欧化者，反以日本为导师。不知日本数百年前固以汉学为要素，即近今之维新，亦以汉学为间接。……日本人之崇拜汉学，不外姚江、舜水两派。姚江精密，舜水正大，而倒幕勤王之功，以舜水为多。独吾国目舜水为逋臣，国史不立传，县志不记名，学界无知其梗概者，不亦大可异耶。抑更有说焉，舜水所谓攘夷，乃保全主权之谓，非闭关绝客之谓。如收回裁判权、关税权一切行政权，日登万国竞争之舞台，而吾自有完全主权，保护帝国资格，不任外力侵占一步，是谓真攘夷。否则悻悻然为无意识之举动，乃顽锢之攘夷，非《春秋》之攘夷。拳匪之攘夷，非舜水之攘夷。故日本尊王主义，以倒幕为实行。日本攘夷主义，以甲午之役，改正各国条约为实行。此方为舜水学派圆满之结果耳。夫舜水，吾国人也。《春秋》，吾国粹也。吾国变法以来，士夫争言新学，鄙弃国粹，岂知吾所崇拜之最新国，反用吾最旧之国粹。夫国粹果何负于国哉？日本高山林次郎曰：顽固旧习，诚非美德，然古风遗则，如励学业，守礼节，崇正道，说名理，亦以顽固目之则大误矣。嘉纳治五郎曰：腐败之习惯，固当改良。纯良之国粹，岂可轻弃。二君者，日本最新之士也，而持论若此。吾国学者，奈何数典而忘祖也。(《论日本舜水学派》，《申报》，1908年9月20日，第1张第3、4版)

　　9月　胡梓方发表《保存国粹论》，为1906年旧文《说国粹》的重刊。(胡梓方：《保存国粹论》，《福建教育官报》戊申年第2期)

9月26日（九月初二）　镇江拟仿湖北存古学堂设立国粹学校。

《申报》记镇江"绅学两界，拟仿鄂省办法组织一国粹学校，俟择定地址后，禀准省宪批示立案，现正在筹备一切"。（《镇江拟设国粹学校》，《申报》，1908 年 9 月 26 日，第 2 张第 3 版）

11月5日（十月十二）　有消息称，张之洞大力提倡存古学堂保存国粹被某御史参奏。

舆论记张之洞保存国粹被某御史奏参，谓张"谋国自异孔桑，惟保存国粹之心，不无偏执，方今学部有提倡游学之责，固不宜过于趋新，亦未便甘心守旧。该大臣管理学部似属不甚相宜云云"。此奏奉旨留中。（《管学大臣被参》，《申报》，1908 年 11 月 5 日，第 1 张第 4 版）

11月8日（十月十五）　贵州巡抚庞鸿书上奏开办存古学堂，拟在原有经世学堂基础上创设。

时值各省纷纷响应张之洞开办存古学堂之时，贵州虽僻处苗疆，同样开始筹设开办存古学堂。奏折交代开办存古学堂缘起，谓：

> 为政首在育才，求学原期师古。中国经籍纷纶，文以载道，微言大义，亘古常昭，更数千年递相崇守。嗣以海禁大开，各国译书运入内地，学者由是悟道器之分途，思中西之合辙。一时趋重科学，势所必然。当此时势，盖有二难。始则虑儒士过于拘执，抱残守缺，进以新理，扞格不通。故宜力主开通，效他人之长，以救末流之敝。继则虑少年侈于夸大，标新领异，叩以旧学，冥然罔觉。故当设法保守，绍先贤之绪，以防蔑古之讥。现在各省学堂林立，课程殆称完备。于中国经

史，类皆分科兼习。但时间太少，率不易通。往者士子束发受
书，坐授一经，迄于白首，或犹未尽了解。故中学之难，实倍
西学。断非少数之光阴，可以窥圣贤之堂奥也。近日各处教
员，或科学颇有心得，而中文反属肤浅。再不维持，诚恐荒废
益甚。将来此项教员，势将无处寻觅。欲令师范偏重国文，既
有碍于定章，复恐妨于他课。各省现多创办存古学堂，洵为急
不可待之学。贵州僻处苗疆，风气朴僿，自明臣王守仁讲学龙
场，人士共知宗尚，朝廷右文稽古，教泽覃敷，髦士蒸蒸，后
先接踵。自科学发明，学生殚精研究，成效颇不后于他省。惟
趋于时尚，中学稍荒，其流弊亦与各省相同，势不能不仿办存
古学堂，以为保存国粹之计。

贵州存古学堂的具体筹设，实由提学使柯绍忞推动。经柯绍
忞与布政使松塈、署按察使严隽熙会商，"贵州向有经世学堂，本
可用为存古学堂基址。复因该处改设高等小学分校，已难就用。查
黔省优级师范学堂，原议就中学堂添建讲室开办，因中学堂建筑未
竣，先就次南门外之前四川督臣丁宝桢祠内房宇借设，兹通省正立
中学堂新校落成，气局宏敞，优级师范已于中学堂划拨堂舍，刻期
迁入，而以腾出之房宇，作为存古学堂"。

会商后已拟定简易章程，与湖北存古学堂略有不同。如宗旨，
主要在于"养成传习中学师资"，除此之外，无升入分科大学经史
专门的考虑。课程"专重经史词章，辅以普通科学。学生则就举贡
廪附及中学毕业生，甄别收录。教员则延聘宿学通儒，为士林所仰
望者。其他教授钟点、管理规则，悉遵奏定学章与各项专门高等学

堂相同"。因经费所限，规模与湖北相比较小，毕业时限较短，视情况再作完全计划。"先招学生一班。暂定四年毕业。派充初级师范及中学堂以下各学堂中文教员，如各生有志深造，再行留堂三年，给予完全毕业文凭。照奏定章程升入京师大学堂肄业。"（《贵州巡抚庞鸿书奏开办存古学堂折》，《政治官报》第377号，1908年11月12日）

事实上，贵州存古学堂事推动未必顺利，经学部催促，时至1909年4月，仍在筹备中。据1909年《申报》消息，"黔省决议开办存古学堂，已由柯学使任内详请抚宪奏咨立案。顷奉部咨催，将教员学生姓名人数造册报部。现当道正筹备一切。经学一项，闻拟聘丁勉初侍读出任其事"。（《存古学堂之筹备》，《申报》，1909年4月19日，第2张第4版）最终似不了了之。

12月10日（十一月十七）　长元吴教育会劝学所拟开办各学堂成绩品展览会，向社会各界发表公启征集展品，同时总结当地教育不振之原因。

此启，交代了开办展览会的宗旨、展览会简章诸事。宗旨之一，即欲振其教育，造就人才。在此启中，劝学所称："吾苏滨海名邦，风气开通最早。自奉明诏兴学，公私各校林立。乃数载以来，调查成效，即较诸接壤之锡金，僻处之通州，尚瞠乎其后。揆厥原因，约有四蔽。"其四谓："过渡时代，新旧互斗，凡事皆然，学界尤甚。或主保存国粹，而于科学之精神未喻，或专醉心欧化，而于祖国之文字转荒，出奴入主，鲜克折中。"（《长元吴教育会劝学所开办各学堂成绩品展览会启》，《申报》，1908年12月10日，第4张第3版）

12月23日（十二月初一）　济南客籍高等补习毕业生辛培在院署"昌言瓯"投递条陈教育数事，奉巡抚批多被驳斥。尤以条陈主张注重国学，而条陈内错字屡见，被批自相矛盾。

《申报》记："客籍高等补习毕业生辛培，昨在院署昌言瓯，投稟条陈教育数事。奉批，据条陈洋洋数千言，然修身科之应重，部章已三令五申，何待生言。次言教科书之流弊，尚有经验。所列办法，部文亦屡言之，生苦不及知耳。又存国学一条，言人人殊，尚有以现在小学读经钟点为太多者。按级升班之法，论理何尝不是，然科举既停，学堂甫立之时代，作何办法。末条公德之宜养，亦无待言。统观各条，无甚切实可采之处。尤可异者，该生既注重国学，且以没字碑为虑，乃条陈内'網罗'作'綱罗'，'算'误作'筭'，'爲'误'蒭'，无诸己而后非诸人。本部院悬瓯甫三日，而该生条陈已订成帙，于错误之字亦不及细检，何为匆遽，若此所谓率尔操觚者，非与？但该生笔气尚条顺，幸善自进修，勿骛浮藻。"

（《率尔操觚之条陈》，《申报》，1908年12月23日，第2张第3版）

12月底[①]　四川中书科中书董清峻提出设立国学研究所，物色国学人才，以新方法编辑国学教科书，以保存国学，维系人心的建议。

董清峻的建议，主要针对学风不正，欲提振学风，规正路径。建议包括两部分，第一，为设立机关报，集合官报学报，确定宗旨，影响舆论，揭示方向。

其文称："变法以后，汉之对于满，下之对于上，绅之对于官，新之对于旧，忽生出不良之感情，日甚一日。此何自来乎？"究其原因，有以下数层：一者，"由于学堂者犹少，公立学堂多徇学生

---

①　董清峻上稟文，四川总督札行提学司，提学司最终回应时间为光绪三十四年十二月初八，故酌定董清峻稟文时间为1908年12月底。

之意，酿成桀骜不驯之学风。此间公立中学堂，有尽废中国学科，无故剪去帽辫者"。对此问题，以为"似宜收回官办，以免谬种流传，如各府公中学堂合之为一，其事甚便利也"。相对于收回学堂以官办，其事较为便利。第二层原因，在于"报及小说者至多，以阅之之人，万倍于入学堂之人也，故其势力能变一世之学风，外国每办一事，必先以报耸动其国民，谓之机关报。各因其事，以定报之宗旨，卒能收同心集事之效。中国各报，只务输入新奇，未尝以有利无害之目的，决择之，镕冶之，以求适合于本国。故其中多反对中国旧理之说，人情厌故喜新，每偏信之，遂生出种种恶感，而大有害于治安"。对此"既难廓清，惟有救正"。历数中国既有报章，"今官报虽即救正之性质，然仅载日行公文，及寻常事件，非能针锋相对，以战胜各报，而有以夺多数人之好恶也"。故提出，"若能就官报学报扩充之，主其事者，普通新旧学材，深明中外国度，精于理想，长于文辨，抱惟一之目的，斟酌尽善，美富足观，必能收挽学风之效，而消患于无形矣"。

与第一则建议相互配合，董清峻提出第二条建议，牵涉学风的根本，在于"保存国学，以系人心也"。其申说提出该建议的理据，以为："国学之日以堕落，而即于亡，人人知其必然矣。然中国之所以成为中国，皆历代以来中国之国学造成之，苟亡其学，则凡人之心，将以学理不同之变易，尽与已成之中国相反，而欲破坏其已成者。此论虽近迂，而其效则甚捷。"故国学保存，不仅必要，而且急迫。"然欲保存国学，其事甚难。何也？"难处在于，国学不可自固，需与新学相通，非仅等同于旧学。"旧学之士虽多，真有学者本少，其真有旧学者，又往住［往］不通新学，辄与新理相忤，而为众所鄙弃，不能战胜以图存。至乎后起之士，非但不屑也，亦且不遑也，必也旧学专家，又能普通新学，既能修之于己，又善传之于人，然后可以负保存之责任也。此等人绝无而仅有，难得而可贵，不数十年，扫地尽矣。"

因此，为保存国学，势必集拢相关人才，培养新旧相通的国学人士。故而提出保存国学的具体建议，在于"宜及今设一国学研究所，物色此等人聚处其中，稍崇尚之，而使后来之秀，得歆慕焉，熏陶焉，濡染焉。冀一线之延，为将来发达之种子，庶几有光天之一日也"。国学研究所工作，分为三部，以达成以上宗旨。"一以新学之教授法，编国学之教科书。"董氏略述新学教授法下的国学教科书编辑，与旧学书之不同，在于"旧学之书，除读本之外，皆参考书性质，无教科书也。故当编之。所谓编教科书者，非删改读本也。从前人人皆读经，而能经学者无几，人人皆识字，而能小学者无几，人人皆阅史，而能史学者无几，人人皆作文，而能词章学者无几。此其能者，盖有一种方法，其方法无自始至终之一种书以讲明之，须由自得，是以难能，而能者少。今各编一书，以讲明之，使人一见而能，即教科书也。非旧学专家，而又普通新学，及新学之教授法者，不能编此可用之教科书也。职尝编有多种，有《经学通论》《诗学》《尚书学》《三礼学》《文字学》《史学通论》"。第二，为"传其学于后之学者。所中听人从学，为规定之"。如何传学，似主要基于以上新学教授法原则编撰的教科书，在所内传习。具体传学手段，则未道及。第三，即是"担任机关报之著述，并适宜于中国有益无损之新小说，以救正现行新小说之传毒中国为目的"。

由此也可知，机关报的编撰，主要由国学研究所人员负责，以新式国学教科书、新式国学传习法、新式机关报，宣传教习新旧相通的国学。如此，可以达到"国学存，而人心可正矣"的效果，维系中国之所以为中国的精神命脉。

川督赵尔巽批复董氏禀文，以为"所议均可实行，不同浮衍"①。川督赵氏以缉匪为例，称："缉匪原资营勇，而随地搜捕，团练之力为多。现饬各属，整顿团练，严行赏罚，即此意也。"似颇有会心处。于机关报与国学研究所两则建议，以为："报章小说，关系于人心世习甚深，所拟扩充报纸，严定宗旨，系为救正流弊起见，阅者理想既正，则现行新小说种种谬论，亦自遏而不行。学风淆杂，厌故喜新，果得学识明通之士，设所研究，参酌新旧两界，编为经史教科书，于造就人材裨益匪浅。"（《总督部堂札据中书董清峻禀请设立机关报文》，《四川教育官报》宣统元年第1期，1909年1月）故分行此札文至提学司、官报局酌议。

机关报后续如何未知。就保存国学与设国学研究所问题，署理提学使方旭回应："研究国学一节，本年春间曾经会集学界员绅提议及此，嗣以造端阔大，需费甚繁，暂从缓议。一俟筹定办法，即当实行。"（四川宜宾市档案馆清代劝学所档"四川提学使方旭致叙永厅劝学所札"，录自罗志田：《国家与学术：清季民初关于"国学"的思想论争》，第126页）本年8月，四川眉州乡绅提出设立预备存古学堂，以保存国学。（《督宪批眉州筹设预备存古学堂章程详请立案文》，《四川官报》光

---

① 赵尔巽批文，罗志田《国家与学术：清季民初关于"国学"的思想论争》引用四川宜宾市档案馆清代劝学所档"四川提学使方旭致叙永厅劝学所札"为"所议均可，实行不同"。（北京：生活·读书·新知三联书店，2003年，第126页）语义有所不同。

绪三十四年第18册，戊申年七月中旬，1908年8月中旬）是否即春间讨论研究国学一事未可知，然四川学界确实不乏发起国学研究之会的议论，明年3月廖平等当地士绅学人即发起了国学研究会，以保存国学，讲求国学，培养后进为目的。

就董清峻禀文中提到学风不正的一些表现，如学堂剪发，废除中学，赵尔巽批复："至出洋剪发，亦有出于不得已之苦衷。若在本国公立之学校，无端自剪发辫，废弃中学，则诚不解何意。"故札行提学司"严禁"。（《总督部堂札据中书董清峻禀请设立机关报文》，《四川教育官报》宣统元年第1期，1909年1月）此项直接牵涉到提学使的职责，方旭回应，省城现设各府公立中学堂，"本署司曾经屡次前往查看，并与各该堂学生接见，并未见有剪去辫发之人。至各堂教科，尤无废弃国学之事。推之省外，如夔府叙府等处公立中学堂，节经省视学调查报告，亦并无以上种种情事。是该中书所述，容系传闻之误"。不过仍札饬各劝学所转知该所各公立中学堂，"教科切勿违背定章、将应行教授各项国学率行删减；其堂内学生如有无故剪去辫发者，即行斥退，以肃学规"。（四川宜宾市档案馆清代劝学所档"四川提学使方旭致叙永厅劝学所札"，录自罗志田：《国家与学术：清季民初关于"国学"的思想论争》，第126页）

12月底[①]　《国学萃编》创刊，以网罗散佚，甄阐幽隐为宗旨，务在唤起一国之精神。

《国学萃编》由沈宗畸、吴仲等人创办于北京。此刊原名《国粹一斑》，"继思国粹二字于古无征"，遂改今名。另"他日全书告

---

① 本年12月16日沈宗畸等登《申报》广告时尚未确定《国学萃编》之名，故创刊必在此后，酌定于此月底。

成，拟名曰《晨风阁丛书》，每集十种，分甲乙丙丁等共十集。"
（《本社简章》,《国学萃编》第1期）事实上，在定今名之前，仍拟有一
名，谓《文苑征存录》。《申报》12月16日广告即谓《文苑征存录》
"初名《国粹一斑》，今改定月出三册，内分散文、骈文、名家未刊
稿、诗、词、选、诗话、词话、传奇小说、杂俎共十门。本社以搜
罗遗佚为宗旨。"（《文苑征存录出版征求著作启》,《申报》, 1908 年 12 月 16
日，第1张第7版）

　　《国学萃编》"以网罗散佚，甄阐幽隐为宗旨，所选诗文，宁强
勿弱，宁少勿滥，务在唤起一国之精神，振奇侠之气，事果可传，
纵文字稍差，亦可选刊。至于一切流连景物，织网无关，与夫朋好
应酬之作，虽有佳篇，亦不多录"。社名仍用原先诗文雅集之著涒
吟社旧名。总理吴仲，收发刘仰勋，襄理张瑜，总编选沈宗畸，总
校梁广照，编辑①陈澹然、孙雄、冒广生、龚元凯、汪应焜、廖润
鸿、夏仁虎、汪昇远、朱点衣、阿麟、定信、庆珍、陈寅、袁祖
光、全葆桢、王佺孙、王在宣、丁傅靖。著涒吟社另请名宿为社
长。（《本社简章》,《国学萃编》第1期）

　　夏仁虎《国学萃编缘起序》交代缘起与旨趣："板阁风严，穷
巷日短。寒虫号壁，疑闻笙琴。古藓上阶，如篆奇字。牢愁送日，
把盏孤吟。沈子太侔，闯然入室。示我卷册，属为发端。余谓文
字之劫，何代蔑有，抱守之责，正在吾党。自括帖流毒，遂荒六

---

　　① 《国学萃编》第2期（宣统正月）有"紧要告白"："本编第一期刊有职任员
表，当此编发起之初，承诸同人极力赞助，或允示近作，或允代为搜辑，本社对
于诸君，皆谓之编辑员，其实系赞成员也。至本编十门各稿，皆沈太侔一人选定，
诸君并未忝预编订之役，因陈剑潭翁嘱为声明，特此布闻。"

经。迨欧化灌输，土苴群籍，俗学波靡，古谊殆绝。莘莘学舍，无闻咿哦，藉藉诸生，羞云旧业。十年以后，士不知有韵之文，二三狂简，孰与负斐。然之望何，则上不以是招，斯下之所应亦异。微言古训，不绝如缕，滋可惧已。然而秦火虽烈，不燔伏生之腹。汉治方新，乃发汲冢之简。将欲提命风骚，表章绝学，不有编述，孰云观摩，此太侔所以有《国学萃编》之刻也。是编卷分十门，都为一集。甄综俪格，错比华辞，集艳马班，漱润潘陆，九流百家，靡不采择，单词片语，录其隽永。譬之沮漳之水，汇流以交辉。元（玄）黄之章，相间而成色。远规青浦王氏文传湖海，近法师郑孙子诗征四朝，所以寻坠绪于微茫，绵希声于雅乐。兹举虽细，所系实大矣。抑余闻之，父老有言，咸同以前，京师人海，荐绅先生，各擅风雅，或只鸡近局，商略文字，或鸣雁成篇，更迭酬唱。是以官为一集，言择尤雅。人握灵蛇之珠，家抱荆山之璞。篇简具在，可得偻指。乃者小劫，沈吟沧桑，已变中年，哀乐丝竹，都无以见证闻，疑其诳汝，意者治术既进，文化当退，文章小数，士大夫羞言之欤，抑穷而后工，于古有信。今之振策皇途、影缨天阁者，其心营目注者，固别有在欤。若然，则太侔兹举，固太侔之天职也。嗟嗟墀叹窾盈，瓶罄罍耻，铜山倾而洛钟应，月魄满而珠胎盈。吾道非孤，求友或应，兹编一出，吾知江湖载酒，燕赵悲歌，必且贻以芳兰，赠之杂佩，津逮后学，继续微言，斯文未坠，其在兹乎！江宁夏仁虎蔚如序。"（《国学萃编》第1期）

李国瑜题词谓："欧化东行汉籍摧，可怜风雅尽蒿莱。翻新花样今非昔，既倒狂澜挽不回。束阁谁悲文字贱，扶轮端赖使君才。琳琅一卷罗今古，雄浑浓纤妙选裁。

"坠绪茫茫仗寻讨，大江东去又西还。鸿篇自足争千古，国粹从兹见一斑。自愧望洋迷学海，更闻攻错借他山。传钞应贵洛阳纸，流播行看遍世间。"（《国学萃编》第 1 期）

朱点衣《题国学萃编文》谓："词章小道也，顾小之者，必其道有大于词章，则词章为小。若当此人心厌故之时，其大者既渺不复存，并此小者亦骎骎焉，或几乎息，则是道之绝续，转于此小者是瞻，亦恶得而小之。此番禺沈子太伅所以有《国学萃编》之刻也。"（《国学萃编》第 2 期）

陈索然题词谓："国学征音嗟一变，中原文献久沉沦。诚知抱守需吾辈，何幸搜罗仗伟人。"

沈庚藻题词谓："和璞隋珠萃帝京，保存国学启文明。"

顾颉刚曾写道："进了中学，托人到上海购买前三年的一个全份，在校翻读，竟忘记了考试，被监学先生斥责了一顿，他以为我规避考试呢。"（顾颉刚：《我在北大》，顾潮编著：《顾颉刚年谱》，第 21 页）

△　夏绮秋得子，陈作霖作诗祝贺，内称国粹维持吾辈责。

诗云："啼声清脆应归昌，丹穴新生小凤皇。闻说释迦亲抱送，曼陀花雨散奇香。（是日佛诞）满堂宾客皆名士，汤饼筵开醉饱初。国粹维持吾辈责，莫教错写弄獐书。"（陈作霖：《夏绮秋生子诗以贺之》，《可园诗存》卷 26《近游草》，清宣统元年刻增修本。卷 26《近游草》起戊申正月迄己酉四月）

△　时人撰文称中国学术多随君主意旨而转移，积习很深。如不能打破积习，举中国固有之学与欧化合冶于一炉，则数十年后既无学而无国。

病骸《詹詹集》之《学制与政治》谓："中国学术与治术通，

故曰一代之治，即一代之学。又曰学而优则仕。盖自十六字心传之说出，讲学者非性理，即治道，形下学非士大夫所攻者矣，此犹其小焉者耳。其尤甚者，则一国之学术，往往视君主之意旨为向背，如战国尚诡计，而兵家、阴阳家、纵横家出矣。秦始皇好刑名，而法家、名家出矣。汉武表章六经，而注疏家出矣。厥后六朝佛老，隋唐文辞，以迄五代宋元明，罔不如是，学术之范围日小，而政治亦每下愈况，积习之深，有由来矣。有志者举祖国固有之学，合欧化冶于一炉，犹可及也。不然者，数十年后，国学沦亡，新学未精，民为不学之民，国为无学之国，波兰印度之惨剧，或旦暮遇之也。"（《宁波小说七日报》1908 年第 12 期）

图书在版编目（CIP）数据

近代中国国学编年史. 第一卷, 1902—1908 / 桑兵,
关晓红主编；於梅舫, 陈欣著. -- 北京：北京师范大
学出版社, 2025. 4. -- ISBN 978-7-303-30553-7

Ⅰ. Z126.275

中国国家版本馆 CIP 数据核字第 2025N6R403 号

JINDAI ZHONGGUO GUOXUE BIANNIANSHI. DIYIJUAN

出版发行：北京师范大学出版社 https://www.bnupg.com
　　　　　北京市西城区新街口外大街 12-3 号
　　　　　邮政编码：100088
印　　刷：北京盛通印刷股份有限公司
经　　销：全国新华书店
开　　本：787mm×1092mm　　1/32
印　　张：14.5
字　　数：325 千字
版　　次：2025 年 4 月第 1 版
印　　次：2025 年 4 月第 1 次印刷
定　　价：168.00 元

策划编辑：宋旭景　　　　责任编辑：孟繁强
美术编辑：书妆文化　　　　装帧设计：王齐云
责任校对：梁　爽　　　　　责任印制：赵　龙